中华文史名著精选精译精注

章培恒 安平秋 马樟根 ————— 主编

二十四史

（附清史稿）

10

明史

清史稿

凤凰出版社

# 目　录

## 明史

# 清史稿

# 明史

杨　昶　译注

李国祥　审阅

# 导　言

## 一

《明史》三百三十二卷，题为清张廷玉等撰。《明史》是我国古代正史（《二十四史》）中的最后一部，它叙述了明王朝将近三百年间的历史，从政治、经济、军事、文教、民族，乃至中外关系、文化交流等各个角度，向人们展示了明代的社会场景，是学术界公认的探研明史所必备的一部重要著作。

《明史》是清朝的官修史书，先后由张玉书、王鸿绪、张廷玉等任总裁，参加修撰的人很多，经历的时间特别长，最后经张廷玉等定稿，并由张廷玉领衔奏上，因此题署他的名字。张廷玉（1672—1755），安徽桐城（今安徽桐城）人，字衡臣，号砚斋。康熙进士，累官至保和殿大学士、吏部尚书、军机大臣。历仕康熙、雍正、乾隆三朝，位居辅相之任，同时兼任翰林院掌院学士，主持修史等事。《明史》纂修历数十年，至他任总裁时才得以成书，其中《地理志》实出自其手笔。从《地理志序》中，可以看出他平日留心时务，详知当代变革，确有心得。

## 二

顺治二年（1645），正当清军入关不久，江南还未归附的时候，清政府就设立明史馆，任命冯铨、洪承畴等主持修明史。然而，由于当时政局错综复杂，不仅南明政权相继建立，而且农民起义军领袖张献忠所建立的大西政权仍然存在，致使修撰明史的工作未曾全面展开旋即停止。到了康熙四年（1665），再次下诏重修《明史》，又因故中途辍止。

康熙十八年（1679），清政府重开史馆，再修《明史》。此次开馆，清政府是下了较大的决心的。当清朝统治者在关内建立政权后，明朝遗臣多怀亡国之痛，联合农民起义军，坚持抗清斗争。康熙即位以后，清政权在全国的统治趋于稳定，抗清斗争浪峰跌落，转入低潮。明遗臣对《明史》的修撰本来就十分重视，甚至有人以为己任，如顾炎武纂有《皇明修文备史》四十册，并辑存有关文献七十五种，计约一二千卷；黄宗羲纂《明文海》四百八十二卷、《明史案》二百四十四卷，都是为修撰《明史》而准备的文字资料。清朝统治者利用他们的这种心态，于康熙十八年（1679）下诏修撰《明史》，并采取开设博学鸿词特科的方式，搜罗在野的名人才士，以备修史之用。此科录取了彭孙遹（yù）等五十人，大多为享有时名的学者，如朱彝尊、吴任臣、毛奇龄、潘耒、李因笃等，皆得参与其事。这些人均以翰林的名义，安置在明史馆中，从事修撰明史。同时，朝廷委派右庶子卢君琦等十六人同为纂修，以大学士徐元文为监修，总领修史事宜。由此可知，清初积极修撰《明史》，在一般修史的意义之外，还具有招诱亡明遗臣以巩固其统治的特殊政治意义。

清政府的这一措施，使得明遗老们陷入进退维谷的境地，他们怀抱撰修明史之志，而又不肯直接与清政府合作。如黄宗羲、顾炎武二人，都坚持不妥协的态度，不应清廷征聘，但黄氏终于让其子黄百家和门生万斯同入京，寓居明史馆监修大学士徐元文家中，不受职，不署名，但以私人名义参与修史；黄氏收藏的史料，更听凭史馆派人抄去；修史时遇有疑难问题，直接就教于黄氏的颇多。顾氏的门生潘耒，还参加博学鸿词科的考试，后被取录，入馆撰史；顾氏之甥徐元文、徐元一兄弟，原已在朝中，有关修史之事曾多次请教于他，顾氏也不时有所指示，只是顾氏收藏的明史资料，被潘柽（chēng）章借用，康熙二年（1663）潘氏死于

庄廷鑨"明史案"，其书便不复归，未能提供修史之用。

　　修撰《明史》的工作全面展开以后，陈廷敬、张玉书、王鸿绪等先后出任总裁，直到雍正元年（1723），成书三百一十卷，这就是至今仍然流行于世的署名王鸿绪的《明史稿》。王氏的《明史稿》，原本出自史学家万斯同的手笔。

　　万斯同（1638—1702），浙江鄞州（今浙江宁波）人，字季野，号石园。他的高祖万表，曾在明朝任都督同知。父万泰，明末鲁王监国时，任户部主事，明亡后一直家居不做官，悉心教授儿子经史。他生有八子——斯年、斯程、斯祯、斯昌、斯选、斯大、斯备及幼子斯同，诸子长成，都跟着黄宗羲学习，其中斯大、斯同二人成就最为显著。万斯同早慧，读书过目不忘。八岁时曾当众背诵汉代哲学家扬雄的名作《法言》，一万余言竟一字不差。顺治三年（1646），万斯同刚九岁，清军南下，他随父亲避入奉化山中，故无法入学读书，仅得向诸兄处问学，默识经史而已。丧乱之后返乡，始得入私塾。十四岁时已尽览家中藏书，皆能讲出其中大略，遂就学于爱国学者黄宗羲。黄氏强调读书要重名节、励志趣，主张做学问要经世致用，这些都给了万斯同很大的影响。万斯同勤奋好学，涉猎广博，经史子集无不通晓，特别擅长史学，早年就是名重一时的知名学者。他承受父师之教，以遗民自居，绝意于科举仕进，是深为黄宗羲器重的得意门生。他的"生平素志"是编写一部"备他日经济之用""益于不朽之大业"的明史，因此"毅然磨砺史学"，"自两汉以来，数千年之制度沿革，人物出处，洞然腹笥。于有明十三朝之实录，几能成诵。其外，邸报、野史、家乘，无不遍览熟悉，随举一人一事问之，即详述其曲折始终，听若悬河之泻"。正是由于他把全部精力都倾注到历史的学习和研究上，故能对明一代史事了如指掌，稔熟于胸，最终成为修撰《明史》的功臣。

　　康熙十七年（1678），由浙江巡抚许鸿勋推荐，诏征万斯同试博学鸿词科,他坚决推辞不去应考。次年,开馆修《明史》,总裁徐元文欲荐万斯同入馆,依例可授翰林院纂修官,享受七品俸禄,他笃守志节,坚辞不就。后秉承父师之教,以平民身份参与修史,不署衔,不受俸,住在徐元文家中。当时史官所纂修的文稿,均送给他审阅裁定。虽然他不具备总裁的名义,但实际上担任着总裁的工作,而先后担任总裁的张玉书、陈廷敬、王鸿绪都对他以礼相敬。他审定史稿,遇有问题,常令侍者说:"取某书某卷某叶,有某事当补入;取某书某卷某叶,某事当参校。"侍者据以查核,几乎没有差误。康熙三十年(1691)前后,经他审阅定稿的稿本已经基本完成,共五百卷。至此,《明史》的根基肇创可谓告竣。

初稿问世以后,清朝统治者见自己收揽名士以稳定天下的政治图谋得以实现,而且时间延续既久,便不如初开馆之时重视其事。至万斯同去世以后,史馆中的旧人所剩无几,王鸿绪遂利用久居史馆总裁之任的优越条件,将书稿据为己有。康熙五十三年(1714),王氏删定列传稿为二百零五卷,进呈于朝;雍正元年(1723)又进呈本纪、志、表等部分,合为一书,共三百一十卷,题为《明史稿》,以"横云山人"(王鸿绪的别号)的名义刊行于世,万氏的史稿便成了王氏的著作。

由于有人认为《明史稿》仍未尽完善,到雍正二年(1724),又诏诸臣再加修订。张廷玉等历时十五年,以旧稿为依据撰成定稿,并于乾隆四年(1739)奏进,颁行天下,这就是流行至今的《明史》。

《明史》从设馆修书到书成奏进,前后耗费95年,将近一个世纪,这在《二十四史》中是绝无仅有的。

《明史》修撰的时间为什么延续如此长久呢?主要的缘故是在清朝统治者多方限制的困难条件下,修史诸臣顾虑重重,担心触犯清朝统治者的忌讳,招来杀身灭族之祸。康、雍、乾三朝几次重大的文字狱,皆因涉及明史的问题而引发。因此,在明清之际一些敏感的历史问题上,修史者往往慎之又慎，于是就形成了"头白可期，汗青无日"的局面。但是，《明史》又是由未曾忘怀于明朝的士大夫参加修撰的，难以泯灭的爱国（明朝）思想，驱使他们以相当认真求实的精神从事工作，同时他们还具备充裕的学识能力和时间。因此，在清朝统治者多方限制的复杂氛围里，他们仍能写出较为详备的史书。随着时光的流逝，清政权日趋巩固，顾忌不如以前那样厉害，遗留下来的历史也有了作结论的可能，《明史》也就终于水到渠成地面世了。

## 三

《明史》所载史事，上起明太祖洪武元年(1368)，下至思宗崇祯十七年(1644)，凡二百七十七年。全书计有本纪二十四卷、志十五篇七十五卷、表五篇十三卷、列传二百二十卷，共为三百三十二卷。

本纪二十四卷，记述明代十六朝皇帝之事，其中英宗曾两度在位，中间隔着景帝，遂有前纪和后纪。太祖和成祖的本纪，载录事迹较多，故各占三卷。而宪宗、世宗、神宗和庄烈帝的本纪，均分为二卷。《太祖本纪》中，保存着颇多元末农民起义的史事，十分宝贵。崇祯以后，明宗室在南方相继建立了以福王、唐王、桂王等为首的几个政权，延续十八年之久，史称南明。这段历史，《明史稿》曾辟有《三王传》记其事，虽未附于本纪之末，却自为一卷书，置于诸王传之后，表示与诸王是不同的。《明史》编定时，乃删除《三王传》，仅以三王附见于各始封王之列，且南明的历史略而不书，这在《明史》的体例内容上，不能不说是一个缺陷。

志七十五卷，包括十五个类目，在《二十四史》中，可说是最完备的。各志编排得体，内容充实，是很有特色的一部分。如《地理志》七卷，系统全面地记载了当时的行政区划。《天文志》《河渠志》包含了不少科技资料，并反映了明代的一些新成就。《历志》九卷，载录当时所用《大统历》的内容，并指出该历存在的缺点，有表有图，取览为便。其他《食货》

《刑法》等志，也各具特色，均能反映明代典章制度的一些重要内容，如《食货志》所记的"一条鞭法"，《刑法志》所记的厂卫制度，都是很有分量的资料。《艺文志》只著录明代的著作，而不收明以前的撰述，这是在体例上有别于前史之处。

表十三卷，分为五个类目，其中《诸王》《功臣》《外戚》《宰辅》四目，已见于前史，唯《七卿年表》为本书新设。明初，为了加强皇权，废除了丞相制，六部尚书成为全国行政长官，直接受制于皇帝。同时都察院置左右都御史，掌纠察百官，权力也很大。故称六部尚书和都御史为"七卿"，作为政府机构的最高长官。《七卿年表》的设立，正反映了明代官制的特点。

列传二百二十卷，有类传二十种，此外未标类传名目的，均按其内容性质以类相从，编在一起，绝无个人单独设立一传而占一卷篇幅的。这样编纂，扩大了记录的范围，多容纳了一些该入史的历史人物，是可取的。类传中，凡前史所有的名目，多沿袭设立，另创《阉党》《流贼》《土司》三传，则是前史所无。《阉党》等三传，是根据明代社会历史的实际而设立的，有关宦官的党羽、农民起义军和少数民族的许多珍贵史实，皆赖以保存至今。

## 四

《明史》是在清朝统治者的监视之下，由许多名流学者参与规划、执笔修撰的，这些人多是明遗臣，他们保存明朝史迹的愿望和清政府的招诱策略，导致了双方合作编纂的结果，但是民族矛盾在修史过程中也始终产生着影响。《明史》既然是在这样的背景下成书的，便具有自身特有的成就和缺陷。

《明史》的体例比较完备，组织系统相当严谨，近三百年间的明代史实，大多扼要地载录其中，某些特别重大的事项，书中均设有专篇加以叙述。如《食货》《河渠》《兵》三志，详细而有条理，概括了社会经济的发展与紊乱，及边防设施和军备的改进；《宰辅》《七卿》二表，记朝中高级官僚的更代，简赅得宜，甚便检索。又今日国内少数民族的历史，多半可追溯到明朝初年，《西域传》和《土司传》所载有关内容，无疑是这方面的资料宝库。

《明史》内容相当充实，文字精练简明，编撰质量较高。《明史》所依据的原始材料甚多，其丰富程度是历代官修史书难以企及的。这些史料，归纳起来为五大类：（一）明代历朝《实录》；（二）明代史书，如王世贞的《弇州史料》、何乔远的《名山藏》、谈迁的《国榷》、温睿临的《南疆绎史》之类；（三）明代典志，如《大明会典》《续文献通考》《大明一统志》《大明律》等；（四）明代传记，如黄金的《开国功臣录》、雷礼的《列卿记》、焦竑的《国朝献征录》、黄宗羲的《明儒学案》等；（五）明代杂史，如吴宽的《平吴录》、胡宗宪的《筹海图编》、方孔炤的《全边略记》、巩珍的《西洋番国志》、高拱的《边略》等，共计数万卷。况且"诸纂修皆博学能文，论古有识"，他们善于驾驭这些材料，进行妥当的文字处理，故明朝近三百年间的大事，如开国统一，靖难之役，生产的恢复，郑和下西洋，防御蒙古，消灭倭寇，援朝抗日，辽东防御，宦官乱政，矿税的纷扰，农民起义，以及南北二京的兴建，万里长城的修筑，治河漕运的措施……在《明史》中均能见其始终。再加上执笔编撰的人员众多，编撰方法不断改进，反复研讨的时间充裕，自相矛盾之处绝少，因此，《明史》的质量是有保证的。以上可以说是《明史》的精粹所在。

在《二十四史》中，《明史》被视为有较高的成就。因为是官修史书，所以清代学者大多给予好评，罕有贬词，无非是怕议论招祸。就是有意见也不敢直抒己见，至多委婉其词而已，如赵翼在《廿二史札记》中，就是这样处置的。其实《明史》仍存在着不少缺陷，损害了它自身的价值。清修《明史》，本是带有政治色彩的举动，其根本目的是通过修史为巩固清朝的统治服务。所以当编撰《明史》涉及清室先世的一些问题,清朝统治者认为妨害其政治利益时,竟不惜湮没史实,隐讳不书,《明史》的最大缺陷就在这里。如明统治者封授女真族建州三卫,以及历次战争与开通马市等交往史实,均为《明史》所讳言或语焉不详。至于南明史事,如随从唐王、桂王等诸臣,仅用寥寥数语概括地称道他们尽忠守节,置于附传;他们抗清斗争的具体事迹,则几乎全部删略不书。这都是由于史臣屈从于清朝统治者的威势,明显地篡改了历史。

此外,一般旧史所共有的宣传封建道德观念等问题,《明史》由于组织严谨和文字表达准确,表现得也更加突出。如对于农民起义的仇恨和对于纲常名教的宣扬,都较前史为甚。书中《流贼》《忠义》《孝义》《列女》等传,在这方面尤为显著。以上可以说是《明史》的败笔所在。

鉴于《明史》存在不少缺陷,有人认为《明史》不值得重视,存在的价值不大,这种看法失之偏颇。诚然,当时修《明史》所依据的原始资料,如《明史稿》《明实录》等现今仍完整无缺,但是那些原始材料却无法取代《明史》。《明史》从体例到内容,毕竟是经过众多学者规划、整理过的,而且比较便于检阅,具有那些原始材料所缺乏的许多长处。因此,在研究明代历史时,《明史》仍不失为一部必不可少的史籍。

## 五

《明史》的版本,最早的一种是乾隆四年(1739)武英殿原刊本,至今尚存。中华书局 1974 年出版的校点本《明史》,就是用原刊本为底本,进行标点、分段,并取用其他有关史籍进行了详细校勘,被认为是目前最为方便的一种读本。遗憾的是,这部重要史籍,至今既没有一部贯穿首尾的注本,也没有便于初学、用于普及的选本。

为了引起更多的读者对阅读《明史》的兴趣,我们编写了这本选译本《明史》,从《明史》中选择出十四篇纪传加以译注。我们选择的标准:

一是可读性强，便于普及的；二是在政治、经济、军事、文化、科技各方面较有代表性的；三是文史兼及，内容重要且文笔生动的。对篇幅过长的作了适当的删略。为了方便读者理解原文和译文，我们在书中还作了篇目导读和简要的注释。

由于我们的学识有限，在译注过程中或许会出现不少谬误，我们殷切地盼望专家学者和广大读者加以指正。

杨　昶

# 太祖本纪

## 导读

明太祖朱元璋,是我国历史上继刘邦之后又一位平民出身的开国君主,也是我国封建社会后期一位有作为的皇帝。

朱元璋家世贫寒,幼年曾给地主放牛。在双亲于灾荒和瘟疫中亡故后,他投寺庙充小行童。当元末农民起义的烈火席卷大江南北时,他投奔到郭子兴的麾下,以智勇双全,战功卓著,逐步建立起威信。郭子兴死后不久,他便成为这支队伍的领袖。他苦心经营以应天为中心的基地,为逐鹿中原做准备,强兵足食,待时而动,终于削平割据势力,夺取北伐胜利,建立起朱明王朝。

朱元璋在位期间,为纠正元朝政治之失误,加强集权,严明刑律,整肃吏治,抑制豪强,发展生产,休养生息,使社会安定,奠定了明初盛世的局面。然而,由于他强化封建主义专制统治,滥用刑罚,屠戮功臣,屡兴文字狱等举措,对当时及后世都产生过极大的消极作用。总的来说,他不愧是封建帝王中一个有作为的人物,是我国历史上著名的政治家和军事家。

本篇节选自朱元璋的本纪第一卷,主要讲述了他的家世及登帝位前的经历。文中所述与史实基本相符,但某些地方被封建史官涂上了"天命神授"的色彩,此外,对农民起义也有一些污蔑性的描述。凡此种种,都是应当注意识别的。(选自卷一)

**原文**

太祖……讳元璋，字国瑞，姓朱氏。先世家沛①，徙句容②，再徙泗州③。父世珍，始徙濠州之钟离④。生四子，太祖其季也⑤。母陈氏。方娠，梦神授药一丸，置掌中有光，吞之寤，口余香气。及产，红光满室。自是，夜数有光起。邻里望见，惊以为火，辄奔救，至则无有。比长，姿貌雄杰，奇骨贯顶。志意廓然，人莫能测。

**翻译**

太祖……名元璋，字国瑞，姓朱氏。他的先辈世代居住在沛县，后来迁徙到句容，再迁徙到泗州。父亲朱世珍这一代，才移居濠州的钟离。朱世珍生有四子，朱元璋是其中最小的。母亲为陈氏。正当她怀孕的时候，梦见神仙给了她一颗药丸，放在手掌之中有光华，吞服下药丸醒来，口里还残留着香气。到分娩时，红光充满房间。从此，夜中屡屡有光芒发出。邻居望见，惊惶不已，以为起火了，就奔往抢救，到达时光芒却消失了。等到长成之时，他的身姿雄健、容貌超凡，头上奇异的骨骼通达头顶。他的志向宽宏广阔，是人们无法揣测的。

**注释** ①沛(pèi)：县名，今属江苏。 ②句容：县名，今属江苏。 ③泗州：治所在今安徽凤阳临淮关西。 ④钟离：县名，治所在今安徽凤阳东北临淮关。 ⑤季：在兄弟排行里代表第四或最小的。

**原文**

至正四年①，旱蝗，大饥疫。太祖时年十七，父母兄相继殁，贫不克葬。里人刘继祖与之地，乃克葬，即凤阳陵也。太祖孤无所依，乃

**翻译**

至正四年(1344)，旱灾、蝗灾相继发生，饥荒和疫病流行的情况十分严重。朱元璋时年十七岁，父母和兄长一个接一个地死去，却因为贫穷而不能安葬他们。只有同乡刘继祖给了他一块

入皇觉寺为僧。逾月，游食合肥。道病，二紫衣人与俱，护视甚至。病已，失所在。凡历光、固、汝、颍诸州三年，复还寺。当是时，元政不纲②，盗贼四起。刘福通奉韩山童假宋后起颍③，徐寿辉僭帝号起蕲④，李二、彭大、赵均用起徐⑤，众各数万，并置将帅，杀吏，侵略郡县，而方国珍已先起海上⑥。他盗拥兵据地，寇掠甚众。天下大乱。

地，才得以安葬死去的亲人，这墓地就是（后来的）凤阳陵。朱元璋孤身一人，没有依靠，于是到皇觉寺做了和尚。过了一个月，他出游合肥，化缘求食。朱元璋在路途中病倒，有两位身穿紫衣的人来陪伴他，看护得十分周到。病愈之后，紫衣人就不见了。朱元璋游历光、固、汝、颍等州共达三年之久，又回到了皇觉寺。在这个时期，元朝的朝政纲纪丧失，到处发生民众造反。刘福通拥戴韩山童借宋朝后代的名义在颍州起事，徐寿辉僭称帝号在蕲州起事，李二、彭大、赵均用在徐州起事，部众各有几万人，并任命将帅，杀死官吏，进占郡县，而方国珍已经先期在海上起兵。其他的造反者拥兵据地，攻劫强夺的情况十分普遍，一时天下大乱。

**注释** ① 至正：元惠宗妥懽帖睦儿年号（1341—1370）。 ② 不纲：没有纲纪法度。 ③ 刘福通（？—1363）：颍州（今安徽阜阳）人，信奉白莲教。元末追随韩山童起义，是北方红巾军领袖。韩山童（？—1351）：原为栾城（今河北栾城）人，其祖父为白莲教主。元末，他继续宣传白莲教，发动组织群众，是北方红巾军领袖。 ④ 徐寿辉（？—1360）：罗田（今湖北罗田）人。元末利用白莲教发动起义，是南方红巾军领袖。 ⑤ 李二（？—1352）：邳州（今江苏邳州西南）人。彭大（？—1354）：樵夫出身。赵均用（？—1359）：萧县（今安徽萧县）人，曾任社长。元末三人响应刘福通起义，是北方红巾军首领。 ⑥ 方国珍（1319—1374）：名珍，字国珍、谷珍，台州黄岩（今浙江黄岩）人，世以浮海贩盐为业。元末率众入海，劫夺漕运粮,为台、温农民起义首领。曾两次降元,并割据浙江。后为朱元璋平定,被迫投降。

原文

十二年春二月,定远人郭子兴与其党孙德崖等起兵濠州①。元将彻里不花惮不敢攻,而日俘良民以邀赏。太祖时年二十五,谋避兵,卜于神,去留皆不吉。乃曰:"得毋当举大事乎?"卜之吉,大喜,遂以闰三月甲戌朔入濠见子兴。子兴奇其状貌,留为亲兵。战辄胜。遂妻以所抚马公女,即高皇后也。子兴与德崖龃龉②,太祖屡调护之。

翻译

至正十二年(1352)春季二月,定远人郭子兴与他的党羽孙德崖等在濠州起兵。元朝将领彻里不花畏惧他们,不敢发动进攻,却每天去抓捕安分的平民来向朝廷请赏。朱元璋时年二十五岁,为谋求躲避战乱,他向神占卜问卦,结果竟然是去留均不吉利。于是朱元璋问道:"莫非我应当兴起大事吧?"结果占卜结果是吉利,朱元璋大喜,就在闰三月初一甲戌这一天进濠州见郭子兴。郭子兴认为他的身材相貌很奇特,留下他作为亲兵。朱元璋参加战斗都取胜了,郭子兴便把自己抚养的马公的女儿嫁给他为妻,这就是后来的高皇后。郭子兴与孙德崖意见不合,朱元璋多次从中调解维护他们的关系。

注释　① 郭子兴(? —1355):定远(今安徽定远)人。出身地主,有资财,信奉白莲教。元末响应刘福通起义,攻占濠州(今安徽凤阳东北),为北方红巾军首领。后以义女马氏嫁给朱元璋。　② 龃龉(jǔ yǔ):上下牙齿不齐,比喻意见不合。

**原文**

秋九月，元兵复徐州，李二走死，彭大、赵均用奔濠，德崖等纳之。子兴礼大而易均用①，均用怨之。德崖遂与谋，伺子兴出，执而械诸孙氏②，将杀之。太祖方在淮北，闻难驰至，诉于彭大。大怒，呼兵以行，太祖亦甲而拥盾，发屋出子兴，破械，使人负以归，遂免。

是冬，元将贾鲁围濠。太祖与子兴力拒之。

**翻译**

秋季九月，元军夺回徐州，李二败逃死去，彭大、赵均用投奔濠州，孙德崖等收留了他们。郭子兴尊敬彭大而轻视赵均用，赵均用便对他不满。于是孙德崖与赵均用设下计谋，窥伺到郭子兴出了军营，就将他捕获并用枷锁铐着他押往孙德崖那里，还要杀掉他。朱元璋正在淮北，听到郭子兴落难，驰马奔回濠州，把情况讲给彭大听。彭大非常愤怒，招呼着兵士出发；朱元璋也披甲持盾，打开房屋，放出郭子兴，砸破枷锁，派人背着他回营，郭子兴这才免于丢掉性命。

这年冬季，元将贾鲁包围濠州。朱元璋和郭子兴尽力抵御元军。

**注释** ① 礼大而易均用：尊敬彭大而轻视赵均用。 ② 械：枷和镣铐之类的刑具，此用作动词。诸："之于"的合音，用作代词兼介词。本句意为，捉拿郭子兴并铐着他送到孙德崖那里。

**原文**

十三年春，贾鲁死，围解。太祖收里中兵得七百人。子兴喜，署为镇抚①。时彭、赵所部暴横，子兴弱，太祖度无足与共事，乃以兵

**翻译**

至正十三年（1353）春季，贾鲁身死，包围解去。朱元璋收罗家乡的士兵得到七百人。郭子兴欢欣喜悦，命令朱元璋代理镇抚的职务。当时，彭大、赵均用的部属凶狠粗暴，郭子兴软弱，朱

属他将，独与徐达、汤和、费聚等南略定远②。计降驴牌寨民兵三千，与俱东。夜袭元将张知院于横涧山，收其卒二万。道遇定远人李善长③，与语大悦，遂与俱攻滁州，下之。

是年，张士诚据高邮④，自称诚王。

元璋考虑到不足与他们共事，就把士兵交付给别的将领，自己仅仅和徐达、汤和、费聚等人往南夺取定远。先用计招降驴牌寨民兵三千，一起向东开拔。又在横涧山夜袭元将张知院，获得他的士兵二万人。行军途中，朱元璋遇见定远人李善长，与他交谈后十分高兴，于是和他一起攻取了滁州。

这一年，张士诚占据高邮府，自称诚王。

**注释**　①署：代理。镇抚：元代诸卫属下镇抚所，设镇抚为长官。　②徐达(1332—1385)：字天德，濠州人。元末从朱元璋起兵，屡立战功。明朝建国，他为功臣之首。汤和(1326—1396)：字鼎臣，濠州人。少与朱元璋为友。元末投郭子兴起义，后从朱元璋征战，为明朝开国功臣之一。费聚(？—1390)：字子英，五河(今安徽五河)人，少习武，与朱元璋为友。元末投郭子兴起义，后从朱元璋征战，为明朝开国功臣之一。1390年因受李善长牵连，以同党罪被处死。　③李善长(1314—1390)：字百室，定远人。辅佐朱元璋取天下，建立明朝，官至左丞相。1390年因胡惟庸案被族诛。　④张士诚(1312—1367)：泰州白驹场(今江苏东台境内)人，出身盐贩。元末率盐丁起义，活动于今江浙一带，逐渐成为割据一方的首领。后为朱元璋将领徐达等擒送金陵，自缢死。

**原文**

十四年冬十月，元丞相脱脱大败士诚于高邮，分兵围六合①。太祖曰："六合破，滁且不免。"与耿再成军瓦梁垒②，救之。力战，卫老

**翻译**

至正十四年(1354)冬季十月，元丞相脱脱在高邮大败张士诚，接着分兵包围了六合县城。朱元璋说道："六合若被攻下，滁州也将不免遭祸殃。"他与耿再成驻军瓦梁垒，救援六合，尽力奋战，

弱还滁。元兵寻大至，攻滁，太祖设伏诱败之。然度元兵势盛且再至，乃还所获马，遣父老具牛酒谢元将曰："守城备他盗耳，奈何舍巨寇戮良民。"元兵引去，城赖以完。脱脱既破士诚，军声大振，会中谗③，遽解兵柄，江、淮乱益炽。

护卫着老弱民众返回滁州。元军随即大批涌至，攻打滁州城。朱元璋设下伏兵，用诱兵之计打败了元军。然而，考虑到元军势力强盛，还会再来攻城，于是朱元璋送还所缴获的元军马匹，派遣地方上的长者备办牛和酒酬谢元军将领说："我镇守滁州城是为了防备别的强盗而已，你们为什么舍弃巨寇不攻而来屠戮良民？"元军因此离去，滁州城赖以保全。本来，脱脱已经打败了张士诚，元军的声威正十分显赫，恰巧脱脱遭受陷害，突然被解除了兵权，江淮地区的动乱就更加厉害起来了。

**注释** ① 六合：县名，今属南京。 ② 耿再成（? —1362）：字得甫，五河人。从朱元璋征战，后以功升枢密院判官。瓦梁垒：在六合西，即古瓦梁城。军：驻扎。 ③ 中（zhòng）谗：遭受谗毁、陷害。

**原文**

十五年春正月，子兴用太祖计，遣张天祐等拔和州①，檄太祖总其军。太祖虑诸将不相下，秘其檄，期旦日会厅事②。时席尚右，诸将先入，皆踞右，太祖故后至就左。比视事③，剖决如流，众瞠目不能发一语，

**翻译**

至正十五年（1355）春季正月，郭子兴采用朱元璋的计谋，派遣张天祐等攻下了和州，用檄书通知朱元璋统领和州军队。朱元璋考虑到众将领相互之间都不会退让，就将檄书隐藏起来，与众将约定次日在办公的地方会面。当时席位以右边为尊，众将领当先入内，都占据右座，朱元璋有意晚到，就座左边，

始稍稍屈。议分工甓城④，期三日。太祖工竣，诸将皆后。于是始出檄，南面坐曰⑤："奉命总诸公兵，今甓城皆后期，如军法何？"诸将皆惶恐谢。乃搜军中所掠妇女纵还家，民大悦。元兵十万攻和，拒守三月，食且尽，而太子秃坚、枢密副使绊住马、民兵元帅陈野先分屯新塘、高望、鸡笼山以绝饷道。太祖率众破之，元兵皆走渡江。三月，郭子兴卒。时刘福通迎立韩山童子林儿于亳⑥，国号宋，建元龙凤⑦。檄子兴子天叙为都元帅，张天祐、太祖为左右副元帅。太祖慨然曰："大丈夫宁能受制于人耶？"遂不受。然念林儿势盛可倚借，乃用其年号以令军中。

到处置事务时，他分析决断如流水般明快，众将领瞠目结舌，一句话都说不出来，内心才稍稍有点服输。大家商讨分工修筑城墙，约定三日完成。朱元璋负责的工程如期告竣，众将领都落在了后边。于是朱元璋才出示郭子兴的檄书，面朝南方坐下说道："我奉命统领诸公的军队，现在大家筑城都延误了工期，依照军法该怎么办？"众将领惶恐不安，表示认错。于是，朱元璋检查搜集军中所掳掠的妇女，释放回家，老百姓无比欢悦。元军十万进攻和州，朱元璋率众抵御三个月，粮食将要吃完了，而元太子秃坚、枢密副使绊住马、民兵元帅陈野先分别屯驻新塘、高望、鸡笼山来阻绝粮饷运输线。朱元璋率众打败了他们，元军纷纷逃跑，全都渡过了长江。三月，郭子兴去世。当时刘福通把韩山童的儿子韩林儿迎接到亳县，立为小明王，国号宋，建立年号龙凤；发布檄书任命郭子兴的儿子郭天叙为都元帅，张天祐、朱元璋为左右副元帅。朱元璋感慨地说："大丈夫难道能接受别人的制约吗？"就没有接受任命。然而想到韩林儿的势头正盛，可以凭借，便在军中采用他的年号来发布命令。

**注释** ① 和州：治所在今安徽和县。 ② 期：约定时间。旦日：明日，次日。厅事：官府办公的地方。 ③ 视事：治事，处置事务。 ④ 甓（pì）城：用砖修筑城垣。甓，本意为砖。 ⑤ 南面：古代尊长见下属，面朝南方而坐。 ⑥ 林儿：韩林儿，元末农民起义军首领韩山童之子。韩山童起义失败后牺牲，韩林儿被救出，立为小明王，国号宋，1366 年卒。亳（bó）：县名，今属安徽。 ⑦ 龙凤：韩林儿年号（1355—1366）。

**原文**

夏四月，常遇春来归①。五月，太祖谋渡江，无舟。会巢湖帅廖永安、俞通海以水军千艘来附②，太祖大喜，往抚其众。而元中丞蛮子海牙扼铜城闸、马场河诸隘③，巢湖舟师不得出。忽大雨，太祖喜曰："天助我也。"遂乘水涨从小港纵舟还，因击海牙于峪溪口，大败之，遂定计渡江。诸将请直趋集庆④。太祖曰："取集庆必自采石始⑤。采石重镇，守必固，牛渚前临大江⑥，彼难为备，可必克也。"六月乙卯，乘风引帆，直达牛渚。常遇春先登，拔之。采石兵亦溃。缘江诸垒

**翻译**

夏季四月，常遇春前来归附。五月，朱元璋打算南渡长江，但没有船只。正好巢湖水寨首领廖永安、俞通海率领水军战船千艘前来投靠，朱元璋非常欣喜，前去安抚廖、俞部众。而这时元御史中丞蛮子海牙扼住了铜城闸、马场河各要隘，使得巢湖水军无法驶出太湖。忽然天降大雨，朱元璋高兴地说："上天帮助我啊！"于是乘着湖水上涨，从狭小港口纵舟归返大营，还趁机在峪溪口攻击了蛮子海牙，大败了他的军队，终于确定了渡江的战略。众将领请求直接进攻集庆路。朱元璋说："夺取集庆必须从采石镇入手。采石是重要的军事据点，它的防线一定很稳固。牛渚圻前面临着大江，敌方很难配置守备力量，一定能够攻下来。"六月乙卯这一天，朱元璋率领战船，借助风势，直达朱渚圻。常遇春首先登岸，占领了牛渚。采石镇

悉附。

的驻军也溃散了,沿江一带的各个营垒便全都降附了朱元璋。

**注释** ① 常遇春(1330—1369):字伯仁,怀远(今安徽怀远)人。元末从刘聚起义,后归朱元璋。勇力绝人,屡建军功,是明朝开国功臣之一。洪武初北征获全胜,死于归途。 ② 廖永安(1320—1366):字彦敬,巢县(今安徽巢湖)人。元末与俞通海等结寨巢湖,投朱元璋后多立战功。1359 年从徐达攻张士诚,被俘,囚禁八年病死。俞通海(1329—1366):字碧泉,巢县人。与廖永安投朱元璋为将。在与张士诚作战时中流矢,回应天死。 ③ 中丞:元御史台副长官,掌察举非法。 ④ 集庆:路(相当于府)名,治所在江宁县、上元县(今属江苏南京)。 ⑤ 采石:镇名,即今安徽当涂北采石。 ⑥ 牛渚:即牛渚圻,采石镇突出于江中的山名。

**原文**

诸将以和州饥,争取资粮谋归。太祖谓徐达曰:"渡江幸捷,若舍而归,江东非吾有也①。"乃悉断舟缆,放急流中,谓诸将曰:"太平甚近②,当与公等取之。"遂乘胜拔太平,执万户纳哈出。总管靳义赴水死,太祖曰:"义士也。"礼葬之。揭榜禁剽掠。有卒违令,斩以徇,军中肃然。改路曰府③。置太平兴国翼元帅府,自领元帅事,召陶安参幕府事④,

**翻译**

由于和州发生了饥荒,众将领都争着收取钱粮打算返回。朱元璋对徐达说:"渡江作战幸运奏捷,如果舍弃战果撤回,江东一带就不会由我们控制了。"于是将战船的缆绳全部斩断,将战船置于急流中听任它们漂去,对众将领说:"太平离我们很近,我与你们一起去攻占它。"于是乘胜打下太平,俘获了元万户纳哈出。元军总管靳义投水自尽,朱元璋说:"这是义士啊!"按照礼仪安葬了他。又张贴榜文禁止抢劫行为,有的士兵违反了禁令,被斩首示众,军中也就紧张严肃起来。又把行政区"路"改为"府"。设立太平兴国翼元帅府,朱元

李习为知府。时太平四面皆元兵。右丞阿鲁灰、中丞蛮子海牙等严师截姑孰口⑤，陈野先水军帅康茂才以数万众攻城。太祖遣徐达、邓愈、汤和逆战，别将潜出其后，夹击之，擒野先并降其众，阿鲁灰等引去。

璋自己兼管元帅事宜，把陶安召来参与幕府事务，李习任知府。这时太平府四面都是元军，右丞阿鲁灰、中丞蛮子海牙等整肃部众拦截姑孰口的出入，陈野先的水军首领康茂才率数万部众攻城。朱元璋派遣徐达、邓愈、汤和迎战，别的将领暗中开拔到元军背后，夹击元军，擒获陈野先并降服了他的部下，阿鲁灰等逃避而去。

注释　① 江东：又称江左。指今芜湖、南京长江河段以东地区。　② 太平：路名，治所在当涂县。　③ 路、府都是古代行政区划名称，元代于行中书省级以下，设路领府，府领州，州领县。　④ 幕府：古代将帅在外，以军营帐幕为府署，称幕府。　⑤ 姑孰：城名，在今当涂。

原文

秋九月，郭天叙、张天祐攻集庆，野先叛，二人皆战死，于是子兴部将尽归太祖矣。野先寻为民兵所杀①，从子兆先收其众，屯方山②，与海牙犄角以窥太平。

冬十二月壬子，释纳哈出北归。

翻译

秋季九月，郭天叙、张天祐进攻集庆，陈野先反叛，二人均战死，于是郭子兴的部将全部投归了朱元璋。陈野先随即被民兵所杀，他的侄儿陈兆先收拾他的部众，屯驻方山，与蛮子海牙成犄角之势而窥伺太平。

冬季十二月壬子日，朱元璋释放纳哈出回归北方。

注释 ① 寻:通"旋"。随后,随即。 ② 方山:在今江苏南京江宁。

原文

十六年春二月丙子,大破海牙于采石。三月癸未,进攻集庆,擒兆先,降其众三万六千人,皆疑惧不自保。太祖择骁健者五百人入卫,解甲酣寝达旦,众心始安。庚寅,再败元兵于蒋山①。元御史大夫福寿力战死之②,蛮子海牙遁归张士诚,康茂才降③。太祖入城,悉召官吏父老谕之曰:"元政渎扰,干戈蜂起,我来为民除乱耳,其各安堵如故④。贤士吾礼用之,旧政不便者除之,吏毋贪暴殃吾民。"民乃大喜过望。改集庆路为应天府,辟夏煜、孙炎、杨宪等十余人⑤,葬御史大夫福寿以旌其忠。

翻译

至正十六年(1356)春季二月丙子日,朱元璋在采石大败蛮子海牙。三月癸未日,进攻集庆,擒获陈兆先,降服他的部众三万六千人,但这些降兵都惊疑畏惧,担心性命难保。朱元璋选择其中骁勇强健者五百人做卫队,自己脱去甲胄酣睡至天明,众人的情绪才安定下来。庚寅这天,朱元璋在蒋山又一次击败元军。元御史大夫福寿奋力作战而死,蛮子海牙逃遁,投靠了张士诚,康茂才则降附了朱元璋。朱元璋进入集庆城,悉数召集当地的官吏和长者,告诉他们说:"元朝的政事轻慢纷扰,以致战乱蜂拥而起,我前来为民众解除灾祸,大家还是安居如故吧。对贤士我将尊重和任用他们,旧制度中不便利的内容要废掉,官吏们不可贪婪暴虐损害我的人民。"老百姓们这才大喜过望。朱元璋把集庆路改成应天府,召见夏煜、孙炎、杨宪等十余人并授以官职,安葬元御史大夫福寿以表彰他的忠诚。

注释 ① 蒋山:即今南京钟山。 ② 御史大夫:元御史台的长官,总领监察弹劾之职。 ③ 康茂才(1313—1369):字寿卿,蕲州(今湖北蕲春西南)人。元末结义兵保乡里,后率部降朱元璋,为明朝建国前后的大将之一。洪武初,从征定西(今甘肃定西),病死途中。 ④ 安堵:安居。 ⑤ 辟:帝王召见并授职。

原文

当是时,元将定定扼镇江,别不华、杨仲英屯宁国,青衣军张明鉴据扬州①,八思尔不花驻徽州,石抹宜孙守处州,其弟厚孙守婺州,宋伯颜不花守衢州,而池州已为徐寿辉将所据②,张士诚自淮东陷平江③,转掠浙西。太祖既定集庆,虑士诚、寿辉强,江左、浙右诸郡为所并④,于是遣徐达攻镇江,拔之,定定战死。

翻译

正当此时,元军将领定定扼守镇江,别不华、杨仲英屯聚宁国,青衣军首领张明鉴据守扬州,八思尔不花驻扎徽州,石抹宜孙镇守处州,他的弟弟石抹厚孙守备婺州,宋伯颜不花驻守衢州,而池州已经被徐寿辉部将所占据,张士诚从淮东发兵攻陷了平江,转向浙西剽掠。朱元璋既已平定集庆,考虑到张士诚、徐寿辉势力强大,江东、浙西各府州都被他们吞并了,于是派遣徐达攻打镇江,夺取城池,元将定定战死。

注释 ① 青衣军:元至正十五年(1355),张明鉴聚众淮西,以青布为号,称青衣军,专事剽劫。不久被元镇南王孛罗普化招降,为濠泗义兵元帅,驻扬州。 ② 徐寿辉(? —1360):罗田(今湖北罗田)人。元末与邹普胜等利用白莲教发动起义,是南方红巾军领袖。后为部将陈友谅所杀。 ③ 平江:路名,治所在吴县(今江苏苏州)。 ④ 浙右:即浙西。

原文

夏六月,邓愈克广德①。
秋七月己卯,诸将奉太

翻译

夏季六月,邓愈攻陷广德。
秋季七月己卯日,众将领拥戴朱元

祖为吴国公。置江南行中书省，自总省事，置僚佐②。贻书张士诚③，士诚不报，引兵攻镇江。徐达败之，进围常州，不下。九月戊寅，如镇江，谒孔子庙。遣儒士告谕父老，劝农桑，寻还应天。

璋为吴国公。朱元璋建置江南行中书省，自己总揽行省政事，配备下级官吏。致函张士诚，张士诚不作答复，还率军进攻镇江。徐达击败了张士诚，张士诚又进军围攻常州城，没有打下来。九月戊寅这一天，朱元璋前往镇江，拜谒孔子庙。又派遣儒学之士向地方长者宣布，鼓励农耕和种桑养蚕，随即返回应天。

**注释** ① 邓愈(1336—1377)：本名友德，虹县(今安徽泗县)人。少随父兄起兵反元，父、兄相继亡故后被推为首领。率众投朱元璋，受赐改名，任管军总管。他是明朝建国前后的重要将领之一。广德：路名，治所在广德县(今安徽广德)。 ② 僚佐：古代官署中的助理人员。 ③ 贻(yí)：赠送。

**原文**

十七年春二月，耿炳文克长兴①。三月，徐达克常州。

夏四月丁卯，自将攻宁国，取之，别不华降。五月，上元、宁国、句容献瑞麦②。六月，赵继祖克江阴③。

秋七月，徐达克常熟④，胡大海克徽州⑤，八思尔不花遁。

**翻译**

至正十七年(1357)春季二月，耿炳文攻克长兴。三月，徐达攻克常州。

夏季四月丁卯日，朱元璋率军攻打宁国，取得了它，元将别不华投降。五月，上元、宁国、句容进献瑞麦。六月，赵继祖攻下了江阴。

秋季七月，徐达攻克常熟，胡大海攻克徽州，元将八思尔不花逃走。

冬十月,常遇春克池州,缪大亨克扬州⑥,张明鉴降。十二月己丑,释囚。

是年,徐寿辉将明玉珍据重庆路⑦。

冬季十月,常遇春攻克池州,缪大亨攻克扬州,张明鉴投降。十二月己丑日,释放囚徒。

这一年,徐寿辉的将领明玉珍占据了重庆路。

**注释** ① 耿炳文(1334—1403):濠州人。年少时从朱元璋起兵,后袭父职统军。他是明朝建国前后的重要将领之一。长兴:州名,治所即今浙江长兴。 ② 瑞麦:多穗的麦。古人以为祥瑞之兆。 ③ 赵继祖(? —1362):朱元璋部属。后官至参政,与平章邵荣谋划兵变,被处死。江阴:州名,治所即今江苏江阴。 ④ 常熟:州名,治所即今江苏常熟。 ⑤ 胡大海(? —1362):字通甫,虹县人。朱元璋初起,他往谒。遂为前锋,与诸将略地有功,后为叛将蒋英袭杀。 ⑥ 缪大亨(? —1363):定远人。元末率义兵降附朱元璋,从征多有功,后病死。 ⑦ 明玉珍(1331—1366):随州(今湖北随州)人,出身地主。元末率地主武装投徐寿辉,任元帅。

**原文**

十八年春二月乙亥,以康茂才为营田使。三月己酉,录囚。邓愈克建德路。

夏四月,徐寿辉将陈友谅遣赵普胜陷池州①。是月,友谅据龙兴路。五月,刘福通破汴梁,迎韩林儿都之。初,福通遣将分道四出,破山东,寇秦、晋,掠幽、

**翻译**

至正十八年(1358)春季二月乙亥日,任命康茂才为营田使掌管屯田。三月己酉,审理记录囚徒的罪状。邓愈攻取建德路。

夏季四月,徐寿辉的将领陈友谅派遣赵普胜攻陷池州。这个月,陈友谅占据了龙兴路。五月,刘福通攻破汴梁城,迎接韩林儿建都汴梁。当初,刘福通派遣部将分路全面出击,突破山东,进犯秦、晋,劫掠幽、蓟,中原十分混乱,

蓟,中原大乱,太祖故得次第略定江表②。所过不杀,收召才俊③,由是人心日附。

因此朱元璋能逐一平定江南一带。他所过往之处不杀伤民众,招收英才,从此人心日益归向于他。

**注释** ① 陈友谅(1320—1363):沔阳(今湖北沔阳西南)人,渔民出身。初从徐寿辉起义,1360 年杀徐自立,国号汉,据有江西、湖广。后在与朱元璋决战时,中流矢死。赵普胜(? —1359):巢县(今安徽巢湖)人。元末南方红巾军将领,后为陈友谅忌杀。 ② 次第:一个挨一个地。江表:泛指长江以南地区。 ③ 才俊:才能卓越的人。

**原文**

冬十二月,胡大海攻婺州①,久不下,太祖自将往击之。石抹宜孙遣将率车师由松溪来援,太祖曰:"道狭,车战适取败耳。"命胡德济迎战于梅花门,大破之,婺州降,执厚孙。先一日,城中人望见城西五色云如车盖,以为异,及是乃知为太祖驻兵地。入城,发粟振贫民,改州为宁越府。辟范祖干、叶仪②、许元等十三人分直讲经史③。戊子,遣使招谕方国珍。

**翻译**

冬季十二月,胡大海攻打婺州,长期拿不下来,朱元璋便亲自领军前往攻击。石抹宜孙派部将率领战车部队从松溪来援婺州,朱元璋说:"道路太窄,用战车打仗正好招致失败。"命令胡德济在梅花门迎击,大败元军,婺州投降,擒获了石抹厚孙。战斗的前一天,婺州城内的人望见城西有如同车盖般的五彩云霞,视为神异现象,至此才知道是朱元璋驻扎军队的地方。朱元璋进入城中,分发粮食赈济贫民,把婺州改成宁越府。召见范祖干、叶仪、许元等十三人分别用白话讲解经史。戊子日,派遣使者劝谕方国珍投降。

**注释** ① 婺(wù)州：路名，治所在今浙江金华。 ② 此处《明史》记载有遗漏。据《明太祖实录》及《国榷》，至正十八年(1358)十二月，朱元璋辟范祖干、叶仪为咨议。③ 直讲：以白话讲解。

**原文**

十九年春正月乙巳，太祖谋取浙东未下诸路。戒诸将曰："克城以武，戡乱以仁。吾比入集庆，秋毫无犯，故一举而定。每闻诸将得一城不妄杀，辄喜不自胜。夫师行如火，不戢将燎原。为将能以不杀为武，岂惟国家之利，子孙实受其福。"庚申，胡大海克诸暨①。是月，命宁越知府王宗显立郡学②。三月甲午，赦大逆以下。丁巳，方国珍以温、台、庆元来献，遣其子关为质，不受。

**翻译**

至正十九年(1359)春季正月乙巳日，朱元璋谋划夺取浙东尚未攻占的各路，警戒众将说："攻陷城池靠勇武，戡平动乱用仁义。我近来攻入集庆时，秋毫无犯，因此一下子就在集庆站稳了脚跟。每当我听说各位将领取得一城而不妄杀戮，往往高兴得自己难以控制。大凡军队行进如同火焰，不加以控制将会燎原。作为将领，能够以不杀戮为勇武，何止是于国家有益的事，子孙后代也确实会受到他的福祉。"庚申日，胡大海攻克诸暨城。这个月，命令宁越知府王宗显设立府学。三月甲午日，赦免大逆罪以下的囚徒。丁巳日，方国珍献上温州、台州、庆元三路，派他的儿子方关来做人质，朱元璋不接受。

**注释** ① 诸暨：州名，治所在今浙江诸暨。 ② 郡学：科举时代称府学为郡学或郡庠。

**原文**

夏四月，俞通海等复池

**翻译**

夏季四月，俞通海等收复池州。

州。时耿炳文守长兴,吴良守江阴①,汤和守常州,皆数败士诚兵。太祖以故久留宁越,徇浙东②。六月壬戌,还应天。

当时耿炳文把守长兴,吴良把守江阴,汤和把守常州,均多次击败张士诚的军队。朱元璋因此能久留宁越,攻取浙东。六月壬戌日,朱元璋班师返回应天。

**注释** ① 吴良(1324—1381):定远人。初从朱元璋起义,为前部先锋。屡建战功,朱元璋比之古代吴起,是明朝建国前后的著名将领。 ② 徇:攻占,夺取。

**原文**

秋八月,元察罕帖木儿复汴梁,福通以林儿退保安丰①。九月,常遇春克衢州,擒宋伯颜不花。

**翻译**

秋季八月,元将察罕帖木儿夺回汴梁,刘福通带着韩林儿退守安丰。九月,常遇春攻克衢州,擒获宋伯颜不花。

**注释** ① 安丰:县名,治所在今安徽寿县西南。

**原文**

冬十月,遣夏煜授方国珍行省平章①,国珍以疾辞。十一月壬寅,胡大海克处州,石抹宜孙遁。时元守兵单弱,且闻中原乱,人心离散,以故江左、浙右诸郡,兵至皆下,遂西与友谅邻。

**翻译**

冬季十月,朱元璋派遣夏煜任命方国珍为浙江行省平章,方国珍托病推辞。十一月壬寅日,胡大海攻克处州,石抹宜孙逃走。这时元守军势单力弱,又风闻中原变乱,军心离析涣散,所以朱元璋的军队一到江东、浙西各处,就都攻占下来了。于是,朱元璋控制的地域西边已与陈友谅的势力相邻。

**注释** ① 平章:官名。元中书省和行中书省均置平章,中书省平章为宰相的副职,行中书省平章为地方高级长官。

**原文**

二十年春二月,元福建行省参政袁天禄以福宁降①。三月戊子,征刘基、宋濂、章溢、叶琛至②。

**翻译**

至正二十年(1360)春季二月,元福建行省参政袁天禄以福宁州来降。三月戊子日,征聘刘基、宋濂、章溢、叶琛到应天。

**注释** ① 参政:官名。元中书省和行省均置参政,为长官的副手。福宁:州名,治所即今福建霞浦。 ② 刘基(1311—1375):字伯温,青田(今浙江青田)人。曾任元朝官吏,元末组织地方武装自保乡里。为朱元璋征聘,成为心腹谋士。明开国典章制度多参与制定,后为胡惟庸等诬陷,归乡卒。宋濂(1310—1381):字景濂,号潜溪,金华人。与刘基同为朱元璋心腹谋士,明开国典章制度多参与制定。又是著名文学家。章溢(1314—1369):字三益,龙泉(今浙江龙泉)人。元末隐居匡山,后成为朱元璋的重要谋臣。叶琛(?—1362):字景渊,丽水(今浙江丽水)人。元末曾任元兵元帅,后降朱元璋部属胡大海,为朱元璋征聘。任洪都知府时,为叛将所杀。

**原文**

夏五月,徐达、常遇春败陈友谅于池州。闰月丙辰,友谅陷太平,守将朱文逊,院判花云、王鼎①,知府许瑗死之。未几,友谅弑其主徐寿辉,自称皇帝,国号汉,尽有江西、湖广地。约

**翻译**

夏季五月,徐达、常遇春在池州击败陈友谅。闰五月丙辰日,陈友谅攻陷太平城,守将朱文逊,院判花云、王鼎,知府许瑗等身死。不久,陈友谅杀死他的首领徐寿辉,自称皇帝,国号汉,完全控制了江西、湖广地域。陈友谅邀约张士诚联合进攻应天,应天军民深为震动。众将领建议先收复太平来牵制攻

士诚合攻应天,应天大震。诸将议先复太平以牵之,太祖曰:"不可。彼居上游,舟师十倍于我,猝难复也。"或请自将迎击,太祖曰:"不可。彼以偏师缀我[②],而全军趋金陵,顺流半日可达,吾步骑急难引还,百里趋战,兵法所忌,非策也。"乃驰谕胡大海捣信州牵其后,而令康茂才以书给友谅[③],令速来。友谅果引兵东。于是常遇春伏石灰山,徐达阵南门外,杨璟屯大胜港,张德胜等以舟师出龙江关,太祖亲督军卢龙山。乙丑,友谅至龙湾,众欲战,太祖曰:"天且雨,趣食,乘雨击之。"须臾,果大雨,士卒竞奋,雨止合战,水陆夹击,大破之。友谅乘别舸走。遂复太平,下安庆,而大海亦克信州。

应天的敌军,朱元璋说:"不可。他们处于上游,水军力量是我军的十倍,仓促之间难以收复太平。"有的将领请求自率部众迎战,朱元璋说:"不可。对方如果用偏师牵制我军,而全军直攻金陵,顺着江流半天就可到达,我步骑兵众在急难中退回,行军百里赶往战场,这是兵法上最忌讳的做法,不是策略啊。"随即派人驰骑去吩咐胡大海,攻入信州来牵制陈友谅的后方,而命令康茂才用书信骗陈友谅,让他速来攻金陵,陈友谅果然率兵向东。于是,常遇春在石灰山设下埋伏,徐达在南门外布下战阵,杨璟屯驻大胜港,张德胜等带领水军出龙江关,朱元璋亲自登上卢龙山督率全军。乙丑日,陈友谅到达龙湾,众将想要出战,朱元璋说:"天将下雨,大家赶快去吃饭,然后乘下雨攻击敌人。"不久,果然天降大雨,士兵们竞相奋勉,雨停交战时,水陆夹击,大败陈友谅军。陈友谅乘坐别的战船逃掉了。于是,朱元璋收复了太平,攻下了安庆,而胡大海也攻陷了信州。

注释 ① 院判:元代战时设行枢密院,掌一方军政,院判即所属判官。朱元璋攻下集庆后,即置行枢密院,自兼其长官,花云、王鼎任院判。 ② 偏师:指配合主力作战的侧翼部队。缀(zhuì):牵制。 ③ 绐(dài):欺骗。

原文

初,太祖令茂才绐友谅,李善长以为疑。太祖曰:"二寇合,吾首尾受敌,惟速其来而先破之,则士诚胆落矣。"已而士诚兵竟不出。丁卯,置儒学提举司,以宋濂为提举,遣子标受经学①。六月,耿再成败石抹宜孙于庆元②,宜孙战死,遣使祭之。

翻译

当初,朱元璋命令康茂才欺骗陈友谅,李善长表示怀疑。朱元璋说:"若两个盗寇合兵来攻,我方首尾受敌,只有让陈友谅迅速到来并首先打败他,那么张士诚就会丧胆失魂了。"过后张士诚的军队终究没有出动参战。丁卯日,设立儒学提举司,任命宋濂为提举,派儿子朱标前去学习经学。六月,耿再成在庆元打败石抹宜孙,石抹宜孙战死,朱元璋派出使者祭奠他。

注释 ① 标:即朱标,朱元璋的长子。 ② 庆元:路名,治所在今浙江龙泉。

原文

秋九月,徐寿辉旧将欧普祥以袁州降。

冬十二月,复遣夏煜以书谕国珍。

翻译

秋季九月,徐寿辉旧将欧普祥以袁州来降。

冬季十二月,再次派遣夏煜送信告谕方国珍。

**原文**

二十一年春二月甲申，立盐茶课①。己亥，置宝源局②。三月丁丑，改枢密院为大都督府③。元将薛显以泗州降。戊寅，国珍遣使来谢，饰金玉马鞍以献。却之曰："今有事四方，所需者人材，所用者粟帛，宝玩非所好也。"

**翻译**

至正二十一年(1361)春季二月甲申日，设立盐税和茶税。己亥日，设置宝源局管理铸币。三月丁丑日，把枢密院改成大都督府。元军将领薛显以泗州来降。戊寅日，方国珍派遣使者前来谢罪，呈送装饰金玉的马鞍。朱元璋推辞说："方今正致力于四方的军政事务，所需要的是人才，所动用的是粮食布帛，金银宝器玩物不是我所喜好的东西。"

**注释** ① 盐茶课：盐税和茶税。 ② 宝源局：管理铸造货币的官署。 ③ 枢密院：元代掌管军机事务的官署名。这里指的是朱元璋所设置的行枢密院。

**原文**

秋七月，友谅将张定边陷安庆。八月，遣使于元平章察罕帖木儿。时察罕平山东，降田丰①，军声大振，故太祖与通好。会察罕方攻益都未下，太祖乃自将舟师征陈友谅。戊戌，克安庆，友谅将丁普郎、傅友德迎降。壬寅，次湖口②，追败友谅于江州③，克其城，友谅

**翻译**

秋季七月，陈友谅的大将张定边攻陷安庆。八月，朱元璋派出使者前往元朝平章察罕帖木儿那里。当时察罕帖木儿扫平山东、降服田丰，军队的声势大振，因此朱元璋与他联系友好。适逢察罕帖木儿正攻打益都未能取胜，朱元璋就自己率水军征伐陈友谅。戊戌日，攻克安庆，陈友谅的将领丁普郎、傅友德出迎归降。壬寅日，朱元璋把军队驻扎在湖口，追击陈友谅到江州，打败了他，并攻下江州城，陈友谅逃往武昌。

奔武昌。分徇南康、建昌、饶、蕲、黄、广济皆下。

冬十一月己未，克抚州。

接着分兵攻取南康、建昌、饶州、蕲州、黄州、广济，都打下来了。

冬季十一月己未日，攻克抚州。

注释 ① 田丰(? —1362)：元末北方红巾军将领。原为镇守黄河义兵万户，响应毛贵起义。毛贵死后自称花马王。 ② 湖口：鄱阳湖入长江之口。今属江西。③ 江州：路名，治所在德化(今江西九江)。

**原文**

二十二年春正月，友谅江西行省丞相胡廷瑞以龙兴降①。乙卯，如龙兴，改为洪都府。谒孔子庙。告谕父老，除陈氏苛政，罢诸军需，存恤贫无告者②，民大悦。袁、瑞、临江、吉安相继下。二月，还应天。邓愈留守洪都。癸未，降人蒋英杀金华守将胡大海，郎中王恺死之③，英叛降张士诚。处州降人李祐之闻变，亦杀行枢密院判耿再成反，都事孙炎④、知府王道同、元帅朱文刚死之。三月癸亥，降人祝宗、康泰反，陷洪都，邓愈走

**翻译**

至正二十二年(1362)春季正月，陈友谅任命的江西行省丞相胡廷瑞由龙兴投降。乙卯日，朱元璋前往龙兴，将它改为洪都府。拜谒孔子庙。向地方长者宣布，革除陈友谅的苛政，免掉各种军需物资的征调，慰问抚恤贫困而又无处求告的人们，老百姓欣喜万分。袁州、瑞州、临江、吉安也相继被攻下来了。二月，朱元璋班师回应天。邓愈留守洪都府。癸未日，归降之人蒋英杀害了金华守将胡大海，郎中王恺同时战死，蒋英叛变降附张士诚。处州归降的李祐之听到兵变的消息，也杀害行枢密院判官耿再成而反叛，都事孙炎、知府王道同、元帅朱文刚同时身死。三月癸亥日，归降之人祝宗、康泰反叛，攻陷洪都，邓愈逃回应天，知府叶琛，都事万思

应天,知府叶琛、都事万思诚死之。是月,明玉珍称帝于重庆,国号夏。

诚身死。这个月,明玉珍在重庆称帝,国号夏。

**注释** ① 龙兴:路名,治所在今江西南昌。 ② 存恤:慰问抚恤。 ③ 郎中:隋唐以后,六部都设有郎中作为各司的长官。 ④ 都事:元代中书省和地方主要官署均设有都事,作为下属官员。

**原文**

夏四月己卯,邵荣复处州①。甲午,徐达复洪都。五月丙午,朱文正、赵德胜、邓愈镇洪都。六月戊寅,察罕以书来报,留我使人不遣。察罕寻为田丰所杀。

秋七月丙辰,平章邵荣、参政赵继祖谋逆,伏诛。

冬十二月,元遣尚书张昶航海至庆元,授太祖江西行省平章政事,不受。察罕子扩廓帖木儿致书归使者。

**翻译**

夏季四月己卯日,邵荣收复处州。甲午日,徐达收复洪都。五月丙午日,朱文正、赵德胜、邓愈奉命镇守洪都。六月戊寅日,察罕帖木儿送来书信作答复,还留下朱元璋的使者不予遣返。不久察罕帖木儿被田丰所杀。

秋季七月丙辰,平章邵荣、参政赵继祖策划兵变,被处死。

冬季十二月,元朝派遣尚书张昶航海到达庆元,授予朱元璋江西行省平章政事的官职,朱元璋不接受。察罕帖木儿的儿子扩廓帖木儿送来书信,归还使者。

① 邵荣(？—1362)：朱元璋部属，任平章。因与参政赵继祖谋划兵变被处死。

原文

二十三年春正月丙寅，遣汪河报之。二月壬申，命将士屯田积谷。是月，友谅将张定边陷饶州。士诚将吕珍破安丰，杀刘福通。三月辛丑，太祖自将救安丰，珍败走，以韩林儿归滁州，乃还应天。

夏四月壬戌，友谅大举兵围洪都。乙丑，诸全守将谢再兴叛，附于士诚。五月，筑礼贤馆。友谅分兵陷吉安，参政刘齐、知府朱叔华死之。陷临江，同知赵天麟死之。陷无为州，知州董曾死之。

秋七月癸酉，太祖自将救洪都。癸未，次湖口，先伏兵泾江口及南湖嘴①，遏友谅归路，檄信州兵守武阳渡②。友谅闻太祖至，解围，

翻译

至正二十三年(1363)春季正月丙寅日，朱元璋派遣汪河前去回复扩廓帖木儿。二月壬申日，命令将士屯田积粮。这个月，陈友谅的大将张定边攻陷饶州。张士诚的将领吕珍攻下安丰，杀了刘福通。三月辛丑日，朱元璋自己率军援救安丰，吕珍兵败逃走。朱元璋带着韩林儿归返滁州后，才回到应天。

夏季四月壬戌日，陈友谅出动大批军队包围洪都。乙丑日，诸全守将谢再兴反叛，投附到张士诚那边。五月，朱元璋建起了礼贤馆。陈友谅分兵攻陷吉安，参政刘齐、知府朱叔华身死；攻陷临江，同知赵天麟身死；攻陷无为州，知州董曾身死。

秋季七月癸酉日，朱元璋亲自率军解救洪都。癸未日，驻扎湖口，先在泾江口及南湖嘴设下伏兵，阻截陈友谅的归路，用檄书传令信州军队把守武阳渡。陈友谅获悉朱元璋到达，撤去对洪都的围困，在鄱阳湖上迎战朱元璋。陈友谅的军队号称六十万，把巨大的战船

逆战于鄱阳湖。友谅兵号六十万，联巨舟为阵，楼橹高十余丈③，绵亘数十里，旌旆戈盾，望之如山。丁亥，遇于康郎山④，太祖分军十一队以御之。戊子，合战，徐达击其前锋，俞通海以火炮焚其舟数十，杀伤略相当。友谅骁将张定边直犯太祖舟，舟胶于沙，不得退，危甚。常遇春从旁射中定边，通海复来援，舟骤进水涌，太祖舟乃得脱。己丑，友谅悉巨舰出战，诸将舟小，仰攻不利，有怖色。太祖亲麾之，不前，斩退缩者十余人，人皆殊死战。会日晡⑤，大风起东北，乃命敢死士操七舟，实火药芦苇中，纵火焚友谅舟。风烈火炽，烟焰涨天，湖水尽赤。友谅兵大乱，诸将鼓噪乘之，斩首二千余级，焚溺死者无算，友谅气夺。辛卯，复战，友谅复大败。于是敛舟自

相连，摆开阵式，战船上架设高达十余丈的瞭望台，阵线绵延几十里，旗帜兵器，看上去如同山峰一般。丁亥日，两军在康郎山遭遇，朱元璋把军队分成十一队来抵挡陈友谅。戊子日，两军交战，徐达攻击陈友谅的前锋部队，俞通海用火炮轰焚陈友谅的战船数十艘，双方伤亡大略相等。陈友谅的骁勇大将张定边直逼朱元璋乘坐的战船，这时此战船在沙滩上搁浅，无法退避，危急万分。常遇春从一旁拉弓射中张定边，俞通海又前来救援，舟船骤然开过来，湖水涌起，朱元璋的战船才得以脱险。己丑日，陈友谅倾全部巨型战船出战，朱元璋的众将所乘战船较小，仰攻大船不利，便流露出畏惧的神情。朱元璋亲自指挥，部众仍不向前，便斩杀退缩者十余名，于是人人都拼着性命投入战斗中。当天下午申时，东北方刮起了大风，朱元璋就命令敢死队士兵驾着七条船，满载火药芦苇，放火焚烧陈友谅的战船。风急火旺，烟焰漫天，湖水映得通红。陈友谅的军队一片混乱，众将领们击鼓呐喊乘机进攻，斩下陈友谅部众的首级二千多，烧死和淹死的无数，陈友谅的气势严重受挫。辛卯日，重新开战，陈友谅又一次大败。于是紧缩战船

守，不敢更战。壬辰，太祖移军扼左蠡⑥，友谅亦退保渚矶⑦。相持三日，其左、右二金吾将军皆降。友谅势益蹙，忿甚，尽杀所获将士。而太祖则悉还所俘，伤者傅以善药⑧，且祭其亲戚诸将阵亡者。八月壬戌，友谅食尽，趋南湖嘴，为南湖军所遏，遂突湖口。太祖邀之⑨，顺流搏战，及于泾江。泾江军复遮击之⑩，友谅中流矢死。张定边以其子理奔武昌。

自保，不敢再战。壬辰日，朱元璋将军队转移，扼守左蠡山，陈友谅也收缩阵线，保障渚矶。双方相持了三天，陈友谅的左、右二金吾将军都投降了，他的处境更加窘迫，恼怒到了极点，将所俘获的将士全部杀死。而朱元璋却将所俘获者全部放还，受伤的用好药给他们敷上，并祭奠他们阵亡的亲戚诸将。八月壬戌日，陈友谅的粮食耗尽，直扑南湖嘴，被南湖的伏兵阻击，于是突击湖口。朱元璋进行拦截，顺江搏杀，到达泾江。泾江的伏兵再次截击，陈友谅中流矢身亡。张定边便带着他的儿子陈理逃奔回武昌。

**注释** ① 泾江口：在安徽宿松南。南湖嘴：在湖口以西，与湖口镇隔湖相望。今属江西。 ② 武阳渡：在今江西南昌东南西洛水入武阳水之口。 ③ 楼橹：古代军中瞭望敌军用的无顶盖高台。 ④ 康郎山：在鄱阳湖中。 ⑤ 日晡（bū）：即日哺。申时，下午三点至五点。 ⑥ 左蠡（lǐ）：山名，在今江西都昌西北。 ⑦ 渚矶：在今江西星子县南，鄱阳湖的西渚，为湖中津要。 ⑧ 傅：同"敷"。 ⑨ 邀：阻截。 ⑩ 遮击：截击。

**原文**

九月，还应天，论功行赏。先是，太祖救安丰，刘基谏不听。至是谓基曰：

**翻译**

九月，朱元璋班师应天，论功行赏。在此之前，朱元璋去援救安丰，刘基劝谏，他没有接受。到此时，朱元璋对刘

"我不当有安丰之行,使友谅乘虚直捣应天,大事去矣。乃顿兵南昌①,不亡何待。友谅亡,天下不难定也。"壬午,自将征陈理。是月,张士诚自称吴王。

冬十月壬寅,围武昌,分徇湖北诸路,皆下。十二月丙申,还应天,常遇春留督诸军。

**注释** ① 顿兵:驻军。

**原文**

二十四年春正月丙寅朔,李善长等率群臣劝进①,不允。固请,乃即吴王位。建百官。以善长为右相国,徐达为左相国,常遇春、俞通海为平章政事,谕之曰:"立国之初,当先正纪纲。元氏暗弱,威福下移,驯至于乱②,今宜鉴之。"立子标为世子③。二月乙未,复自将征武昌,陈理降,汉、沔、

**翻译**

基说:"我不该有安丰之行,假使陈友谅乘虚直捣应天,我的大事业就完了。他却驻军南昌,不自取败亡还等什么。陈友谅死了,天下也就不难平定了。"壬午日,亲自率军征伐陈理。这个月,张士诚自称吴王。

冬季十月壬寅,朱元璋包围武昌,分兵夺取湖北各路,都攻下来了。十二月丙申日,朱元璋返回应天,常遇春留下督率各部军队。

**翻译**

至正二十四年(1364)春季正月丙寅初一日,李善长等率群臣劝进,朱元璋没有应允。大家又坚决恳请,朱元璋才即吴王位。建置各部门职官,任命李善长为右相国,徐达为左相国,常遇春、俞通海为平章政事,吩咐他们说:"建国的初期,该先整顿国纪朝纲。元朝统治者昏庸懦弱,权势向下转移,渐渐形成动乱,现在我们应当用来作为鉴戒。"立儿子朱标为世子。二月乙未日,又亲自率军征伐武昌,陈理投降,将汉阳、沔阳、荆州、岳州一并攻占。三月乙丑日,

荆、岳皆下。三月乙丑，还应天。丁卯，置起居注④。庚午，罢诸翼元帅府，置十七卫亲军指挥使司，命中书省辟文武人材⑤。

夏四月，建祠，祀死事丁普郎等于康郎山，赵德胜等于南昌。

秋七月丁丑，徐达克庐州。戊寅，常遇春徇江西。八月戊戌，复吉安，遂围赣州。达徇荆、湘诸路。九月甲申，下江陵，夷陵、潭、归皆降。

冬十二月庚寅，达克辰州，遣别将下衡州。

班师回应天。丁卯日，设置起居注。庚午日，撤销各翼军队的元帅府，建置十七卫亲军指挥使司，命令中书省征召文武人才。

夏季四月，建筑祠堂，在康郎山和南昌祭祀了为国事捐躯的丁普郎、赵德胜等人。

秋季七月丁丑日，徐达攻克庐州。戊寅日，常遇春进攻江西。八月戊戌日，收复吉安，随即围攻赣州。徐达进攻荆、湘各路。九月甲申日，攻下江陵，夷陵、潭州、归州均降附。

冬季十二月庚寅日，徐达攻克辰州，派遣其他将领攻下了衡州。

注释 ① 劝进：劝说实际上已掌权而有意做帝王的人即位。 ② 驯至：逐渐达到。 ③ 世子：帝王正妻所生的长子。 ④ 起居注：古代朝廷所设专门记录皇帝每日言行的史官。 ⑤ 中书省：古代总管国家政事的官署。元代至明初中书省兼管尚书省的职权，权更重。

原文

二十五年春正月己巳，徐达下宝庆，湖湘平①。常遇春克赣州，熊天瑞降②。

翻译

至正二十五年（1365）春季正月己巳日，徐达攻占宝庆，湖湘地区平定。常遇春攻克赣州，熊天瑞投降。于是奔遂趋南安,招谕岭南诸路,下韶州、南雄。甲申,如南昌,执大都督朱文正以归③,数其罪,安置桐城。二月己丑,福建行省平章陈友定侵处州④,参军胡深击败之⑤,遂下浦城。丙午,士诚将李伯升攻诸全之新城,李文忠大败之⑥。

赴南安,号召劝谕五岭以南各路归附,攻占了韶州、南雄。甲申日,朱元璋前往南昌,捉拿大都督朱文正而归,指责他的罪过,将其安置在桐城县内居住。二月己丑日,福建行省平章陈友定侵犯处州,参军胡深打败了他,接着攻下了浦城。丙午日,张士诚的将领李伯升攻诸全的新城池,李文忠把他打得大败。

**注释** ① 湖湘:泛指洞庭湖、湘江流域,相当于今湖南大部。 ② 熊天瑞:荆州(今湖北江陵)人,乐工出身。元末聚众从徐寿辉攻湘赣,后受陈友谅之命为参政,守赣州,兼统岭南诸路。 ③ 朱文正:朱元璋兄朱兴隆之子。朱元璋自立为吴王,命其为大都督,节制中外诸军事。守江西时,所为多不法,且谋叛降张士诚。后死于桐城(今属安徽)。 ④ 陈友定(?—1368):字安国,福清(今福建福清)人,初为驿卒。因袭击红巾军有功,授县尹。后屡败陈友谅,升任福建行省参知政事、平章,割据闽中。 ⑤ 胡深(1314—1365):字仲渊,龙泉(今浙江龙泉)人。原为元朝将领石抹宜孙帐下元帅。降朱元璋后多有功,官至王府参军。 ⑥ 李文忠(1339—1384):盱眙(今江苏盱眙)人,朱元璋甥。是明朝建国前后的著名将领。

**原文**

夏四月庚寅,常遇春徇襄、汉诸路。五月乙亥,克安陆。己卯,下襄阳。六月壬子,朱亮祖、胡深攻建宁①,战于城下,深被执,

**翻译**

夏季四月庚寅日,常遇春进攻襄阳、汉川各路。五月乙亥日,攻克安陆。己卯日,夺取襄阳。六月壬子日,朱亮祖、胡深进攻建宁,在城下交战,胡深被俘身死。

死之。

秋七月，令从渡江士卒被创废疾者养之②，死者赡其妻子。九月丙辰，建国子学③。

冬十月戊戌，下令讨张士诚。是时，士诚所据，南至绍兴，北有通、泰、高邮、淮安、濠、泗，又北至于济宁。乃命徐达、常遇春等先规取淮东。闰月，围泰州，克之。十一月，张士诚寇宜兴，徐达击败之，遂自宜兴还攻高邮。

秋季七月，朱元璋下令抚养跟随渡江作战而受伤以致肢体残废的将士，死去的则赡养他们的妻子儿女。九月丙辰日，建置国子学。

冬季十月戊戌日，朱元璋下令讨伐张士诚。这时候，张士诚割据的地域，南至绍兴，北有通州、泰州、高邮、淮安、濠州、泗州，而且北边已到达济宁。于是让徐达、常遇春等先设法夺取淮东。闰十月，围攻泰州，攻占了它。十一月，张士诚进犯宜兴，徐达把他击败后，随即从宜兴回师，进攻高邮。

**注释** ① 朱亮祖(？—1380)：六安(今安徽六安)人。元末任义兵元帅，参与镇压起义。被朱元璋俘获，投降。征战有功，为朱元璋的战将之一。建宁：路名，治所在今福建建瓯。 ② 废疾：肢体残废。 ③ 国子学：古代朝廷所设的教育管理机构和最高学府。

**原文**

二十六年春正月癸未，士诚窥江阴，太祖自将救之，士诚遁，康茂才追败之于浮子门。太祖还应天。二月，明玉珍死，子升自立。

**翻译**

至正二十六年(1366)春正月癸未日，张士诚窥伺江阴，朱元璋亲自率部前去救援，张士诚逃遁，康茂才率部追击，在浮子门击败了他。朱元璋班师应天。二月，明玉珍死亡，儿子明升自立三月丙申,令中书严选举。徐达克高邮。

　　夏四月乙卯,袭破士诚将徐义水军于淮安,义遁,梅思祖以城降。濠、徐、宿三州相继下,淮东平。甲子,如濠州省墓①,置守冢二十家②,赐故人汪文、刘英粟帛。置酒召父老饮极欢,曰:"吾去乡十有余年,艰难百战,乃得归省坟墓,与父老子弟复相见。今苦不得久留欢聚为乐。父老幸教子弟孝弟力田③,毋远贾,滨淮郡县尚苦寇掠,父老善自爱。"令有司除租赋,皆顿首谢。辛未,徐达克安丰,分兵败扩廓于徐州。

为夏皇帝。三月丙申日,朱元璋下令中书省整肃选拔官吏事宜。徐达攻克了高邮。

　　夏季四月乙卯日,徐达在淮安袭击并打败了张士诚的部将徐义率领的水军,徐义逃走,梅思祖率全城出降。又相继攻下濠州、徐州、宿州,淮东地区平定。甲子日,朱元璋前往濠州扫墓,设守墓人二十户,赏赐旧友汪文、刘英粮食和布帛。置办酒宴召来乡亲父老畅饮,尽情欢乐,他说道:"我离开家乡十多年,历尽艰难百战,终于能回乡扫墓,与家乡父老子弟重逢。今日苦于不能长久留在这里欢聚享乐。希望父老们教导子弟敬父母,敬爱兄长,努力耕种农田,不要到远处经商,淮河沿岸州县还在为盗寇劫掠所困扰,请父老们善自珍重。"命令官府免除他们的租赋,大家都磕头谢恩。辛未日,徐达攻克安丰,分兵在徐州击败扩廓帖木儿。

**注释**　①省墓:扫墓。　②守冢(zhǒng):守护坟墓的人。　③孝弟:孝顺父母,敬爱兄长。力田:努力耕作农田。

**原文**

　　夏五月壬午,至自濠。庚寅,求遗书。

　　秋八月庚戌,改筑应天

**翻译**

　　夏季五月壬午日,朱元璋从濠州回到应天。庚寅日,下令访求收集散佚的典籍。

城，作新宫钟山之阳。辛亥，命徐达为大将军，常遇春为副将军，帅师二十万讨张士诚。御戟门誓师曰①："城下之日，毋杀掠，毋毁庐舍，毋废丘垄。士诚母葬平江城外，毋侵毁。"既而召问达、遇春，用兵当何先。遇春欲直捣平江。太祖曰："湖州张天骐、杭州潘原明为士诚臂指②，平江穷蹙，两人悉力赴援，难以取胜。不若先攻湖州，使疲于奔命，羽翼既披，平江势孤，立破矣。"甲戌，败张天骐于湖州，士诚亲率兵来援，复败之于皂林。九月乙未，李文忠攻杭州。

秋季八月庚戌日，改筑应天城，在钟山南面筑起新宫。辛亥日，任命徐达为大将军，常遇春为副将军，率领二十万军队征讨张士诚。朱元璋亲临宫门誓师说："攻下城池的时候，不许杀戮抢劫，不许毁坏房屋，不许挖掘坟墓。张士诚的母亲埋葬在平江城外，不许侵犯毁损。"后来又召来徐达、常遇春询问先应攻击何处。常遇春打算直捣平江城。朱元璋说："湖州张天骐、杭州潘原明是张士诚最得力的部下，若平江陷于困境，两人就会全力赴援，那么就难以取胜了。不如先攻打湖州，使他们疲于奔命；羽翼折损之后，平江的势力孤弱了，即刻就可攻下来。"甲戌日，在湖州打败张天骐，张士诚亲率军队前往救援，又在皂林打败张士诚。九月乙未日，李文忠进攻杭州。

注释 ① 戟门：古代官门插戟，所以称官门为戟门。 ② 臂指：手臂使唤手指，运用自如。

**原文**

冬十月壬子，遇春败士诚兵于乌镇。十一月甲申，张天骐降。辛卯，李文忠下

**翻译**

冬季十月壬子日，常遇春在乌镇打败张士诚的军队。十一月甲申日，张天骐投降。辛卯日，李文忠攻下余杭，潘

余杭，潘原明降，旁郡悉下。癸卯，围平江。十二月，韩林儿卒。以明年为吴元年，建庙社宫室，祭告山川。所司进宫殿图，命去雕琢奇丽者。

是岁，元扩廓帖木儿与李思齐、张良弼构怨，屡相攻击，朝命不行，中原民益困。

原明投降，周围各处也一并攻占。癸卯日，包围平江城。十二月，韩林儿去世。朱元璋命令以次年作为吴元年，建筑宗庙、社稷坛和宫室，向山川祭祀祷告。官吏进呈宫殿的图样，他命令除掉雕琢奇丽的部分。

这一年，元朝的扩廓帖木儿与李思齐、张良弼结仇，多次相互攻击，元朝政令不能施行，中原的老百姓更加困苦。

**原文**

二十七年春正月戊戌，谕中书省曰："东南久罹兵革①，民生凋敝，吾甚悯之。且太平、应天诸郡，吾渡江开创地，供亿烦劳久矣②。今比户空虚③，有司急催科，重困吾民，将何以堪。其赐太平田租二年，应天、镇江、宁国、广德各一年。"二月丁未，傅友德败扩廓将李二于徐州，执之。三月丁丑，始设文武科取士。

**翻译**

至正二十七年（1367）春季正月戊戌日，朱元璋吩咐中书省说："东南一带长期遭受战乱，老百姓的生计衰败，我非常怜悯他们。况且太平、应天各处，是我渡江开创的地方，烦劳他们供应物资时间已很久了。现在每家空虚，官府加紧催索租税，加重困扰我的人民，他们怎么承受得了。可免去太平府二年的田租，免去应天府、镇江府、宁国府、广德州各一年的田租。"二月丁未日，傅友德在徐州击败扩廓帖木儿的将领李二，俘获了他。三月丁丑日，开始举办文武科考录取应考学子。

**注释** ①罹（lí）：遭受。兵革：兵器甲胄，指战争。 ②供亿：供应的东西。 ③比户：连户，每家。

**原文**

夏四月，方国珍阴遣人通扩廓及陈友定，移书责之。五月己亥，初置翰林院①。是月，以旱减膳素食，复徐、宿、濠、泗、寿、邳、东海、安东、襄阳、安陆及新附地田租三年。六月戊辰，大雨，群臣请复膳。太祖曰："虽雨，伤禾已多，其赐民今年田租。"癸酉，命朝贺罢女乐②。

**翻译**

夏季四月，方国珍暗地派人结交扩廓帖木儿和陈友定，朱元璋移送文书斥责他。五月己亥日，开始设置翰林院。这个月，由于发生旱灾，朱元璋缩减膳食只吃素食，免除徐州、宿州、濠州、泗州、寿州、邳州、东海、安东、襄阳、安陆及新近归附的地区三年田租。六月戊辰日，天降大雨，群臣请求朱元璋恢复膳食的原来规格。朱元璋说："虽然降雨，但天旱损害禾苗太多，可免去老百姓今年的田租。"癸酉日，命令朝贺时撤销歌舞伎乐。

**注释** ① 翰林院：掌管著作、修史、图书等事务的官署。 ② 女乐：歌女、舞女。

**原文**

秋七月丙子，给府州县官之任费①，赐绮帛及其父母、妻、长子有差，著为令。己丑，雷震宫门兽吻②，赦罪囚。庚寅，遣使责方国珍贡粮。八月癸丑，圜丘、方丘、社稷坛成③。九月甲戌，太庙成④。朱亮祖帅师讨国珍。戊寅，诏曰："先王之政，

**翻译**

秋季七月丙子日，给予地方长官上任的费用，赐给他们及其父、母、妻和长子绮帛各有等级，发出诏令规定以后都照此办理。己丑日，雷霆震坏宫门上的兽吻，于是下令赦免获罪囚徒。庚寅日，派遣使者追索方国珍进贡粮食。八月癸丑日，圜丘、方丘、社稷坛筑成。九月甲戌日，太庙落成。朱亮祖率军讨伐方国珍。戊寅日，朱元璋下诏说："先王的制度，惩处罪犯不牵连他们的妻儿。

罪不及孥⑤。自今除大逆不道,毋连坐。"辛巳,徐达克平江,执士诚,吴地平⑥。戊戌,遣使致书于元主,送其宗室神保大王等北还。辛丑,论平吴功,封李善长宣国公,徐达信国公,常遇春鄂国公。将士赐赉有差⑦。朱亮祖克台州。癸卯,新宫成。

从今以后,除了犯大逆不道罪的,一概不牵连其家人受罚。"辛巳日,徐达攻克平江城,俘虏了张士诚,吴地平定。戊戌日,派使者给元朝皇帝致信,遣送他的宗室神保大王等人返回北方。辛丑日,论平定吴地的功劳,封李善长为宣国公,徐达为信国公,常遇春为鄂国公,按等次给将士们以赏赐。朱亮祖攻克台州。癸卯日,新宫室建成。

注释 ① 之任:赴官上任。 ② 兽吻:门环上的饰物。 ③ 圜丘:圜(yuán),即圆。古代祭天的圆坛。方丘:古代祭地的方坛。社稷坛:古代祭土神、谷神的坛。 ④ 太庙:帝王的祖庙。 ⑤ 孥(nú):妻子及儿女。 ⑥ 吴地:泛指今太湖流域一带。 ⑦ 赐赉(lài):赏赐。

原文

冬十月甲辰,遣起居注吴琳、魏观以币求遗贤于四方①。丙午,令百官礼仪尚左。改李善长左相国,徐达右相国。辛亥,祀元臣余阙于安庆,李黼于江州。壬子,置御史台②。癸丑,汤和为征南将军,吴祯副之,讨国珍。甲寅,定律令。戊午,正郊社、太庙雅乐③。

翻译

冬季十月甲辰日,派出起居注吴琳、魏观带着缯帛到各地寻访隐逸的贤人。丙午日,下令各级职官的礼仪以左边为尊。改任李善长为左相国,徐达为右相国。辛亥日,分别在安庆、江州祭祀元朝臣子余阙、李黼。壬子日,设置御史台。癸丑日,任命汤和为征南将军,吴祯为副手,讨伐方国珍。甲寅日,制定法律。戊午日,考定祭祀天地的典雅乐曲。

**注释** ① 币：古人用以馈赠或祭祀的礼物,如缯帛或车马玉帛等。 ② 御史台：掌管监察、弹劾官吏的官署。 ③ 郊社：祭祀天地。

**原文**

庚申,召诸将议北征。太祖曰:"山东则王宣反侧①,河南则扩廓跋扈,关、陇则李思齐、张思道枭张猜忌②,元祚将亡③,中原涂炭。今将北伐,拯生民于水火,何以决胜?"遇春对曰:"以我百战之师,敌彼久逸之卒,直捣元都,破竹之势也。"太祖曰:"元建国百年,守备必固,悬军深入,馈饷不前,援兵四集,危道也。吾欲先取山东,撤彼屏蔽,移兵两河,破其藩篱,拔潼关而守之,扼其户槛。天下形胜入我掌握,然后进兵,元都势孤援绝,不战自克。鼓行而西,云中、九原、关、陇可席卷也。"诸将皆曰"善"。

**翻译**

庚申日,召集众将商讨北征事宜。朱元璋说:"在山东则有王宣反复无常,在河南则有扩廓帖木儿飞扬跋扈,在关中、陇州则有李思齐、张思道猖狂放肆、猜嫌疑忌,元朝的皇位将要失去,中原大地正遭受涂炭。现在我将要北伐,从水火之中拯救老百姓,怎样取胜呢?"常遇春回答说:"用我们久经战斗的军队,去对付元朝长期享受安乐的士卒,直捣元都,就如同破竹之势啊。"朱元璋说:"元朝建国百年,元都的守备必定坚固,孤军深入,粮饷供应到达不了前线,对方的救兵可以从各地调集,这是危险的方法。我打算先夺取山东,撤去元都的屏障,再将军队转移到河南、河北,打掉元都的外蔽,攻占并据守潼关,卡住元都的门槛。天下的战略要地都落入我的掌握之中,然后进军,元都势力孤单,外援断绝,不用作战,自然可以夺得。我们大张旗鼓西进,云中、九原、关中、陇州就可像卷席子一样全都卷进来。"众将领都纷纷表示赞同。

**注释** ①反侧:反复无常。 ②枭张:猖狂,放肆。 ③祚(zuò):皇位。

**原文**

甲子,徐达为征虏大将军,常遇春为副将军,帅师二十五万,由淮入河,北取中原。胡廷瑞为征南将军,何文辉为副将军,取福建。湖广行省平章杨璟、左丞周德兴、参政张彬取广西。己巳,朱亮祖克温州。十一月辛巳,汤和克庆元,方国珍遁入海。壬午,徐达克沂州,斩王宣。己丑,廖永忠为征南副将军,自海道会和讨国珍。乙未,颁《大统历》。辛丑,徐达克益都。十二月甲辰,颁律令。丁未,方国珍降,浙东平。张兴祖下东平,兖东州县相继降。己酉,徐达下济南。胡廷瑞下邵武。癸丑,李善长帅百官劝进,表三上,乃许。甲子,告于上帝①……

**翻译**

甲子日,命令徐达担任征虏大将军,常遇春担任副将军,率军二十五万,由淮河进入黄河,往北攻取中原。胡廷瑞担任征南将军,何文辉担任副将军,攻取福建。湖广行省平章杨璟、左丞周德兴、参政张彬攻取广西。己巳日,朱亮祖攻克温州。十一月辛巳日,汤和攻克庆元,方国珍逃入海中。壬午日,徐达攻克沂州,斩杀王宣。己丑日,廖永忠担任征南副将军,从海路会同汤和讨伐方国珍。乙未日,颁布《大统历》。辛丑日,徐达攻克益都。十二月甲辰日,颁布法律。丁未日,方国珍投降,浙东平定。张兴祖攻占东平,兖州以东的州县相继降附。己酉日,徐达夺取济南。胡廷瑞攻占邵武。癸丑日,李善长率众官员劝朱元璋即皇帝位,表文三次呈上,朱元璋才同意。甲子日,举行祭天仪式,向天帝报告即位的消息……

**注释** ①告于上帝:古代皇帝即位前要举行祭天的"类祭",也称作"告类上帝"。

# 太祖孝慈高皇后传

## 导读

朱元璋的皇后马氏，是他在贫贱中结合的元配妻子。她是一位十分贤惠的妇女，无论在贫贱时还是贵为皇后时，都保持着中国传统妇女的美德，堪称朱元璋的贤内助。这在中国历史上众多的后妃中，是十分难能可贵的。

本传记述了马后一生的主要事迹，特别注重表彰她在生活上关心朱元璋，在政事上对朱元璋多所协助、匡补等突出事例，充分反映了她的卓越见识和高尚品格，也从一个侧面表现了朱元璋在开国创业时期的开明风度，对了解明初政治情状有很好的参考价值。（选自卷一一三）

## 原文

太祖孝慈高皇后马氏，宿州人①。父马公，母郑媪，早卒。马公素善郭子兴②，遂以后托子兴。马公卒，子兴育之如己女。子兴奇太祖，以后归焉。

## 翻译

太祖孝慈高皇后马氏，宿州人。父亲马公，母亲郑媪，死得很早。马公历来与郭子兴关系很好，于是把皇后托付给郭子兴。马公死后，郭子兴养育马皇后如同自己的女儿。郭子兴认为太祖朱元璋是个奇人，就把皇后嫁给太祖。

注释 ① 宿州：治所在今安徽宿州南。 ② 郭子兴（？—1355）：元末江淮地区红巾军首领。元至正十一年（1351），与农民孙德崖等率众起义，攻克濠州后，当农民军内部发生矛盾时，依靠朱元璋的支持，驻守滁州。后来在和县病死。

**原文**

后仁慈有智鉴,好书史。太祖有札记,辄命后掌之,仓卒未尝忘。子兴尝信谗,疑太祖。后善事其妻,嫌隙得释。太祖既克太平①,后率将士妻妾渡江。及居江宁②,吴、汉接境③,战无虚日,亲缉甲士衣鞋佐军。陈友谅寇龙湾④,太祖率师御之,后尽发宫中金帛犒士。尝语太祖,定天下以不杀人为本。太祖善之。

**翻译**

皇后仁慈,有智谋和鉴察力,爱好读书读史。太祖有札记的字条,总是命皇后保管它们,仓促间从来没有忘记放在哪里。郭子兴曾经听信谗言,怀疑太祖。皇后好好地侍奉郭子兴的妻子,使嫌疑和隔阂得到消除。太祖攻克太平之后,皇后率领将士的妻妾渡过长江。住在江宁以后,吴、汉边境相接,战争没有间断的时刻,皇后亲自缝制战士的衣服鞋子以帮助军队。陈友谅攻克龙湾,太祖率领军队抵御陈友谅,皇后拿出宫中的全部金银布帛犒劳战士。曾经对太祖说,平定天下以不杀人作为根本原则。太祖认为这话很好。

**注释**　①太平:元末太平路,治所在当涂县(今安徽当涂)。　②江宁:在今江苏南京。　③吴:张士诚于元至正二十三年(1363)杀红巾军领袖刘福通之后,曾自称为吴王,不久即被朱元璋击败。朱元璋于龙凤二年(1356)攻下集庆(今南京)后称吴国公,后来又改称吴王。这里的吴当指朱元璋初建立的政权。汉:指陈友谅建立的政权。　④龙湾:在今江苏南京城区西北。

**原文**

洪武元年正月①,太祖即帝位,册为皇后。初,后从帝军中,值岁大歉,帝又为郭氏所疑,尝乏食。后窃

**翻译**

洪武元年(1368)正月,太祖登上皇帝宝座,册封马氏为皇后。当初,马皇后跟随皇帝在军中,正遇到年成大歉收,皇帝又被郭子兴怀疑,常常没饭吃。

炊饼,怀以进,肉为焦。居常贮糗糒脯脩供帝②,无所乏绝,而己不宿饱。及贵,帝比之"芜蒌豆粥"③,"滹沱麦饭"④,每对群臣述后贤,同于唐长孙皇后⑤,退以语后,后曰:"妾闻夫妇相保易,君臣相保难。陛下不忘妾同贫贱,愿无忘群臣同艰难。且妾何敢比长孙皇后也?"

马皇后偷了炊饼,藏在怀里送给他吃,致使皮肤被烫伤。平时经常贮存干粮干肉供应皇帝,没有缺食断粮的时候,而自己经常吃不饱。到了显贵时,皇帝把这些供给的食物比喻为"芜蒌亭的豆粥,滹沱河的麦饭",常常对群臣讲述马皇后的贤惠,与唐代的长孙皇后一样。退朝回来告诉马皇后,马皇后说:"妾听说夫妇相保容易,君臣相保很难。陛下不忘记与我同受过贫贱,希望不要忘记与群臣共同经受过艰难。而且我哪里敢比长孙皇后呢?"

**注释** ① 洪武:明太祖朱元璋的年号,洪武元年为公元 1368 年。 ② 糗(qiǔ)糒(bèi):干粮。脩:干肉。 ③ 芜蒌豆粥:东汉光武帝刘秀称帝前,曾被王郎追击,至饶阳(今河北饶阳)芜蒌亭,饥寒疲困,冯异送上豆粥,刘秀等吃后饥寒俱解,因此称帝后对这顿芜蒌豆粥念念不忘。 ④ 滹沱麦饭:东汉光武帝抗击王郎,到了滹沱河附近的南宫县,正值大风雨,入路旁空舍中歇息,冯异、邓禹煮麦饭供食。这滹沱麦饭与芜蒌豆粥一样,解饥寒,振困乏,光武帝嘉称是冯异的厚意。 ⑤ 长孙皇后:唐太宗皇后长孙氏,洛阳人。其先世为魏拓跋氏。后知《书》传,明礼法,性俭约,劝太宗纳忠容谏,她是帝王后妃中的表率。

**原文**

后勤于内治,暇则讲求古训。告六宫,以宋多贤后,命女史录其家法①,朝夕省览。或言宋过仁厚,后曰

**翻译**

马皇后勤于治理内宫,有空就讲解学习古代的训典。告诉六宫的嫔妃,认为宋代多有贤惠的皇后,命令女史抄录宋代皇后的家法,早晚仔细阅览。有人

"过仁厚，不愈于刻薄乎？"一日，问女史："黄老何教也，而窦太后好之②？"女史曰："清净无为为本。若绝仁弃义，民复孝慈，是其教矣。"后曰："孝慈即仁义也，讵有绝仁义而为孝慈者哉？"后尝诵《小学》③，求帝表章焉。

说宋代过于仁厚，马皇后说："过于仁厚，不就好过了刻薄吗？"一天，问女史："黄老有什么教诲，而窦太后喜好它？"女史说："黄老主张清静无为作为根本。比如弃绝仁，抛弃义，民众就恢复到孝慈，这就是它们的教诲。"马皇后说："孝慈就是仁义，哪里有弃绝仁义才是孝慈的呢？"马皇后曾诵读《小学》，请求皇帝表彰宣传这部书。

**注释** ① 家法：旧时家长统制家族、训诫子弟的法规。 ② 窦太后(？—前135)：西汉文帝皇后。清河观津(今河北衡水东)人。吕后时，为代王(文帝)姬。代王入为皇帝，她被立为后。景帝继位，尊为皇太后，好黄老之学。武帝即位初期，她曾罢逐大臣窦婴、田蚡、赵绾、王臧和儒生辕固生等。 ③《小学》：中国旧时的儿童教育课本。宋朝朱熹、刘子澄编。辑录符合封建道德的言行，共六卷，分内、外篇。内篇有《立教》《明伦》《敬身》《稽古》，外篇有《嘉言》《善行》。

**原文**

帝前殿决事，或震怒，后伺帝还宫，辄随事微谏。虽帝性严，然为缓刑戮者数矣。参军郭景祥守和州，人言其子持稍欲杀父①，帝将诛之。后曰："景祥止一子，人言或不实，杀之恐绝其后。"帝廉之，果枉。李文忠

**翻译**

皇帝在前殿处理政事，有时震怒，马皇后候着皇帝回到后宫，总是顺着事情委婉劝谏。虽然皇帝性子严烈，但是使皇帝减缓刑杀的事就有许多次。参军郭景祥守和州，有人说他儿子拿着长矛要杀父亲，皇帝将要诛杀他的儿子。马皇后说："郭景祥只有一个儿子，人们说的或许不真实，杀了他儿子恐怕就绝了郭景祥的后代。"皇帝核查这事，果然

守严州，杨宪诬其不法，帝欲召还。后曰："严，敌境也，轻易将不宜。且文忠素贤，宪言讵可信。"帝遂已。文忠后卒有功。学士宋濂坐孙慎罪②，逮至，论死。后谏曰："民家为子弟延师，尚以礼全终始，况天子乎？且濂家居，必不知情。"帝不听。会后侍帝食，不御酒肉。帝问故。对曰："妾为宋先生作福事也③。"帝恻然，投箸起。明日赦濂，安置茂州④。吴兴富民沈秀者，助筑都城三之一，又请犒军。帝怒曰："匹夫犒天子军，乱民也，宜诛。"后谏曰："妾闻法者，诛不法也，非以诛不祥。民富敌国，民自不祥。不祥之民，天将灾之，陛下何诛焉？"乃释秀，戍云南⑤。帝尝令重囚筑城⑥。后曰："赎罪罚役，国家至恩。但疲囚加役，恐仍不免死亡。"帝乃悉赦之。

冤枉。李文忠守严州，杨宪诬告他不守法，皇帝打算召他回来。马皇后说："严州，是接近敌人的边境，随便更换守将不适宜。而且李文忠向来贤良，杨宪的话岂可轻信？"皇帝于是停止了召回李文忠这事。李文忠后来终于立下战功。学士宋濂因孙子宋慎的问题而涉罪，逮捕押送到京城，判定死刑。马皇后劝谏说："民家为子弟请老师，还按礼节有始有终，何况你身为天子呢？而且宋濂住在老家，必定不知情。"皇帝不听从。正好马皇后侍候皇帝进餐，不上酒肉，皇帝问原因。回答说："妾是为宋先生作福事。"皇帝心中悯恻，丢下筷子站起来。第二天赦了宋濂的死罪，流徙安置在茂州。吴兴的富民沈秀，资助修筑都城的三分之一，又请求犒劳军队。皇帝发怒说："匹夫犒劳天子的军队，这是乱民，应该诛杀。"马皇后劝谏说："妾听说，法就是诛杀不法的，不是用来诛杀不祥的。小民的富裕敌得上国家，小民自是不祥。不祥之民，天将给他灾害，陛下诛杀他做什么呢？"于是放了沈秀，充军到云南。皇帝曾令犯了重罪的死囚去筑城。马皇后说："赎罪罚作劳役，这是国家最大的恩典。但是疲惫的囚犯加上劳役，恐怕仍然不免死亡。"皇

帝尝怒责宫人,后亦佯怒,令执付宫正司议罪。帝曰:"何为?"后曰:"帝王不以喜怒加刑赏。当陛下怒时,恐有畸重。付宫正,则酌其平矣。即陛下论人罪亦诏有司耳。"

帝于是全部赦免了他们。皇帝曾经发怒责罚宫人,马皇后也佯装发怒,命令押她们交付宫正司定罪。皇帝说:"为什么?"马皇后说:"帝王不因为自己的喜怒来施加刑罚和赏赐。当陛下发怒时,恐怕有偏重。交付宫正,就可以斟酌刑罚的公平了。就是陛下治人的罪也要下诏令给官府的。"

**注释** ① 矟(shuò):长矛,即槊。 ② 宋濂(1310—1381):明初文学家,字景濂,号潜溪,浦江(今属浙江)人。曾受业于吴莱、柳贯、黄溍。明初奉命主修《元史》,官至学士承旨知制诰,深得太祖宠信。其长孙宋慎因牵涉胡惟庸案入罪。 ③ 作福事:这里指斋戒,为将要死的人致哀悯。俗习讳言死丧,送终丧殡有言做好事或作福事的。 ④ 安置茂州:指流徙到茂州。茂州,治所在汶山县(今四川茂县)。 ⑤ 戍:戍守。这里指罪罚充军戍守边险之地。 ⑥ 重囚:犯了重罪的囚徒,已判死刑,即死囚。

**原文**

一日,问帝:"今天下民安乎?"帝曰:"此非尔所宜问也。"后曰:"陛下天下父,妾忝天下母,子之安否,何可不问?"遇岁旱,辄率宫人蔬食,助祈祷。岁凶,则设麦饭野羹。帝或告以振恤。后曰:"振恤不如蓄积之先

**翻译**

一天,马皇后问皇帝:"现在天下的百姓平安吗?"皇帝说:"这不是你所应当问的。"马皇后说:"陛下是天下的父亲,妾愧为天下的母亲,子女平安不平安,怎么可以不问?"遇到年岁干旱,总是率领宫人吃素菜饭,帮助祈祷。年岁有灾,就只吃麦饭野菜。皇帝有时宣布进行赈济抚恤。马皇后说:"救济不如事先准备积蓄粮食。"奏报政事的官员

备也。"奏事官朝散，会食廷中，后命中官取饮食亲尝之，味弗甘，遂启帝曰："人主自奉欲薄，养贤宜厚。"帝为饬光禄官①。帝幸太学还②，后问生徒几何，帝曰："数千。"后曰："人才众矣。诸生有廪食③，妻子将何所仰给?"于是立红板仓④，积粮赐其家。太学生家粮自后始。诸将克元都，俘宝玉至。后曰："元有是而不能守，意者帝王自有宝欤?"帝曰："朕知后谓得贤为宝耳。"后拜谢曰："诚如陛下言。妾与陛下起贫贱，至今日。恒恐骄纵生于奢侈，危亡起于细微，故愿得贤人共理天下。"又曰："法屡更必弊，法弊则奸生。民数扰必困，民困则乱生。"帝叹曰："至言也。"命女史书之册。其规正，类如此。

们朝见之后，在宫廷中集中吃饭，马皇后命宫中的官员拿来饮食亲自尝一尝，滋味不好，于是报告皇帝说："人主自己服用的要菲薄，养育贤才的应该丰厚。"皇帝为此告诫光禄官。皇帝视察太学回宫，马皇后问："太学生有多少?"皇帝说："有数千人。"马皇后说："人才很多了。这些学生有国家发给的口粮，他们的妻子儿女靠哪里供给呢?"于是建立了红板仓，积蓄粮食赐给太学生的家族。给太学生的家族口粮是从马皇后这时开始的。众将军攻克元朝首都，缴获了珍宝玉器来到南京。马皇后说："元朝有这些宝贝而不能守住，我想大概帝王自有独特的宝贝吧?"皇帝说："朕知道皇后是说只有得到贤才才是宝贝呢!"马皇后敬拜称谢说："正如陛下说的。我与陛下从贫贱中兴起，直到今天，常常担心骄傲放纵在奢侈中产生，危险灭亡在细微处产生，所以希望得到贤人共同治理天下。"又说："法令经常更改必然产生弊病，法令有了弊病则奸邪产生。百姓多次受到侵扰必然困穷，百姓困穷则乱事发生。"皇帝感叹说："这是最贤明的言论。"命令女史写在史册上。马皇后规劝皇帝做正确的事，大都像这样。

原文

帝每御膳，后皆躬自省视。平居服大练浣濯之衣，虽敝不忍易。闻元世祖后煮故弓弦事①，亦命取练织为衾裯，以赐高年茕独。余帛颣丝，缉成衣裳，赐诸王妃公主，使知蚕桑艰难。妃嫔宫人被宠有子者，厚待之。命妇入朝②，待之如家人礼。帝欲访后族人官之，后谢曰："爵禄私外家，非法。"力辞而止。然言及父母早卒，辄悲哀流涕。帝封马公徐王，郑媪为王夫人，修墓置庙焉。

翻译

皇帝每次吃饭，马皇后都亲自照料察看。平时穿粗布洗涤的衣服，虽然破旧也舍不得换。听说元世祖的皇后煮旧弓弦的事，也命人取来帛丝织成被子，以赐给孤独的老年人。剩下的布帛线丝，缝成衣裳，赐给各位王妃和公主，使他们知道养蚕种桑的艰难。妃嫔和宫女受到皇帝恩宠有孩子的，皇后都很厚道地对待她们。受有封号的官员夫人等进宫朝见，以如同家人的礼节接待她们。皇帝打算寻访马皇后的族人以便给他们官职，马皇后辞谢说："爵禄私自封给外家，不合法令。"极力推辞而阻止了。但是一说到父母早死，总是悲哀哭泣。皇帝封马公为徐王，郑媪为徐王夫人，给他们修墓建庙。

**原文**

洪武十五年八月寝疾。群臣请祷祀，求良医。后谓帝曰："死生，命也，祷祀何益？且医何能活人？使服药不效，得毋以妾故而罪诸医乎！"疾亟，帝问所欲言。曰："愿陛下求贤纳谏，慎终如始，子孙皆贤，臣民得所而已。"是月丙戌崩，年五十一。帝恸哭，遂不复立后。是年九月庚午葬孝陵，谥曰孝慈皇后。宫人思之，作歌曰："我后圣慈，化行家邦。抚我育我，怀德难忘。怀德难忘，于万斯年。毖彼下泉，悠悠苍天。"永乐元年上尊谥曰孝慈昭宪至仁文德承天顺圣高皇后。嘉靖十七年加上尊谥曰孝慈贞化哲顺仁徽成天育圣至德高皇后。

**翻译**

洪武十五年（1382）八月，马皇后卧病。群臣请求祈祷祭神，寻求良医。马皇后对皇帝说："死生，这是命，祈祷祭神有什么益处？而且医生哪能救人活命？假使吃药无效，该不会因妾的缘故而怪罪那些医生吧！"病重，皇帝问她想要说的话。马皇后说："愿陛下寻求贤人，听纳劝谏，谨慎终节像开始建业时一样，子孙都贤明，臣民各得其所而已。"这月丙戌日逝世，年龄五十一岁。皇帝悲恸哭泣，于是不再册立皇后。这一年九月庚午日葬在孝陵，谥号称作孝慈皇后。宫人们怀念马皇后，作了一首歌说："我们的皇后圣明仁慈，教化推行到家室和全国。抚养我们教育我们，怀念恩德永不忘记。怀念恩德永不忘记，直到那千秋万年。如流淌不止的泉水，如悠悠长久的苍天。"永乐元年（1403）加上尊称的谥号称孝慈昭宪至仁文德承天顺圣高皇后，嘉靖十七年（1538）又加上尊称的谥号称孝慈贞化哲顺仁徽成天育圣至德高皇后。

# 刘 基 传

导读

刘基,字伯温,是中国历史上一位富有传奇色彩的人物。人们把他看作张良、诸葛亮一类军师式的人物,又看作擅长神秘术数、料事如神的奇人,这在本篇传记中有充分反映。

本篇传记着力处是对刘基行为品格及才智的描写。读了此篇,人们对刘基留下的印象是:刚直不阿、嫉恶如仇、宽宏大量、不记私怨、明于自知、清廉正直、执法严明、多谋善断、韬略过人等,几乎是完美无缺的贤才风貌。诚然,刘基在辅佐朱元璋于农民战争中取胜、建立明朝方面有卓著的功绩,但我们不能不看到,其中某些记载有夸张、渲染的成分。

这篇传记给予人们不少具体的历史知识,比如元末官吏的受贿枉法,农民战争各派势力的吞并争战,明初太史令的掌管历法,有关法令的制定,税粮数额多于宋代,为优待功臣减除其一县税粮的特殊政策等。此外,朱元璋与陈友谅鄱阳湖大战的生动描写,也是一份关于古代战争场景的绝好资料。

从史书编纂方面看,本篇比之《明实录》中的刘基传记,删除了不少具体事例,显得较为简洁。要想更多地了解刘基其人,读者可以再将《明实录》的刘基传记找来对照阅读。(选自卷一二八)

原文 | 翻译

刘基,字伯温,青田 | 刘基,字伯温,青田人。曾祖父刘

人①。曾祖濠，仕宋为翰林掌书。宋亡，邑子林融倡义旅。事败，元遣使簿录其党，多连染②。使道宿濠家，濠醉使者而焚其庐，籍悉毁。使者计无所出，乃为更其籍，连染者皆得免。

濠，在宋朝做官当翰林掌书。宋朝灭亡后，同县的人林融带头组织义军，起义失败，元朝派来使者用簿册登记林融的同党，牵涉株连了很多人。使者半路借宿刘濠家，刘濠灌醉使者又焚烧了他的房子，簿册全部烧毁。使者想不出办法，于是更换了簿册，牵涉株连的人都得以免害。

注释 ① 青田：今浙江青田。 ② 染：本指传染，这里指牵连，受株连。

原文

基幼颖异，其师郑复初谓其父爚曰："君祖德厚，此子必大君之门矣。"元至顺间①，举进士，除高安丞，有廉直声。行省辟之②，谢去。起为江浙儒学副提举③，论御史失职，为台臣所阻，再投劾归④。基博通经史，于书无不窥，尤精象纬之学⑤。西蜀赵天泽论江左人物，首称基，以为诸葛孔明俦也⑥。

翻译

刘基幼时聪颖出众，他的老师郑复初对他父亲刘爚说："您祖上积德很厚，这孩子一定会光大您的门楣。"元朝至顺年间，刘基考中进士，授官高安县丞，有清廉正直的名声。行省征召刘基，辞官而去。又举用为江浙儒学副提举，他批评御史失职，被谏官阻止，他再次投呈，弹劾自己，辞官回家。刘基博学精通经书史书，没有不看的书籍，特别精通占星术。西蜀的赵天泽评论长江下游南岸的人物，把刘基排在首位，认为刘基是诸葛孔明一样的人物。

注释 ① 至顺：元文宗年号（1330—1333）。 ② 行省：元代中央之下的大行政区，全国分十大行省。 ③ 儒学副提举：行省设儒学提举司，副提举为其副长官。

④ 投劾：官员投呈，弹劾自己，请求去职。　⑤ 象纬：日月五星，泛指星象。　⑥ 俦（chóu）：同一类人。

原文

方国珍起海上①，掠郡县，有司不能制。行省复辟基为元帅府都事。基议筑庆元诸城以逼贼②，国珍气沮。及左丞帖里帖木儿招谕国珍，基言方氏兄弟首乱，不诛无以惩后。国珍惧，厚赂基。基不受。国珍乃使人浮海至京，贿用事者。遂诏抚国珍，授以官，而责基擅威福，羁管绍兴，方氏遂愈横。亡何，山寇蜂起，行省复辟基剿捕，与行院判石抹宜孙守处州③。经略使李国凤上其功，执政以方氏故抑之，授总管府判，不与兵事。基遂弃官还青田，著《郁离子》以见志④。时避方氏者争依基，基稍为部署，寇不敢犯。

翻译

方国珍在海上起事，抢掠郡县，官府不能制服。行省又征召刘基为元帅府都事。刘基建议修筑庆元等地的城墙来逼住强盗，方国珍气势沮丧。到了左丞帖里帖木儿招安方国珍时，刘基说方氏兄弟带头作乱，不诛死就不能惩戒以后的人。方国珍害怕了，厚重地贿赂刘基。刘基不接受。方国珍就派人从海上乘船到京城，贿赂管事的官吏。结果下诏招抚方国珍，授给官职，并斥责刘基擅权作威作福，把刘基约束管制在绍兴，方氏于是更加猖狂。没多久，土匪到处出现，行省又征召刘基剿灭捕杀，与行院判石抹宜孙镇守处州。经略使李国凤向上汇报他们的功劳，京城当权的官员由于方氏的事故意压低刘基的功劳，只授官为总管府判，不准过问军事。刘基于是弃官返回青田，写作《郁离子》来表明志向。当时躲避方氏的人争着依附刘基，刘基稍加部署安排，强盗不敢来犯。

**注释** ① 方国珍：黄岩人，1348年为逃避官府追捕与兄弟多人逃到海上，聚众抢劫。 ② 庆元：在今浙江龙泉。 ③ 处州：州治在今浙江丽水。 ④《郁离子》：书名，以寓言故事表达思想，今存。

**原文**

　　及太祖下金华，定括苍，闻基及宋濂等名①，以币聘。基未应，总制孙炎再致书固邀之，基始出。既至，陈时务十八策。太祖大喜，筑礼贤馆以处基等，宠礼甚至。

**翻译**

　　等到太祖朱元璋攻下金华，平定括苍山，听到刘基和宋濂等人的名声，就用礼物聘请他。刘基没有答应，总制孙炎再三写信坚持邀请刘基，刘基才出来效力。到了太祖这里，陈述关于当时时务的十八条建议。太祖大喜，修建礼贤馆，用来安顿刘基等人，恩宠、礼仪做得十分周到。

**注释** ① 宋濂（1310—1381）：金华人，朱元璋心腹谋士，参与制定明朝开国典章制度，后贬官病死。

**原文**

　　初，太祖以韩林儿称宋后①，遥奉之。岁首，中书省设御座行礼，基独不拜，曰："牧竖耳，奉之何为！"因见太祖，陈天命所在。太祖问征取计，基曰："士诚自守虏②，不足虑。友谅劫主胁下③，名号不正，地据上流，

**翻译**

　　当初，太祖因为韩林儿自称是宋王朝的后代，虽自己远在南方还尊奉他。一年之初，中书省摆下御座，让众人向韩林儿行礼，只有刘基一人不下拜，说："不过一个放牛小子，尊奉他干什么？"于是去见太祖，讲明天命所在。太祖询问征讨攻取的计策，刘基说："张士诚是个自守的家伙，不足担心。陈友谅劫持他们的首领胁迫部下，他汉王的名号也

其心无日忘我,宜先图之。陈氏灭,张氏势孤,一举可定。然后北向中原,王业可成也。"太祖大悦曰:"先生有至计,勿惜尽言。"会陈友谅陷太平④,谋东下,势张甚,诸将或议降,或议奔据钟山,基张目不言。太祖召入内,基奋曰:"主降及奔者,可斩也。"太祖曰:"先生计安出?"基曰:"贼骄矣,待其深入,伏兵邀取之,易耳。天道后举者胜,取威制敌以成王业,在此举矣。"太祖用其策,诱友谅至,大破之,以克敌赏赏基。基辞。友谅兵复陷安庆,太祖欲自将讨之,以问基。基力赞,遂出师攻安庆。自旦及暮不下,基请径趋江州⑤,捣友谅巢穴,遂悉军西上。友谅出不意,帅妻子奔武昌,江州降。其龙兴守将胡美遣子通款⑥,请勿散其部曲。太祖有难色。基从后蹴胡床⑦。

不正,地盘处于长江上游,他的心里没有一天忘了我们,应该先谋划攻击他。陈氏灭亡后,张氏势孤力单,出兵就可平定。然后向北方中原进兵,帝王大业可以成功。"太祖十分高兴,说:"先生有妙计,不要吝惜,都讲出来。"正巧这时陈友谅攻下太平,计划沿江东下,声势十分嚣张。将领们或提议投降,或建议逃跑去占据钟山,刘基瞪着眼不说话。太祖召他入内,刘基奋然说道:"主张投降和逃跑的人,应该砍头。"太祖说:"先生的计策怎样?"刘基说:"陈氏贼军已经骄傲了,等着他们深入,埋伏兵力拦击打败他们,很容易了。按照天理,后行动者得胜,夺取威势,制服敌人,以成功帝王大业,就在此次行动了。"太祖采用他的计策,引诱陈友谅前来,大破陈军,用克敌制胜的奖赏赏赐刘基。刘基推辞。陈友谅的军队又攻陷了安庆,太祖打算亲自带领部队讨伐他,来询问刘基。刘基极力赞成,于是出兵进攻安庆。从早上到傍晚攻不下安庆,刘基请求派兵直接攻向江州,捣毁陈友谅的巢穴。于是全部军队西上。陈友谅出于意料之外,带着妻妾子女逃到武昌,江州投降。陈友谅守龙兴的大将胡美派儿子来求情,请求不要解散他的私人军

太祖悟，许之。美降，江西诸郡皆下。

队。太祖现出难以同意的脸色。刘基从后边踢太祖坐的胡床，太祖醒悟，允许了胡美。胡美投降，江西各郡都随之投降。

① 韩林儿：韩山童之子，韩山童起义战死，韩林儿被救出，建国号宋。② 士诚：张士诚，反元军首领之一，在江苏、浙北一带。 ③ 友谅：陈友谅，反元军首领之一，在江西、湖广一带。 ④ 太平：今安徽当涂。 ⑤ 江州：今江西九江。⑥ 龙兴：今江西南昌。通款：讲和，谈判。 ⑦ 胡床：一种可以折叠的轻便坐具。

**原文**

基丧母，值兵事未敢言，至是请还葬。会苗军反，杀金、处守将胡大海、耿再成等，浙东摇动。基至衢①，为守将夏毅谕安诸属邑，复与平章邵荣等谋复处州，乱遂定。国珍素畏基，致书唁。基答书，宣示太祖威德，国珍遂入贡。太祖数以书即家访军国事，基条答悉中机宜。寻赴京，太祖方亲援安丰②。基曰："汉、吴伺隙③，未可动也。"不听。友谅闻之，乘间围洪都④。太祖曰："不听君言，几失

**翻译**

刘基母亲死了，遇上战事激烈没敢说出来，到这时才请求回家安葬。正值苗军反叛，杀了金华、处州的守将胡大海、耿再成等，浙东震动。刘基来到衢州，替守将夏毅告示安抚各下属县邑，又和平章邵荣等人谋划收复处州，动乱于是平定。方国珍一向害怕刘基，写信来吊唁，刘基回信，宣示太祖的威势德望，方国珍于是来进贡。太祖屡次写信到刘基家征求军政大事，刘基一条条回答全合乎时宜。不久，回到南京，太祖正亲自支援安丰。刘基说："汉陈友谅与吴张士诚正在窥伺机会，不可出动。"太祖不听。陈友谅听说太祖离开南京，乘机包围洪都。太祖说："不听您的话，差点失算。"于是亲自率军救援洪都，与

计。"遂自将救洪都，与友谅大战鄱阳湖，一日数十接。太祖坐胡床督战，基侍侧，忽跃起大呼，趣太祖更舟。太祖仓卒徙别舸，坐未定，飞炮击旧所御舟立碎。友谅乘高见之，大喜。而太祖舟更进，汉军皆失色。时湖中相持，三日未决，基请移军湖口扼之，以金木相犯日决胜⑤，友谅走死。其后，太祖取士诚，北伐中原，遂成帝业，略如基谋。

陈友谅大战于鄱阳湖，一天接战数十次。太祖坐着胡床督战，刘基在侧旁侍候，忽然跳起大叫，催促太祖换船。太祖仓促地转移到别的船上，还没坐定，飞炮击中原来乘坐的船，即刻粉碎。陈友谅站在高处看见这个情况，十分高兴。可是太祖的船又再前进，汉军将士都大惊失色。当时两军在湖中相持，三天还未决出胜负。刘基请求转移军队到湖口，扼守要道，到金克木的日子才决战胜负。战后，陈友谅逃跑而死。其后，太祖攻取张士诚，北伐中原，终于完成帝业，大致都像刘基谋划的那样。

**注释**　①衢：今衢州市。　②安丰：治所在今安徽寿县西南。　③汉、吴：汉是陈友谅的名号，吴是张士诚的名号。　④洪都：南昌的别称。　⑤金木相犯：按五行相生克的关系，吴属金，汉属木。以五行推算在金克木的日子决战，吴可胜汉。

**原文**

吴元年①，以基为太史令，上《戊申大统历》。荧惑守心②，请下诏罪己。大旱，请决滞狱，即命基平反，雨随注。因请立法定制，以止滥杀。太祖方欲刑人，基请其故，太祖语之以梦③。基

**翻译**

吴元年(1367)，让刘基当太史令，刘基献上《戊申大统历》。看到火星走到心宿的位置不动，刘基请求太祖下责咎自己的诏令。天大旱，又请求判决积压的案子，太祖就命令刘基平反冤案，大雨随即瓢泼而下。于是请求制定法律制度，用来制止滥杀。太祖正要用刑

曰："此得土得众之象，宜停刑以待。"后三日，海宁降。太祖喜，悉以囚付基纵之。寻拜御史中丞兼太史令。

杀人，刘基请问其原因。太祖告诉他自己做了个梦。刘基说："这个梦是得土得众的象征，应该停止刑杀，等待征验。"之后三天，海宁投降。太祖高兴，把要杀的囚犯全部交给刘基放掉。不久，拜刘基为御史中丞兼太史令。

**注释** ① 吴元年：公元 1367 年，朱元璋改元之年。 ② 荧惑守心：荧惑，火星。心，心宿。火星在心宿的方位，是不祥之兆。 ③ 太祖语之以梦：据《明实录》，太祖梦见三人头上有血，以土傅之。

**原文**

太祖即皇帝位，基奏立军卫法。初定处州税粮，视宋制亩加五合，惟青田命毋加，曰："令伯温乡里世世为美谈也。"帝幸汴梁，基与左丞相善长居守①。基谓宋、元宽纵失天下，今宜肃纪纲。令御史纠劾无所避，宿卫宦侍有过者，皆启皇太子置之法，人惮其严。中书省都事李彬坐贪纵抵罪，善长素昵之，请缓其狱。基不听，驰奏。报可。方祈雨，即斩之。由是与善长忤。

**翻译**

太祖登上皇帝宝座后，刘基上书请求建立军卫法。开始确定处州的粮税时，照宋代制度每亩增加五合，只有对青田县命令不要增加，说："让刘伯温家乡人世世代代当作美谈。"皇帝到汴梁去，刘基和左丞相李善长留守南京。刘基说宋元二代宽容放纵而丧失了天下，现在应该整肃纪纲。命令御史纠察弹劾不要有所避忌，皇宫值宿人员及宦官侍从有罪过的，都要报告皇太子依法处置，人们都害怕刘基的严厉。中书省都事李彬因贪污放纵治罪，李善长平素亲昵李彬，请求宽缓李彬的案子。刘基不听，驰马上奏，批准同意执行。当时正在设坛求雨，立即斩杀李彬。因此事与

帝归，愬基僇人坛墠下②，不敬。诸怨基者亦交谮之。会以旱求言，基奏："士卒物故者，其妻悉处别营，凡数万人，阴气郁结。工匠死，胔骸暴露，吴将吏降者皆编军户，足干和气。"帝纳其言。旬日仍不雨，帝怒。会基有妻丧，遂请告归。时帝方营中都③，又锐意灭扩廓④。基濒行，奏曰："凤阳虽帝乡，非建都地。王保保未可轻也。"已而定西失利，扩廓竟走沙漠，迄为边患。其冬，帝手诏叙基勋伐，召赴京，赐赉甚厚，追赠基祖、父皆永嘉郡公。累欲进基爵，基固辞不受。

李善长不合。皇帝回来，李善长告刘基在求雨的坛下杀人，是不敬天。那些怨恨刘基的人也交相谮毁他。正巧这时因天旱求人进言，刘基上奏："士卒已战死的，他们的妻子都住在别营里，共有数万人，阴气太盛，凝结在一起。工匠死了，其尸体骸骨曝露在野外。吴将吏投降的，都编为军户。这些都足以侵犯和气。"皇帝采纳了他的意见，但十几天仍不下雨，皇帝生气。正巧这时刘基有妻子的丧事，于是请求告老回乡。这时皇帝正在营建中都，又一心要消灭扩廓。刘基临行，上奏说："凤阳虽是皇帝的家乡，但不是建都的地方。王保保不可轻视。"过后定西一战失利，扩廓帖木儿终于逃到沙漠中，一直是边境的祸害。这年冬天，皇帝亲笔诏书表彰刘基的功勋，召刘基赴京，赏赐很丰厚，追赠刘基的祖父和父亲为永嘉郡公。皇帝多次打算晋升刘基的爵位，刘基坚决辞让不接受。

**注释** ① 善长：李善长，朱元璋的辅臣。 ② 墠：古代围绕祭坛或行宫的矮墙。 ③ 中都：在今安徽凤阳。 ④ 扩廓：即扩廓帖木儿，汉名王保保，元军首领。

**原文**

　　初，太祖以事责丞相李善长，基言："善长勋旧，能

**翻译**

　　当初，太祖因事斥责丞相李善长。刘基说："善长是有功的旧臣，能协调和

调和诸将。"太祖曰："是数欲害君，君乃为之地耶①？吾行相君矣。"基顿首曰："是如易柱，须得大木。若束小木为之，且立覆。"及善长罢，帝欲相杨宪。宪素善基，基力言不可，曰："宪有相才无相器。夫宰相者，持心如水，以义理为权衡，而己无与者也，宪则不然。"帝问汪广洋，曰："此褊浅殆甚于宪。"又问胡惟庸，曰："譬之驾，惧其偾辕也②。"帝曰："吾之相，诚无逾先生。"基曰："臣疾恶太甚，又不耐繁剧，为之且孤上恩，天下何患无才，惟明主悉心求之，目前诸人诚未见其可也。"后宪、广洋、惟庸皆败。

洽诸将。"太祖说："这人数次打算害你，你还这样为他开脱吗？我将要让你做丞相。"刘基叩头说："这就像换柱子，必须得到大木。如果捆束小木头当柱子，房屋将立刻倾覆。"到了李善长罢相时，皇帝打算让杨宪当丞相。杨宪一直与刘基相处很好，刘基极力说不可以，说："杨宪有丞相的才能但没有丞相的器量，宰相这官，持心要像水一样平，用正义真理作为标准，而私心不参与其中。杨宪则不是这样。"皇帝问汪广洋这人怎么样，刘基说："这人狭隘浅薄，恐怕比杨宪还差。"又问胡惟庸可否为相，刘基说："譬如用马驾车，就怕他弄翻了车子。"皇帝说："我要的丞相，实在没有人超过先生。"刘基说："臣太过于痛恨邪恶之事，又受不了繁忙事务多，要我当丞相将辜负皇上的恩宠。天下之大，哪里怕没有有才能的人，只有明主尽心寻求，眼前这些人实在看不出他们可以胜任。"后来杨宪、汪广洋、胡惟庸都被诛杀。

**注释** ①地：余地，这里指开脱。 ②偾(fèn)：败坏，破坏。辕：指车，比喻国家大事。

**原文**

三年，授弘文馆学士。

**翻译**

三年(1370)，授刘基为弘文馆学

十一月，大封功臣，授基开国翊运守正文臣、资善大夫、上护军，封诚意伯，禄二百四十石。明年，赐归老于乡。

帝尝手书问天象。基条答甚悉而焚其草。大要言霜雪之后，必有阳春，今国威已立，宜少济以宽大。基佐定天下，料事如神，性刚嫉恶，与物多忤。至是还隐山中，惟饮酒弈棋，口不言功。邑令求见不得，微服为野人谒基。基方濯足，令从子引入茆舍，炊黍饭令。令告曰："某青田知县也。"基惊起称民，谢去，终不复见。其韬迹如此，然究为惟庸所中。

初，基言瓯、括间有隙地①，曰谈洋，南抵闽界，为盐盗薮，方氏所由乱，请设巡检司守之，奸民弗便也。会茗洋逃军反②，吏匿不以闻。基令长子琏奏其事，不先白中书省。胡惟庸方以

士。十一月，大封功臣，授刘基为开国翊运守正文臣、资善大夫、上护军、封爵为诚意伯，俸禄为二百四十石。次年，赐准刘基告老还乡。

皇帝曾经写信问天象。刘基一条条回答得很详备，并且把信的草稿烧了。大体的意思是说，霜雪之后，必定有阳春，现在国家的威势已经建立，应稍微用宽大的政策加以补救。刘基辅佐太祖平定天下，料事如神。性子刚烈，嫉恨邪恶，与他人多有触犯。到这时还乡隐居山中，只饮酒弈棋，口头不提功劳。当地县令请求见刘基而不成，换了便衣装成农夫进见刘基。刘基正在洗脚，命令侄子引进茅舍，做米饭招待县令。县令告诉他："我是青田知县。"刘基吃惊起立自称为小民，辞谢离去，终不再见人。他隐晦行迹就像这样，但是终究被胡惟庸所害。

当初，刘基说温州和括苍山之间有荒地叫作谈洋，向南直延伸到福建省界，成为盐盗聚集的地方，方国珍兄弟就是据此开始作乱的，刘基请求设立巡检司守备这块荒地，奸邪之人就无法利用了。正巧这时茗洋逃军反叛，官吏隐匿实情不让上司知道。刘基派长子刘琏上奏这件事，不先报告中书省。胡惟

左丞掌省事，挟前憾，使吏讦基，谓谈洋地有王气，基图为墓，民弗与，则请立巡检逐民。帝虽不罪基，然颇为所动，遂夺基禄。基惧入谢，乃留京，不敢归。未几，惟庸相，基大戚曰："使吾言不验，苍生福也。"忧愤疾作。八年三月，帝亲制文赐之，遣使护归。抵家，疾笃，以《天文书》授子琏曰："亟上之，毋令后人习也。"又谓次子璟曰："夫为政，宽猛如循环。当今之务，在修德省刑，祈天永命。诸形胜要害之地，宜与京师声势连络。我欲为遗表，惟庸在，无益也。惟庸败后，上必思我，有所问，以是密奏之。"居一月而卒，年六十五。基在京病时，惟庸以医来，饮其药，有物积腹中如拳石。其后中丞涂节首惟庸逆谋，并谓其毒基致死云。

庸正以左丞相掌管中书省的事务，挟怀以前的愤恨，使官吏攻击刘基，说：谈洋地方有帝王之气，刘基企图作为墓地，民众不同意，就请求设立巡检司驱赶民众。皇帝虽然不责罪刘基，但很被他的说辞打动，于是剥夺了刘基的俸禄。刘基害怕，进京谢罪，于是留在京城，不敢归乡。不久，胡惟庸当了丞相，刘基大为忧伤，说："假使我的话不应验，那就是苍生百姓的福分。"忧愤之下发了病。八年三月，皇帝亲自写了文章赐给他，派使者护送回乡。到了家，病情加重，把《天文书》传给儿子刘琏，说："赶快献给皇帝，不要让后人学习。"又对次子刘璟说："处理国政，宽大和严厉就如循环一样。当今要做的在于修习恩德减轻刑罚，求天延长明朝的命数。各形胜要害之地，应与京师在声势上相互联络。我想写个遗书，但胡惟庸在朝，没有用处。等到胡惟庸身败之后，皇上必定想念我，有所询问，把这表秘密奏上去。"住了一个月就死了，享年六十五岁。刘基在京城生病时，胡惟庸派医生来，喝了他的药，就有像拳头大的石块的东西积在腹中。后来，中丞涂节告发胡惟庸反叛的阴谋，并说胡惟庸毒害了刘基使他病死的上述情节。

**注释** ① 隙地：荒地。瓯：温州，古称东瓯，因地处瓯越东部而得名。括：括苍山。② 茗洋：其地在谈洋。谈洋，或作“淡洋”，在今浙江青田南。

**原文**

基虬髯，貌修伟，慷慨有大节，论天下安危，义形于色。帝察其至诚，任以心膂。每召基，辄屏人密语移时。基亦自谓不世遇，知无不言。遇急难，勇气奋发，计画立定，人莫能测。暇则敷陈王道，帝每恭己以听，常呼为老先生而不名，曰：“吾子房也。”又曰：“数以孔子之言导予。”顾帷幄语秘莫能详，而世所传为神奇，多阴阳风角之说①，非其至也。所为文章，气昌而奇，与宋濂并为一代之宗。所著有《覆瓿集》《犁眉公集》传于世……

**翻译**

刘基的胡须卷曲，相貌修长伟岸，为人胸襟开阔，有宏大的气节，议论到天下的安危，义形于色，皇帝明白他极为忠诚，任用做心腹重臣。每次召见刘基，总是要别人走开，秘密谈话很长时间。刘基自己也认为这是世代难有的知遇，因此对皇帝知无不言。遇到危急艰难，刘基总是勇气奋发，谋划立刻拿定，人们不能测知。有空暇就陈述谈论以仁义治天下的道理。皇帝每次都恭敬地听他讲，常常称他作老先生而不直呼刘基的名字，说：“这是我的张子房啊。”又说：“他多次用孔子的话引导我。”但这些帷幄内的话没有人能详细知道，而世上流传的关于刘基的事都很神奇，大多是阴阳风角之类的说法，这都不是他最高妙的。刘基所写的文章，气势盛大而奇特，和宋濂都是一个时代最杰出的人物。他的著作《覆瓿集》《犁眉公集》在世间流传……

**注释** ① 阴阳风角：根据阴阳二气和四方四隅的风气的变化、形象来占吉凶的迷信术数。

**原文**

正德八年,加赠基太师,谥文成。嘉靖十年,刑部郎中李瑜言,基宜侑享高庙,封世爵,如中山王达。下廷臣议,佥言:"高帝收揽贤豪,一时佐命功臣并轨宣猷。而帷幄奇谋,中原大计,往往属基,故在军有子房之称,剖符发诸葛之喻……基宜侑享太庙,其九世孙瑜宜嗣伯爵,与世袭。"制曰:"可。"……

**翻译**

正德八年(1513),加赠刘基为太师,谥号为文成。嘉靖十年(1531),刑部郎中李瑜建议,刘基应陪享在高皇帝朱元璋的神庙,封其子孙世代袭爵位,像中山王徐达一样。皇上把这个建议下给朝廷大臣讨论,都说:"高皇帝收揽贤才豪杰,一时之内辅佐王命的功臣竞相贡献谋略。而在帷幄中策划的奇谋,夺取中原的大计,往往是刘基所出,所以在军中有张子房的称呼,分封功臣时有诸葛孔明的比喻……刘基应该配享在高皇帝的神庙里,他的九世孙刘瑜应承袭他的伯爵爵位,并且世袭。"皇帝下诏书说:"可以。"……

# 方 孝 孺 传

**导读**

　　本篇是明朝文学家方孝孺的传记。他早年师事宋濂,以文章、理学闻名于世,人称"正学先生"。其文风纵横豪放,词气雄迈锋利。他本以文学见长,却"恒以明王道、致太平为己任"。洪武中被推荐擢汉中教授。惠帝即位,他累官翰林侍讲学士,后改文学博士。朝廷议事,常咨询其见解。燕王朱棣率军入南京,取代惠帝,命他起草即位诏书。他穿着丧服哭于殿陛,拒命被杀。朱棣还诛其十族(包括九族和他的学生),死者达八百七十余人。方孝孺的悲剧,凸显出封建统治阶级内部争权夺利的惨烈程度,同时也说明他盲目愚忠、不识时务的做法不可取。(选自卷一四一)

**原文**

　　方孝孺,字希直,一字希古,宁海人[①]。父克勤,洪武中循吏[②],自有传。孝孺幼警敏,双眸炯炯,读书日盈寸,乡人目为"小韩子"。长从宋濂学,濂门下知名士皆出其下。先辈胡翰、苏伯衡亦自谓弗如。孝孺顾末视文艺,恒以明王道、致太

**翻译**

　　方孝孺,字希直,另一字希古,宁海县人。父亲方克勤,是洪武年间的一名奉公守法的官吏,在《明史·循吏》中自有传记。方孝孺幼年机敏聪慧,一对眸子炯炯有神,读起书来每天厚达一寸有余,乡亲们把他视为"小韩愈"。成年后跟着宋濂学习,宋濂的门生中的知名文人都不及他。行辈在先的胡翰、苏伯衡也自认不如方孝孺。方孝孺反而轻视

平为己任。尝卧病，绝粮。家人以告，笑曰："古人三旬九食，贫岂独我哉。"父克勤坐"空印"事诛③，扶丧归葬，哀动行路。既免丧，复从濂卒业。

文辞写作的学问，常以宣明仁义治天下之道、达到时世太平为己任。他曾因病卧床，家中粮食断绝。仆人将情况向他报告，他笑着说："古人三十天仅进食九次，贫穷困扰何止我家啊！"父亲方克勤因"空印"事获罪而被处死，他扶持灵柩归乡安葬，哀情感动了行路的人们。丧期既完毕，他再次随宋濂学习，修完了全部学业。

**注释** ① 宁海：县名，今属浙江。 ② 洪武：明太祖朱元璋年号（1368—1398）。循吏：奉职守法的官吏。 ③ "空印"事：明初，地方官吏依例每年须前往户部核对钱粮军需等事。由于道远而预带空印文书，部驳即改，变为不成文的制度。后朱元璋疑有欺瞒虚弊，追究穷治，杀主印官数百人。

**原文**

洪武十五年，以吴沉、揭枢荐，召见。太祖喜其举止端整，谓皇太子曰："此庄士，当老其才①。"礼遣还。后为仇家所连，逮至京，太祖见其名，释之。二十五年，又以荐召至。太祖曰："今非用孝孺时。"除汉中教授，日与诸生讲学不倦。蜀献王闻其贤，聘为世子师。

**翻译**

洪武十五年（1382），由于吴沉、揭枢的推荐，朝廷召他进见。太祖皇帝爱他的举止端正庄重，对皇太子说："这是位庄重严肃的读书人，应当使他的才能经受磨炼而达于老成。"对方孝孺以礼相待，遣送回乡。后来，曾被仇家连带举发，逮捕到京，太祖在案卷上看到他的名字，便释放了他。洪武二十五年（1392），又受到推荐被召至朝廷。太祖说："现在不是任用方孝孺的时候。"授予汉中教授之职，每天给众儒学生员讲每见,陈说道德。王尊以殊礼,名其读书之庐曰"正学"。

学,毫不倦怠。蜀献王朱椿听说方孝孺的贤名,聘请他当世子的教师。他每次见面,就向世子陈说道德。蜀献王以特殊的礼遇表示对他的敬重,把他读书的庐舍命名为"正学"。

① 老其才:让其经受磨炼,使才能臻于老道。

**原文**

及惠帝即位①,召为翰林侍讲。明年迁侍讲学士,国家大政事辄咨之。帝好读书,每有疑即召使讲解。临朝奏事,臣僚面议可否,或命孝孺就扆前批答②。时修《太祖实录》及《类要》诸书,孝孺皆为总裁。更定官制,孝孺改文学博士。燕兵起③,廷议讨之,诏檄皆出其手。

**翻译**

到惠帝登上皇位的时候,他被召入朝廷做了翰林院侍讲官。次年升任侍讲学士,国家重大政事往往要咨询他的意见。惠帝喜好读书,每当有疑问就召见他,并让他讲解。惠帝临朝,百官奏事,决定群臣的面议可否施行时,惠帝有时命令方孝孺趋身屏风之前批答文书。当时修撰《太祖实录》以及《类要》诸多典籍,方孝孺都担任总裁。更定职官制度时,方孝孺的官职改为文学博士。燕王朱棣起兵南下,朝廷议定讨伐,诏令、檄文皆出于方孝孺的手笔。

**注释** ① 惠帝(1377—?):即朱允炆,太祖所立皇太孙,洪武三十一年(1398)即位。 ② 扆(yǐ):古代的一种屏风。 ③ 燕兵起:惠帝定策削藩,燕王朱棣以"清君侧"为由起兵"靖难"。

**原文**

建文三年①，燕兵掠大名。王闻齐、黄已窜②，上书请罢盛庸、吴杰、平安兵。孝孺建议曰："燕兵久顿大名，天暑雨，当不战自疲。急令辽东诸将入山海关攻永平③，真定诸将渡卢沟捣北平④，彼必归救。我以大兵蹑其后，可成擒也。今其奏事适至，宜且与报书，往返逾月，使其将士心懈。我谋定势合，进而蹑之⑤，不难矣。"帝以为然，命孝孺草诏，遣大理寺少卿薛岩驰报燕，尽赦燕罪，使罢兵归藩。又为宣谕数千言授岩，持至燕军中，密散诸将士。比至，岩匿宣谕不敢出，燕王亦不奉诏。

**翻译**

建文三年（1401），燕军攻掠大名府。燕王听到齐泰、黄子澄已经奔窜的消息，上书请求惠帝命盛庸、吴杰、平安诸将停止军事行动。方孝孺建议："燕军长期驻扎在大名府，天气暑热降雨，他们应该会不战自疲。火速命令辽东诸将进入山海关，进攻永平府，真定府诸将过卢沟桥直捣北平，燕王他一定回军救援。我方以大量军队追随燕王之后，可以取得擒拿他的结局。现在他的奏事文书恰好送到，应暂且给予答复，文书往返时间超出一月，就会使得他的将士心意懈怠。我方商定合击的态势，进而消灭燕军，就不会很费事了。"惠帝表示赞同，命令方孝孺起草诏书，派遣大理寺少卿薛岩乘车马疾行，答复燕王，完全赦免燕王的罪行，让他罢兵回归自己的属地。又写下传布的谕旨数千字交给薛岩，拿到燕军之中，秘密散发给众将士。薛岩到燕军中，他将谕旨藏匿起来，不敢出示给将士们，燕王也没有尊奉诏令。

**注释** ① 建文：明惠帝年号（1399—1402）。 ② 王：燕王朱棣。齐、黄：兵部尚书齐泰和太常寺卿黄子澄，二人主张削藩。惠帝因讨伐军败而被迫罢免齐、黄，使人致书朱棣，称二人"已窜"。 ③ 永平：今河北卢龙。 ④ 真定：今河北正定。 ⑤ 蹑

(cù)：践踏，引申为消灭。

## 原文

五月，吴杰、平安、盛庸发兵扰燕饷道。燕王复遣指挥武胜上书伸前请。帝将许之。孝孺曰："兵罢，不可复聚，愿毋为所惑。"帝乃诛胜以绝燕。未几，燕兵掠沛县，烧粮艘。时河北师老无功，而德州又馈饷道绝，孝孺深以为忧。以燕世子仁厚，其弟高煦狡谲，有宠于燕王，尝欲夺嫡，谋以计间之，使内乱。乃建议白帝，遣锦衣卫千户张安赍玺书往北平赐世子，世子得书不启封，并安送燕军前，间不得行。

明年五月，燕兵至江北，帝下诏征四方兵。孝孺曰："事急矣。遣人许以割地，稽延数日，东南募兵渐集，北军不长舟楫，决战江上，胜负未可知也。"帝遣庆

## 翻译

五月，吴杰、平安、盛庸派遣军队扰乱燕军粮饷运输线。燕王又派遣指挥武胜上书惠帝，申诉以前的请求。惠帝想要应允，方孝孺说："此时若停止作战，以后就难以再次调动集中了，愿皇上不要被燕王迷惑。"惠帝便杀了武胜来拒绝燕王。不久，燕兵抢掠了沛县，烧毁粮船。这时候，讨伐河北的军队疲乏无功，而德州运送粮饷的道路又被断绝，方孝孺以此深感忧虑。由于燕王的世子朱高炽性情仁厚，他的弟弟朱高煦则狡猾谲诈，又得燕王宠爱，曾想夺取世子的地位，方孝孺谋划用计策离间他们，造成他们内部变乱。于是将这一建议禀报惠帝，派遣锦衣卫千户张安携带着有皇帝玺印的书信，前往北平赐予燕世子，世子收到书信没有启封，连同张安一起送往燕王军前，方孝孺的离间计谋无法实行。

第二年五月，燕军到达江北，惠帝下诏征集各地军队。方孝孺说："事情太紧迫了。派人前去以割地向燕王作许诺，拖延几天，东南一带征募的军队会渐渐汇集，北方军队不善于驾舟操

成郡主往燕军，陈其说。燕王不听。帝命诸将集舟师江上，而陈瑄以战舰降燕，燕兵遂渡江，时六月乙卯也。帝忧惧，或劝帝他幸，图兴复。孝孺力请守京城以待援兵，即事不济，当死社稷。乙丑，金川门启，燕兵入，帝自焚。是日，孝孺被执下狱。

先是，成祖发北平，姚广孝以孝孺为托[①]，曰："城下之日，彼必不降，幸勿杀之。杀孝孺，天下读书种子绝矣。"成祖颔之。至是欲使草诏。召至，悲恸声彻殿陛。成祖降榻劳曰："先生毋自苦，予欲法周公辅成王耳。"孝孺曰："成王安在？"成祖曰："彼自焚死。"孝孺曰："何不立成王之子？"成祖曰："国赖长君。"孝孺曰："何不立成王之弟？"成祖曰："此朕家事。"顾左右授笔札，曰："诏天下，非先生

楫，决战于江上，胜负还是难见分晓的。"惠帝派遣燕王的堂姐庆成郡主前往燕王军中，陈述割地议和的条件，燕王不听。惠帝命众将调集水军于江上，而陈瑄率战舰投降了燕王，燕军便渡过了长江，时间是六月乙卯日。惠帝忧虑畏惧，有人劝他前往别的地方，图谋复兴。方孝孺坚决请求守卫南京城池以待援军，即使事不成功，也应为社稷而死。乙丑日，金川门大开，燕军入城，惠帝自焚。这一天，方孝孺被捉拿入狱。

当初，明成祖朱棣率军从北平出发时，姚广孝以方孝孺之事嘱托明成祖，说："南京城攻下之日，他一定不投降，希望不要杀他。杀了方孝孺，天下的读书种子就灭绝了。"成祖点头应承。至此，成祖想要方孝孺起草即位诏书。方孝孺被召到朝廷，悲切哀恸的声息响遍大殿的台上台下。成祖走下卧榻慰问他说："先生不要自取忧苦，我的打算只是想要仿效周公辅佐成王的方式。"方孝孺问："周成王在哪里？"成祖答："他自焚而死。"方孝孺又问："为什么不立成王的儿子？"成祖说："国家有赖于成年的君王。"方孝孺说："为什么不立成王的弟弟？"成祖答道："这是我们朱家的事。"回头示意左右侍者授予方孝孺

草不可。"孝孺投笔于地,且哭且骂曰:"死即死耳,诏不可草。"成祖怒,命磔诸市②,孝孺慨然就死,作绝命词曰:"天降乱离兮孰知其由,奸臣得计兮谋国用犹③。忠臣发愤兮血泪交流,以此殉君兮抑又何求。呜呼哀哉兮庶不我尤。"时年四十有六。其门人德庆侯廖永忠之孙镛与其弟铭检遗骸瘗聚宝门外山上④。

纸笔,说道:"诏示天下,非得由先生您来起草不可。"方孝孺把笔掷到地上,边哭边骂道:"死就死了罢,诏书我绝不能起草。"成祖发怒,命令将方孝孺车裂于街市。方孝孺慷慨赴死,作绝命之词说道:"上天降下战乱忧患啊,谁知道其中的缘由;奸邪的臣子如了愿啊,求取国柄要弄计谋。忠正的臣子愤怒悲怨啊,血泪淌流;以此血泪为君殉葬啊,或者另有什么企求。呜呼哀哉的悲鸣啊,大概不是我的怨尤。"时年四十六岁。他的门生、德庆侯廖永忠的孙子廖镛与其弟廖铭收拾他的遗骨,掩埋在聚宝门外的山上。

**注释** ① 姚广孝(1335—1418):长洲(今江苏苏州)人,出家为僧,选侍燕王朱棣。与朱棣密谋定策"靖乱"起兵,参决军机。 ② 磔(zhé):分裂肢体的酷刑,又名"车裂"。 ③ 犹:计谋。 ④ 瘗(yì):埋葬。

**原文**

　　孝孺有兄孝闻,力学笃行,先孝孺死。弟孝友与孝孺同就戮,亦赋诗一章而死。妻郑及二子中宪、中愈先自经死,二女投秦淮河死。

　　孝孺工文章,醇深雄迈。每一篇出。海内争相

**翻译**

　　方孝孺有位兄长方孝闻,他致力学问,举止惇厚,先于方孝孺去世。弟弟方孝友与方孝孺一同赴刑场,也赋诗一首而死。妻子郑氏及两个儿子方中宪、方中愈事先自缢身亡,两个女儿跳进秦淮河溺死。

　　方孝孺擅长写作文章,文风醇厚深沉、雄劲超脱。他的每一篇作品写出

传诵。永乐中,藏孝孺文者罪至死。门人王稌潜录为《侯城集》,故后得行于世。

仁宗即位,谕礼部:"建文诸臣,已蒙显戮①,家属籍在官者,悉宥为民,还其田土。其外亲戍边者,留一人戍所,余放还。"万历十三年三月释坐孝孺谪戍者后裔②,浙江、江西、福建、四川、广东凡千三百余人。而孝孺绝无后,惟克勤弟克家有子曰孝复。洪武二十五年尝上书阙下,请减信国公汤和所加宁海赋,谪戍庆远卫,以军籍获免。孝复子琬,后亦得释为民。世宗时,松江人俞斌自称孝孺后,一时士大夫信之,为纂《归宗录》。既而方氏察其伪,言于官,乃已。神宗初,有诏褒录建文忠臣,建表忠祠于南京,首徐辉祖、次孝孺云。

后,全国便争相传诵。永乐年间,收藏方孝孺的文章判罪至死。方孝孺的门生王稌暗地里把他的文章编录成为《侯城集》,因此他的作品后来得以流传于世。

仁宗皇帝即位,吩咐礼部:"建文朝众臣,已遭处决示众。其家属,籍没于官府为奴婢的,要全部宽宥为民,发还他们田地。他们家族女系的亲属,流放守边的,只留下一人于戍守之处,其余释放还乡。"万历十三年(1585)三月,释放因方孝孺获罪而被贬谪守边者的后裔,浙江、江西、福建、四川、广东共有一千三百多人。然而方孝孺一家死绝,无后代,唯有方克勤之弟方克家有儿子名方孝复。洪武二十五年(1392),方孝复曾上书皇帝,请求减损信国公汤和增收的宁海县的赋税,被贬谪戍守庆远卫,因编入军籍,在诛灭方孝孺"十族"时得以免死。方孝复的儿子方琬,后来也获释为民。世宗皇帝时,松江人俞斌自称是方孝孺的后裔,一时士大夫们都相信了他的话,还为此纂成《归宗录》。不久方氏觉察到其中的虚假,告到官府,才了结此事。神宗皇帝初年,有诏旨褒扬、编录建文朝的忠臣,在南京建起表忠祠,被旌表者,以徐辉祖为首,其次就是方孝孺。

**注释** ① 显戮:明正典刑,处决示众。 ② 万历:明神宗年号(1573—1620)。

# 戚 继 光 传

导读

明代中期,南北边患日益严重。在东南沿海,倭寇猖獗;在北方,蒙古部落时常骚扰河北、辽宁,威胁京城。在保家卫国的战争中,涌现出一位杰出的民族英雄戚继光。

戚继光(1528—1578),字元敬,号南塘,晚号孟诸,祖籍山东牟平。嘉靖年间,他袭世职,任登州卫指挥佥事,又受推荐为都指挥佥事,在山东御倭。不久,调浙江充参将,他招募三千多名金华、义乌兵,组成戚家军,屡败倭寇。嘉靖四十一年(1562),他率军往援福建,大破倭寇巢穴,第二年又与巡抚谭纶、总兵官俞大猷等会兵在平海卫大败倭寇,升任总兵官。隆庆初年,召为神机营副将,不久,以都督同知总理蓟州、昌平、保定三镇军事,修建城堡、训练军队,有力地打击了入犯之寇,使边塞安宁。在长期的戎马生涯中,他注意总结经验,撰写了《纪效新书》和《练兵纪实》这两部不朽的军事名作。(选自卷二一二)

原文

戚继光,字元敬,世登州卫指挥佥事①。父景通②,历官都指挥③,署大宁都司④,入为神机坐营⑤,有操行。继光幼倜傥负奇气⑥,家贫,好读书,通经史

翻译

戚继光,字元敬,世袭登州卫指挥佥事。父亲戚景通,历官都指挥,代职署理大宁都司,调入神机营治事,品行好。戚继光从小洒脱不拘,有突出的抱负。家庭贫寒,喜好读书,通晓儒家经典、历史的要义。嘉靖年间继承官职,

大义。嘉靖中嗣职⑦,用荐
擢署都指挥佥事,备倭山
东。改佥浙江都司,充参
将⑧,分部宁、绍、台三郡。

因被推荐而升任代理都指挥佥事,在山
东防御倭寇,改任为浙江都指挥佥事,
充任参将,分兵部署在宁波、绍兴、台州
三府。

**注释** ① 登州:明洪武九年(1376)升为府,治所在今山东蓬莱。 ② 景通
(1472—1544):戚宁之子,平生勤奋好学,武艺精熟,为人正直。 ③ 都指挥:明代
在全国省区及要地设立了十六个都司,都司的主管官为都指挥使,正二品。 ④ 大
宁都司:当时的治所在今河北保定。 ⑤ 神机坐营:戚景通任神机营副将,此营使
用火器,随皇帝出征。 ⑥ 倜傥:洒脱不拘束。 ⑦ 嘉靖:明世宗朱厚熜年号。
⑧ 参将:次于副总兵的武将,负责分守各路。

**原文**

　　三十六年,倭犯乐清、
瑞安、临海①,继光援不及,
以道阻不罪。寻会俞大猷
兵②,围汪直余党于岑港③,
久不克,坐免官,戴罪办贼。
已而倭遁,他倭复焚掠台
州。给事中罗嘉宾等劾继
光无功,且通番。方按问,
旋以平汪直功复官,改守
台、金、严三郡④。

**翻译**

　　嘉靖三十六年(1557),倭寇侵犯乐
清、瑞安、临海,戚继光援救不及时,是
由于道路受阻,不加罪责。不久他会合
俞大猷的军队,在岑港围剿汪直残余势
力,长时间不能取胜,定罪被免官,戴罪
办理倭寇事宜。不久,倭寇逃走了,其
他的倭寇又焚掠台州府。给事中罗嘉
宾等人弹劾戚继光没有功劳,还勾结外
国人。刚要审讯他,随即因讨平汪直有
功,恢复官职,改为守备台州府、金华
府、严州府。

**注释** ① 乐清:今浙江乐清。瑞安:今浙江瑞安。临海:今浙江临海。 ② 俞大
猷:抗倭名将。字志辅,号虚江,晋江(今福建泉州)人。 ③ 汪直:明代海寇。徽州

(今安徽歙县)人,勾结倭寇,横行海上,后受诱降,斩于杭州。岑港:在浙江舟山市西北,舟山岛西面。 ④ 台、金、严:即台州府、金华府、严州府,治所分别在今浙江临海、金华、建德。

**原文**

　　继光至浙时,见卫所军不习战①,而金华、义乌俗称慓悍,请召募三千人,教以击刺法②,长短兵迭用,由是继光一军特精。又以南方多薮泽③,不利驰逐,乃因地形制阵法,审步伐便利,一切战舰、火器、兵械精求而更置之。"戚家军"名闻天下。

**翻译**

　　戚继光到浙江时,发现卫所军队不善于作战,而金华、义乌的民众向来矫捷勇猛,请求招募三千人,教给他们用戈矛作战的技术训练,轮流运用长兵器和短兵器,因此,戚继光的一支部队特别精良。又因为南方有许多湖泽,不利于驱车马追逐,于是依照地形,制定军事阵法,从便利行进考虑,所有的战舰、火器、兵械加以精选,重新置备。"戚家军"名闻天下。

**注释**　　① 卫所:明代在京师和各地设卫所,数府合设一卫,下设千户所和百户所。② 击刺法:用戈之类的击器和矛之类的刺器作战的方法。 ③ 薮(sǒu)泽:湖泽。

**原文**

　　四十年,倭大掠桃渚、圻头①。继光急趋宁海②,扼桃渚,败之龙山③,追至雁门岭④。贼遁去,乘虚袭台州。继光手歼其魁,蹙余贼瓜陵江尽死⑤,而圻头倭复

**翻译**

　　嘉靖四十年(1561),倭寇大掠桃渚、圻头。戚继光急忙赶到宁海,扼守桃渚,在龙山打败他们,追到雁门岭。倭寇逃走,便乘空虚袭击台州。戚继光亲手杀掉倭寇首领,逼迫残余的倭寇逃往瓜陵江全部丧生,而圻头的倭寇重新

趋台州,继光邀击之仙居⑥,道无脱者。先后九战皆捷,俘馘一千有奇⑦,焚溺死者无算。总兵官卢镗⑧、参将牛天锡又破贼宁波、温州。浙东平,继光进秩三等。闽、广贼流入江西。总督胡宗宪檄继光援⑨,击破之上坊巢⑩,贼奔建宁。继光还浙江。

窜到台州,戚继光到仙居拦截歼击,路上没有一个逃脱掉的。先后九次战斗都打胜了,俘获一千多人,烧死淹死的不计其数。总兵官卢镗、参将牛天锡又消灭了宁波、温州的倭寇。浙江东部平定了,戚继光晋升三级。福建、广东的倭寇流散到江西。总督胡宗宪传告戚继光支援,他攻破上坊的据点,倭寇奔往建宁。戚继光回到浙江。

**注释**　①桃渚、圻头:地名,都是浙江台州府海边的村子。　②宁海:今浙江宁海。　③龙山:卫所名,在今浙江镇海西的状龙山下。　④雁门岭:在今浙江镇海西北六十里。　⑤蹙(cù):迫促。　⑥仙居:今浙江仙居。　⑦馘(guó):古代战争中以割取敌人左耳计数献功。　⑧卢镗:汝宁卫(今河南汝南)人,初由世荫任福建都指挥佥事,因抗倭有功,官至都督同知。⑨胡宗宪:绩溪(今安徽绩溪)人,曾任浙江巡按御史。⑩上坊:今江西贵溪东南的小镇。

**原文**

　　明年,倭大举犯福建。自温州来者,合福宁、连江诸倭攻陷寿宁、政和、宁德①。自广东南澳来者②,合福清、长乐诸倭攻陷玄钟所③,延及龙岩、松溪、大田、古田、莆田④。是时宁德已

**翻译**

　　第二年,倭寇大举侵犯福建。从温州来的倭寇,会合福宁、连江的众倭寇攻陷了寿宁、政和、宁德。从广东南澳来的倭寇会合福清、长乐的众倭寇攻陷了玄钟所,波及龙岩、松溪、大田、古田、莆田。这时,宁德已被屡次攻陷。距县城十里有横屿岛,四周都是水道和险隘,倭寇在里面设有大营。明官军不敢

屡陷。距城十里有横屿⑤，四面皆水路险隘，贼结大营其中。官军不敢击，相守逾年。其新至者营牛田⑥，而酋长营兴化⑦，东南互为声援。闽中连告急，宗宪复檄继光剿之。先击横屿贼。人持草一束，填壕进。大破其巢，斩首二千六百。乘胜至福清，捣败牛田贼，覆其巢，余贼走兴化。急追之，夜四鼓抵贼栅，连克六十营，斩首千数百级。平明入城，兴化人始知，牛酒劳不绝。继光乃旋师。抵福清，遇倭自东营澳登陆⑧，击斩二百人。而刘显亦屡破贼⑨，闽宿寇几尽⑩，于是继光至福州饮至，勒石平远台⑪。

攻击，相持一年多。那些新来的倭寇在牛田建营，而他们的酋长在兴化建营，东南两方互相接应支援。福建频频告急，胡宗宪又传令戚继光剿灭他们。先攻击横屿的倭寇。每人携带一捆儿草，填壕沟前进。大破倭寇的据点，斩杀二千六百人。乘胜到了福清，直捣牛田的倭寇并击败了他们，倾覆了他们的据点，残余的倭寇奔往兴化。戚继光率部急忙追赶他们，夜深四更天抵达倭贼的栅寨，接连攻克六十个营寨，斩杀一千几百人。天大亮的时候入城，兴化居民才知道打了胜仗，杀牛敬酒，慰劳不断。戚继光于是回师。抵达福清，遇到倭寇从东营澳登陆，击杀倭寇二百多人。而刘显也屡次攻破倭寇，滞留福建多年的倭寇几乎被消灭干净，于是戚继光到福州饮酒庆贺，在平远台刻石纪功。

注释　①福宁：治所在今福建霞浦。连江：今福建连江。寿宁：今福建寿宁。政和：今福建政和。宁德：今福建宁德。　②南澳：今广东南澳岛。　③福清：今福建福清。长乐：今福建长乐。玄钟所：在今福建诏安。　④龙岩：今福建龙岩。松溪：今福建松溪。大田：今福建大田。古田：今福建古田。莆田：今福建莆田。　⑤横屿：海中的小岛名。　⑥牛田：在福清东南三十里。　⑦兴化：明代府名，治所在今莆田。

⑧ 东营澳：在今福清境内。 ⑨ 刘显：抗倭名将，官至都督同知。 ⑩ 宿寇：原有的倭寇。 ⑪ 平远台：在今福州于山。

## 原文

及继光还浙后，新倭至者日益众，围兴化城匝月①，会显遣卒八人赍书城中②，衣刺"天兵"二字。贼杀而衣其衣，绐守将得入③，夜斩关延贼。副使翁时器、参将毕高走免，通判奚世亮摄府事④，遇害，焚掠一空。留两月，破平海卫⑤，据之。初兴化告急，时帝已命俞大猷为福建总兵官，继光副之。及城陷，刘显军少，壁城下不敢击。大猷亦不欲攻，需大军合以困之。四十二年四月，继光将浙兵至。于是巡抚谭纶令将中军⑥，显左，大猷右，合攻贼于平海。继光先登，左右军继之，斩级二千二百，还被掠者三千人。纶上功，继光首，显、大猷次之。帝为告谢郊庙⑦，大行

## 翻译

待戚继光回到浙江后，到达的新倭寇一天天多起来，包围兴化城整整一个月。适逢刘显派遣八名士兵进城送信，衣服上绣有"天兵"二字。倭贼杀了这八个兵，并且穿上他们的衣服，欺骗守将，混进兴化城，夜晚砍开城门机关延纳倭寇。副使翁时器、参将毕高逃出而免死，通判奚世亮代理府事，遇害，兴化城被焚烧抢劫一空。倭寇滞留了两个月，攻破平海卫，占据此地。起初，兴化城告急，明世宗当时已经任命了俞大猷为福建总兵官，戚继光任副总兵官。等到城被攻破，反攻的官兵中，刘显的军队人少，在城下建筑营垒，不敢攻击。俞大猷也不准备进攻，等待大军会合以便围困倭寇。嘉靖四十二年（1563）四月，戚继光率领浙江军队到达。于是，巡抚谭纶命令戚继光率中军，刘显率左军，俞大猷率右军，在平海围攻倭寇。戚继光打头阵，左右两军随即进攻，斩杀二千二百人，救还被掠去的三千人。谭纶向朝廷报功，戚继光获得首功，刘显、俞大猷其次。明世宗向天地及祖庙

叙赉⑧，继光先以横屿功，进署都督金事，及是进都督同知⑨，世荫千户，遂代大猷为总兵官。

告谢，大加奖励和赏赐。戚继光先前因在横屿击破倭寇的功劳，升任代理都督金事，至此又升为都督同知，世代受封千户官职，于是接替俞大猷的总兵官。

**注释** ① 匝(zā)：整整。 ② 赍(jī)：送。 ③ 绐(dài)：欺骗。 ④ 吴世亮：黄冈(今湖北黄冈)人。历南京户部主事、延平府同知。守卫兴化城时，身被数创而死。 ⑤ 平海卫：在今福建莆田东南海滨。 ⑥ 谭纶：宜黄(今江西宜黄)人，曾任台州知府，巡抚福建，总督蓟辽。 ⑦ 告谢郊庙：到郊外向天地神祇和祖先祭告，感谢他们的保佑。 ⑧ 叙赉(lài)：按功劳大小确定奖励、赏赐。⑨ 都督同知：五军都督府中次于都督的官员。

**原文**

明年二月，倭余党复纠新倭万余，围仙游三日①，继光击败之城下，又追败之王仓坪②，斩首数百级，余多坠崖谷死，存者数千奔据漳浦蔡丕岭③。继光分五哨④，身持短兵缘崖上，俘斩数百人，余贼遂掠渔舟出海去。久之，倭自浙犯福宁，继光督参将李超等击败之。乘胜追永宁贼，斩馘三百有奇。寻与大猷击走吴平于南

**翻译**

第二年二月，残存的倭寇又纠集新到的倭寇上万人，包围仙游县城三天。戚继光在城下击败他们，又追到王仓坪击败他们，斩杀了数百人，残余的倭寇多半掉下山崖摔死，逃脱的数千倭寇逃到漳浦蔡丕岭盘踞。戚继光把军队分成五哨，随身携带短兵器攀上山崖，俘获和斩杀数百人，倭寇残余于是掠夺海船逃到海上去了。过了很久，倭寇从浙江侵犯福宁，戚继光督促参将李超等人击败了他们。乘胜追赶永宁的倭寇，斩杀三百多人。不久与俞大猷在南澳攻击倭寇首领吴平，吴平战败逃走，于是

澳⑤,遂击平余孽之未下者。 ‖ 去攻打还未攻下的吴平的残部。

① 仙游:今福建仙游。 ② 王仓坪:在今福建厦门同安境内。 ③ 漳浦:今福建漳浦。 ④ 哨(shào):明代军队的编制单位。 ⑤ 吴平:福建诏安人。嘉靖四十三年(1564),他挟残倭流窜,次年被戚继光击走远遁。南澳:福建和广东交界的一个小岛,吴平在此岛上修建了土堡。

**原文**

　　继光为将号令严,赏罚信,士无敢不用命。与大猷均为名将。操行不如,而果毅过之。大猷老将务持重,继光则飙发电举①,屡摧大寇,名更出大猷上。

**翻译**

　　戚继光作为将领,号令严明,赏罚有信,作战中,士卒没有人敢不出死力。他与俞大猷都是名将。戚继光在操守方面不如俞大猷,但比俞大猷果敢刚毅。俞大猷是老将,处事讲求稳重,戚继光办事如暴风闪电般迅猛,屡次击败重要的倭寇,名声更在俞大猷之上。

**注释** ① 飙(biāo):暴风。

**原文**

　　隆庆初①,给事中吴时来以蓟门多警②,请召大猷、继光专训边卒。部议独用继光,乃召为神机营副将。会谭纶督师辽、蓟③,乃集步兵三万,征浙兵三千,请专属继光训练。帝可之。二年五月命以都督同知总理

**翻译**

　　隆庆初年,给事中吴时来以蓟门多次报警,请求召任俞大猷、戚继光专门训练戍边的士兵。兵部意见只用戚继光,于是把戚继光召回任命为神机营副将。适逢谭纶在辽东、蓟镇总督军队,就集结了三万步兵,招募了三千浙江兵,请戚继光专门统辖和训练。明穆宗同意了。隆庆二年(1568)五月,任命戚

蓟州、昌平、保定三镇练兵事，总兵官以下悉受节制。至镇，上疏言：

继光为都督同知，总理蓟州、昌平、保定三镇的军事训练，总兵官以下的人都受他指挥管理。到了蓟州镇，戚继光上疏说：

注释 ① 隆庆：明穆宗朱载垕年号。 ② 蓟门：蓟州镇，镇守东起山海关，西至居庸关及天津以北一带。 ③ 辽：辽东。明置辽蓟总督，管辖顺天、保定、辽东三巡抚。

原文

"蓟门之兵，虽多亦少。其原有七。营军不习戎事，而好末技①，壮者役将门，老弱仅充伍，一也。边塞逶迤，绝鲜邮置②，使客络绎，日事将迎，参游为驿使，营垒皆传舍，二也。寇至，则调遣无法，远道赴期，卒毙马僵，三也。守寨之卒约束不明，行伍不整，四也。临阵马军不用马，而反用步，五也。家丁盛而军心离，六也。乘障卒不择冲缓③，备多力分，七也。七害不除，边备曷修④？

翻译

"蓟门的军队，看起来人数多，实际是人数少。原因有七个方面。军营的士兵不练习军事，而喜好不是本职的技艺，强壮的人到将门服役，老弱的人仅在军队充数，这是原因之一。边疆设防之处弯弯曲曲、延续不绝，驿递却很少，使臣客人又络绎不断，每天都从事送往迎来的工作，参将和游击将军成了驿使，营垒成了客舍，这是原因之二。敌寇到来，则没办法调兵遣将，军队从远道按时间赶来，士兵毙命，军马僵伏，这是原因之三。守备营塞的士卒没有明确的管理规章，军队不严整，这是原因之四。临到打仗时，骑兵不用马，反而步行，这是原因之五。家丁盛行而军心涣散，这是原因之六。攀越城堡的士兵不会选择方向和时机，后备多，军力分散，这是原因之七。不消除这七害，怎么能够加强边防？

注释　① 末技：不以农桑为本的细小技艺。　② 邮置：传递文书的交通设置。
③ 乘障：乘是攀登，障为障碍。意为攀登障碍。　④ 曷（hé）：同"何"，疑问词
"怎么"。

**原文**

"而又有士卒不练之失六，虽练无益之弊四。何谓不练？夫边所藉惟兵，兵所藉惟将。今恩威号令不足服其心，分数形名不足齐其力①，缓急难使，一也。有火器不能用，二也。弃土著不练，三也。诸镇入卫之兵，嫌非统属，漫无纪律，四也。班军民兵数盈四万，人各一心，五也。练兵之要在先练将。今注意武科，多方保举似矣②，但此选将之事，非练将之道，六也。何谓虽练无益？今一营之卒，为炮手者常十也。不知兵法五兵迭用③，当长以卫短，短以救长，一也。三军之士各专其艺，金鼓旗帜④，何所不蓄，今皆置不用，二也。弓矢之

**翻译**

"而又有士兵不训练的六条过失，虽然训练而没有益处的四条弊端。什么叫不训练？边防所依靠的在于士兵，士兵所依靠的在于将领。现在恩德威望、发号施令都不足以服人心，资历和名分不足以整治军力，宽缓急迫都难调遣，这是一失。有火器而不能用，这是二失。不训练土著百姓，这是三失。各个军镇派到京师拱卫的军队，嫌弃他们不是自己直接统属的，缺乏纪律约束，这是四失。轮番分派到军营的民兵超过四万，各人有各人的心思，这是五失。练兵的关键在先练将，现在注重从武举中选拔武官，经各个方面荐举就给武官之职，然而这是选将之事，不是练将的办法，这是六失。什么是虽然训练了而没有益处呢？现在每营士兵，当炮手的常有十人。不知道作战的规则，各种武器交替使用，拿着长器械是来护卫短器械的，短器械是来救护长器械的，这是一弊。三军士卒各以自己的技艺自专，金鼓旗帜，没有不准备的，现在都搁置

力不强于寇，而欲藉以制胜，三也。教练之法，自有正门。美观则不实用，实用则不美观，而今悉无其实，四也。

一旁而不用，这是二弊。在弓箭方面不比敌寇强，而想靠此取胜，这是三弊。教练的方法，自有正当的途径。美观的东西不实用，实用的东西不美观，而现在完全没有实用的东西，这是四弊。

注释 ① 形名：名分。齐：整齐。② 似：与，给。③ 五兵：旧指矛、戟、钺、楯、弓矢五种兵器。此处意为各种兵器。④ 金鼓：军中用器。金指金钲，用以传布停止的命令，鼓用以传布发动进攻的命令，执金鼓可以号令三军。

原文

"臣又闻兵形象水，水因地而制流，兵因地而制胜。蓟之地有三。平原广陌，内地百里以南之形也。半险半易，近边之形也。山谷仄隘①，林薄翁翳②，边外之形也。寇入平原，利车战。在近边，利马战。在边外，利步战。三者迭用，乃可制胜。今边民惟习马耳，未娴山战、林战、谷战之道也，惟浙兵能之。愿更予臣浙东杀手、炮手各三千③，再募西北壮士，足马军五支，步军十支，专听臣训练，军

翻译

"我又听说军事形势像水一样，水的流向是：依据地势而确定，军事方面要依据地理形势来取胜。蓟州的地形有三种情况。蓟州治所内地百里以南是广阔平坦的原野。邻近蓟州治所边境的地形，一半是险峻的山区，一半是平坦地带。蓟州边境外的地理形势是山谷险峻狭窄，林木密集遮蔽。敌寇进入平原，利于用车战。在边塞附近，利于用骑兵作战。在边塞外面，利于用步兵作战。三种战术交相运用，就可以制敌取胜。现在边镇士卒只知道练习骑马作战，不能熟练地掌握山地作战、树林作战、谷地作战的战术，只有浙江士兵能够掌握这些战术。请求另外给我浙江的职业士兵、炮兵各三千人，再招

中所需，随宜取给，臣不胜至愿。"

又言："臣官为创设，诸将视为缀疣④，臣安从展布。"

慕西北地区的壮士，充足五支骑兵、十支步兵的人数，专门由我训练，军事中所需要的物品，随时领取发给，这是我最大的愿望。"

又说："我是朝廷特别设立的官员，众将认为是多余，我怎样才能开展工作？"

**注释** ① 仄(zè)：狭窄。 ② 蓊(wěng)：草木茂盛。翳(yì)：遮盖。 ③ 杀手：精于武器技艺的士卒。 ④ 缀疣(zhuì yóu)：同"赘瘤"，无用的东西。

**原文**

章下兵部，言蓟镇既有总兵，又设总理，事权分，诸将多观望，宜召还总兵郭琥①，专任继光。乃命继光为总兵官，镇守蓟州、永平、山海诸处②，而浙兵止弗调。录破吴平功，进右都督。寇入青山口③，拒却之。

**翻译**

奏本转到兵部，兵部说蓟镇既然已有总兵，又设立总理，权力分散，众将多采取观望态度，应当召还总兵郭琥，专任戚继光。于是任命戚继光为总兵官，镇守蓟州、永平、山海关等地方，而浙江兵不调动。又根据攻破倭寇吴平的战功，把戚继光升为右都督。这时敌寇进犯青山口，抗拒并击退了敌寇。

**注释** ① 郭琥：明永昌卫(今甘肃)人，字宗器，官至大同总兵。 ② 永平：府名，治所在今河北卢龙。山海：卫名，在河北与辽宁接壤处。 ③ 青山口：在今河北秦皇岛抚宁东北长城边。

**原文**

自嘉靖以来，边墙虽

**翻译**

自嘉靖年间以来，虽然修建了边塞

修,墩台未建。继光巡行塞上,议建敌台①。略言:"蓟镇边垣,延袤二千里②,一瑕则百坚皆瑕③。比来岁修岁圮④,徒费无益。请跨墙为台,睥睨四达⑤。台高五丈,虚中为三层,台宿百人,铠仗糗粮具备⑥。令戍卒画地受工,先建千二百座。然边卒木强⑦,律以军法将不堪,请募浙人为一军,用倡勇敢。"督抚上其议,许之,浙兵三千至,陈郊外。天大雨,自朝至日昃⑧,植立不动。边军大骇,自是始知军令。五年秋,台功成。精坚雄壮,二千里声势联接。诏予世荫,赉银币。

城墙,但没有修建高台。戚继光往来视察边塞,建议修建敌台。大致说:"蓟镇的边境垣墙,绵延两千里,一有缺陷则整个坚固的长城都成废物。近年来,每年修,每年垮,白费力役而无益处。请求把毁坏的墙口修筑为台,可观察四方。每台高五丈,中间是空的,有三层,一个台上可住一百人,备足铠甲、器械、干粮。划出地段,命令守兵接受分配的建台任务,先建台一千二百座。然而边卒性格质直刚强,用军法约束他们将难以承受,请求招募浙江人为一军,以他们倡导勇敢。"督抚奏上戚继光的建议,朝廷允许执行,浙江的三千士兵到达,在郊外设阵。天降大雨,从清晨到日西斜,浙兵像树木一样站着不动。边塞军队都很惊骇,这时才知道军令严明。隆庆五年(1571)秋天,修台大功告成。精良、坚固、雄伟、壮观,两千里声势相连。下诏赐予世代受荫,奖给银币。

注释 ① 敌台:碉堡。 ② 延袤(mào):绵延连续。 ③ 瑕(xiá):斑点。 ④ 圮(pǐ):毁。 ⑤ 睥睨(pì nì):侧目窥察。 ⑥ 铠:铁甲。仗:刀戟等兵器。糗(qiǔ):炒熟的谷物,干粮。 ⑦ 木强(jiàng):质直刚强。 ⑧ 昃(zè):日西斜。

原文

继光乃议立车营。车

翻译

戚继光遂主张设立战车部队。每

一辆用四人推挽,战则结方阵,而马步军处其中。又制拒马器①,体轻便利,遏寇骑冲突。寇至,火器先发,稍近则步军持拒马器排列而前,间以长枪、筤筅②。寇奔,则骑军逐北。又置辎重营随其后③,而以南兵为选锋,入卫兵主策应,本镇兵专戍守。节制精明,器械犀利,蓟门军容遂为诸边冠。

辎车用四人推拉,临战时集结成方阵,骑兵和步兵处在中间。又制造拒马器,体积小巧便利,用以遏制敌寇骑兵的冲击。敌寇一到,先发火器,与敌寇接近时则以步兵拿着拒马器排列向前,其中也有长枪、筤筅。敌寇逃奔时,由骑兵追击逃军。又安排辎重营跟在后面,而以南方兵为突击队,各镇派来入卫的兵作为策应,本镇兵专门负责戍卫驻守。调度管束,精细明察,器械锐利,蓟镇的军容在所有边镇中号称第一。

**注释** ① 拒马器:防御骑兵的障碍器。 ② 筤筅(láng xiǎn):用大毛竹制成的掩护士兵前进的器具。 ③ 辎(zī)重:行军时携带的器械、粮草、材料等物资。

**原文**

当是时,俺答已通贡①,宣、大以西②,烽火寂然。独小王子后土蛮徙居插汉地③,控弦十余万④,常为蓟门忧。而朵颜董狐狸及其兄子长昂交通土蛮⑤,时叛时服。万历元年春,二寇谋入犯。驰喜峰口⑥,索赏不得,则肆杀掠,猎傍塞,以诱官军。继光掩击,几获狐

**翻译**

就在那时,俺答已经通好纳贡,宣府和大同以西,没有边警。只有小王子的后裔土蛮迁徙居住到插汉部落的牧地,有十几万军队,常常威胁蓟门。而朵颜部的董狐狸和他的侄子长昂与土蛮勾结,时叛时服。万历元年(1573)春季,董狐狸与长昂图谋内犯,奔到喜峰口,没有得到所索取的赏赐,就大肆杀掠,践踏沿边的塞口,引诱明朝官军。戚继光乘对方不备进行袭击,几乎捉住

狸。其夏,复犯桃林⑦,不得志去。长昂亦犯界岭⑧,官军斩获多,边吏讽之降⑨,狐狸乃款关请贡。廷议给以岁赏。明年春,长昂复窥诸口不得入⑩,则与狐狸共逼长秃令入寇。继光逐得之以归⑪。长秃者,狐狸之弟,长昂叔父也。于是二寇率部长亲族三百人,叩关请死罪,狐狸服素衣叩头乞赦长秃。继光及总督刘应节等议⑫,遣副将史宸、罗端诣喜峰口受其降。皆罗拜,献还所掠边人,攒刀设誓⑬。乃释长秃,许通贡如故。终继光在镇,二寇不敢犯蓟门。

董狐狸。这年夏天,他们又骚扰桃林,没得逞而离去。长昂也骚扰界岭。官军斩杀俘获了许多人,守边官吏劝告他们降服,董狐狸就叩关请求纳贡。朝廷的意见是每年给予赏赐。第二年春季,长昂又窥视各个关隘,无法入犯,就与董狐狸一起逼迫长秃,要他入犯寇掠。戚继光追捕了长秃,押解回来。长秃,是董狐狸的弟弟,长昂的叔父。于是董狐狸和长昂率领部族首领及亲属三百人,叩关请求处以死罪,董狐狸身穿素白丧服叩头,乞求赦免长秃。戚继光与总督刘应节等人商议,派遣副将史宸、罗端到喜峰口接受他们的投降。他们罗列下拜,献还了他们掠去的边塞百姓,整齐地举刀发誓。于是释放了长秃,允许像过去那样通贡。一直到戚继光离开边镇,董狐狸与长昂不敢骚扰蓟门。

**注释** ①俺答:即俺答汗,鞑靼部右翼土默特万户的首领。 ②宣:宣府镇,在今河北张家口。大:大同府,在今山西大同。 ③小王子:鞑靼首领达延汗的子孙。土蛮:明朝人对东蒙古的左翼图们扎萨克图汗的称呼。插汉:蒙古族的插汉儿部。 ④控弦:拉弓,此代称士兵。 ⑤朵颜:蒙古部落之一,当时南移到河北东北部长城外。 ⑥喜峰口:在今河北迁西和宽城的长城界上。 ⑦桃林:在今河北迁安北长城边。 ⑧界岭:在桃林口稍东。⑨讽:用委婉的语言暗示。⑩诸口:长城沿线的界岭口、喜峰口、冷口等关隘。⑪逐:追逐。⑫刘应节:字子和,隆庆中以兵部右侍郎总督蓟辽保定军务。⑬攒:凑集,拼凑。

**原文**

寻以守边劳,进左都督。已,增建敌台,分所部十二区为三协①,协置副将一人,分练士马。炒蛮入犯②,汤克宽战死③,继光被劾,不罪。久之,炒蛮偕妻大嬖只袭掠边卒④,官军追破之。土蛮犯辽东,继光急赴,偕辽东军拒退之。继光已加太子太保,录功加少保。

**翻译**

不久,戚继光因守边功劳,升为左都督。这时,增建敌台,将原有的十二区部众分成三协,每协设置一名副将,分别训练军队。炒蛮内犯,汤克宽战死,戚继光被弹劾,免于罪责。过了一段时间,炒蛮偕同妻子大嬖只侵袭掠夺边塞士卒,官军追逐攻破了他们。土蛮骚扰辽东,戚继光急忙赴援,偕同辽东军队打退他们。戚继光已经加太子太保衔,根据战功又加少保衔。

**注释** ① 协:明中叶新设立的军队编制单位,清代沿袭。 ② 炒蛮:蒙古泰宁部,其酋长炒花于万历四年(1576)掠古北口。 ③ 汤克宽:抗倭名将。万历初调至蓟镇,追寇出塞,战死。 ④ 大嬖只:蒙古部落首领顺义王乞庆哈的弃妾,见《明史》卷二三九。

**原文**

自顺义受封①,朝廷以八事课边臣:曰积钱谷、修险隘、练兵马、整器械、开屯田、理盐法、收塞马、散叛党。三岁则遣大臣阅视,而殿最之②。继光用是频荫赉。南北名将马芳③、俞大

**翻译**

自从顺义王受封以来,朝廷以八件事考核边臣,这八件事是积蓄钱谷、修建险隘、训练军队、整顿装备、开荒屯田、清理盐法、收买塞上马匹、消散叛党。每三年派遣大臣检阅考察,分别评定功劳大小。戚继光由此连续获得朝廷荫护和赏赐。南北名将马芳、俞大猷先前已死,只有戚继光和辽东总兵李成

猷前卒,独继光与辽东李成梁在④。然蓟门守甚固,敌无由入,尽转而之辽,故成梁擅战功。

梁还活着。然而蓟门的防守很坚固,敌寇无法入犯,全都转移到辽东,所以李成梁独据战功。

注释　①顺义受封:指在此之前,俺答汗受封为顺义王事。　②殿最:上等功绩称最,下等功绩称殿。意为评定功绩的先后次序。　③马芳:字德馨,曾镇守蓟镇、宣府,多有战功,万历九年(1581)卒。　④李成梁:时任辽东镇总兵,师出必捷,威震边镇。

原文

　　自嘉靖庚戌俺答犯京师①,边防独重蓟。增兵益饷,骚动天下。复置昌平镇②,设大将,与蓟相唇齿。犹时蹂内地,总督王忬、杨选并坐失律诛③。十七年间,易大将十人,率以罪去。继光在镇十六年,边备修饬,蓟门宴然。继之者,蹈其成法,数十年得无事。亦赖当国大臣徐阶、高拱、张居正先后倚任之。居正尤事与商确,欲为继光难者,辄徙之去。诸督抚大臣如谭纶、刘应节、梁梦龙辈咸

翻译

　　自从嘉靖二十九年(1550)俺答侵犯京师,边防独重视蓟州镇。增兵添饷,举国骚动。又设置昌平镇,任命大将,与蓟镇相互依靠。俺答还时常蹂躏并骚扰内地,总督王忬、杨选都因为防守失利被刑律诛杀。十七年间,调换了十员大将,都因为防守失利的罪过免职。戚继光在边镇十六年,修整边防,蓟门安靖。后继的人按照戚继光既定的方法,使边塞几十年无事端。也多亏了主持国政的大臣徐阶、高拱、张居正先后信任戚继光。尤其是张居正,事事与他商讨,那些想要刁难戚继光的人,就被设法调走。众督抚大臣,如谭纶、刘应节、梁梦龙等人都与戚继光相好,有所举动时没人牵制,所以戚继光才能

与善④,动无掣肘,故继光益发舒。

发挥自己的才干。

**注释** ① 嘉靖庚戌:嘉靖二十九年(1550)。 ② 昌平镇:在今北京昌平。 ③ 王忬:字民应,因战功历官至右都御史,嘉靖三十九年(1560),因得罪严嵩及边事失利,被杀。杨选:字以公,累官蓟辽总督,以功进兵部右侍郎。后坐守备不设律,戮于市。 ④ 谭纶(1520—1577):字子理,号二华,宜黄(今江西宜黄)人。嘉靖进士,历官至兵部尚书。梁梦龙:字乾吉,嘉靖进士,历官至兵部尚书。

**原文**

居正殁半岁,给事中张鼎思言继光不宜于北,当国者遽改之广东。继光悒悒不得志①,强一赴。逾年即谢病。给事中张希皋等复劾之,竟罢归。居三年,御史傅光宅疏荐,反夺俸。继光亦遂卒。

继光更历南北,并著声。在南方战功特盛,北则专主守。所著《纪效新书》《练兵纪实》②,谈兵者遵用焉。

**翻译**

张居正死了半年,给事中张鼎思说戚继光不适宜在北方任职,主持国政的人急忙把他调到广东。戚继光忧郁不得志,勉强赴任一趟,过了一年就托病自请退职。给事中张希皋等人又弹劾他,竟然罢免了他,让他回家。过了三年,御史傅光宅上疏荐举戚继光,反而被削减俸禄。戚继光也就死了。

戚继光经历了南北征战,都有突出的声誉。在南方的战功特别大,在北方则专心致力于防守。他著有《纪效新书》《练兵纪实》,谈论军事的人都遵从运用。

**注释** ① 悒(yì):愁闷。 ②《纪效新书》:此书是戚继光在浙江沿海抗击倭寇的经验总结,也是他训练和教育戚家军的教本。《练兵纪实》:此书是戚继光在蓟州镇时训练士兵的书,是一部很实用的军事著作。

# 张 居 正 传

**导读**

　　张居正是明代后期杰出的政治家和财政专家。他一生经历了嘉靖、隆庆、万历三朝,这正是明朝社会矛盾空前严重的时期,统治集团内部的斗争也日趋尖锐。从张璁、夏言、严嵩、徐阶、高拱到张居正,都经过激烈的斗争才取得首辅的地位。本篇记述了张居正的生平事迹、为政情况和改革成就,由此我们可以看出,张居正的变法改革,对安定社会、发展生产,起到了一定积极的作用,社会经济有了较快发展。但是,张居正的改革措施遭到顽固势力的拼命反对。在他死后,官僚、豪强立即反攻,实行报复。张居正被抄家,改良措施被废弃。形势急转直下,明朝的统治终于在无可挽回的危机中迅速走上灭亡的道路。(选自卷二一三)

**原文**

　　张居正,字叔大,江陵人①。少颖敏绝伦,十五为诸生。巡抚顾璘奇其文,曰:"国器也。"未几,居正举于乡,璘解犀带以赠,且曰:"君异日当腰玉,犀不足溷子②。"嘉靖二十六年,居正成进士,改庶吉士。日讨求

**翻译**

　　张居正,字叔大,江陵人。年少时聪颖敏捷超过普通人,十五岁时成为县学的生员。巡抚顾璘惊异他的文章,说:"这是可以主持国政的人才。"不久,张居正乡试时得中举人,顾璘解下犀带赠送给张居正,并且说:"君以后当腰缠玉带,犀带不足以配你。"嘉靖二十六年(1547),张居正考中进士,改为翰林院

国家典故。徐阶辈皆器重之③。授编修，请急归，亡何还职。

庶吉士。每天研讨国家典章和掌故。徐阶等人都器重他。又授职编修，因急事请假归乡，不久又回到朝廷任职。

注释　① 江陵：今湖北荆州。　② 浞：原意为混浊、侮辱，此处意为配称。　③ 徐阶(1503—1583)：字子升，松江华亭人，历官礼部尚书、建极殿大学士等职，后逐严嵩，任首辅。

原文

　　居正为人，颀面秀眉目，须长至腹。勇敢任事，豪杰自许。然沉深有城府，莫能测也。严嵩为首辅，忌阶，善阶者皆避匿。居正自如，嵩亦器居正。迁右中允，领国子司业事。与祭酒高拱善①，相期以相业。寻还理坊事②，迁侍裕邸讲读③。王甚贤之，邸中中官亦无不善居正者。而李芳数从问书义，颇及天下事。寻迁右谕德兼侍读，进侍讲学士，领院事。

翻译

　　张居正的相貌，面孔颀长，眉目秀气，胡须长长的直到腹部。承担工作勇敢无畏，以豪杰自许。但又深沉有城府，没人能测知他的心思。严嵩当首辅时，疑忌徐阶，与徐阶友善的人都躲避藏匿。张居正仍像平常一样，严嵩也器重居正。后迁官为右中允，掌管国子司业的职事。与祭酒高拱友善，互相约定要做一番宰相的事业。不久又担任太子官署的职务，升迁为裕王府邸的讲读。裕王很赏识他，王邸中的宦官也没有不与他友善的人。而李芳多次随从张居正询问经书的义理，较多地谈及天下大事。不久擢升为右谕德兼侍读，晋级为侍讲学士，掌领院事。

注释　① 高拱(1512—1578)：字肃卿，新郑人。嘉靖二十年(1541)进士，官至大学士。后因劾宦官冯保被逐。　② 理坊事：担任太子官署的职务。　③ 裕邸：明世宗第三子(后为穆宗)裕王载垕的住所。

原文

阶代嵩首辅，倾心委居正。世宗崩，阶草遗诏，引与共谋。寻迁礼部右侍郎兼翰林院学士。月余，与裕邸故讲官陈以勤俱入阁，而居正为吏部左侍郎兼东阁大学士。寻充《世宗实录》总裁，进礼部尚书兼武英殿大学士，加少保兼太子太保，去学士五品仅岁余。时徐阶以宿老居首辅，与李春芳皆折节礼士①。居正最后入，独引相体②，倨见九卿，无所延纳。间出一语辄中肯，人以是严惮之，重于他相。

翻译

徐阶代替严嵩当首辅，竭尽心力任用张居正。世宗驾崩，徐阶起草遗诏，叫张居正和他一起商议。不久被提拔为礼部右侍郎兼翰林院学士。一个多月后，和裕王府邸的前任讲官陈以勤共同入阁，而张居正当了吏部左侍郎兼东阁大学士。不久又担任《世宗实录》的总裁，升任礼部尚书兼武英殿大学士，加衔少保兼太子太保，这时，离当五品学士时仅一年多。当时徐阶作为素有名望的老前辈占居首辅的位置，和李春芳都谦恭屈己礼待贤士。张居正最后进入内阁，只他一人显示出宰相的器识风度，与九卿相见时态度倨傲，并不引进纳用一个人。偶尔说句话总是正中要害，因此比起其他内阁大学士，人们更加敬畏他。

注释　①折节：原意弯折腰肢，此处喻为谦恭待人，屈己下人。　②引相体：显示宰相的器识和风度。

原文

高拱以很躁被论去①，徐阶亦去，春芳为首辅。亡何赵贞吉入，易视居正。居正与故所善掌司礼者李芳

翻译

高拱因狠心急躁而被弹劾离开了内阁，徐阶也离去，李春芳当了首辅。不久，赵贞吉入阁，轻视张居正。张居正与素来友善的掌司礼监的李芳谋划，

谋,召用拱,俾领吏部,以扼贞吉,而夺春芳政。拱至,益与居正善。春芳寻引去,以勤亦自引,而贞吉、殷士儋皆为所构罢,独居正与拱在,两人益相密。拱主封俺答②,居正亦赞之,授王崇古等以方略。加柱国、太子太傅。六年满,加少傅、吏部尚书、建极殿大学士。以辽东战功,加太子太师。和市成,加少师,余如故。

召用高拱,使他掌领吏部,以此来扼制赵贞吉,而剥夺李春芳的大权。高拱进了内阁,更加与张居正关系密切。李春芳不久引退离去,陈以勤也自己引退,而赵贞吉、殷士儋都被构陷罪名而罢官,只有张居正与高拱在内阁,两人相互关系更密切。高拱主张封俺答,张居正也赞成这个主张,向王崇古等人面授计谋。张居正被加封柱国、太子太傅。六年任满之后,又加封少傅、吏部尚书、建极殿大学士等官衔。因辽东的战功,加封太子太师。议和互市成功,加封少师,其余官衔如以前一样。

**注释** ① 很:同"狠"。 ② 俺答(1507—1582),鞑靼部首领,为元室之后。隆庆四年受封为"顺义王"。

**原文**

初,徐阶既去,令三子事居正谨。而拱衔阶甚①,嗾言路追论不已②,阶诸子多坐罪。居正从容为拱言,拱稍心动。而拱客构居正纳阶子三万金,拱以诮居正③。居正色变,指天誓,辞甚苦。拱谢不审④,两人交遂离。拱又与居正所善中

**翻译**

当初,徐阶离开内阁之后,嘱咐三个儿子奉事张居正要恭敬。而高拱怨恨徐阶很深,唆使谏官追究不止,徐阶的儿子们多获罪被判刑。张居正从容地向高拱说情,高拱稍稍有些心动。但高拱的手下人诬告张居正接受了徐阶儿子的三万金钱,高拱拿这个罪名责备张居正。居正变了脸色,指天发誓,言辞很苦楚。高拱为自己的不慎重向张

人冯保郤⑤。穆宗不豫⑥，居正与保密处分后事，引保为内助，而拱欲去保。神宗即位，保以两宫诏旨逐拱，事具《拱传》，居正遂代拱为首辅。帝御平台⑦，召居正奖谕之，赐金币及绣蟒斗牛服。自是赐赉无虚日。

居正道歉，两人的交情于是疏远。高拱又和张居正所友善的太监冯保有嫌隙。穆宗生病，张居正与冯保秘密处置穆宗的后事，拉拢冯保作为宫内的助手，而高拱打算去掉冯保。神宗即位，冯保以两宫太后的名义下诏赶走高拱，详情具在《高拱传》，张居正于是代替高拱当了首辅。皇帝驾临平台，召见张居正通告奖励他，赐给金钱礼物和绣蟒的斗牛服。从此接二连三地赏赐，没有空闲的日子。

注释 ① 衔：怨恨。 ② 嗾：唆使。 ③ 诮：责备。 ④ 谢不审：为自己不慎重而道歉。 ⑤ 中人：即宦官。郤：同"隙"，不和。 ⑥ 不豫：身体不适，有病。 ⑦ 平台：明代紫禁城内皇帝召见群臣之所。

原文

帝虚己委居正，居正亦慨然以天下为己任，中外想望丰采。居正劝帝遵守祖宗旧制，不必纷更，至讲学、亲贤、爱民、节用皆急务。帝称善。大计廷臣①，斥诸不职及附丽拱者。复具诏召群臣廷饬之，百僚皆惕息。帝当尊崇两宫。故事，皇后与天子生母并称皇太

翻译

皇帝谦恭，将大权委任张居正，张居正也慨然把治理天下作为自己的责任，朝廷内外思慕张居正的丰采风范。张居正劝皇帝遵守祖宗旧有的制度，不必多加改动，至于进讲儒学、亲近贤士、爱护民众、节省开支都是急迫要做的事。皇帝称赞他的主张很好。全面考核朝廷大臣，斥逐那些不尽职和奉承追随高拱的人。又下诏召集群臣到朝廷整治他们，百官都敬畏不敢出大气。皇帝应当尊崇两宫皇后。按照惯例，皇后

后,而徽号有别。保欲媚帝生母李贵妃,风居正以并尊②。居正不敢违,议尊皇后曰仁圣皇太后,皇贵妃曰慈圣皇太后,两宫遂无别。慈圣徙乾清宫,抚视帝,内任保,而大柄悉以委居正。

和天子的生身母亲都称皇太后,但在徽号上有区别。冯保打算讨好皇帝的生身母亲李贵妃,暗示张居正提议使贵妃和皇后同等尊贵。张居正不敢违抗,上议尊称皇后为"仁圣皇太后",皇贵妃称为"慈圣皇太后",于是,两宫太后的徽号不再有区别了。慈圣皇太后迁居到乾清宫,抚养看护皇帝,在宫内重用冯保,而朝廷大权全都委托给张居正。

**注释** ① 大计:每三年一次对官吏的考绩。 ② 风:微言劝告,暗示。

**原文**

居正为政,以尊主权、课吏职、信赏罚、一号令为主。虽万里外,朝下而夕奉行。黔国公沐朝弼数犯法,当逮,朝议难之。居正擢用其子,驰使缚之,不敢动。既至,请贷其死①,锢之南京。漕河通②,居正以岁赋逾春,发水横溢,非决则涸,乃采漕臣议,督艘卒以孟冬月兑运③,及岁初毕发,少罹水患。行之久,太仓粟充盈,可支十年。互市饶马,

**翻译**

张居正主持政务,以尊重君主的权威、考课官吏的政绩、赏罚严明无欺、统一发号施令为主。虽在万里之外,早上颁下法令,黄昏就能奉命施行。黔国公沐朝弼屡次犯法,应当逮捕治罪,朝廷大臣商议这事时一直感到为难。张居正提拔任用了沐朝弼的儿子,再让使节驰骑赶去逮捕他,他便不敢轻举妄动了。押解到朝廷之后,张居正又请求宽免了他的死罪,把他禁锢在南京。漕河开通,张居正因为每年的田赋过了春天才启运,这时洪水泛滥充溢运河,不是决口就是干涸没水,于是采纳了漕臣的建议,催督船只和兵卒在孟冬之月运送

乃减太仆种马④,而令民以价纳,太仆金亦积四百余万。又为考成法以责吏治⑤。初,部院复奏行抚按勘者,尝稽不报。居正令以大小缓急为限,误者抵罪。自是,一切不敢饰非,政体为肃。南京小奄醉辱给事中⑥,言者请究治。居正谪其尤激者赵参鲁于外以悦保,而徐说保裁抑其党,毋与六部事。其奉使者,时令缇骑阴调之⑦。其党以是怨居正,而心不附保。

漕粮,到年初就全部发运完毕,很少遭受水害。这样实行了很久,太仓里的粮食满满当当,可用十年。与鞑靼互相贸易,换来的马匹太多,于是减少太仆寺畜养的种马,而令百姓出价买去,太仆寺里的金钱也积蓄了四百多万。又制定考成法,用来督责官吏的工作。当初,中央各部院在回复地方巡抚、巡按间上报往还的勘核文书时,曾经滞留不上报。张居正下令按文书内容的大小缓急为限度,过期不报的抵罪。从此之后,所有部门都不敢掩饰过错,政治体制为之肃然。南京有小宦官喝醉了酒侮辱给事中,谏官请求追究治罪。张居正贬斥其中最为激奋的赵参鲁到外当差,以此来取悦冯保。而又慢慢劝说冯保抑制他党徒的行动,不要过问六部的事务。冯保派出的使节,张居正时常命令缇骑暗中监视他们。冯保的党徒因此怨恨张居正,而内心不再附从冯保。

**注释** ①贷:宽免。 ②漕河:运送粮食至京师的水道。 ③孟冬:冬季的第一个月,即农历十月。兑运:以军队运送民粮。 ④太仆:官署名,掌管舆马及畜牧之事。 ⑤考成法:考核官吏成绩的办法。 ⑥小奄:小太监。 ⑦缇骑:负责皇帝安全、京师治安的官员。阴调之:暗中监视他。

**原文**

居正以御史在外，往往凌抚臣，痛欲折之。一事小不合，诟责随下，又敕其长加考察。给事中余懋学请行宽大之政。居正以为风己，削其职。御史傅应祯继言之，尤切。下诏狱①，杖戍。给事中徐贞明等群拥入狱，视具橐饘②，亦逮谪外。御史刘台按辽东，误奏捷。居正方引故事绳督之，台抗章论居正专恣不法，居正怒甚。帝为下台诏狱，命杖百，远戍。居正阳具疏救之，仅夺其职。已，卒戍台。由是，诸给事御史益畏居正，而心不平。

**翻译**

张居正因御史在地方上，往往凌辱巡抚，而痛恨他们，打算挫挫他们的气焰。一件事稍有点不对，诟骂斥责便随之而下，又命令他们的长官加以考察。给事中余懋学请求施行宽大的政策，张居正以为这是讽刺自己，就撤销了他的官职。御史傅应祯接着上书议论这个问题，言辞特别激动。张居正把他关进诏狱，施以杖刑之后充军边疆。给事中徐贞明等人成群拥入监狱，探望而供给衣食，也都被捕治罪，贬官到外地。御史刘台按察辽东，超越权限奏报胜利，张居正援引惯例绳治督责他，刘台却上书反驳，说张居正专权恣意不合法度，张居正气极了。皇帝为张居正把刘台关进诏狱，命杖击一百，充军远方。张居正表面上呈递奏疏挽救他，请求仅剥夺他的官职。最终还是将刘台充军到边远地区。因此，诸给事中和御史们更加畏惧张居正，而内心并不服气。

**注释** ① 诏狱：奉诏令关押犯人的监狱。 ② 橐饘(zhān)：衣食。

**原文**

当是时，太后以帝冲年①，尊礼居正甚至，同列吕

**翻译**

当时，太后因为皇帝年幼，尊敬礼遇居正非常周到，与居正同列首辅的吕

调阳莫敢异同。及吏部左侍郎张四维入，恂恂若属吏，不敢以僚自处。

调阳凡事不敢表示不同的意见。等到吏部左侍郎张四维进入内阁，对张居正谦恭谨慎得就像下属的官吏一样，不敢以同僚自居。

**注释** ① 冲年：幼小，明神宗十岁即位。

**原文**

居正喜建竖①，能以智数驭下，人多乐为之尽。俺答款塞②，久不为害。独小王子部众十余万，东北直辽左③，以不获通互市，数入寇。居正用李成梁镇辽，戚继光镇蓟门。成梁力战却敌，功多至封伯，而继光守备甚设。居正皆右之，边境晏然。两广督抚殷正茂、凌云翼等亦数破贼有功。浙江兵民再作乱，用张佳胤往抚即定，故世称居正知人。然持法严。核驿递，省冗官，清庠序④，多所澄汰。公卿群吏不得乘传⑤，与商旅无别。郎署以缺少⑥，需次者辄不得补⑦。大邑士

**翻译**

张居正喜欢提拔中下级官吏，能以智谋权术驾驭下级，人们大多乐意为他尽力。俺答已在边塞议和，长期不做危害边疆的事。只有小王子的部落有军兵十几万，其部落东北直达辽东，由于不能与内地来往贸易，多次入塞侵扰抢劫。张居正任用李成梁镇守辽东，戚继光镇守蓟门。李成梁奋力作战打退敌人，功劳很多，以至封为伯爵，而戚继光防守备战十分周密。张居正都重视他们，于是边境地区太平无事。两广督抚殷正茂、凌云翼等人也多次攻破贼寇建有功劳。浙江兵卒与民众再次作乱，任用张佳胤前往安抚，立刻平定。所以世人称张居正了解人才。但张居正持法很严。核查驿站和递铺，削减多余的官吏，整顿各级学校，多所清洗。公卿及众官吏不准乘坐驿站的马车，官吏出差到外地与商旅没有差别。朝廷各部门

子额隘，艰于进取。亦多怨之者。

的官吏出现空缺，等待候补的人总不能补上去。大都市儒生的名额很少，很难在仕途上有所作为。这些也增加了一些怨恨他的人。

**注释** ① 建竖：提拔中下级官吏。② 款塞：指塞外部族来通好或内附。③ 直：到达。④ 清庠序：整顿学校。⑤ 乘传：乘坐驿站的马车。⑥ 郎署：朝廷各部衙门内的属官。⑦ 需次者：候补官吏。

**原文**

时承平久，群盗猬起，至入城市劫府库，有司恒讳之，居正严其禁。匿弗举者，虽循吏必黜。得盗即斩决，有司莫敢饰情，盗边海钱米盈数，例皆斩，然往往长系或瘐死。居正独亟斩之，而追捕其家属，盗贼为衰止。而奉行不便者，相率为怨言，居正不恤也。

慈圣太后将还慈宁宫，谕居正谓："我不能视皇帝朝夕，恐不若前者之向学、勤政，有累先帝付托。先生有师保之责，与诸臣异。其为我朝夕纳诲，以辅台德，

**翻译**

当时承续太平的时间长久，众多的盗贼纷纷出现，甚至进入城市抢劫仓库。各级官员常隐讳这些事不向上汇报，张居正严格规定有关的禁令，隐瞒实情不举报的人，虽是循法守规矩的官吏也必须废黜，捉获盗贼立即斩首处决，没有官吏敢掩饰真情。盗窃边防海防钱粮达到一定数量，依例都要斩首，但往往是长期关押致使有人死在狱中。张居正偏偏要立即将他们斩首，并且追捕他们的家属，盗贼因此减少以至几乎绝迹。而对奉行这些规定感到有所不便的人，互相附和着散布怨言，张居正并不以此为顾虑。

慈圣太后将要搬回慈宁宫，告谕张居正说："我不能早晚照顾皇帝，担心皇帝不能像以前那样用心学习、操劳政

用终先帝凭几之谊①。"因赐坐蟒、白金、彩币。未几，丁父忧。帝遣司礼中官慰问，视粥药，止哭，络绎道路，三宫赙赠甚厚。

务，对先帝的托付有所辜负。先生负有做皇帝师傅的责任，和诸位大臣不同。请为我早晚进纳劝谏、勤加教诲，用来辅助皇帝的德行，以实现先帝临终嘱托的情谊。"于是赐给张居正绣有坐蟒的官服、白金、彩币。不久，张居正父亲死了。皇帝派遣司礼监的太监慰问，照顾他的饭食和用药，劝止哭泣，太监们络绎不绝地往返于路途上，三宫送给张居正的丧事礼品非常优厚。

注释　① 凭几之谊：帝王临终前对大臣的期望和托付。

原文

户部侍郎李幼孜欲媚居正，倡夺情议①，居正惑之。冯保亦固留居正。诸翰林王锡爵、张位、赵志皋、吴中行、赵用贤、习孔教、沈懋学辈皆以为不可，弗听。吏部尚书张瀚以持慰留旨②，被逐去。御史曾士楚、给事中陈三谟等遂交章请留。中行、用贤及员外郎艾穆、主事沈思孝、进士邹元标相继争之。皆坐廷杖，谪

翻译

户部侍郎李幼孜想讨好张居正，首先提出夺情的建议。张居正对此感到疑虑不定。冯保也坚持挽留张居正。各位翰林王锡爵、张位、赵志皋、吴中行、赵用贤、习孔教、沈懋学等人都认为不行，不同意李幼孜的建议。吏部尚书张瀚因此扣住慰问挽留张居正的圣旨不发，被斥逐罢官。于是御史曾士楚、给事中陈三谟等人相继上书请张居正留任。吴中行、赵用贤及员外郎艾穆、主事沈思孝、进士邹元标相继争执，不同意张居正夺情，都被治罪，受到廷杖的惩罚，贬谪斥逐不等。当时彗星在东

斥有差。时彗星从东南方起，长亘天。人情汹汹，指目居正[3]。至悬谤书通衢。帝诏谕群臣，再及者诛无赦，谤乃已。于是使居正子编修嗣修与司礼太监魏朝驰传往代司丧，礼部主事曹诰治祭，工部主事徐应聘治丧。居正请无造朝，以青衣、素服、角带入阁治政，侍经筵讲读，又请辞岁俸。帝许之。及帝举大婚礼，居正吉服从事。给事中李涞言其非礼，居正怒，出为佥事。时帝顾居正益重，常赐居正札，称"元辅张少师先生"，待以师礼。

南方出现，长长地横贯天空。世人的情绪喧扰不定，私下指责议论张居正，甚至在大街上张贴攻击他的书信。皇帝下诏告谕群臣，再有议论张居正的人诛杀不赦，攻击才停息。于是让张居正的儿子翰林编修张嗣修与司礼太监魏朝乘驿马飞驰前往张居正家乡代他主持丧事，礼部主事曹诰主持祭祀，工部主事徐应聘办理丧事。张居正请求不上朝，穿着丧服和牛角带进内阁治理政事，侍奉皇帝学习于御前讲席，又请求辞去一年的俸禄。皇帝应允了这些请求。等到皇帝举行大婚典礼时，张居正穿着吉服参加并办理事务。给事中李涞说他这样做不合礼制，张居正发怒，把李涞贬出朝廷降为佥事。此时皇帝对张居正更加尊重，常赐给张居正书信，称他为"元辅张少师先生"，以师傅的礼节对待他。

**注释**　① 夺情：服丧期间朝廷强令出仕。　② 持慰留旨：扣住慰问并挽留张居正的圣旨不发。　③ 指目：在旁边议论。

**原文**

　　居正乞归葬父，帝使尚宝少卿郑钦、锦衣指挥史继书护归，期三月，葬毕即上

**翻译**

　　张居正请求回家安葬父亲，神宗派尚宝少卿郑钦、锦衣指挥史继书护送回家，期限三个月，葬事结束就登程返京。

道。仍命抚按诸臣先期驰赐玺书敦谕。范"帝赍忠良"银印以赐之①，如杨士奇、张孚敬例，得密封言事。戒次辅吕调阳等"有大事毋得专决，驰驿之江陵，听张先生处分"。居正请广内阁员，诏即令居正推。居正因推礼部尚书马自强、吏部右侍郎申时行入阁。自强素迕居正，不自意得之，颇德居正，而时行与四维皆自昵于居正，居正乃安意去。帝及两宫赐赍慰谕有加礼，遣司礼太监张宏供张钱郊外②，百僚班送。所过地，有司饬厨传③，治道路。辽东奏大捷，帝复归功居正。使使驰谕，俾定爵赏。居正为条列以闻。调阳益内惭，坚卧，累疏乞休不出。

还命令巡抚巡按等官在此之前就疾驰前往赐予玺书，催促告谕张居正回返。铸造了"帝赍忠良"银印赐给他，依照对待杨士奇、张孚敬的旧例，让他能用密封奏章向皇帝议论政事。告诫次辅吕调阳等："有事不得专断，由驿传急速送达江陵，听凭张先生处理。"张居正请求扩大内阁成员，神宗就下诏让张居正推举。张居正于是推举礼部尚书马自强、吏部右侍郎申时行入阁。马自强向来违忤张居正，出乎意外而入阁，很感激张居正。而申时行和张四维都亲近张居正，张居正回去很放心。神宗和两宫太后的赏赐和慰谕有超出常规的礼仪，派遣司礼太监张宏在郊外供设帷帐钱别，百官排列送行。所过地方，官吏整顿驿站，修治道路。辽东报告大捷，神宗又归功于张居正。派遣使臣速往告谕，使他能确定爵禄赏赐。张居正依次排列官吏的奖赏，报告给神宗。吕调阳更加内心惭愧，坚持称病，反复上疏请求辞官，不理事。

注释　①范：铸造。　②供张：即供帐，供设帷帐。　③厨传：即驿站。

## 原文

　　居正言母老不能冒炎暑，请俟清凉上道。于是内阁、两都部院寺卿、给事、御史俱上章，请趣居正亟还朝[①]。帝遣锦衣指挥翟汝敬驰传往迎，计日以俟；而令中官护太夫人以秋日由水道行。居正所过，守臣率长跪，抚按大吏越界迎送，身为前驱。道经襄阳，襄王出候，要居正宴。故事，虽公侯谒王执臣礼，居正具宾主而出。过南阳，唐王亦如之。抵郊外，诏遣司礼太监何进宴劳，两宫亦各遣大珰李琦、李用宣谕[②]，赐八宝金钉川扇、御膳、饼果、醪醴，百僚复班迎。入朝，帝慰劳恳笃，予假十日而后入阁，仍赐白金、彩币、宝钞、羊酒，因引见两宫。及秋，魏朝奉居正母行，仪从煊赫，观者如堵。比至，帝与两宫复赐赉加等，慰谕居正母

## 翻译

　　张居正称母亲年迈，受不了炎暑，请等到天凉后启程回京。于是，内阁、两都部院寺卿、给事、御史都上疏，请催促张居正赶快回京。神宗派遣锦衣卫指挥翟汝敬驾驿车急速往迎，计日以待；而命令中官护送张居正的母亲在秋季由水道行进。张居正所过之地，地方官吏都长久拜跪，抚按大臣越过所管地带迎送，亲自作为向导。途经襄阳，襄王出城迎候，宴请张居正。明朝的惯例，即使是公侯谒见藩王时，都得行人臣之礼，张居正只行宾主之礼出城而去。经过南阳，唐王的情况也像这样。张居正到达京城郊外，神宗派遣司礼太监何进赐宴慰劳，两宫太后也各自派遣大太监李琦、李用宣谕，赏赐八宝金钉川扇、御膳、饼果、酒浆，百官又排列相迎。入朝，神宗殷切地慰劳他，准许他休息十天后进内阁办事，还赐予白金、彩币、宝钞、羊酒，接着派人引导张居正拜见两宫太后。到了秋季，魏朝侍奉张居正母亲进京，随从仪仗声势浩大，观看的人夹道如同城墙。到了京城，神宗和两宫太后又越级增加赏赐，传谕慰劳张居正母

子,几用家人礼。

子,几乎采用了对待家人一样的礼仪。

**注释** ① 趣:催促。 ② 大珰:宦官中居高位者。

**原文**

时帝渐备六宫,太仓银钱多所宣进。居正乃因户部进御览数目陈之,谓每岁入额不敌所出,请帝置坐隅时省览,量入为出,罢节浮费。疏上,留中。帝复令工部铸钱给用,居正以利不胜费止之。言官请停苏、松织造,不听。居正为面请,得损大半。复请停修武英殿工,及裁外戚迁官恩数,帝多曲从之。帝御文华殿,居正侍讲读毕,以给事中所上灾伤疏闻,因请振。复言:"上爱民如子,而在外诸司营私背公,剥民罔上,宜痛钳以法。而皇上加意撙节①,于宫中一切用度、服御、赏赉、布施,裁省禁止。"帝首肯之,有所蠲贷②。居

**翻译**

当时神宗逐渐备齐了六宫,国家仓库的银钱多被无节制地大量支用。张居正根据户部上报皇帝审查的数字陈述,说每年入不敷出,请神宗放在座案边,经常看一看,根据收入支出削减不必要的开支。疏文奏上,留在宫中。神宗又命令工部铸钱以供给用度,张居正认为铸钱获利不及耗费,加以制止。言官请求停止苏、松织造,神宗不采纳。张居正亲自请求神宗,得以减去大半。又请停修武英殿工程以及裁减外戚迁宫的恩准数目,神宗多违心地听从。神宗到文华殿,张居正侍奉讲读结束后,将给事中陈上的灾伤奏疏告诉神宗,乘机请求赈济。又如:"皇上爱民如子,而在外面的官吏们营私背公,剥削人民,欺骗皇上,应当依法严加约束。皇上要注意节制,对宫中的一切用度、衣服车马、赏赐、布施,裁减禁止。"神宗点头同意,有所减免。张居正以江南贵豪仗势作恶和那些奸狡的吏民善于拖欠赋税,派遣精悍的大臣严加督责。赋税按时

正以江南贵豪怙势及诸奸猾吏民善逋赋③，选大吏精悍者严行督责。赋以时输，国藏日益充，而豪猾率怨居正。

缴纳，国库日益充足，而贵豪狡民都怨恨张居正。

**注释**　① 撙节：节制，节约。　② 蠲（juān）贷：减免，免除。　③ 逋赋：拖欠赋税。

**原文**

居正服将除，帝召吏部问期日，敕赐白玉带、大红坐蟒、盘蟒。御平台召对，慰谕久之。使中官张宏引见慈庆、慈宁两宫，皆有恩赉，而慈圣皇太后加赐御膳九品，使宏侍宴。

帝初即位，冯保朝夕视起居，拥护提抱有力，小扞格，即以闻慈圣。慈圣训帝严，每切责之，且曰："使张先生闻，奈何！"于是帝甚惮居正。及帝渐长，心厌之。乾清小珰孙海、客用等导上游戏，皆爱幸。慈圣使保捕海、用。杖而逐之。居正复条其党罪恶，请斥逐，而令

**翻译**

张居正将要解除服丧，神宗召吏部官员问日期，敕命颁赐白玉带、大红坐蟒服、盘蟒服。前往平台召见张居正谈话，慰问了好久。派中官张宏引张居正晋见慈庆、慈宁两宫太后，都有恩赏，而慈圣太后加赐九品御膳，派张宏侍宴。

神宗初即位，冯保朝夕侍奉起居，扶助保护、提挈抚育有功劳。稍有抵触，冯保就告诉慈圣太后。慈圣太后对神宗管束很严，每每痛加责备，并且说："要让张先生知道了，看你怎么办！"于是，神宗很害怕张居正。等到神宗长大了，心里厌烦他。乾清宫小太监孙海、客用等引导神宗嬉笑娱乐，都受到宠幸。慈圣太后派冯保抓捕孙海、客用，杖责后驱赶出宫。张居正又条列他们的罪恶，请斥逐他们，命令司礼太监及那些内侍自陈，由神宗决定他们的去

司礼及诸内侍自陈,上裁去留。因劝帝戒游宴以重起居,专精神以广圣嗣,节赏赉以省浮费,却珍玩以端好尚,亲万几以明庶政[1],勤讲学以资治理。帝迫于太后,不得已,皆报可,而心颇嗛保、居正矣[2]。

留。乘机劝说神宗戒除游宴而注重起居,精力专一以广衍后代,节省赏赐以免除不必要的开支,罢却珍玩以端正爱好崇尚,亲理政事以知晓政务,勤奋读书以帮助治理。神宗迫于太后的压力,不得已,都同意了,而心里却颇怨恨冯保、张居正。

**注释** ① 万几:也作"万机",指帝王日常纷繁的政务。 ② 嗛:怨恨。

**原文**

帝初政,居正尝纂古治乱事百余条,绘图,以俗语解之,使帝易晓。至是,复属儒臣纪太祖列圣《宝训》《实录》分类成书,凡四十:曰创业艰难,曰励精图治,曰勤学,曰敬天,曰法祖,曰保民,曰谨祭祀,曰崇孝敬,曰端好尚,曰慎起居,曰戒游侠,曰正宫闱,曰教储贰[1],曰睦宗藩,曰亲贤臣,曰去奸邪,曰纳谏,曰理财,曰守法,曰儆戒[2],曰务实,

**翻译**

神宗初理政事时,张居正曾纂辑古代治世和乱世的史事百余条资料,绘成图,以通俗的语言解释,使神宗容易了解。至此,又嘱托文臣记录太祖以来各位皇帝的《宝训》《实录》分类成书,共有四十篇,内容是:创业艰难,励精图治,勤学,敬天,效法祖宗,保民,谨祭祀,崇孝敬,端好尚,慎起居,戒游侠,正宫闱,教储君,睦宗藩,亲贤臣,去奸邪,纳谏,理财,守法,儆戒,务实,正纪纲,审官,久任,重守令,驭近习,待外戚,重农桑,兴教化,明赏罚,信诏令,谨名分,裁贡献,慎赏赉,敦节约,慎刑狱,褒功德,屏异端,饬武备,御戎狄。这些内容多是

曰正纪纲,曰审官,曰久任,曰重守令,曰驭近习③,曰待外戚,曰重农桑,曰兴教化,曰明赏罚,曰信诏令,曰谨名分,曰裁贡献,曰慎赏赍,曰敦节俭,曰慎刑狱,曰褒功德,曰屏异端,曰饬武备,曰御戎狄。其辞多警切,请以经筵之暇进讲。又请立起居注,纪帝言动与朝内外事,日用翰林官四员入直,应制诗文及备顾问。帝皆优诏报许。

警诫之语,请在开御前讲席时抽空讲解。又请求设立起居注,记录神宗的言谈及行动、朝廷内外的事情,每天由翰林院的官员四人入宫廷值班,根据要求撰写诗文及作为顾问。神宗都特下诏令表示完全同意。

**原文**

居正自夺情后,益偏恣。其所黜陟,多由爱憎。左右用事之人多通贿赂。冯保客徐爵擢用至锦衣卫指挥同知,署南镇抚。居正三子皆登上第。苍头游七入赀为官①,勋戚文武之臣多与往还,通姻好。七具衣

**翻译**

张居正自从夺情后,更加偏执放肆。他所罢免升迁的人,都根据他的爱憎而定。身边管事的人大多在交往中获取贿赂。冯保的门客徐爵被提拔至锦衣卫指挥同知,代理南衙禁军镇抚。张居正的三个儿子都在科举中取为上等。奴仆游七出钱得官,勋戚和文武大臣多与游七交结,通婚通好。游七穿着

冠报谒②,列于士大夫。世
以此益恶之。

**注释** ① 苍头:奴仆。 ② 谒:名刺,名帖。

**原文**

亡何,居正病。帝频颁
敕谕问疾,大出金帛为医药
资。四阅月不愈①,百官并
斋醮为祈祷。南都②、秦、
晋、楚、豫诸大吏,亡不建
醮。帝令四维等理阁中细
务,大事即家令居正平章③。
居正始自力,后愈甚不能遍
阅,然尚不使四维等参之。
及病革④,乞归。上复优诏
慰留,称"太师张太岳先
生"。居正度不起,荐前礼
部尚书潘晟及尚书梁梦龙,
侍郎余有丁、许国、陈经邦,
已,复荐尚书徐学谟、曾省
吾、张学颜,侍郎王篆等可
大用。帝为黏御屏。晟,冯
保所受书者也,强居正荐
之。时居正已昏甚,不能自
主矣。及卒,帝为辍朝,谕

**翻译**

不久,张居正生病。神宗频频颁敕
慰问他的病情,花了许多金帛作为医药
费用。经过四个月不见好转,百官都请
僧道设坛为他祈祷。南京、秦、晋、楚、
豫的大臣们,没有不设坛祈祷的。神宗
命令张四维等处理内阁中的小事,大事
就到张居正家中让他商酌。张居正开
始能独立处理,后来病得不能阅读全部
文书,但还不让张四维等参与处理。等
到病重,请求回籍。神宗又特别下诏慰
问挽留,称"太师张太岳先生"。张居正
考虑自己的病情不会好,推荐前礼部尚
书潘晟和尚书梁梦龙、侍郎余有丁、许
国、陈经邦,接着,又推荐尚书徐学谟、
曾省吾、张学颜,侍郎王篆等人可以重
用。神宗把名单贴在御屏上。潘晟是
冯保的老师,冯保强迫张居正推荐他。
当时张居正已经严重昏迷,不能自作主
张了。等到张居正死了,神宗为他罢
朝,谕令以九坛祭奠,比照国公兼师傅
的规格。张居正先前以任职满六年,加

祭九坛，视国公兼师傅者。居正先以六载满，加特进中极殿大学士；以九载满，加赐坐蟒衣，进左柱国，荫一子尚宝丞；以大婚，加岁禄百石，录子锦衣千户为指挥佥事；以十二载满，加太傅；以辽东大捷，进太师，益岁禄二百石，子由指挥佥事进同知。至是，赠上柱国，谥文忠，命四品京卿、锦衣堂上官、司礼太监护丧归葬。于是四维始为政，而与居正所荐引王篆、曾省吾等交恶。

官特进中极殿大学士；以任职满九年，加赐坐、蟒衣，升为左柱国，荫封一子为尚宝丞；以皇帝大婚，每年俸禄加为百石，录用任锦衣千户的儿子为指挥佥事；以任职满十二年，加衔太傅；以辽东大捷，晋升太师，每年俸禄增加二百石，儿子由指挥佥事升为同知。至此，赠张居正为上柱国，谥号文忠，命令四品京官、锦衣卫的长官、司礼太监护送灵柩回籍安葬。于是，张四维开始理政，而与张居正荐举的王篆、曾省吾等人互相怀恨在心。

注释　① 阅：经历，经过。　② 南都：即南京。　③ 平章：商酌。　④ 病革：病重。

原文

初，帝所幸中官张诚见恶冯保斥于外，帝使密诇保及居正①。至是，诚复入，悉以两人交结恣横状闻，且谓其宝藏逾天府。帝心动。左右亦浸言保过恶，而四维门人御史李植极论徐爵与保挟诈通奸诸罪。帝执保

翻译

当初，神宗所宠幸的太监张诚得罪了冯保，而被排斥到宫外，神宗派他秘密侦探冯保及张居正。至此，张诚又入宫，将张居正与冯保两人勾结专横的情况都报告了神宗，并且说他们收藏的珍宝超过了宫廷库存。神宗的思想产生动摇。身边的人也渐渐说冯保的罪恶，而张四维的门人御史李植激烈地陈述

禁中，逮爵诏狱。谪保奉御居南京，尽籍其家金银珠宝巨万计。帝疑居正多蓄，益心艳之。言官劾篆、省吾并劾居正，篆、省吾俱得罪。新进者益务攻居正。诏夺上柱国、太师，再夺谥。居正诸所引用者，斥削殆尽。召还中行、用贤等，迁官有差。刘台赠官，还其产。御史羊可立复追论居正罪，指居正构辽庶人宪㸚狱[2]。庶人妃因上疏辩冤，且曰："庶人金宝万计，悉入居正。"帝命司礼张诚及侍郎丘橓偕锦衣指挥、给事中籍居正家。诚等将至，荆州守令先期录人口，锢其门，子女多遁避空室中。比门启，饿死者十余辈。诚等尽发其诸子兄弟藏，得黄金万两，白金十余万两。其长子礼部主事敬修不胜刑，自诬服寄三十万金于省吾、篆及傅作舟等[3]，寻自缢死。事闻，时

徐爵与冯保心怀诡诈勾结作恶等罪状。神宗在宫中逮捕冯保，逮捕徐爵关押在诏狱。贬冯保为奉御，到南京去住，查抄他家里数以万计的金银财宝。神宗怀疑张居正有许多积蓄，心中更为羡慕。言官弹劾王篆、曾省吾并弹劾张居正，王篆、曾省吾都获罪。新任事的官吏更加致力于攻击张居正。神宗下诏免去张居正的上柱国、太师衔，又下诏免去谥号。张居正引荐的人，几乎全被斥逐削职。召还吴中行、赵用贤等人，分别予以升官。刘台赠给官职，归还他的家产。御史羊可立又追究张居正的罪责，指出张居正制造了辽庶人朱宪㸚的冤案。庶人的妃子于是上疏辩白冤屈，说："庶人的金宝以万计，都被张居正掠去。"神宗命令司礼监张诚和侍郎丘橓偕同锦衣卫指挥、给事中抄没张居正家。张诚等人将到江陵，荆州的守臣先到张家清查登记人口，封闭张宅大门，子女多躲避到空屋里。等到打开宅门，家中有十多人饿死。张诚等彻底搜查张居正诸子、兄弟的私藏，得到黄金万两，白银十余万两。张居正的长子礼部主事张敬修忍受不了刑讯逼供，无辜服罪，自供有三十万金存放在曾省吾、王篆和傅作舟等处，接着就自杀了。事

行等与六卿大臣合疏，请少缓之；刑部尚书潘季驯疏尤激楚。诏留空宅一所、田十顷，赡其母。而御史丁此吕复追论科场事，谓高启愚以舜、禹命题，为居正策禅受④。尚书杨巍等与相驳。此吕出外，启愚削籍。后言者复攻居正不已。诏尽削居正官秩，夺前所赐玺书、四代诰命，以罪状示天下，谓当剖棺戮尸而姑免之。其弟都指挥居易、子编修嗣修，俱发戍烟瘴地。

情上报朝廷后，申时行等人与六卿大臣一同上疏，请从缓处理；刑部尚书潘季驯上疏尤为激切。神宗下诏留空宅一所、田十顷赡养张居正的母亲。御史丁此吕又追论科场事，说高启愚以舜和禹的故事命题，为张居正策划逼君退位而取代之。尚书杨巍等人反驳了丁此吕。丁此吕出任外官，高启愚从官籍中除名。后来发难的人仍不断地攻击张居正。神宗下诏完全削除张居正的官衔，夺去以前颁赐的玺书和四代诰命，将罪状向天下人公布，说本当剖棺戮尸，姑且免之。张居正的弟弟都指挥张居易、儿子翰林院编修张嗣修，都发配到烟瘴地带戍守。

注释 ① 诇：侦察、刺探。 ② 宪㸅：太祖第十五子辽王朱植的后裔，隆庆初年因犯罪被废为庶人。张居正家与之有隙，张居正死，朱宪㸅翻案，并籍没张氏家产。 ③ 诬服：无辜服罪。 ④ 禅受：逼君主退位以取而代之。

原文

终万历世，无敢白居正者。熹宗时，廷臣稍稍追述之。而邹元标为都御史，亦称居正。诏复故官，予葬祭。崇祯三年，礼部侍郎罗喻义等讼居正冤。帝令部

翻译

整个万历一朝，没有人敢称道张居正的。明熹宗时，朝廷臣僚才逐渐追述起张居正的功劳。而邹元标任都御史，也称道张居正。明熹宗下诏恢复张居正的原官，给予祭葬。崇祯三年（1630），礼部侍郎罗喻义等为张居正讼

议，复二荫及诰命。十三年，敬修孙同敞请复武荫，并复敬修官。帝授同敞中书舍人，而下部议敬修事。尚书李日宣等言："故辅居正，受遗辅政，事皇祖者十年。肩劳任怨，举废饬弛，弼成万历初年之治。其时中外乂安[1]，海内殷阜，纪纲法度莫不修明。功在社稷，日久论定，人益追思。"帝可其奏，复敬修官。

**注释** [1] 乂安：天下太平无事。

冤。思宗命令部里议论，恢复了二荫和诰命。十三年（1640），张敬修的孙子张同敞请复武荫，并恢复张敬修的官职。明思宗授予张同敞中书舍人，而下达部里讨论张敬修复官的事情。尚书李日宣等说："已故辅臣张居正受遗诏辅政。侍奉皇祖十年，任劳任怨，复兴整顿废弛的朝政，辅弼成就了万历初年之治。当时中外太平，国家殷富，纲纪法度无不整肃清明。有功于国家，日子久了可以做定论了，人们更加追念他。"明思宗同意他的奏疏，恢复了敬修的官职。

# 海 瑞 传

**导读**

　　海瑞是中国历史上著名的"清官"之一。他具有一般"清官"的特征，即政治上忠君，恪守封建法令、条例和封建道德；经济上不贪婪，为人处世，皆以清廉刚正为准则。如果说在封建社会里也曾有一些官吏在上述的某一方面，表现得清正廉洁，具备"清官"的某一特征的话，那么，通过本篇的记载可以看出，海瑞比较全面地在政治、经济、伦理道德诸方面有着突出的表现和作为，从而构成了海瑞与众清官不同的独特之处。四百多年来，海瑞的名字代代传颂，其原因也在于此。

　　当然，应该指出，海瑞的作为虽曾诱发百姓的美好愿望，但并未把这种美好愿望变成现实，这是由海瑞的阶级属性和当时的社会制度所决定的。（选自卷二二六）

**原文**

　　海瑞，字汝贤，琼山人①。举乡试。入都，即伏阙上《平黎策》，欲开道置县，以靖乡土。识者壮之。署南平教谕②。御史诣学宫，属吏咸伏谒，瑞独长揖，曰："台谒当以属礼，此堂，师长教士地，不当屈。"迁淳

**翻译**

　　海瑞，字汝贤，海南岛琼山县人。三十六岁时参加乡试，成为举人。进京后，即拜伏于宫阙下，呈上《平黎策》，打算建置道和县，来安定汉黎杂居的家乡之地。有见识的人都认为海瑞上《平黎策》是个壮举。海瑞被任命代理南平县学教谕。御史视察学堂，属下官员都向御史行跪拜谒见之礼，只有海瑞一人独

安知县③。布袍脱粟，令老仆艺蔬自给。总督胡宗宪尝语人曰："昨闻海令为母寿，市肉二斤矣。"宗宪子过淳安，怒驿吏，倒悬之。瑞曰："曩胡公按部，令所过毋供张。今其行装盛，必非胡公子。"发橐金数千，纳之库，驰告宗宪，宗宪无以罪。都御史鄢懋卿行部过，供具甚薄，抗言邑小不足容车马。懋卿甚。然素闻瑞名，为敛威去，而属巡盐御史袁淳论瑞及慈溪知县霍与瑕。与瑕，尚书韬子，亦抗直不谄懋卿者也。时瑞已擢嘉兴通判④，坐谪兴国州判官⑤。久之，陆光祖为文选⑥，擢瑞户部主事。

自作长揖，他说："如果在官署拜见，当以属官礼仪。这里是老师教学生的地方，不当行跪拜礼。"海瑞升任淳安县知县，他穿布袍，吃糙米，令老仆种菜自给。总督胡宗宪曾对人说："以前听说海县令为其母祝寿，只买二斤肉啊。"胡宗宪的儿子路过淳安，他因不满食宿而对驿站官吏发怒，就把驿站官吏倒吊了起来惩罚。海瑞知道后说："以前胡宗宪公巡察辖区，命令经过的地方不要供设帷帐铺张浪费。如今这个人行装丰盛华美，一定不是胡公子。"从他的行李袋中搜出了一千多两银子，交纳到官库中，并把这件事情迅速报告了胡宗宪，胡宗宪没有归罪海瑞。都御史鄢懋卿巡视地方，路过淳安，海瑞摆设酒食器具十分俭约，对面交谈时，称本地方小不能容纳鄢氏庞大的车马。鄢懋卿非常恼恨。但是鄢氏素闻海瑞的名声，为此便收敛威风而离去，而鄢氏的属吏巡盐御史袁淳奏劾了海瑞和慈溪知县霍与瑕。霍与瑕是已故尚书霍韬之子，也是耿直不阿谀鄢懋卿的人。这时海瑞已升任嘉兴通判，因此事而降调为兴国州判官。过了一段时间，陆光祖为吏部文选清吏司郎中，他提升海瑞为户部主事。

**注释** ① 琼山：在今海南东北部，南渡河下游。 ② 南平：福建延平府南平县。教谕：县学的最高官吏。 ③ 淳安：浙江严州府淳安县。 ④ 嘉兴通判：嘉兴府通判，嘉兴府属浙江布政司。 ⑤ 兴国州：江西赣州府兴国县。 ⑥ 文选：吏部文选清吏司的简称。

**原文**

时世宗享国日久，不视朝，深居西苑，专意斋醮。督抚大吏争上符瑞，礼官辄表贺。廷臣自杨最、杨爵得罪后，无敢言时政者。四十五年二月，瑞独上疏曰①：

**翻译**

这时明世宗朱厚熜登位已多年了，但他久不上朝视事，深居皇城西苑，专心设坛祭祷，以求长生。总督巡抚大臣争相进献各种祥瑞征兆，礼部官员往往就此上表祝贺。朝廷大臣自杨最、杨爵上疏得罪朱厚熜后，再没有敢议论时政的人。嘉靖四十五年（1566）二月，海瑞独自上疏说：

**注释** ① 后人所说的"海瑞骂皇帝"，就是指的这篇《治安疏》。

**原文**

"臣闻君者，天下臣民万物之主也，其任至重。欲称其任，亦惟以责寄臣工，使尽言而已。臣请披沥肝胆。为陛下陈之。

**翻译**

"臣听说作为国君的，是全国臣民和万物的主人，负有极重大的责任。要想胜任这个职责，只有将重任寄予臣子身上，使他们能畅所欲言。现在我愿披肝沥胆，为陛下陈述这一事宜。

原文

"昔汉文帝贤主也,贾谊犹痛哭流涕而言①。非苛责也,以文帝性仁而近柔,虽有及民之美,将不免于怠废,此谊所大虑也。陛下天资英断,过汉文远甚。然文帝能充其仁恕之性,节用爱人,使天下贯朽粟陈,几致刑措。陛下则锐精未久,妄念牵之而去,反刚明之质而误用之。至谓遐举可得,一意修真,竭民脂膏,滥兴土木,二十余年不视朝,法纪弛矣。数年推广事例,名器滥矣。二王不相见,人以为薄于父子。以猜疑诽谤戮辱臣下,人以为薄于君臣。乐西苑而不返,人以为薄于夫妇。吏贪官横,民不聊生,水旱无时,盗贼滋炽。陛下试思今日天下,为何如乎?

翻译

"过去汉文帝可说是贤明的君主,贾谊还痛哭流涕地呈上《陈政事疏》,这并不是苛责汉文帝,而是认为汉文帝性情仁厚,近于柔弱,虽有推及于民的美意,但也可能因懈怠而废止,这是贾谊所十分忧虑的。陛下天资英明果断,远远超出汉文帝。而汉文帝能充实其仁厚宽恕之品性,节用爱民,使全国钱粮丰盈,几乎导致刑法搁置不用。可是陛下锐意进取的精神未能持久,虚妄的想法便牵扯您的精神而去,反把自己的聪明才智误用到修炼方面。至于认为登仙远行可以成功,一意修道,搜刮民脂民膏,大肆兴修土木工程,二十多年不理朝政,法令纲纪都被废弛。数年来随便扩充封赠官职的规程条例,使名爵滥无节制。自己的两个儿子不让见面,世人认为这淡薄了父子关系。由于猜疑而诽谤和刑辱大臣,世人认为这淡薄了君臣关系。乐于在西苑炼丹而不回宫,世人认为这淡薄了夫妇感情。官吏贪污横行,民不聊生,水旱频繁,盗贼更加炽盛。陛下试想,今日天下,到底是个什么状况呢?

注释　① 贾谊(前200—前168)：西汉著名思想家、文学家。汉文帝前元六年(前174)冬十月，贾谊上《陈政事疏》，论治安之策。

原文

"迩者严嵩罢相<sup>①</sup>，世蕃极刑，一时差快人意。然嵩罢之后犹嵩未相之前而已，世非甚清明也，不及汉文帝远甚。盖天下之人不直陛下久矣。古者人君有过，赖臣工匡弼。今乃修斋建醮，相率进香，仙桃天药，同辞表贺。建宫筑室，则将作竭力经营<sup>②</sup>；购香市宝，则度支差求四出<sup>③</sup>。陛下误举之，而诸臣误顺之，无一人肯为陛下正言者，谀之甚也。然愧心馁气，退有后言，欺君之罪何如！

翻译

"近来严嵩罢相，严世蕃处死，一时比较快慰人心。但严嵩罢相以后和严嵩未拜相之前差不多，世事并非很清明，和汉文帝时的社会环境相差很远。天下人不满意您的所作所为已很久了。古代国君有错误，依靠大臣们纠正辅佐。现在您设坛祭祷，大臣相继进香，对仙桃天药之类，纷纷撰写赞词表章祝贺。建筑宫室，则工部营缮所极力修建；购香料，买宝物，则度支派人四处寻求。陛下错误兴办的事，而大臣们都错误地顺从，没有一人肯当面向您规谏的，谄媚得太过分了吧。然而他们愧对良心且失掉勇气，退朝便背后议论，这种欺君之罪您认为该是什么！

注释　① 迩：近来。严嵩(1480—1569)：明朝权臣，在内阁凡二十一年，以子严世蕃等人为爪牙，专擅国事，差点使国家崩溃，后明世宗下令诛杀其子严世蕃，他亦致仕归，居家二年卒。　② 将作：将作司。明代中期后改称营缮所，隶工部。　③ 度支：户部。

原文

"夫天下者,陛下之家。人未有不顾其家者,内外臣工皆所以奠陛下之家而磐石之者也。一意修真,是陛下之心惑。过于苛断,是陛下之情偏。而谓陛下不顾其家,人情乎?诸臣徇私废公,得一官多以欺败,多以不事事败,实有不足当陛下意者。其不然者,君心臣心偶不相值也。而遂谓陛下厌薄臣工,是以拒谏。执一二之不当,疑千百之皆然,陷陛下于过举,而恬不知怪,诸臣之罪大矣。《记》曰'上人疑则百姓惑,下难知则君长劳',此之谓也。

"且陛下之误多矣,其大端在于斋醮。斋醮所以求长生也。自古圣贤垂训,修身立命曰"顺受其正"矣,未闻有所谓长生之说。尧、舜、禹、汤、文、武圣之盛也,未能久世。下之亦未见方

翻译

"普天之下,都是陛下的家。世人没有不顾家的,朝廷内外官员都是奠定陛下的家而使它巩固如磐石的力量。一意修仙,因此陛下鬼迷心窍;过于苛求独断,因此陛下的感情有了偏向。而就此认为陛下不顾国家,符合人情吗?许多大臣徇私情废公务,往往得一官职便常常由于实行欺骗而失败,或者常常由于不理政事而失败,实在有不能称陛下心意的地方。那些不像这样徇私的官员,君意臣心偶尔不相吻合,因而就认为陛下讨厌、轻视臣子,由此拒绝接受劝谏。用您一二件处理不当之事,来怀疑千百件事都会如此,使得陛下陷于过错的举动之中,而臣子们还安然不以为怪,这些臣子的罪过真是太大了啊。《礼记》说,"上人猜疑则下民惶惑,下人之心难以知晓则在上之君长久辛劳",说的就是这种情形。

"况且陛下的错误已经很多了,其主要在于设坛祭祷。设坛祭祷是您用来求得长生的。自古以来圣贤留下的教导,提倡修身立命的准则是"顺受其正",从没听说有所谓长生不老。唐尧、虞舜、夏禹、商汤、周文王、周武王这些

外士自汉、唐、宋至今存者。陛下受术于陶仲文,以师称之。仲文则既死矣,彼不长生,而陛下何独求之? 至于仙桃天药,怪妄尤甚。昔宋真宗得天书于乾祐山,孙奭曰:"天何言哉? 岂有书也。"[1] 桃必采而后得,药必制而后成。今无故获此二物,是有足而行耶? 曰"天赐者",有手执而付之耶? 此左右奸人,造为妄诞以欺陛下,而陛下误信之,以为实然,过矣。

是最伟大的圣人,也未能长久生活在世上;下民百姓方面,也未见那些方术家从汉、唐、宋一直活到今天。陛下向陶仲文学习长生之术,以师傅来称呼他。陶仲文却已经死了。他都不能长生,而您又怎能独自求得长生呢? 至于仙桃天药,怪妄得更为过分,过去宋真宗赵恒曾获得了乾祐山的所谓天书,孙奭说:"天怎么能够说话呢? 它哪里有书啊。"桃定要采摘才能得到,药必要炼制才能合成。现在您无故获此二物,难道它们有脚自己走来吗? 或者说是"天赐的",天能有手拿着给您吗? 这是您左右的坏人,造成的虚假现象以欺骗您,而您又盲目地相信了这些,以为实际如此,这真是错误啊。

**注释** ① 孙奭(962—1033):宋博州博平人,字宗古,历任兵部侍郎、龙图阁学士等职。

**原文**

"陛下又将谓悬刑赏以督责臣下,则分理有人,天下无不可治,而修真为无害已乎? 太甲曰:'有言逆于汝心,必求诸道;有言逊于汝志,必求诸非道。'用人而

**翻译**

"陛下又会认为用刑法赏赐来督责臣下,那就有人分别治理各项事务,天下问题都可解决了,而修仙就无害了吗? 商王太甲说过:'如果有些话违背了你的心意,就应从道义的角度来探讨此事;如果有些话顺从你的意志,就应

必欲其唯言莫违,此陛下之计左也。既观严嵩,有一不顺陛下者乎?昔为同心,今为戮首矣。梁材守道守官,陛下以为逆者也,历任有声,官户部者至今首称之。然诸臣宁为嵩之顺,不为材之逆,得非有以窥陛下之微,而潜为趋避乎?即陛下亦何利于是?

"陛下诚知斋醮无益,一旦翻然悔悟,日御正朝,与宰相、侍从、言官讲求天下利害,洗数十年之积误,置身于尧、舜、禹、汤、文、武之间,使诸臣亦得自洗数十年阿君之耻,置其身于皋、夔、伊、傅之列①,天下何忧不治,万事何忧不理。此在陛下一振作间而已。释此不为,而切切于轻举度世,敝精劳神,以求之于系风捕影,茫然不可知之域,臣见劳苦终身,而终于无所成也。今大臣持禄而好谀,小

从非道义的角度来检察。'用人而一定要求他仅仅不违背陛下的意志,这是陛下策略上的差错。就严嵩来看,他有哪一件事不是顺从陛下的呢?过去您认为他与您同心,现在他已是斩首的犯人了。户部的梁材既遵守道义又坚持做官的原则,您却认为他是悖逆的人。他在历任以来都享有名望,并且在户部做官的至今最称赞他。然而各位臣僚宁可像严嵩那样"顺从",也不愿像梁材那样"悖逆",莫不是对陛下的心意有所窥测,而暗暗地决定趋附和规避吧?那么陛下在这方面又有什么好处呢?

"陛下假如知道设坛祭祷没有什么好处,一旦幡然悔悟,每日到正殿视朝听政,与宰相、侍从、言官一起探求天下的利弊,彻底改正数十年来积累的错误,置身于唐尧、虞舜、夏禹、商汤、周文王、周武王这些圣明帝王之间,使各位大臣也得以改正数十年来阿谀君王的耻辱,置身于皋陶、夔、伊尹、傅说这些贤良大臣之列,天下何愁不能治理,万事何患不能整饬。这些就在于陛下一振作之间而已。舍此不为,而执迷于轻身飞升、出世成仙,浪费精神,求长生之术于捕风捉影、茫然不可知的领域,我认为就是劳苦终生,到头来也是一无所

臣畏罪而结舌，臣不胜愤恨。是以冒死，愿尽区区，惟陛下垂听焉。"

成的。现在大臣们要保住禄位而喜好阿谀奉承，小臣们怕担负罪名而不敢发表意见，对此我非常愤恨。因此，我甘愿冒着死罪，愿奉献我区区之身，希望陛下注意听取我的意见。"

**注释**　① 皋：即皋陶，曾被禹选为继承人。夔：尧、舜时的乐官。伊：即伊尹，商初大臣。傅：即傅说，商王武丁大臣，以上数人历史上说他们治国有方。

**原文**

帝得疏，大怒，抵之地，顾左右曰："趣执之，无使得遁。"宦官黄锦在侧曰："此人素有痴名。闻其上疏时，自知触忤当死，市一棺，诀妻子，待罪于朝，僮仆亦奔散无留者，是不遁也。"帝默然。少顷复取读之，日再三，为感动太息，留中者数月。尝曰："此人可方比干①，第朕非纣耳。"会帝有疾，烦懑不乐，召阁臣徐阶议内禅②，因曰："海瑞言俱是。朕今病久，安能视事。"又曰："朕不自谨惜，致此疾困。使朕能出御便殿，岂受

**翻译**

明世宗朱厚熜得到海瑞奏疏后，大怒，把奏疏摔在地上，对左右的人说："赶快把他抓起来，不要让他逃跑了。"宦官黄锦在一旁说："这个人素有书呆子的名声，听说他上疏时，自知犯悖逆之罪当死，就买了一口棺材，与妻儿诀别，待罪入朝，佣人都已逃散而没有留下的，因此他是不会逃走的。"世宗就默不作声了。过了一会，他又把海瑞的疏章取出来读，一日读了二三遍，被感动得大声长叹，将它留在宫中数月。他曾说："此人可与比干相比，但我却不是商纣。"适逢世宗生病，烦闷不快，就召见首辅徐阶来商议禅让帝位给继承人的事，他说："海瑞所言都很对。现在我生病已久，怎能上朝视事？"又说："我自己不爱惜，到了这种被疾病所困扰的地

此人诟詈耶?"遂逮瑞下诏狱,究主使者。寻移刑部,论死。狱上,仍留中。户部司务何以尚者,揣帝无杀瑞意,疏请释之。帝怒,命锦衣卫杖之百,锢诏狱,昼夜搒讯。越二月,帝崩,穆宗立,两人并获释。

步。如果我能到便殿上朝,怎么会受海瑞这人的痛骂呢?"于是命令逮捕海瑞,关进诏狱,追究主使他上疏的人。不久,此案转给了刑部,判了死罪。审判结果呈报上去,仍然留在宫中未批。户部务官何以尚,揣度世宗没有杀海瑞的意思,就上疏请求释放海瑞。世宗见疏大怒,命令锦衣卫打了何以尚一百棍,禁锢在诏狱之中,昼夜拷打审讯。过了两个月,世宗驾崩,穆宗登位,海瑞和何以尚都被释放出狱。

**注释** ① 比干:商代大臣,以规劝纣王闻名,为后世忠谏之臣的楷模。 ② 内禅:帝王让位给内定的继承人。

**原文**

帝初崩,外庭多未知。提牢主事闻状,以瑞且见用,设酒馔款之。瑞自疑当赴西市,恣饮啖,不顾。主事因附耳语:"宫车适晏驾,先生今即出大用矣。"瑞曰:"信然乎?"即大恸,尽呕出所饮食,陨绝于地,终夜哭不绝声。既释,复故官。俄改兵部。擢尚宝丞①,调大理②。

**翻译**

世宗刚去世时,外界多不知道。而监狱主事听到消息,估计海瑞将会受到任用,因此办了酒菜款待海瑞。海瑞怀疑要赴西市刑场斩首,于是就恣意饮食,没有顾及其他。提牢主事这时贴着海瑞耳语:"皇上适才已经驾崩,您马上就要出狱,受到重用了。"海瑞问:"真的吗?"随即十分哀恸,呕吐出所吃的全部食物,晕倒在地,继而终夜哭声不绝。海瑞获释后,恢复了原来的官职。没有多久改任兵部武库司主事。后提拔为

隆庆元年，徐阶为御史齐康所劾，瑞言："阶事先帝，无能救于神仙土木之误，畏威保位，诚亦有之。然自执政以来，忧勤国事，休休有容，有足多者。康乃甘心鹰犬，搏噬善类，其罪又浮于高拱。"人韪其言。

尚宝丞，不久，又调到大理寺。

隆庆元年(1567)，徐阶被广东道监察御史齐康奏劾，对此海瑞上疏说："徐阶侍奉先帝，没能挽回世宗迷信神仙、大兴土木的错误，畏惧帝威以保禄位，这些问题确实也存在着。但是他执政以来，勤于操劳国事，气量大而宽容，有足以称道之处。齐康则是甘心作高拱的鹰犬，专门打击吞噬好人，其罪过又比高拱还严重。"人们都认为海瑞讲得对。

**注释** ① 尚宝丞：尚宝司司丞，为正六品官员，掌皇帝玺印。 ② 大理：即大理寺。此时海瑞调任大理寺右寺丞，为正五品官员。

**原文**

历两京左、右通政①。三年夏，以右佥都御史巡抚应天十府②。属吏惮其威，墨者多自免去。有势家朱丹其门，闻瑞至，黝之③。中人监织造者，为减舆从。瑞锐意兴革，请浚吴淞、白茆，通流入海，民赖其利。素疾大户兼并，力摧豪强，抚穷弱。贫民田入于富室者，率夺还之。徐阶罢相里居。

**翻译**

海瑞历任两京左、右通政。隆庆三年(1569)夏天，海瑞以右佥都御史，巡抚应天、苏州、常州、镇江、松江、徽州、太平、宁国、安庆、池州十府。应天十府的所属官员都十分惧怕他的声威，不廉洁的官员都自动辞职离去。有一权贵家的住宅原来用朱色漆门，听说海瑞来了，改漆成黑色。监督江南织造的宦官，也为此减少了轿舆的随从、人夫。海瑞锐意兴利除弊，奏请疏浚吴淞江、白茆浦，使太湖之水流入海，人们赖此

按问其家无少贷。下令飙发凌厉，所司惴惴奉行，豪有力者至窜他郡以避。而奸民多乘机告讦，故家大姓时有被诬负屈者。又裁节邮传冗费。士大夫出其境，率不得供顿，由是怨颇兴。都给事中舒化论瑞迂滞不达政体，宜以南京清秩处之，帝犹优诏奖瑞。已而给事中戴凤翔劾瑞庇奸民，鱼肉缙绅，沽名乱政，遂改督南京粮储。瑞抚吴甫半岁。小民闻当去，号泣载道，家绘像祀之。将履新任，会高拱掌吏部，素衔瑞，并其职于南京户部，瑞遂谢病归。

获利。海瑞向来痛恨富豪大户兼并土地，他狠狠打击权贵豪强，安抚穷弱百姓。贫民的土地被富豪兼并了，他都夺回还之于民。徐阶罢相回到华亭老家居住，其家属仗势抗拒赋税，海瑞审判了他们没有一点宽容。海瑞下达命令如狂飙迸发十分凌厉，所属官员都小心奉行，一些有势力的豪强甚至逃窜到其他郡县以避打击。但是，坏人多乘机揭人隐私，世家大族时常有被诬告负屈的。海瑞还裁减了驿传一些不必要的开支。士大夫出入其辖区，一律不许供给住宿，因此人们埋怨的情绪相当大。都给事中舒化说海瑞办事迂缓，不通施政要领，应该在南京选择一个没有实权的清闲职务安插海瑞，穆宗却特别下诏奖励了海瑞。不久，给事中戴凤翔弹劾海瑞包庇奸民，欺凌宰割士大夫，沽名钓誉，淆乱政事，于是朝廷改任海瑞去督办南京粮储。海瑞巡抚吴地才半年。百姓们听说海瑞要调走，沿途哭声不绝，家家都绘有海瑞的像来祭祀他。海瑞本来准备赴新职，适逢高拱掌握吏部，高拱一向嫉恨海瑞，就把南京粮储合并于南京户部，海瑞只得以疾病为由，辞官还乡。

注释　① 两京左、右通政：应为南京通政司右通政，提督誊黄通政司右通政。
② 巡抚应天：全称为总理粮储，提督军务，巡抚应天等府，兼理杭、嘉、湖三府税粮。
③ 黝（yǒu）：黑。意为涂成黑色。

## 原文

万历初，张居正当国，亦不乐瑞，令巡按御史廉察之。御史至山中视，瑞设鸡黍相对食，居舍萧然，御史叹息去。居正惮瑞峭直，中外交荐，卒不召。十二年冬，居正已卒，吏部拟用左通政。帝雅重瑞名，畀以前职①。明年正月，召为南京右佥都御史，道改南京吏部右侍郎，瑞年已七十二矣。疏言衰老垂死，愿比古人尸谏之义，大略谓："陛下励精图治，而治化不臻者，贪吏之刑轻也。诸臣莫能言其故，反借待士有礼之说，交口而文其非。夫待士有礼，而民则何辜哉？"因举太祖法剥皮囊草及洪武三十年定律枉法八十贯论绞，谓今

## 翻译

万历初年，张居正在朝当政，也对海瑞不满，就派巡按御史前去察访海瑞的情况。御史来到山中察看，海瑞摆出鸡、黍与他相对而坐，一起进食，他的住宅十分残破，御史叹息而去。张居正畏惧海瑞严峻刚直，但朝廷内外都推荐海瑞出来做官，他一直不召海瑞任职。万历十二年（1584）冬天，张居正已去世，吏部拟起用海瑞为左通政。神宗素来敬重海瑞的名声，给予海瑞以前的职务。第二年正月，海瑞被召为南京右佥都御史，在赴任途中受命改任南京吏部右侍郎，海瑞此时已七十二岁了。他上疏说自己衰老垂死，效仿古人尸谏的大义，奏疏的大意说："陛下励精图治，而不能达到治理国家、教化人民的原因，就在于惩办贪官的刑法太轻。诸位大臣不能说明贪污风气盛行的原因，反而借用对待士大夫应该有礼的说法，众口一词来掩饰其中的过失。对待士大夫固然应该有礼，但是百姓又有何罪呢？"于是海瑞举出了明太祖朱元璋制定的

当用此惩贪。其他规切时政，语极剀切。独劝帝虐刑，时议以为非。御史梅鹍祚劾之。帝虽以瑞言为过，然察其忠诚，为夺鹍祚俸。

对贪官剥皮囊草的法令，以及洪武三十年(1397)所定的官吏枉法受赃八十贯处绞刑的律例，认为当今应用此法来惩治贪官。海瑞对于其他问题的规谏都切中时政，言辞极符合事理。惟独劝神宗加强残酷的刑法，当时的议论认为是错误的。山东道监察御史梅鹍祚奏劾了海瑞。神宗虽认为海瑞的言辞有些过分，但体察到海瑞的忠诚，为此免去了梅鹍祚的俸禄。

**注释**　① 畀(bì)：给，给予。

**原文**

帝屡欲召用瑞，执政阴沮之，乃以为南京右都御史。诸司素偷惰，瑞以身矫之。有御史偶陈戏乐，欲遵太祖法予之杖。百司惴恐，多患苦之。提学御史房寰恐见纠摘欲先发，给事中钟宇淳复怂恿，寰再上疏丑诋。瑞亦屡疏乞休，慰留不允。十五年，卒官。

瑞无子。卒时，金都御史王用汲入视，葛帏敝籯，有

**翻译**

神宗数次想召用海瑞，但被执政的大臣暗地里阻止了，只当了南京右都御史。所属官员平时偷懒，海瑞以身作则来加以矫正。有个御史偶尔陈设歌舞声色，海瑞打算用明太祖的陈规，给御史廷杖的责罚。官员们惶恐不安，多对此叫苦不迭。提学御史房寰，担心被检举揭露，想先下手发难，给事中钟宇淳又从中怂恿，房寰便二次上疏诬蔑海瑞。海瑞也屡次上疏要求告老回家，皇上劝慰他，不让他辞官。万历十五年(1587)，海瑞死于南京任上。

海瑞没有儿子。去世之时，金都

寒士所不堪者。因泣下，醵金为敛。小民罢市。丧出江上，白衣冠送者夹岸，酹而哭者百里不绝。赠太子太保，谥忠介。

瑞生平为学，以刚为主，因自号刚峰，天下称刚峰先生。尝言："欲天下治安，必行井田。不得已而限田，又不得已而均税，尚可存古人遗意。"故自为县以至巡抚，所至力行清丈，颁一条鞭法。意主于利民，而行事不能无偏云。

御史王用汲前来探视，见他房中只有葛布做的帐子和空箱笼，过着一般寒士都不能忍受的生活。因而感动得流了泪，出面凑钱作为敛棺之用。老百姓都自动停止了店铺营业。丧葬队伍出行到长江上，为他送葬而穿白色衣冠的人排列两岸，以酒洒地祭奠而号哭的人长达百里。皇上追封他为太子太保，谥号忠介。

海瑞平生治学，以刚为主，因此自号为刚峰，天下人称他为刚峰先生。他曾说："要想天下太平，必须实行井田制。不得已时可采取限田之法，又万不得已时只有采用均税之策，这样还可保存古人遗意。"所以，从他担任县官以至巡抚，所到之处均致力于清丈土地，颁行一条鞭法。他的思想主要在于利民，而行事难免会出现一些偏差。

# 陈 邦 瞻 传

导读

　　陈邦瞻(? —1623),明代史学家。高安(今江西高安)人。万历进士,授南京大理寺评事,历任南京吏部郎中、浙江参政、福建按察使、右布政使、河南布政使。光宗时升任兵部右侍郎、总督两广军务兼巡抚广东。明熹宗时任兵部左侍郎兼户、工二部侍郎。在任期间重视农田水利、地方教育、社会治安,多有政绩。他一生勤于著述,取冯琦《宋史纪事本末》和沈越《事纪》未竟稿,编定了二十六卷《宋史纪事本末》,起宋太祖代周,终文天祥之死,共一〇九目,按专题概括了宋代三百年历史。又撰有二十七卷《元史纪事本末》,每卷一事,记述了元代的重大事件和制度,其中《律令之定》为臧懋循补辑。他还撰有《莲花山房集》。(选自卷二四二)

原文

　　陈邦瞻,字德远,高安人。万历二十六年进士①。授南京大理寺评事②。历南京吏部郎中,出为浙江参政③。进福建按察使④,迁右布政使⑤。改补河南,分理彰德诸府⑥。开水田千顷,建滏阳书院⑦,集诸生讲

翻译

　　陈邦瞻,字德远,高安人。万历二十六年(1598)进士,被任命为南京大理寺评事。历官南京吏部郎中,离京任浙江参政,提拔为福建按察使,升为右布政使。改任补缺河南,分别管理彰德等府。开垦千顷水田,建立滏阳书院,召集入学的生员讲课学习。士人和庶民建生祠以纪念他。就地改任左布政使,以右副都御史职衔巡抚广西。

习。士民祠祀之。就改左
布政使。以右副都御史巡
抚广西⑧。

注释 ① 万历:明神宗朱翊钧年号。 ② 南京:今江苏南京,时为明朝陪都。大理寺:最高刑事部门,与都察院、刑部合称"三法司"。评事:掌决疑狱的正七品官。③ 参政:布政使司官吏,从三品。 ④ 按察使:提刑按察使司长官,管刑法,正三品。⑤ 右布政使:承宣布政使司长官,从二品。 ⑥ 彰德:治所在今河南安阳。 ⑦ 滏(fǔ)阳:今属河北。 ⑧ 右副都御史:明朝由中央派往地方的监察官——巡按的加衔。

原文

上林土官黄德勋弟德隆及子祚胤叛德勋①,投田州土酋岑懋仁②。懋仁纳之,袭破上林,杀德勋,掠妻子金帛。守臣问状,诡言德勋病亡,乞以祚胤继。邦瞻请讨于朝。会光宗嗣位③,即擢邦瞻兵部右侍郎④,总督两广军务兼巡抚广东,遂移师讨擒之。海寇林莘老啸聚万余人侵掠海滨⑤。邦瞻扼之,不得逞。澳夷筑室青州⑥,奸民与通,时侵内地,邦瞻燔其巢。召拜工部

翻译

上林县土官黄德勋的弟弟黄德隆和儿子黄祚胤叛离黄德勋,投奔田州土著首长岑懋仁。岑懋仁收容了他们,偷袭攻破了上林,杀死了黄德勋,掠取了他的妻子和金帛。守备官员询问情况,他们欺骗说黄德勋死于疾病,请求让黄祚胤继任。陈邦瞻请求朝廷征讨。适逢光宗继位,就提拔陈邦瞻为兵部右侍郎,总督两广军务兼巡抚广东,于是调遣军队征讨擒拿他们。海寇林莘老招纳聚合了一万多人侵掠沿海。陈邦瞻扼制他们,使他们不能得逞。澳门的外国人在青州修建房屋,奸诈小民与他们勾结,时常骚扰内地,陈邦瞻烧毁了他们的据点。他被召回京城授予工部右侍

右侍郎。未上,改兵部,进左。 ‖ 郎。未上任,改任兵部,提升为左侍郎。

**注释** ① 上林:治所在今广西上林境内。土官:当地少数民族首领担任的地方官员。黄德勋:参见《明史·广西土司传》。 ② 田州:今广西邕宁西有旧田州墟。 ③ 光宗:明光宗朱常洛,在位仅一月。 ④ 右侍郎:尚书的副手,正三品。 ⑤ 林莘老:事迹不详。 ⑥ "澳夷"句:参见本书《佛郎机传》注文。

**原文**

天启二年五月疏陈四事①,中言:"客氏既出复入②,乃陛下过举。辅臣不封还内降③,引义固争,致罪谪言者,再蹈拒谏之失,其何解于人言?"疏入,忤旨谯让④。寻兼户、工二部侍郎,专理军需。明年卒官。诏赠尚书。

邦瞻好学⑤,敦风节。服官三十年,吏议不及⑥。

**翻译**

天启二年(1622)五月陈邦瞻上疏陈述四件事,其中说:"客氏既然已经被遣出宫廷,又召她回宫,这是陛下错误的举动。辅臣们反对召还客氏,引义理力争,以致皇上降罪谪罚进谏者,重犯了拒绝劝谏的过失,将如何面对舆论呢?"疏文送进宫内,因违抗圣旨受到谴责。不久,兼任户、工二部侍郎,专门负责军事供给。第二年死在任上。下诏赠赐尚书。

邦瞻好学,注重风骨节操。任职三十年,没有受到官吏的非议。

**注释** ① 天启,明熹宗朱由校年号。 ② 客氏:熹宗乳母,被封为奉圣夫人,她与宦官魏忠贤等人勾结,被遣出宫,熹宗随即又召她回宫。 ③ 内降:内宠,此指客氏。 ④ 谯(qiáo)让:谴责。 ⑤ 好学:指陈邦瞻在学术上有成就。 ⑥ 吏议:本指司法官吏的拟议,此为官吏的非议。

# 徐 光 启 传

徐光启是我国古代著名的科学家,也是一位思想家。他生活在危机四伏的明朝末年,"雅负经济才,有志用世"。少以课农学圃自给,万历年间进士及第。他向来华的意大利人、天主教耶稣会传教士利玛窦学习西方的自然科学知识,译著颇丰,并致力于将所学知识运用到强国富国的实践中,《农政全书》和《崇祯历书》是他的代表作。他一生留心农业和水利,提倡栽培棉花、甘薯,强调"富国必以本业";他最早以"西学"改造我国传统的历法,是近代我国向西方学习科学的先驱。

尽管徐光启有杰出的学识,而且官至礼部尚书兼东阁大学士,入参国家政务,但终因生不逢时,志向屡不得展。然而,徐光启个人的遭际,在古代社会还算是幸运的。他的才智毕竟没有被扼杀,最终还是在科技史上添上了光辉的一页。本篇介绍了徐光启的主要经历和活动。

(选自卷二五一)

**原文**

徐光启,字子先,上海人。万历二十五年举乡试第一,又七年成进士。由庶吉士历赞善①。从西洋人利玛窦学天文、历算、火器②,尽其术。遂遍习兵机、屯

**翻译**

徐光启,字子先,上海人。万历二十五年(1597),在本省的科举考试中取得第一名,又过了七年成为进士。从选为庶吉士后,又经历了赞善的职务。跟着西洋人利玛窦学习天文、历算和有关火药武器的知识,完全掌握了他的技艺和学术。于是,徐光启又全面研习了军

田、盐策、水利诸书③。 事、屯田、盐政、水利等各方面的书籍。

**注释** ① 庶吉士：明朝于翰林院中设庶吉士官职，以进士中文学及书法优秀者充任。赞善：太子官属之一。徐光启在万历三十二年（1604）担任左春坊赞善职务。② 利玛窦（1552—1610）：意大利人，明末来中国的天主教耶稣会传教士。他与中国士大夫颇有交往，介绍过西方的自然科学知识。 ③ 兵机：军事。屯田：政府为取得军队给养和粮食，利用士兵和农民垦荒种田。盐策：盐政。

**原文**

　　杨镐四路丧师①，京师大震。累疏请练兵自效。神宗壮之②，超擢少詹事兼河南道御史。练兵通州③，列上十议。时辽事方急，不能如所请。光启疏争，乃稍给以民兵戎械④。

**翻译**

　　杨镐在辽东分兵四路而战败，都城北京人心大为震惊。徐光启屡次上疏请求操练军队，以身体力行报效国家。神宗赞赏他的这种壮举，破格提拔他为詹事府的副长官兼主管河南道的监察御史。徐光启在通州训练士兵时，又条列了有关军国大事的十条奏议呈上朝廷。当时正赶上辽东的战事吃紧，无法按他奏文请求的措施实行。徐光启上疏力争，朝廷才稍稍拨给民兵一些武器军械。

**注释** ① 杨镐（hào）：1618 年努尔哈赤大举攻明，杨镐被神宗任命为兵部尚书，经略辽东。在抚顺失守后，他把明军分为四路。次年全线溃败，他被捕下狱。② 壮之：赞赏他的壮举。 ③ 通州：今北京通州。 ④ 戎械：军械武器。

原文

　　未几，熹宗即位①。光启志不得展，请裁去，不听。既而以疾归。辽阳破，召起之。还朝，力请多铸西洋大炮，以资城守。帝善其言。方议用，而光启与兵部尚书崔景荣议不合，御史丘兆麟劾之，复移疾归②。天启三年起故官③，旋擢礼部右侍郎。五年，魏忠贤党智铤劾之，落职闲住。

翻译

　　不久，熹宗登上皇位，徐光启的抱负难以施展，请求辞官，朝廷不允许。既而以疾病为由，辞官回归。辽阳为努尔哈赤攻陷时，朝廷召回并起用了他。他一回到朝廷，就坚决请求大量铸造西洋大炮，来加强城防。熹宗认为他的主张很好，正要商议加以采纳，但是由于徐光启与兵部尚书崔景荣的意见不同，御史丘兆麟弹劾了他，徐光启便再次上书称病辞职回家。天启三年(1623)，起用为原官，很快提拔为礼部右侍郎。天启五年(1625)，宦官魏忠贤的党羽智铤弹劾徐光启，他被免去职务，在家闲住。

注释　　① 熹宗：明熹宗朱由校。　② 移疾：旧时官员上书借口有病辞职。　③ 天启：明熹宗年号(1621—1627)。

原文

　　崇祯元年召还①，复申练兵之说。未几，以左侍郎理部事。帝忧国用不足，敕廷臣献屯盐善策。光启言屯政在乎垦荒，盐政在严禁私贩。帝褒纳之，擢本部尚书。时帝以日食失验②，欲

翻译

　　崇祯元年(1628)徐光启被召回朝廷，徐光启再次陈述训练军队的主张。不久，他以礼部左侍郎的身份主持礼部事务。崇祯皇帝为国家的财政状况感到忧虑，敕令朝廷大臣贡献屯田和盐政方面的良策。徐光启认为屯田的方针在于垦荒种田，盐务的方针在于严禁民间私贩。皇帝称赞了徐光启的这个意

罪台官③。光启言："台官测候本郭守敬法④，元时尝当食不食，守敬且尔⑤，无怪台官之失占⑥。臣闻历久必差，宜及时修正。"帝从其言，诏西洋人龙华民、邓玉函、罗雅谷等推算历法⑦，光启为监督。

见并加以采纳，提升他为礼部尚书。其时，皇帝因为日食的发生与事先推算不符，将要治五官灵台郎的罪。徐光启说："五官灵台郎观测天象，依据的是元代郭守敬的办法。元朝时使用此法，就曾有推算应发生日食而实际无日食的事，郭守敬尚且如此，难怪五官灵台郎会推算失误。我听说历法使用久了必然会产生误差，应该及时加以修改订正。"皇帝接受了他的意见，诏令西洋人龙华民、邓玉函、罗雅谷等推算历法，徐光启任监督。

**注释** ① 崇祯：明思宗年号(1628—1644)。 ② 食：同"蚀"。失验：与事先推算不符。 ③ 台官：钦天监属下的五官灵台郎，掌管推算日月食等事。 ④ 郭守敬(1231—1316)：元代天文学家，主持编制《授时历》，施行三百六十年，为我国历法史上使用最久的历法。 ⑤ 且尔：尚且如此。 ⑥ 失占：推算失误。 ⑦ 龙华民(1559—1654)：意大利人，1597年来华。邓玉函(1576—1630)：瑞士人，明末来华的天主教耶稣会传教士。罗雅谷(1593—1638)：意大利人，明末来华的天主教耶稣会传教士。

**原文**

四年春正月，光启进《日躔历指》一卷、《测天约说》二卷、《大测》二卷、《日躔表》二卷、《割圜八线表》六卷、《黄道升度》七卷、《黄

**翻译**

崇祯四年(1631)春正月，徐光启向朝廷呈进《日躔历指》一卷、《测天约说》二卷、《大测》二卷、《日躔表》二卷、《割圜八线表》六卷、《黄道升度》七卷、《黄赤距度表》一卷、《通率表》一卷。这年冬十月初一辛丑日，发生日食，徐光启

赤距度表》一卷、《通率表》一卷①。是冬十月辛丑朔，日食，复上测候四说。其辩时差里差之法②，最为详密。

又呈上观测天文的有关著述四种。徐光启的辨明时差、里差的方法，最为详审精密。

注释 ①"光启"句：这八部书是在徐光启的主持和亲自参与下，集体编成的天文、历法、数学方面的专著，于崇祯四年(1631)正月二十八日呈进。除《割圜八线表》外，均见于《崇祯历书》。而《割圜八线表》见于《西洋新法历书》。 ②"其辩"句：时差、里差，我国古代天文历算学中的专用名词。在古代历法的计算系统中，时差是有关日食计算的"三差"之一(另有气差、刻差)，里差则可作为推算日、月食的依据。在徐光启之前，对日食的计算都采用内插公式。到徐光启制历，开始引入了"地球"和"经纬度"的概念，解释了时差和里差发生的原因，确立了科学的计算方法。

原文

五年五月以本官兼东阁大学士，入参机务①，与郑以伟并命②。寻加太子太保，进文渊阁。光启雅负经济才，有志用世。及柄用，年已老，值周延儒、温体仁专政③，不能有所建白④。明年十月卒。赠少保。……

翻译

崇祯五年(1632)五月，徐光启受命以原官礼部尚书兼东阁大学士，进入内阁，参与决策军国大事，是与郑以伟同时被任命的。不久加衔太子太保，进为文渊阁大学士。徐光启素来怀抱治理国事的才干，有志于经世济民。到他掌握大权时，年事已高，又遇上周延儒、温体仁专擅朝政，故无法对国家大政有所建树和倡议。第二年十月，徐光启去世。朝廷追赠他为少保。……

注释 ①入参机务：入阁参与研究军国大事。 ②郑以伟：上饶人，万历进士。崇祯中与徐光启同时任首辅。 ③周延儒：宜兴人，万历进士。官至内阁首辅，庸懦贪鄙，排挤正直大臣。温体仁：乌程人，万历进士。代周延儒为首辅，结党乱政，排斥异己。二人事见《明史·奸臣传》。 ④ 建白:建树及倡议。

**原文**

　　御史言光启、以伟相继没[1]，盖棺之日，囊无余赀，请优恤以愧贪墨者[2]。帝纳之，乃谥光启文定，以伟文恪。……

　　久之，帝念光启博学强识，索其家遗书。子骥入谢，进《农政全书》六十卷[3]。诏令有司刊布，加赠太保，录其孙为中书舍人[4]。

**翻译**

　　御史奏道，徐光启、郑以伟相继死去，盖棺殓葬的时候，口袋里拿不出多余的资财，请求从优抚恤来使贪财牟利者感到羞愧。皇帝接受了御史的提议，于是赐予徐光启谥号文定，赐予郑以伟谥号文恪。……

　　过了很久，崇祯皇帝追思徐光启的博学强识，索取徐光启遗留在家中的书稿。徐光启的儿子徐骥入朝谢恩，呈上《农政全书》六十卷。皇帝颁布诏书，命令有关官署刊行公布，加赠徐光启太保衔，并任用徐光启的孙子为中书舍人。

**注释** ① 没:同"殁"，死。 ② 贪墨:贪财好贿，贪污。 ③《农政全书》:徐光启著的农业科学专著。全书六十卷，五十余万字，分农本、田制、农事、水利、农器、树艺、重桑、蚕桑广类、种植、牧养、制造、荒政等十二门。其中水利和荒政占篇幅最多。书中的《除蝗疏》是我国最早的治蝗专著，是徐氏在科技史上的重大贡献。 ④ 中书舍人:即明内阁中书科的中书舍人，主管写诰敕等事。

# 李 时 珍 传

## 导读

　　李时珍是中国古代杰出的科学家之一。他的主要贡献是撰写了《本草纲目》，这部书共载药物一千八百九十二种，搜集古代医家和民间流传的方剂一万一千余则，并附有一千一百余幅药物形态插图，系统地总结了我国明朝以前的药物学经验，是我国药物学、植物学的宝贵遗产。《本草纲目》在世界生物学和医药学史上也占有十分重要的地位。他所采用的药物分类法与现代植物学、药物学的分类法基本相同，比西方林耐创造的分类法要早一百三十多年。《本草纲目》现已译成了日、英、法、俄、拉丁等多种文字。本篇记述了李时珍的生平，以及他在医药学研究上的贡献和《本草纲目》成书的过程。（选自卷二九九）

## 原文

　　李时珍，字东璧，蕲州人①。好读医书，医家《本草》②，自神农所传止三百六十五种③，梁陶弘景所增亦如之④，唐苏恭增一百一十四种，宋刘翰又增一百二十种，至掌禹锡、唐慎微辈⑤，先后增补合一千五百五十八种，时称大备。然品类既

## 翻译

　　李时珍，字东璧，蕲州人。喜好读医书，记载中药的《本草》，从神农氏传下来的只有三百六十五种，南朝齐梁的陶弘景所增加的数量也如同原来的数量，即增加了三百六十五种，唐人苏恭在陶弘景的基础上又增加了一百一十四种药物，北宋刘翰又在苏恭的基础上增加了一百二十种药物，到宋人掌禹锡和唐慎微时，先后增补《神农本草经》共

烦,名称多杂,或一物而析为二三,或二物而混为一品,时珍病之。乃穷搜博采,芟烦补阙,历三十年,阅书八百余家,稿三易而成书,曰《本草纲目》。增药三百七十四种,厘为一十六部,合成五十二卷。首标正名为纲,余各附释为目,次以集解详其出产、形色,又次以气味、主治附方。书成,将之上朝,时珍遽卒。未几,神宗诏修国史,购四方书籍。其子建元以父遗表及是书来献,天子嘉之,命刊行天下,自是士大夫家有其书。时珍官楚王府奉祠正⑥,子建中,四川蓬溪知县⑦。

一千五百五十八种,当时认为已是非常完备了。但是,这些医书所分门类十分烦琐,名称也很混杂,有的本是一味药而被析分为二三味药,有的两味药而混淆为一味药,李时珍为此很担心。于是,他广泛搜求采集,删去繁杂之处,补充阙漏之处,经过三十年,阅读了八百多种书,书稿修改了三次才成书,书名为《本草纲目》。比以前的药书增加了三百七十四种药,此书共整理为一十六部,合计为五十二卷。首先标出每种药物的正名,作为这种药物的纲,以后附上各家的注释,作为这种药物的目,再用集解方式把这种药物的产地和形状、颜色等特征详细写出,再其次以药的性味、主治何病并附上方剂。《本草纲目》写好后,准备把它进献给朝廷时,李时珍突然去世了。不久,明神宗下诏撰写国史,求购天下书籍。他的儿子李建元拿着遗留下的献书表文和这部书来到朝廷进献,皇帝嘉奖了他,下令刊行全国,自此士大夫中家家都有这部书。李时珍曾在楚王府中当官做过奉祠正,李时珍之子李建中,任四川蓬溪知县。

**注释** ① 蕲州:今湖北蕲春。 ②《本草》:中药的统称,记载中药的书籍也多称《本草》。 ③ 神农:传说我国农业和医药的发明者,秦汉时人托名神农著有《神农本草经》。 ④陶弘景：南北朝时期的医学家，著有《本草经集注》。 ⑤唐慎微：宋代著名医药学家，著有《经史证类备急本草》。 ⑥官：动词，做官。楚王：明王室朱英𤏳袭封为楚王。奉祠正：王府的官职名，掌管祭祀礼节等事务，并兼管良医所，实际上是楚王府的御用医生。他利用这段时间饱览了楚王府中丰富的医学典籍，这对编写《本草纲目》起了很大的作用。 ⑦蓬溪：县名，在今四川中部涪江支流蓬溪河流域。

# 郑 和 传

**导读**

郑和(1371—1435),本姓马,小字三保,昆阳(今云南普宁)人。回族,明朝航海家。

郑和于明初入宫为宦官,侍奉燕王府。在靖难之役中,随燕王起兵有功,赐姓郑,擢内官监太监。成祖即位后,为了寻找惠帝下落、通好四邻、宣扬国威,派郑和率舟师下"西洋"。从永乐三年(1405)起,郑和七次出使,历时二十八年,先后到达东南亚、印度半岛、阿拉伯、东非等地的三十多个国家和地区,促进了中国和各国人民的相互了解和友好往来。

我们在为《明史·郑和传》作注过程中,参考了郑鹤声先生编《郑和下西洋资料汇编》,特作说明。(选自卷三〇四)

**原文**

郑和,云南人,世所谓三保太监者也①。初事燕王于藩邸②,从起兵有功,累擢太监③。

**翻译**

郑和,云南人,世人称他为三保太监。起初在燕王的府第侍奉燕王,随从朱棣起兵有功,逐渐被提拔为太监。

**注释** ① 三保:或称三宝。 ② 燕王:明成祖朱棣(1360—1424),朱元璋的第四子,封燕王,建藩北平(今北京),朱元璋死后,他起兵靖难,攻破南京,改年号永乐。 ③ 擢(zhuó):提拔。

**原文**

成祖疑惠帝亡海外①，欲踪迹之，且欲耀兵异域，示中国富强。永乐三年六月命和及其侪王景弘等通使西洋②。将士卒二万七千八百余人，多赍金币③。造大舶，修四十四丈，广十八丈者六十二④。自苏州刘家河泛海至福建⑤，复自福建五虎门扬帆⑥，首达占城⑦，以次遍历诸番国，宣天子诏，因给赐其君长，不服则以武慑之。五年九月⑧，和等还，诸国使者随和朝见。和献所俘旧港酋长⑨。帝大悦，爵赏有差。旧港者，故三佛齐国也⑩，其酋陈祖义⑪，剽掠商旅。和使使招谕⑫，祖义诈降，而潜谋邀劫。和大败其众，擒祖义，献俘，戮于都市。

**翻译**

明成祖怀疑惠帝逃亡到海外去了，想要追寻惠帝，并且要向外国炫耀中国的军事实力，显示中国富强。永乐三年（1405）六月派遣郑和与他的同伴王景弘等人出使西洋，率领军队二万七千八百多人，带着许多金币。造了六十二艘长四十四丈、宽十八丈的大船。从苏州刘家河沿海路行至福建，再从福建五虎门起航，首先到达占城，依次遍访各国，宣示天子诏书，于是赏赐那里的国君及酋长，有不服从的就以武力使他们慑服。永乐五年（1407）九月，郑和等人回国，诸国的使者随同郑和朝见成祖，郑和献上所俘虏的旧港酋长。成祖很高兴，给他们不同等级的封赏。旧港，过去称为三佛齐国，他们的酋长陈祖义抢掠客商。郑和派遣使臣招抚告谕，陈祖义假装投降，而私下图谋阻截劫掠，郑和大败陈祖义的部众，捉住了陈祖义，献上俘虏，在京城杀了他们。

**注释**　① 惠帝：朱允炆（1377—?），朱元璋的皇太孙，朱棣的侄子。洪武三十一年（1398）即位，次年改元建文。靖难军攻破都城后，他不知所终。　② 永乐三年：公元 1405 年。侪（chái）：同类的人。王景弘：又名王三保，太监。西洋：明时以爪哇以西的海洋及沿海的陆地为西洋。 ③ 赍(jī):带着。 ④ "造大舶"三句:学者们对船的长和宽有争议。 ⑤ 刘家河:今江苏太仓刘家港。 ⑥ 五虎门:在今福建闽江口。 ⑦ 占城:今越南南部。 ⑧ 五年:即永乐五年(1407)。 ⑨ 旧港:在今印度尼西亚苏门答腊东北部的巨港一带。⑩ 三佛齐国:即旧港,十至十三世纪的南海古国。⑪ 陈祖义:广东潮州人,明初逃至旧港,专事劫掠。⑫ 使使:前一个"使"字是动词,派遣的意思。后一个"使"是名词,使臣的意思。

**原文**

六年九月再往锡兰山①。国王亚烈苦柰儿诱和至国中②,索金币,发兵劫和舟。和觇贼大众既出③,国内虚,率所统二千余人,出不意攻破其城,生擒亚烈苦柰儿及其妻子官属。劫和舟者闻之,还自救,官军复大破之。九年六月献俘于朝。帝赦不诛,释归国。是时,交阯已破灭④,郡县其地,诸邦益震詟⑤,来者日多。

**翻译**

永乐六年(1408)九月第二次到锡兰山。国王亚烈苦柰儿引诱郑和到国中,索取金币,派兵劫夺郑和的船队。郑和窥伺敌众已出,国内空虚,就率领随带的二千多人,出其不意地攻破都城,活捉了亚烈苦柰儿和他的妻子儿女及臣僚。劫掠郑和船队的人听到这个消息,赶回自救,明朝军队又大败他们。永乐九年(1411)六月,向朝廷献俘,成祖赦免他们,释放回国。当时,明朝已经攻破并消灭了交阯国,在那个地方设立郡县,各个邦国更增震恐,来朝拜的一天比一天多。

**注释** ① 锡兰山:即印度洋中的锡兰岛,当时称锡兰国,今名斯里兰卡。 ② 亚烈苦柰(nài)儿:锡兰国国王。 ③ 觇(chān):窥视。 ④ 交阯:今越南北部地区。 ⑤ 詟(zhé):恐惧,害怕。

原文

　　十年十一月复命和等往使，至苏门答剌①。其前伪王子苏干剌者②，方谋弑主自立，怒和赐不及己，率兵邀击官军。和力战，追擒之喃渤利③，并俘其妻子，以十三年七月还朝。帝大喜，赉诸将士有差④。

翻译

　　永乐十年（1412）十一月，又派遣郑和等人出使，到了苏门答腊。那里的前伪王子叫苏干剌，刚谋杀国君自立，怨恨郑和未给自己赏赐，带兵阻击明军。郑和奋战，追赶到喃渤利，一并俘虏苏干剌和他的妻子儿女，在永乐十三年（1415）七月回国。成祖大喜，分别赏赐了众将士。

注释　　① 苏门答剌(là)：今印度尼西亚苏门答腊岛西北部。　② 苏干剌：本是苏门答腊的渔民之子，与义父一起窃国自立。　③ 喃渤利：或作南浡里，在苏门答腊西北亚齐河下游。　④ 赉(lài)：赏赐。

原文

　　十四年冬，满剌加、古里等十九国咸遣使朝贡①，辞还，复命和等偕往，赐其君长。十七年七月还。十九年春复往，明年八月还。二十二年正月，旧港酋长施济孙请袭宣慰使职②，和赉敕印往赐之。比还，而成祖已晏驾。洪熙元年二月，仁宗命和以下番诸军守备南京③。南京设守备，自和始

翻译

　　永乐十四年（1416）冬，满剌加、古里等十九国都派遣使臣来朝贡，告辞回国。成祖又派遣郑和等人一同前去，赏赐他们的君主首长。永乐十七年（1419）七月回国。永乐十九年（1421）春天又出使，第二年八月回国。永乐二十二年（1424）正月，旧港酋长施济孙请求承袭宣慰使职务，郑和带着敕书印信前往赏赐他们。等到回国，成祖已经死了。洪熙元年（1425）二月，仁宗命令郑和带领出使的军队在南京设防。南京

也。宣德五年六月，帝以践阼岁久④，而诸番国远者犹未朝贡，于是和、景弘复奉命历忽鲁谟斯等十七国而还⑤。

设守备这个官职，是从郑和开始的。宣德五年（1430）六月，明宣宗因为即位好几年了，而远处的诸邦国还没来朝贡，于是，郑和、王景弘又受命出使忽鲁谟斯等十七个国家而后返回。

**注释** ①满剌加：今马来西亚马六甲自治州。古里：在今印度半岛西南端卡利库特。 ②施济孙：旧港故宣慰使施进卿之子，他遣使丘彦成请袭父职。宣慰使：元明时，设于少数民族和边远地区，掌管军民事务的职官。 ③仁宗：朱高炽，成祖长子，公元1424年至1425年在位。 ④帝：明宣宗朱瞻基，仁宗长子，公元1426年至1435年在位。⑤忽鲁谟斯：在今伊朗的波斯湾与阿曼湾之间。

**原文**

和经事三朝，先后七奉使，所历占城、爪哇①、真腊②、旧港、暹罗③、古里、满剌加、渤泥④、苏门答剌、阿鲁⑤、柯枝⑥、大葛兰⑦、小葛兰⑧、西洋琐里⑨、琐里⑩、加异勒⑪、阿拨把丹⑫、南巫里⑬、甘把里⑭、锡兰山、喃渤利、彭亨⑮、急兰丹⑯、忽鲁谟斯、比剌⑰、溜山⑱、孙剌⑲、木骨都束⑳、麻林㉑、剌撒㉒、祖法儿㉓、沙里湾泥㉔、竹步㉕、

**翻译**

郑和在明成祖、明仁宗、明宣宗三朝出使，前后七次，到过占城、爪哇、真腊、旧港、暹罗、古里、满剌加、渤泥、苏门答剌、阿鲁、柯枝、大葛兰、小葛兰、西洋琐里、琐里、加异勒、阿拨把丹、南巫里、甘把里、锡兰山、喃渤利、彭亨、急兰丹、忽鲁谟斯、比剌、溜山、孙剌、木骨都束、麻林、剌撒、祖法儿、沙里湾泥、竹步、榜葛剌、天方、黎伐、那孤儿，共三十多国。所取得的不知名称的宝物，多得不可计算，而中国的耗费也多得不可计算。自宣德年间以来，远方时常有来中国的人，总计不如永乐时多。而郑和也老迈将死。自郑和以后，凡将受命出使

榜葛剌㉖、天方㉗、黎伐㉘、那孤儿㉙，凡三十余国。所取无名宝物，不可胜计，而中国耗废亦不赀㉚。自宣德以还，远方时有至者，要不如永乐时，而和亦老且死。自和后，凡将命海表者，莫不盛称和以夸外番，故俗传三保太监下西洋，为明初盛事云。

海外的人，没有不极力称赞而在外国夸耀郑和的，所以民间流传三保太监下西洋，是明朝初年的一件盛大的国事。

**注释** ① 爪哇：今印度尼西亚爪哇岛。 ② 真腊：今柬埔寨。 ③ 暹罗：今泰国。 ④ 渤泥：今加里曼丹岛北部。 ⑤ 阿鲁：今苏门答腊岛的勿拉湾港。 ⑥ 柯枝：今印度半岛西南部的柯钦，小葛兰以北。 ⑦ 大葛兰：今印度半岛西南沿岸，小葛兰附近。 ⑧ 小葛兰：今印度半岛西南沿海的奎隆。 ⑨ 西洋琐里：今印度半岛东南沿海科罗曼德尔一带。⑩ 琐里：在西洋琐里附近。⑪ 加异勒：今印度半岛西南端。⑫ 阿拨把丹：今印度半岛西海岸的阿默达巴德。⑬ 南巫里：今印度半岛西南的马拉巴尔一带，有人认为在今苏门答腊北端以西。⑭ 甘把里：今印度半岛西部沿岸的甘巴湾。⑮ 彭亨：今马来西亚彭亨州。⑯ 急兰丹：今马来半岛的吉兰丹。⑰ 比剌：未详。⑱ 溜山：今马尔代夫群岛。⑲ 孙剌：溜山附近。⑳ 木骨都束：今非洲东岸索马里的摩加迪沙一带。㉑ 麻林：今非洲东岸肯尼亚的马林迪一带。㉒ 剌撒：今阿拉伯半岛南岸木卡拉附近。㉓ 祖法儿：或称佐法儿，今阿拉伯半岛南岸的哈德拉毛。㉔ 沙里湾泥：一说在非洲东部，一说在北印度。㉕ 竹步：今非洲索马里的朱巴河口一带。㉖ 榜葛剌：今孟加拉国。㉗ 天方：今沙特阿拉伯的麦加。㉘ 黎伐：在今苏门答腊。㉙ 那孤儿：在苏门答腊南渤利附近。㉚ 赀（zī）：计量。

# 魏 忠 贤 传

**导读**

宦官,是中国古代社会的独特产物,他们长年围绕帝王身边,受到信任宠用。其中品性恶劣的小人便乘机为非作歹,严重的甚至干预朝政,残害忠良,祸国殃民,魏忠贤就是这样一个突出的典型。

魏忠贤,出身无赖,目不识丁,最后竟能将整个天下控制在手。这除了他本人的恶劣品行外,重要的原因还在于明代帝王的绝对专制和特务制度,以及一大批士大夫的卖身投靠,为虎作伥。东林党及一批忠直的官员,倡导正义,抵制邪恶,本是士大夫的脊梁和社会良心的代表,但终究不敌魏忠贤及其帮凶们的明枪暗箭,以鲜血和生命写成一出历史悲剧。况且这不仅是明朝一代的偶然现象,而是历代有之。我们今天阅读魏忠贤传时,不应忘记这个奇怪的历史现象。

魏忠贤最终被新登基的崇祯皇帝收拾掉了,但不久崇祯又"旧病复发",重用宦官,曾几何时,魏的逆迹又得以翻案,其余党又纷纷东山再起。看来,只要封建专制制度存在,滋生昏庸狂悖的君臣就是很自然的现象,而宦竖专横的历史悲剧也就有可能重复上演。邪恶的势力猖獗作逆时,正人君子也未曾沉默,未曾同流合污,这就是历史进程中的矛盾、斗争。

阅读魏忠贤传,不仅可以了解他发迹、肆虐、灭亡的一生,而且还能了解到当时明朝政治的腐败,以及复杂的斗争场面。这正如培根所说,读史使人明智。(选自卷三〇五)

**原文**

魏忠贤，肃宁人①。少无赖，与群恶少博②，不胜，为所苦，恚而自宫③，变姓名曰李进忠。其后乃复姓，赐名忠贤云。忠贤自万历中选入宫④，隶太监孙暹，夤缘入甲字库⑤，又求为皇长孙母王才人典膳⑥，谄事魏朝⑦。朝数称忠贤于安⑧，安亦善遇之。长孙乳媪曰客氏，素私侍朝，所谓对食者也⑨。及忠贤入，又通焉。客氏遂薄朝而爱忠贤，两人深相结。

**翻译**

魏忠贤，肃宁人。年轻时是个无赖，和一群品行恶劣的青年赌博，赌输了，被他们逼得很苦，又恨又怒，便自行阉割，改名换姓叫李进忠。后来才恢复了原姓，皇帝赐名叫忠贤。魏忠贤在万历年间被选拔进入皇宫，隶属太监孙暹，攀附巴结。进了甲字库做事，又请求为皇帝长孙的母亲王才人主管膳食，讨好奉承宦官魏朝。魏朝多次向王安称赞魏忠贤，王安对待魏忠贤很好。皇长孙的奶妈名叫客氏，一向与魏朝关系暧昧，是宫内所谓的"对食者"。等到魏忠贤进了宫，客氏又与魏忠贤私通。客氏于是疏远了魏朝而爱魏忠贤，两人相互结下很深的关系。

**注释** ①肃宁：今河北肃宁。 ②博：一种赌博游戏。 ③恚（huì）：恨怒。宫：阉割男性生殖器官。 ④万历：明神宗朱翊钧的年号，自1573年至1620年。 ⑤夤（yín）缘：攀附，巴结。攀附权贵向上爬。甲字库：明代宫廷内十库之一，掌贮艮朱、乌梅、黄丹、百药之类。 ⑥王才人：明熹宗的生母，才人是嫔妃的称号。典：主管。膳：饭食。 ⑦魏朝：王安手下的太监。 ⑧数（shuò）：多次，频繁。安：王安，太监，深得光宗、熹宗信任。 ⑨对食者：明朝末年皇宫中称宫人自选相好太监结为夫妇者。

**原文**

光宗崩①，长孙嗣立，是

**翻译**

光宗驾崩之后，皇长孙继位，这就

为熹宗②。忠贤、客氏并有宠。未逾月，封客氏奉圣夫人，荫其子侯国兴、弟客光先及忠贤兄钊俱锦衣千户③。忠贤寻自惜薪司迁司礼秉笔太监兼提督宝和三店④。忠贤不识字，例不当入司礼，以客氏故，得之。

是明熹宗。魏忠贤、客氏都受到宠信。长孙继位不到一个月，就封客氏为奉圣夫人，荫封她的儿子侯国兴、弟弟客光先和魏忠贤的哥哥魏钊皆为锦衣千户。魏忠贤不久又从惜薪司提升为司礼监的秉笔太监并兼管宝和等三大店铺。魏忠贤不识字，照惯例不能进入司礼监，靠了客氏的关系，才得到了这个要职。

**注释** ① 光宗：朱常洛，万历四十八年八月至九月在位。 ② 熹宗：朱由校，1621—1627 年在位，年号天启。 ③ 荫(yìn)：封建社会中，子孙因父祖的功劳而受封官爵的特权，叫作荫。锦衣千户：锦衣卫的武官之一。 ④ 寻：不久。惜薪司：明官内二十四衙门之一，专管官内薪炭之事。司礼秉笔太监：司礼监内高级太监之一，与随堂太监同管皇帝的奏章文书。宝和三店：提督太监负责的商店，经营皮货、茶酒、布、牲畜等。

**原文**

天启元年，诏赐客氏香火田①，叙忠贤治皇祖陵功②。御史王心一谏，不听。及帝大婚，御史毕佐周、刘兰请遣客氏出外，大学士刘一燝亦言之。帝恋恋不忍舍，曰："皇后幼，赖媪保护，俟皇祖大葬议之。"忠贤颛

**翻译**

天启元年(1621)，皇帝下诏赐给客氏香火田，又奖赐魏忠贤办理皇祖明神宗陵墓的功劳。御史王心一为此而进谏，熹宗不听。到熹宗成婚之后，御史毕佐周、刘兰请求遣送客氏出宫外，大学士刘一燝也说到这件事。熹宗皇帝恋恋不舍，不忍遣送，他说："皇后年幼，还要靠奶妈保护，等到皇祖的葬礼完成后再商议这件事。"魏忠贤独占客氏，赶

客氏③，逐魏朝。又忌王安持正，谋杀之，尽斥安名下诸阉④。客氏淫而狠。忠贤不知书，颇强记，猜忍阴毒⑤，好谀。帝深信任此两人，两人势益张⑥，用司礼监王体乾及李永贞、石元雅、涂文辅等为羽翼⑦，宫中人莫敢忤⑧。既而客氏出，复召入。御史周宗建、侍郎陈邦瞻、御史马鸣起、给事中侯震旸先后力诤，俱被诘责。给事中倪思辉、朱钦相、王心一复言之，并谪外⑨，尚未指及忠贤也。忠贤乃劝帝选武阉、炼火器为内操⑩，密结大学士沈㴶为援。又日引帝为倡优声伎、狗马射猎⑪。刑部主事刘宗周首劾之⑫，帝大怒，赖大学士叶向高救免。

走了魏朝。又忌惮王安主持公正，设计谋杀了王安，全部排斥了王安属下的太监。客氏淫荡而狠毒。魏忠贤不识字，但记性很好，为人猜忌心狠，阴险毒辣，喜欢阿谀拍马。熹宗皇帝非常信任这两个人，二人的势力更加扩张，拉拢司礼监的王体乾和李永贞、石元雅、涂文辅等人作为帮凶党羽，宫里的人没有谁敢触犯他们。其后客氏遣出皇宫，又重新召进。御史周宗建、侍郎陈邦瞻、御史马鸣起、给事中侯震旸等人先后极力谏诤，但都受到诘问和斥责。给事中倪思辉、朱钦相、王心一又进谏此事，都被贬官放任外地。他们的谏诤还不曾指责到魏忠贤。魏忠贤于是劝熹宗选拔练武的太监，操练火器，称为内操，又暗中勾结大学士沈㴶为外援。又每天勾引熹宗与戏子和歌伎舞女鬼混，纵狗策马，射箭打猎。刑部主事刘宗周首先上疏弹劾魏忠贤，熹宗大怒，全靠大学士叶向高的解救才避免了罪罚。

**注释** ① 香火田：用于祭祀祖先、延续香火的田地。 ② 叙：按功劳给予奖赐。皇祖陵：指明神宗所葬的定陵。 ③ 颛：同"专"，独占。 ④ 阉：指太监。 ⑤ 猜：猜疑。忍：狠心。阴：阴险。 ⑥ 益：更加。张：扩张。 ⑦ 羽翼：比喻帮凶，爪牙。 ⑧ 忤(wǔ)：冒犯，抵触。 ⑨ 谪(zhé)：降职。谪外，指降职后派到京城之外的地方去。⑩ 内操：在宫内让太监们操练军事。内操始于武宗时，这时规模空前。⑪ 狗马：猎狗和骏马，射猎时用。⑫ 劾（hé）：揭发罪状，请求惩治。

原文

　　初，神宗在位久，怠于政事，章奏多不省①。廷臣渐立门户②，以危言激论相尚③，国本之争④，指斥宫禁⑤。宰辅大臣为言者所弹击，辄引疾避去。吏部郎顾宪成讲学东林书院⑥，海内士大夫多附之，"东林"之名自是始。既而"梃击""红丸""移宫"三案起⑦，盈廷如聚讼。与东林忤者，众目之为邪党。天启初，废斥殆尽，识者已忧其过激变生。及忠贤势成，其党果谋倚之以倾东林。而徐大化、霍维华、孙杰首附忠贤，刘一燝及尚书周嘉谟并为杰劾去。然是时叶向高、韩爌方辅政，邹元标、赵南星、王纪、高攀龙等皆居大僚，左光斗、魏大中、黄尊素等在言

翻译

　　当初，明神宗在位时间很长，懒于过问国政大事，大臣上的章奏大多都不审阅。朝廷上的大臣们逐渐分成不同派别，崇尚讲些直率而过激的言论，在争论立谁为太子时，指责批评宫内的太监和后妃。担任宰辅的大臣，只要受到监察官员的弹劾抨击，总是借口有病而辞职躲避。吏部郎顾宪成在东林书院讲学，全国的士大夫多数都向他依附靠拢，"东林"的声名自此开始。其后"梃击""红丸""移宫"三件大案发生。整个朝廷就像许多人在一起打官司一样争论不休。与东林党意见不合的人，大家都认为是邪党。天启初年，与东林党不合的人几乎被废除排斥掉了，有见识的人已经担忧这种做法太过激会引起变故。到魏忠贤势力形成时，与东林党不合的人们果然谋划依靠魏忠贤来打倒东林党人。其中徐大化、霍维华、孙杰首先依附魏忠贤，刘一燝和尚书周嘉谟都被孙杰弹劾去职。但这时叶向高、韩爌正在辅佐熹宗管理朝政，邹元标、赵南星、王纪、高攀龙等人都位居高官要

路,皆力持清议,忠贤未克逞。

职,左光斗、魏大中、黄尊素等人身为监察官,他们都极力主持公正的议论,魏忠贤未能得逞。

**注释** ① 省(xǐng):审阅。 ② 门户:指派别。 ③ 危言:正直坦率的言论。 ④ 国本:指太子,当时为立神宗嫡长子朱常洛还是立郑妃之子朱常洵为太子,发生纷争。 ⑤ 宫禁:指太监和后妃们。 ⑥ 东林书院:在江苏无锡,建于宋代,元代废,这时顾宪成修复,在此讲学,抨击宦官,时称东林党。 ⑦ 梃击、红丸、移宫:明代著名三大案。梃击,指万历四十三年(1615)张差持棍闯太子宫,供辞涉及郑妃的太监,因此人们怀疑郑妃意图谋害太子。红丸,指万历四十八年(1620),光宗吃了鸿胪寺丞李可灼的红丸药而死,时人怀疑是郑妃指使下毒。移宫,指万历四十八年,杨涟等人逼迫抚育熹宗的李选侍离开熹宗,迁至哕鸾宫。

**原文**

二年,叙庆陵功①,荫忠贤弟侄锦衣卫指挥佥事。给事中惠世扬、尚书王纪论沈潅交通客、魏②,俱被谴去。会初夏雨雹,周宗建言雹不以时,忠贤谗慝所致。修撰文震孟、太仆少卿满朝荐相继言之,亦俱黜。

**翻译**

天启二年(1622),奖赐治理庆陵的功劳,荫封魏忠贤的侄子为锦衣卫指挥佥事。给事中惠世扬、尚书王纪批评沈潅交往勾结客氏和魏忠贤,都受到谴责而被贬去官职。正好遇上初夏下冰雹,周宗建上书说这时下冰雹不合时令,是由魏忠贤的谗言邪恶引来的。修撰文震孟、太仆少卿满朝荐相继议论这事,也都被罢黜了官职。

**注释** ① 庆陵:明光宗朱常洛的陵墓。 ② 交通:交往勾结。

原文

三年春,引其私人魏广微为大学士。令御史郭巩讦宗建、一燝、元标及杨涟、周朝瑞等保举熊廷弼①,党邪误国。宗建驳巩受忠贤指挥,御史方大任助宗建攻巩及忠贤,皆不胜。其秋,诏忠贤及客氏子国兴所荫锦衣官并世袭。兵部尚书董汉儒、给事中程注、御史汪泗论交谏,不从。忠贤益无忌,增置内操万人,衷甲出入②,恣为威虐。矫诏赐光宗选侍赵氏死。裕妃张氏有娠,客氏谮杀之。又革成妃李氏封。皇后张氏娠,客氏以计堕其胎,帝由此乏嗣。他所害宫嫔冯贵人等,太监王国臣、刘克敬、马鉴等甚众。禁掖事秘,莫详也。是冬,兼掌东厂事。

翻译

天启三年(1623)春天,魏忠贤提拔他的私党魏广微为大学士。又让御史郭巩攻击周宗建、刘一燝、邹元标和杨涟、周朝瑞等人保举熊廷弼是与邪恶结党来误害国家。周宗建反驳说郭巩受魏忠贤指挥,御史方大任帮助周宗建抨击郭巩及魏忠贤,但都不能取胜。这年秋天,熹宗下诏恩准魏忠贤及客氏之子侯国兴所荫封的锦衣卫官职可以世袭。兵部尚书董汉儒、给事中程注、御史汪泗论交替进谏,熹宗都不听从。魏忠贤更加肆无忌惮,增加参加内操的武装太监达到一万人,衣内裹着护甲出入皇宫,恣意耀武扬威,虐害百姓。魏忠贤又假传圣旨赐光宗的选侍赵氏自杀。裕妃张氏怀了孕,客氏说她的坏话,使她被杀。又革去成妃李氏的封号。皇后张氏怀孕,客氏设计堕掉张氏的胎儿,熹宗因此没有后嗣。其他被害的宫女嫔妃冯贵人等,以及太监王国臣、刘克敬、马鉴等人为数甚多。皇宫内部的事十分隐秘,没有人详知内情。这年冬天,魏忠贤又兼管了东厂的事务。

注释　①讦(jié):攻击揭发别人的短处隐私。熊廷弼:明代将领,在与后金(清)军作战时,由于王化贞的掣肘,没有调度军队的实权,最终兵败。朝廷归罪于他,冤杀。 ② 衷甲：外衣里面穿着皮制护甲。

**原文**

四年，给事中傅櫆结忠贤甥傅应星为兄弟，诬奏中书汪文言，并及左光斗、魏大中。下文言镇抚狱①，将大行罗织②。掌镇抚刘侨受叶向高教，止坐文言。忠贤大怒，削侨籍，而以私人许显纯代。是时御史李应升以内操谏，给事中霍守典以忠贤乞祠额谏③，御史刘廷佐以忠贤滥荫谏，给事中沈惟炳以立枷谏④，忠贤皆矫旨诘责。于是副都御史杨涟愤甚，劾忠贤二十四大罪⑤。疏上，忠贤惧，求解于韩爌。爌不应，遂趋帝前泣诉，且辞东厂，而客氏从旁为剖析⑥，体乾等翼之⑦。帝懵然不辨也。遂温谕留忠贤⑧，而于次日下涟疏，严旨切责。涟既绌⑨，魏大中及给事中陈良训、许誉卿、

**翻译**

天启四年（1624），给事中傅櫆勾结魏忠贤的外甥傅应星，两人结拜为兄弟，上书诬告中书汪文言，并牵涉左光斗、魏大中。把汪文言抓进镇抚司的监狱，将要大肆罗织罪名，陷害无辜。掌管镇抚司的刘侨接受叶向高的建议，只判汪文言有罪。魏忠贤大怒，削除了刘侨的官籍，用自己的私党许显纯代替刘侨。这时，御史李应升为内操的事向熹宗提出劝谏，给事中霍守典对魏忠贤请求为他的生祠匾额题字的事向熹宗提出劝谏，御史刘廷佐为魏忠贤过度无节制地荫封的事向熹宗劝谏，给事中沈惟炳为设立立枷酷刑的事向熹宗劝谏，魏忠贤都假传诏旨予以诘问斥责。对此副都御史杨涟气愤已极，上疏弹劾魏忠贤二十四条大罪。疏上给熹宗，魏忠贤害怕了，向韩爌乞求解决的办法。韩爌不答应，魏忠贤于是跑到熹宗跟前哭诉，并且要辞去东厂的职务，但是客氏却在一旁替他辩解，王体乾等人也帮忙打掩护。熹宗糊里糊涂辨不清是非，于是婉言安慰挽留魏忠贤，又在第二天批下杨涟的上疏，下旨严厉斥责杨涟。杨

抚宁侯朱国弼、南京兵部尚书陈道亨、侍郎岳元声等七十余人交章论忠贤不法。向高及礼部尚书翁正春请遣忠贤归私第以塞谤,不许。

连被斥退之后,魏大中和给事中陈良训、许誉卿、抚宁侯朱国弼、南京兵部尚书陈道亨、侍郎岳元声等七十余人,纷纷上书揭露魏忠贤的不法罪行。叶向高和礼部尚书翁正春请求熹宗遣送魏忠贤回到他的私人住宅,以平息人们的抨击,熹宗不同意。

**注释** ① 镇抚狱:锦衣卫北镇抚司的监狱。 ② 罗织:虚构罪状,陷害无辜。 ③ 乞:求。祠额:祠堂匾额。 ④ 立枷:刑具,木笼顶如枷,锁住人颈,使犯人直立笼中。 ⑤ 二十四大罪:主要为专权、排斥大臣、迫害后妃皇亲、罗织无辜、建立生祠、滥荫族人、大兴内操等。 ⑥ 剖析:辩解。 ⑦ 翼:帮忙打掩护。 ⑧ 温:婉言安慰。 ⑨ 绌(chù):同"黜",贬退,废弃。

**原文**

当是时,忠贤愤甚,欲尽杀异己者。顾秉谦因阴籍其所忌姓名援忠贤,使以次斥逐。王体乾复昌言用廷杖①,威胁廷臣。未几,工部郎中万燝上疏刺忠贤,立杖死。又以御史林汝翥事辱向高,向高遂致仕去,汝翥亦予杖。廷臣俱大詟②。一时罢斥者,吏部尚书赵南星、左都御史高攀龙、吏部

**翻译**

在这时,魏忠贤十分气愤,企图全部杀掉反对自己的人。顾秉谦趁机开列魏忠贤忌恨的人的名单交给魏忠贤,让魏忠贤依次排斥赶走他们。王体乾又建议使用廷杖,威胁朝廷官员。不久,工部郎中万燝上疏指责魏忠贤,马上用廷杖打死。又利用御史林汝翥的事侮辱叶向高,叶向高于是告老辞官离去,林汝翥也受到杖击。朝廷大臣都十分恐惧。在很短时间内被罢官贬斥的人有:吏部尚书赵南星、左都御史高攀龙、吏部侍郎陈于廷和杨涟、左光斗、魏

侍郎陈于廷及杨涟、左光斗、魏大中等先后数十人，已又逐韩爌及兵部侍郎李邦华。正人去国，纷纷若振槁。乃矫中旨召用例转科道③。以朱童蒙、郭允厚为太仆少卿，吕鹏云、孙杰为大理丞，复霍维华、郭兴治为给事中，徐景濂、贾继春、杨维垣为御史，而起徐兆魁、王绍徽、乔应甲、徐绍吉、阮大铖、陈尔翌、张养素、李应荐、李嵩、杨春懋等，为之爪牙。未几，复用拟戍崔呈秀为御史。呈秀乃造《天鉴》《同志》诸录④，王绍徽亦造《点将录》⑤，皆以邹元标、顾宪成、叶向高、刘一燝等为魁，尽罗人不附忠贤者，号曰"东林党人"，献于忠贤。忠贤喜，于是群小益求媚忠贤，攘臂攻东林矣。

大中等数十人，之后又赶走了韩爌及兵部侍郎李邦华。正直人士离开朝廷，就像振动枯叶纷纷下落一样。魏忠贤于是假传圣旨召用私党，照例转为六科给事中和都察院各道监察御史。魏忠贤用朱童蒙、郭允厚为太仆少卿，用吕鹏云、孙杰为大理丞，恢复霍维华、郭兴治为给事中，用徐景濂、贾继春、杨维垣为御史，又起用徐兆魁、王绍徽、乔应甲、徐绍吉、阮大铖、陈尔翌、张养素、李应荐、李嵩、杨春懋等人，作为自己的爪牙。不久，又用本已准备发配充军的崔呈秀为御史。崔呈秀于是编造《天鉴录》《同志录》等名单，王绍徽也编造《点将录》，都把邹元标、顾宪成、叶向高、刘一燝等人列为首领，把不依附魏忠贤的人尽数列入，称作"东林党人"，献给魏忠贤。魏忠贤很高兴，于是这些小人更加谄媚魏忠贤，捋袖伸臂开始大肆攻击东林党人了。

注释　①廷杖：在朝廷上用木杖打大臣，始于明太祖。　②詟（zhé）：同"慑"，害怕。　③科道：六科给事中和各道监察御史。　④《天鉴》《同志》诸录：东林党人名单。　⑤《点将录》：仿《水浒传》梁山一百零八将，列东林党人一百零八名。

**原文**

初，朝臣争三案及辛亥、癸亥两京察与熊廷弼狱事①，忠贤本无预。其党欲藉忠贤力倾诸正人，遂相率归忠贤，称"义儿"，且云"东林将害翁"。以故，忠贤欲甘心焉②。御史张讷、倪文焕、给事中李鲁生、工部主事曹钦程等，竞搏击善类为报复。而御史梁梦环复兴汪文言狱，下镇抚司拷死。许显纯具爰书③，词连赵南星、杨涟等二十余人，削籍遣戍有差。逮涟及左光斗、魏大中、周朝瑞、袁化中、顾大章等六人，至牵入熊廷弼案中，掠治死于狱。又杀廷弼，而杖其姻御史吴裕中至死。又削逐尚书李宗延、张问达、侍郎公鼐等五十余人，朝署一空。而特召亓诗教、刘述祖等为御史，私人悉不次超擢。于是忠贤之党遍要津矣。

**翻译**

当初，朝廷大臣争论三大案件和辛亥、癸亥两年考核京官以及熊廷弼案件的事，魏忠贤本来并未参与。但是涉及此事的奸邪党羽企图借魏忠贤的势力打击那些正直之士，于是相继投靠魏忠贤，自称"义儿"，并且对魏忠贤说："东林党人将要害您老人家。"因此，魏忠贤决心惩治他们以快意。御史张讷、倪文焕、给事中李鲁生、工部主事曹钦程等人，竞相打击正人君子作为报复。而御史梁梦环又重提汪文言的旧案，把汪文言押到镇抚司拷打致死。许显纯伪造口供，供词牵连赵南星、杨涟等二十余人，削除官籍或发配充军不等。逮捕杨涟及左光斗、魏大中、周朝瑞、袁化中、顾大章六人，并牵连进熊廷弼的案子里，拷打折磨死在狱中。又杀死熊廷弼，杖打他的亲家御史吴裕中直至死亡。又革职斥逐尚书李宗延、张问达、侍郎公鼐等五十多人，朝廷官署为之一空。然后特地召来亓诗教、刘述祖等人任为御史，其他私党亲信都越级提升。这时，魏忠贤的党羽遍布朝廷各个重要部门了。

注释　①京察:考核京官的制度。辛亥、癸亥:指万历三十九年(1611)、天启三年(1623)。　②甘心:称心快意。此指彻底整垮异己者而称心快意。　③具:指伪造。爰书:罪犯供词记录。

原文

当是时,东厂番役横行,所缉访无论虚实辄糜烂。戚臣李承恩者,宁安大长公主子也,家藏公主赐器。忠贤诬以盗乘舆服御物,论死。中书吴怀贤读杨涟疏,击节称叹。奴告之,毙怀贤,籍其家。武弁蒋应阳为廷弼讼冤,立诛死。民间偶语,或触忠贤,辄被擒僇,甚至剥皮、刲舌,所杀不可胜数,道路以目。其年,叙门功,加恩三等,荫都督同知,又荫其族叔魏志德都督佥事。擢傅应星为左都督,且旌其母。而以魏良卿佥书锦衣卫,掌南镇抚司事。

六年二月,卤簿大驾成①,荫都督佥事。复使其

翻译

在这时,东厂的差役到处横行霸道,他们所侦缉捉拿的人,无论案情是虚是实,总是打得血肉糜烂。皇亲李承恩,是宁安大长公主的儿子,家里收藏有公主赐给的器具。魏忠贤诬陷他偷盗皇帝的御用物,断成死罪。中书吴怀贤朗读杨涟的疏文,打着拍子连声赞叹。他的家奴告发他,魏忠贤让人打死吴怀贤,抄了他的家。武弁蒋应阳为熊廷弼鸣冤,立刻下令杀死他。民间老百姓闲谈,有人偶尔谈到魏忠贤,马上就被逮捕杀戮,甚至剥皮、割舌头,被杀死的人不计其数,人们路上遇见,只敢以眼色示意。这一年,赏赐魏忠贤祖辈的功劳,加恩三等,荫封族人为都督同知。又荫封魏忠贤的族叔魏志德为都督佥事。提升傅应星为左都督,并且表彰他的母亲。又让魏良卿负责在锦衣卫签发文件,掌管南镇抚司的事务。

天启六年(1626)二月,熹宗的仪仗队和车驾组建成功,因此而荫封魏忠贤的族人为督都佥事。又指使其党羽李

党李永贞伪为浙江太监李实奏,逮治前应天巡抚周起元及江、浙里居诸臣高攀龙、周宗建、缪昌期、周顺昌、黄尊素、李应升等。攀龙赴水死,顺昌等六人死狱中。苏州民见顺昌逮,不平,殴杀二校尉。巡抚毛一鹭为捕颜佩韦等五人悉诛死。刑部尚书徐兆魁治狱,视忠贤所怒,即坐大辟。又从霍维华言,命顾秉谦等修《三朝要典》②,极意诋诸党人恶。御史徐复阳请毁讲学书院,以绝党根。御史卢承钦又请立东林党碑。海内皆屏息丧气。霍维华遂教忠贤冒边功矣。

永贞伪造浙江太监李实的奏本,将前应天巡抚周起元及在江浙家乡居住的各位大臣高攀龙、周宗建、缪昌期、周顺昌、黄尊素、李应升等人逮捕治罪。高攀龙投水自杀,周顺昌等六人死在狱中,苏州民众见周顺昌被捕,心怀不平,打死两个校尉。巡抚毛一鹭为此逮捕了颜佩韦等五个人,并全都处死。刑部尚书徐兆魁办理案子,看到只要是魏忠贤所愤恨的人,就马上处以死刑。魏忠贤又听从霍维华的建议,命顾秉谦等人修撰《三朝要典》,极力诋毁东林党人。御史徐复阳请求拆毁讲学的书院,以断绝东林党人的根基。御史卢承钦又请求建立东林党碑。海内人士都谨小慎微,垂头丧气。霍维华于是开始教唆魏忠贤冒认边防的军功了。

**注释** ① 卤簿:仪仗队。大驾:帝王的车驾。 ②《三朝要典》:神宗、光宗、熹宗三朝关于"梃击"三案的文件汇编。

**原文**

辽阳男子武长春游妓家,有妄言,东厂擒之。许显纯掠治,故张其词云:"长

**翻译**

辽阳有一个男子叫武长春的,到娼妓家游逛,讲些狂妄无稽的话,东厂把他捉拿了。许显纯拷打审问他,故意夸

春敌间,不获且为乱,赖厂臣忠智立奇勋。"诏封忠贤侄良卿为肃宁伯,赐宅第、庄田,颁铁券①。吏部尚书王绍徽请崇其先世,诏赠忠贤四代如本爵。忠贤又矫诏遣其党太监刘应坤、陶文、纪用镇山海关,收揽兵柄。再叙功,荫都督同知,世袭锦衣卫指挥使,各一人。浙江巡抚潘汝桢奏请为忠贤建祠。仓场总督薛贞言草场火,以忠贤救,得无害。于是颂功德者相继,诸祠皆自此始矣。

大他的供词说:"武长春是敌人的间谍,不捉住他,将要作乱,全靠厂臣魏忠贤的忠诚智慧才立下这个奇功。"熹宗下诏封魏忠贤的侄子魏良卿为肃宁伯,赐给宅院、庄田,并颁发了铁券。吏部尚书王绍徽请示熹宗崇扬魏忠贤的祖先,下诏赠给魏忠贤的四代父祖与魏忠贤同样的官爵。魏忠贤又伪造圣旨,派其党羽太监刘应坤、陶文、纪用镇守山海关,收揽兵权。又一次奖赐魏忠贤的功劳,荫封魏忠贤的族人为都督同知、世袭锦衣卫指挥使各一人。浙江巡抚潘汝桢上书请求熹宗为魏忠贤建立纪念祠堂。仓场总督薛贞声称,草场失火,多亏了魏忠贤的功德,才得以未受损失。于是为魏忠贤歌功颂德者接连出现,各地的魏忠贤的祠堂都是从这时开始兴建的。

**注释** ① 铁券:颁给功臣的证件,可以免本人及子孙死若干次,并记本人履历和功劳。

**原文**

编修吴孔嘉与宗人吴养春有仇,诱养春仆告其主隐占黄山,养春父子瘐死。忠贤遣主事吕下问、评事许

**翻译**

编修吴孔嘉与其同族的吴养春有仇,他引诱吴养春的奴仆告发他的主人偷占黄山,吴养春父子二人因此而死在狱中。魏忠贤派主事吕下问、评事许志

志吉先后往徽州籍其家,株蔓残酷。知府石万程不忍,削发去,徽州几乱。其党都督张体乾诬扬州知府刘铎代李承恩谋释狱,结道士方景阳诅忠贤,铎竟斩。又以睚眦怨<sup>①</sup>,诬新城侯子锦衣王国兴,论斩,并黜主事徐石麒。御史门克新诬吴人顾同寅、孙文豸诔熊廷弼,坐妖言律斩。又逮侍郎王之寀,毙于狱。凡忠贤所宿恨,若韩爌、张问达、何士晋、程注等,虽已去,必削籍,重或充军,死必追赃破其家。或忠贤偶忘之,其党必追论前事,激忠贤怒。

吉先后到徽州抄吴养春的家,株连了许多人,残酷迫害。知府石万程于心不忍,剃光头发离开官府,去做和尚,徽州几乎大乱。魏忠贤的党羽都督张体乾诬告扬州知府刘铎替李承恩策划设法被释放出狱,勾结道士方景阳诅咒魏忠贤,刘铎因此竟被斩首。又因为一点小怨,诬告新城侯的儿子锦衣王国兴,处以死刑,并革了主事徐石麒的职。御史门克新诬告吴人顾同寅、孙文豸写诔文悼念熊廷弼,按妖言惑众的法律处以死刑。又逮捕侍郎王之寀,整死在狱中。凡是魏忠贤以前所怨恨的人,像韩爌、张问达、何士晋、程注等人,虽然已经离开京城,也定要削除官籍,重的甚至充军,已经死亡的也定要追赃,使他们家破产。魏忠贤偶然忘记了有些仇人,他的党羽必定会重提往事,激起魏忠贤的仇恨。

**注释** ① 睚眦(yá zì):发怒瞪眼,指小怨忿。

**原文**

当此之时,内外大权一归忠贤。内竖自王体乾等外,又有李朝钦、王朝辅、孙进、王国泰、梁栋等三十余

**翻译**

当此之时,宫内与朝廷的大权全部都归魏忠贤掌管。宫内太监除王体乾等人之外,又有李朝钦、王朝辅、孙进、王国泰、梁栋等三十余人,在魏忠贤身

人,为左右拥护。外廷文臣则崔呈秀、田吉、吴淳夫、李夔龙、倪文焕主谋议,号"五虎"。武臣则田尔耕、许显纯、孙云鹤、杨寰、崔应元主杀僇,号"五彪"。又吏部尚书周应秋、太仆少卿曹钦程等,号"十狗"。又有"十孩儿""四十孙"之号。而为呈秀辈门下者,又不可数计。自内阁、六部至四方总督、巡抚,遍置死党。心忌张皇后,其年秋,诬后父张国纪纵奴不法,矫中宫旨,冀摇后。帝为致奴法,而诮让国纪。忠贤未慊,复使顺天府丞刘志选、御史梁梦环交发国纪罪状,并言后非国纪女。会王体乾危言沮之,乃止。

其冬,三殿成①。李永贞、周应秋奏忠贤功,遂进上公②,加恩三等。魏良卿时已进肃宁侯矣,亦晋宁国公,食禄如魏国公例,再加恩荫锦衣指挥使一人,同知一人。

边作为帮凶。朝廷上的文臣则有崔呈秀、田吉、吴淳夫、李夔龙、倪文焕主持出谋划策的事,称为"五虎"。武臣则有田尔耕、许显纯、孙云鹤、杨寰、崔应元主持杀戮之事,号称"五彪"。又有吏部尚书周应秋、太仆少卿曹钦程等人,号称"十狗"。又有"十孩儿""四十孙"的称号。而在崔呈秀这伙人门下当爪牙的人,又不可胜计。从中央的内阁、六部到地方的总督、巡抚,普遍安置了死党。魏忠贤心中忌恨张皇后,这年秋天,诬告皇后的父亲张国纪放纵家奴、不守法律,伪造皇后的圣旨,企图动摇皇后的地位。熹宗因此给张国纪送去管教家奴的法令条文,而且指责了张国纪。魏忠贤仍不满意,又让顺天府丞刘志选、御史梁梦环先后揭发张国纪的罪状,并且声言皇后不是张国纪的女儿。正好这时王体乾说了这样做的危险后果加以阻止,魏忠贤才停止了迫害。

这年冬天,皇极、中极、建极三大殿建成。李永贞、周应秋上奏,说这是魏忠贤的功劳,于是晋升魏忠贤的爵位为"上公",加恩三等。魏良卿这时已晋升为肃宁侯了,这次也晋升为宁国公,食用俸禄和魏国公一样,另外又加恩荫封族人锦衣指挥使一人和都督同知一人。

工部尚书薛凤翔奏给赐第。已而太监陶文奏筑喜峰隘口成③，督师王之臣奏筑山海城④，刑部尚书薛贞奏大盗王之锦狱，南京修孝陵工竣⑤，甘镇奏捷⑥，蕃育署丞张永祚获盗，并言忠贤区画方略。忠贤又自奏三年缉捕功，诏书褒奖。半岁中，所荫锦衣指挥使四人、同知三人、佥事一人。授其侄希孟世袭锦衣同知，甥傅之琮、冯继先并都督佥事，而擢崔呈秀弟凝秀为蓟镇副总兵⑦。名器僭滥，于是为极。其同类尽镇蓟、辽，山西宣、大诸阸要地⑧。总兵梁柱朝、杨国栋等岁时赂名马、珍玩勿绝。

工部尚书薛凤翔上奏请求赐给宅院。之后太监陶文上奏报告喜峰隘口修筑完成，督师王之臣上奏报告山海关城修筑完成，刑部尚书薛贞上奏大盗王之锦捉拿归案，南京明孝陵的工程修筑竣工，甘肃镇奏报军事大捷，蕃育署丞张永祚抓获强盗，都称是魏忠贤筹划的方针大计。魏忠贤自己又奏称天启三年（1623）缉捕强盗有功，对此熹宗均下诏表彰奖励。半年之中，所荫封的族人有锦衣指挥使四人、同知三人、金事一人。又授他侄子魏希孟世袭锦衣同知，外甥傅之琮、冯继先并为都督金事，又提拔崔呈秀的弟弟崔凝秀为蓟州镇副总兵。官爵和车服的僭越和滥赏，至此达到了极点。魏忠贤的同伙全部镇守了蓟州镇、辽东镇及山西宣府镇、大同镇等各处军事要地。总兵梁柱朝、杨国栋等人在年节时令向魏忠贤贿赂的名马和珍奇宝玩络绎不绝。

**注释** ①三殿：指皇极、中极、建极三殿。 ②上公：明代有公、侯、伯三等，又封"上公"，打破惯例，以示特殊恩宠。 ③喜峰隘口：蓟州镇通向塞外的重要山口之一，在今河北迁安西北。 ④山海城：即山海关的城池。 ⑤孝陵：明太祖朱元璋的陵墓。 ⑥甘镇：即甘肃镇，明代北方九边重镇之一，在今甘肃一带。 ⑦蓟（jì）镇：即蓟州镇，九边重镇之一，在今河北北部一带。副总兵：蓟镇副军事长官。 ⑧辽：辽东镇。宣：宣府镇。大：大同镇。明代九边中的三镇。

## 原文

七年春，复以崔文升总漕运①，李明道总河道，胡良辅镇天津。文升故侍光宗药，为东林所攻者也。海内争望风献谄，诸督抚大吏阎鸣泰、刘诏、李精白、姚宗文等，争颂德立祠，汹汹若不及。下及武夫、贾竖、诸无赖子亦各建祠。穷极工巧，攘夺民田庐，斩伐墓木，莫敢控愬。而监生陆万龄至请以忠贤配孔子，以忠贤父配启圣公②。

## 翻译

天启七年(1627)春，又让崔文升总管漕运的事务、李明道总管河道的事务、胡良辅镇守天津。崔文升就是以前曾侍奉光宗服用毒药，被东林党人在红丸案中加以攻击的人。到这时，天下的人争着看风头，向魏忠贤献媚，各地总督巡抚大官如阎鸣泰、刘诏、李精白、姚宗文等人，争着歌功颂德，为魏忠贤建立纪念祠堂，天下汹汹嚷嚷，唯恐落后。下面的到一般的武夫、商贾奴仆、各种无赖流氓也各自为魏忠贤建祠。为修这些祠堂，穷尽了精工巧艺，强夺民田民房，砍伐墓地的树木，无人敢控告申诉。而监生陆万龄甚至于请求让魏忠贤配享孔子的祭祀，以魏忠贤的父亲配享孔子的父亲启圣公的祭祀。

**注释** ① 漕运：用河运解送各地征粮到北京。 ② 启圣公：封建帝王给孔子父亲的尊号。

## 原文

初，潘汝祯首上疏，御史刘之待会稿迟一日，即削籍。而蓟州道胡士容以不具建祠文①，遵化道耿如杞入祠不拜②，皆下狱论死。故天下

## 翻译

当初，潘汝祯首先上疏请建魏忠贤生祠，御史刘之待会稿迟了一天，立即被削了官籍。而蓟州道的胡士容由于不写修建生祠的文章，遵化道的耿如杞进了魏忠贤的生祠只作揖不下拜，都被抓

风靡，章奏无巨细，辄颂忠贤。宗室若楚王华炷、中书朱慎鍌，勋戚若丰城侯李永祚，廷臣若尚书邵辅忠、李养德、曹思诚，总督张我续及孙国桢、张翌明、郭允厚、杨维和、李时馨、汪若极、何廷枢、杨维新、陈维新、陈尔翼、郭如闇、郭希禹、徐溶辈，佞词累牍，不顾羞耻。忠贤亦时加恩泽以报之。所有疏，咸称"厂臣"不名。大学士黄立极、施凤来、张瑞图票旨[③]，亦必曰"朕与厂臣"，无敢名忠贤者。山东产麒麟，巡抚李精白图象以闻。立极等票旨云："厂臣修德，故仁兽至。"其诬罔若此。前后赐奖敕无算，诰命皆拟九锡文[④]。

进监狱处以死刑。因此天下成了风气，奏章无论事情大小，都要歌颂魏忠贤。皇族如楚王朱华炷、中书朱慎鍌，有功的皇亲如丰城侯李永祚，朝廷大臣如尚书邵辅忠、李养德、曹思诚，总督张我续及孙国祯、张翌明、郭允厚、杨维和、李时馨、汪若极、何廷枢、杨维新、陈维新、陈尔翼、郭如闇、郭希禹、徐溶之流，谀谄的言辞连篇累牍，不顾羞耻。魏忠贤也时常施予一些恩惠以报答他们的献媚。所有的上疏奏章，都称"厂臣"而不称魏忠贤的名字。大学士黄立极、施凤来、张瑞图代皇帝草拟奏章的批复，也必称"朕与厂臣"，没有敢称魏忠贤名字的人。山东出了麒麟，巡抚李精白画了麒麟的图像向上汇报。黄立极等人草拟批复说："厂臣修德，因此仁兽出现。"他们的胡说和虚妄就是如此。熹宗前后赐给魏忠贤的奖赏诏书不计其数，赐予魏忠贤爵位的诏令，都是仿效九锡文的格式。

注释 ① 蓟州道：今河北蓟县。 ② 遵化道：今河北遵化。 ③ 票旨：内阁大臣代皇帝批复奏章，写在票签上，供皇帝审定。 ④ 九锡："锡"同"赐"。皇帝对大臣的最高赏赐，锡给九种物品，故名九锡。其文书叫九锡文。

原文

是年自春及秋，忠贤冒

翻译

这年从春天到秋天，魏忠贤冒认使

款汪烧饼、擒阿班歹罗锞等功①，积荫锦衣指挥使至十有七人。其族孙希孔、希孟、希尧、希舜、鹏程，姻戚董芳名、王选、杨六奇、杨祚昌，皆至左、右都督及都督同知、佥事等官。又加客氏弟光先亦都督。魏抚民又从锦衣改尚宝卿。而忠贤志愿犹未极，会袁崇焕奏宁远捷②，忠贤乃令周应秋奏封其从孙鹏翼为安平伯。再叙三大工功，封从子良栋为东安侯，加良卿太师，鹏翼少师，良栋太子太保。因遍赉诸廷臣，用呈秀为兵部尚书兼左都御史，独绌崇焕功不录。时鹏翼、良栋皆在襁褓中，未能行步也。良卿至代天子飨南北郊③，祭太庙。于是天下皆疑忠贤窃神器矣。

汪烧饼归服、捕获阿班歹罗锞的功劳，累积荫封其族人为锦衣指挥使的有十七人。他的族孙魏希孔、魏希孟、魏希尧、魏希舜、魏鹏程，亲戚董芳名、王选、杨六奇、杨祚昌，都当上了左、右都督及都督同知、佥事等官。又晋升客氏弟兄客光先也任都督。魏抚民的官职又从锦衣卫改为尚宝卿。但是魏忠贤的心愿仍然未到极点，正好这时袁崇焕奏报宁远大捷，魏忠贤于是命令周应秋奏请封魏忠贤的从孙魏鹏翼为安平伯。又一次奖励建造皇极、中极、建极三大殿工程的功劳，封魏忠贤的从孙魏良栋为东安侯，给魏良卿加封太师的称号，魏鹏翼为少师，魏良栋为太子太保。又借此机会遍赏各位朝廷大臣，用崔呈秀为兵部尚书兼左都御史，唯独去除了袁崇焕的战功不予记录。当时魏鹏翼、魏良栋都在襁褓中，还不会走路。魏良卿甚至于代替天子到南北郊祭天祭地，祭祀帝王的祖庙。这时，天下的人都怀疑魏忠贤要篡夺帝位了。

**注释** ① 款：归服。汪烧饼：蒙古一个部落首领。阿班歹罗锞：蒙古一将领。② 宁远：今辽宁兴城一带，是当时关外重要军事区域。 ③ 飨（xiǎng）：祭献。飨南北郊，到京城南北郊祭祀天地，是由天子亲自参加的最高规格的典礼。

原文

帝性机巧,好亲斧锯髹漆之事①,积岁不倦。每引绳削墨时,忠贤辈辄奏事。帝厌之,谬曰:"朕已悉矣,汝辈好为之。"忠贤以是恣威福惟己意。岁数出,辄坐文轩,羽幢青盖,四马若飞,铙鼓鸣镝之声,轰隐黄埃中。锦衣玉带靴裤握刀者夹左右驰,厨传、优伶、百戏、舆隶相随属以万数。百司章奏,置急足驰白乃下。所过,士大夫遮道拜伏,至呼九千岁,忠贤顾盼未尝及也。客氏居宫中,胁持皇后,残虐宫嫔。偶出归私第,驺从赫奕照衢路,望若卤簿。忠贤故駃无他长,其党日夜教之,客氏为内主,群凶煽虐,以是毒痛海内。

翻译

熹宗天性聪明灵巧,爱好亲自干木工漆匠的活,多年都不厌倦。每当熹宗拉墨绳弹墨线时,魏忠贤之流就来奏报事情。熹宗讨厌这些事,胡乱回答一句:"朕已知道了,你们好好去干。"魏忠贤因此能随心所欲放肆地作威作福了。他一年之中多次出游,总是坐着华贵的车子,车上挂着羽毛车帘,青色车盖,拉车的四匹马奔驰如飞,仪仗队的铙鼓响镝之声,轰轰隆隆隐没于飞扬的黄土尘埃中。身穿锦衣、腰系玉带、下穿靴子套裤、手握佩刀的随行人员,在车子左右两旁跟着飞驰。负责食宿和停顿车马的人、戏子歌伎、杂技艺人、轿夫差役等跟随出行的人员数以万计。政府各部门的章奏,要安排快马随车队飞驰口头汇报后才能回来。车队所经过的地方,士大夫们跪拜在道旁,甚至于高呼"九千岁",但魏忠贤根本来不及回头看一下。客氏住在宫中,威胁挟持张皇后,残酷虐待宫女妃嫔。偶尔从皇宫外出回到自己的宅第,骑马的侍从火把通明照亮大路,看上去就像天子的车驾仪仗。魏忠贤本来愚笨,没有其他特长,他的党羽日夜教他,客氏做宫内的主人,这群凶人到处行虐,因此其流毒危害整个天下。

**注释** ① 髹（xiū）：给木器上漆。

**原文**

七年秋八月，熹宗崩，信王立。王素稔忠贤恶，深自儆备，其党自危。杨所修、杨维垣先攻崔呈秀以尝帝，主事陆澄原、钱元悫、员外郎史躬盛遂交章论忠贤。帝犹未发。于是嘉兴贡生钱嘉征劾忠贤十大罪：一并帝，二蔑后，三弄兵，四无二祖列宗，五克削藩封，六无圣，七滥爵，八掩边功，九腹民，十通关节。疏上，帝召忠贤，使内侍读之。忠贤大惧，急以重宝啖信邸太监徐应元求解。应元，故忠贤博徒也。帝知之，斥应元。十一月，遂安置忠贤于凤阳，寻命逮治。忠贤行至阜城，闻之，与李朝钦偕缢死。诏磔其尸，悬首河间。笞杀客氏于浣衣局。魏良卿、侯国兴、客光先等并弃市，籍其

**翻译**

天启七年（1627）秋八月，熹宗驾崩，信王朱由检继位。信王一向熟知魏忠贤的凶恶，深自用心儆戒防备，信王的手下个个也都心怀忧惧。杨所修、杨维垣以先攻击崔呈秀来试探皇帝，主事陆澄源、钱元悫、员外郎史躬盛于是先后上疏抨击魏忠贤。皇帝仍未表态。这时嘉兴贡生钱嘉征上疏弹劾魏忠贤的十大罪状：一是把自己与熹宗并列，二是诬蔑迫害皇后，三是建立自己的武装，四是目无高祖、成祖和列位先帝，五是克扣削减对藩王的封赠，六是目无圣人孔子，七是大肆滥封官爵，八是掩盖边防将士的功劳而谎称为自己的功劳，九是搜括民脂民膏，十是行贿收买打通关节。疏本奏上后，皇帝召见魏忠贤，让内侍的太监宣读奏疏。魏忠贤十分恐惧，急忙用贵重的珍宝贿赂信王府内的太监徐应元谋求解救。徐应元，原来就是与魏忠贤一伙的赌徒。皇帝知道他的底细，斥责徐应元的说情。十一月，于是安置魏忠贤到凤阳去，接着又下令逮捕治罪。魏忠贤走到阜城，听到这个诏命，与李朝钦一起上吊自杀。皇帝又下诏砍碎魏忠贤

家。客氏之籍也，于其家得宫女八人，盖将效吕不韦所为，人尤疾之。

崇祯二年，命大学士韩爌等定逆案，始尽逐忠贤党，东林诸人复进用。诸丽逆案者日夜图报复。其后温体仁、薛国观辈相继柄政，潜倾正人，为翻逆案地。帝亦厌廷臣党比①，复委用中珰。而逆案中阮大铖等卒肆毒江左，至于灭亡。

的尸体，把他的头挂在河间府示众。又把客氏打死在浣衣局。魏良卿、侯国兴、客光先等人都在闹市当众斩首，然后分别抄了他们的家。抄客氏家时，在她家里搜出八名宫女，原来她将要仿效吕不韦所作的勾当，人们对此特别憎恨。

崇祯二年(1629)，命大学士韩爌等把魏忠贤等人定为叛逆案，这时才把魏忠贤的党羽全部消除，东林党人重被起用。那些与逆案有关的家伙，白天黑夜图谋报复。其后，温体仁、薛国观之流相继把持大权和朝政，暗中打击正直人士，为翻逆案做准备。皇帝也厌恶朝廷大臣的阿党朋比，又任用太监。而逆案中阮大铖等人，到南明时终于在江南地区肆意为害，直到南明朝廷灭亡。

注释 ① 党比：阿党比周，结党营私。

# 张 献 忠 传

**导读**

  明朝末年,爆发了以李自成、张献忠为领袖的农民起义。这次起义席卷全国,沉重地打击了封建地主阶级,推翻了明王朝。本篇记述了张献忠率领米脂县的饥民投入明末农民大起义的激流、直至战败的战斗历程。(选自卷三〇九)

**原文**

  张献忠者,延安卫柳树涧人也①,与李自成同岁生,长隶延绥镇为军②,犯法当斩,主将陈洪范奇其状貌,为请于总兵官王威释之,乃逃去。

**翻译**

  张献忠是延安卫柳树涧人,与李自成同年出生。长大后在延绥镇当兵,因犯法当被斩首,主将陈洪范觉得他的相貌不寻常,就请军镇总兵官王威释放他,张献忠才得以逃去。

**注释**  ① 柳树涧:村镇名,在今陕西定边东。 ② 延绥:军镇名,明九边之一,镇城在今陕西榆林。

**原文**

  崇祯三年,陕西贼大起,王嘉胤据府谷①,陷河曲②。献忠以米脂十八寨应之③,自称八大王。明年,嘉

**翻译**

  崇祯三年(1630),陕西农民大规模起事,王嘉胤占据了府谷,攻破河曲。张献忠率领米脂县十八寨响应王嘉胤,自称八大王。第二年,王嘉胤去世,其

胤死,其党王自用复聚众三十六营,献忠及高迎祥、罗汝才、马守应等皆为之渠。其冬,洪承畴为总督④,献忠及汝才皆就抚。已而叛入山西,偕群贼焚掠。寻扰河北⑤,又偕渡河。自是,陕西、河南、湖广、四川、江北数千里地,皆被蹂躏。当此之时,贼渠率众无专主,遇官军,人自为斗,胜则争进,败则窜山谷不相顾。官军遇贼追杀,亦不知所逐何贼也。贼或分或合,东西奔突,势日强盛。

部属王自用又聚众三十六营,张献忠及高迎祥、罗汝才、马守应等人都是这支农民起义军的首领。这年冬天,洪承畴任总督,张献忠和罗汝才都前往接受招抚。但不久又反叛,进入山西,同其他农民起义军一起焚烧抢掠。接着又去侵扰黄河以北,继而一同渡过黄河。自此,陕西、河南、湖广、四川、长江以北数千里地,皆被蹂躏践踏。在这个时候,各支农民军没有统一的领袖,遇见明军,各自为战,胜则争先前进,败则逃至山谷之中,不相顾及。明军遇见农民军追杀时,也不知所追赶的是哪一支农民军。农民军时分时合,东西奔走冲击,势力日渐强盛。

**注释** ① 府谷:县名,在今陕西府谷。 ② 河曲:县名,在今山西河曲。 ③ 米脂:县名,在今陕西米脂。 ④ 洪承畴:明末陕西三边(延绥、甘肃、宁夏)总督,兵部尚书,率军镇压农民军。 ⑤ 河北:指黄河以北地区。

**原文**

八年,十三家会荥阳①,议敌官军。守应欲北渡,献忠嗤之,守应怒,李自成为解,乃定议。献忠始与高迎祥并起作贼,自成乃迎祥偏

**翻译**

崇祯八年(1635),十三家农民军聚会于荥阳,议论农民军如何对付明军。马守应主张北渡黄河,遭到张献忠的讥笑,马守应发怒,李自成从中劝解,才议定下来。张献忠当初是和高迎祥同时

裨，不敢与献忠并。及是遂相颉颃②，与俱东掠，连破河南、江北诸县，焚皇陵③。已而迎祥、自成西去。献忠独东，围庐州④、舒城⑤，俱不下。攻桐城⑥，陷庐江⑦，屠巢、无为、潜山、太湖、宿松诸城⑧，应天巡抚张国维御之⑨。献忠从英、霍遁⑩，道麻城⑪，合守应等入关，会迎祥于凤翔。已，复出商、洛⑫，屯灵宝，以待迎祥。迎祥至，则合兵复东。总兵官左良玉、祖宽击之，献忠与迎祥分道走。宽追献忠，战于嵩县及九皋山⑬，三战皆克，俘斩甚众。献忠恚，再合迎祥众还战，复大败。迎祥寻与自成入陕西，而守应、汝才诸贼，各盘踞郧阳、商、洛山中⑭，不能救，献忠亦遁山中。

起事的，而李自成原不过是高迎祥的偏将，不敢与张献忠并列。到这时两人就不相上下了，一起向东抢掠，连连攻破河南和长江以北许多县，焚烧了明太祖父母的陵墓。不久高迎祥、李自成向西开拔。张献忠独自向东进军，包围了庐州、舒城，都未攻破。转攻桐城，破庐江，屠杀巢县、无为、潜山、太湖、宿松诸城，应天巡抚张国维抵御张献忠的攻击。张献忠从英山、霍山两县逃跑，路过麻城，会合马守应等人一起进入函谷关，在凤翔与高迎祥会合。不久，又从商县、洛县出击，驻扎在灵宝县，等待高迎祥。高迎祥来后，他们合兵再次向东。总兵官左良玉、祖宽攻击他们，张献忠就和高迎祥分道而走。祖宽追击张献忠，在嵩县和九皋山交战，三战，明军都取胜，农民军被杀被俘者非常多。张献忠十分愤怒，再联合高迎祥的部队回师交战，又被打得大败。不久，高迎祥与李自成进入陕西，而马守应、罗汝才诸农民军，各自盘踞在郧阳、商县、洛县山中，不能救援张献忠，张献忠也逃往山中。

**注释**　①十三家会荥阳：崇祯八年(1635)，农民军各部首领聚会于河南荥阳，议定总的战略战术，这就是历史上有名的"荥阳大会"，参加大会的有当时势力较大的十三家七十二营的大小首领,这种共同议定起义战略的会议,是农民战争史上的一个创举。 ② 颉颃(xié háng):不相上下的意思。 ③ 皇陵:明太祖朱元璋父母的陵墓,在安徽凤阳。 ④ 庐州:明时府名,治所在今安徽合肥。 ⑤ 舒城:县名,在今安徽舒城。 ⑥ 桐城:县名,在今安徽桐城。 ⑦ 庐江:县名,在今安徽庐江。 ⑧ 巢、无为、潜山、太湖、宿松:均为今安徽各市县名。 ⑨ 应天:明时府名,明初曾定都于应天,即今南京。⑩ 英:县名,即今湖北英山。霍:县名,即今安徽霍山。⑪ 麻城:县名,即今湖北麻城。⑫ 商:县名,即今陕西商州。洛:县名,即今陕西洛南。⑬ 九皋山:一名鸣皋山,在今河南嵩县东北部。⑭ 郧阳:明时府名,治所在今湖北郧阳。

**原文**

　　明年秋,总督卢象昇去,苗胙土巡抚湖广,不习兵。于是献忠自均州,守应自新野,蝎子块自唐县<sup>①</sup>,并犯襄阳,众二十余万。总兵秦翼明兵寡不能御,湖广震动。献忠纠汝才、守应及闯塌天诸贼<sup>②</sup>,顺流东下,与江北贼贺一龙、贺锦等合,烽火达淮、扬。南京兵部尚书范景文<sup>③</sup>、操江都御史黄道直、总兵官杨御蕃分汛固守,安池道副使史可法亲率兵当贼冲<sup>④</sup>。贼从间道犯安庆,连营百里,巡抚国维告警。诏左良玉、马爌、刘良

**翻译**

　　第二年秋天,总督卢象昇奉诏北上,苗胙土巡抚湖广,他不熟悉军事。于是张献忠从均州,马守应从新野,蝎子块从唐县,一起进攻襄阳,部众二十余万人。总兵秦翼明兵少无法抵御,湖广震动。张献忠联合罗汝才、马守应及闯塌天诸军,顺流东下,与活动在长江以北的贺一龙、贺锦等会合,战火波及淮安和扬州。南京兵部尚书范景文、操江都御史黄道直、总兵官杨御蕃分路固守,安池道副使史可法亲自率兵把守农民军进军的要路,农民军从小道侵犯安庆,连营扎寨达百里,应天巡抚张国维向朝廷告警。崇祯皇帝诏令左良玉、马爌、刘良佐一起去救援,于是大破农民军。农民军逃至潜山县的天王古寨,张国维传令左良玉搜山,左良玉不从,以

佐合兵援之,遂大破贼。贼走潜山之天王古寨⑤,国维檄良玉搜山,良玉不应,寻北去。贼乃复出太湖,连蕲、黄,败官军于酆家店,杀参将程龙、陈于王等四十余人。会总兵官牟文绶偕良佐来援,复破贼。贼皆遁,献忠入湖广。

后就向北而去。农民军又开出太湖,连接蕲州、黄州,在宿松县酆家店大败明军,杀参将程龙、陈于王等四十余人。适逢总兵官牟文绶同刘良佐来援助,又打败农民军。农民军都逃窜了,张献忠进入湖广。

---

注释　①蝎子块:本名拓养坤,明末农民军将领,后降明军,后又投降李自成。　②闯塌天:本名刘国能,明末农民军的叛徒,后被李自成杀掉。　③南京兵部尚书:明朝首都从南京迁往北京后,南京仍设六部,但无实权。兵部尚书,本是负责全国军事的长官,但当时南京的兵部尚书实际上只是守备南京及其周围地区。　④安池道:即安庆、池州分巡道。史可法:崇祯时曾任南京兵部尚书,后在扬州抗清,城破被杀。　⑤天王古寨:一作天堂寨,为安徽潜山境内天堂山的险要山峰。

---

**原文**

　　是时,河南、湖广贼十五家,惟献忠最狡黠骁勍,次则汝才。献忠尝伪为官兵。欲给宛城,良玉适至,献忠仓皇走,前锋罗岱射之中额,良玉马追及,刀拂献忠面,马驰以免。会熊文灿为总理,刊檄抚贼。闯塌天

**翻译**

　　这时,河南、湖广农民军十五家,只有张献忠最狡诈勇猛,其次是罗汝才。张献忠曾假装成明朝官兵,欲欺骗宛城守军,恰逢左良玉到,张献忠仓皇逃走。左军的前锋罗岱射中张献忠的前额,左良玉骑马赶到,刀刃划过张献忠的面部,由于张献忠的马跑得快,才逃得性命。正赶上熊文灿任总理军务大臣,他到处张贴布告以安抚农民军。闯塌天

者,本名刘国能,与献忠有
郤,诣文灿降。献忠创甚,
不能战,大恐。

十一年春,侦知陈洪范
隶文灿麾下为总兵,大喜,
因遣间赍重币献洪范曰:
"献忠蒙公大恩,得不死,公
岂忘之邪? 愿率所部降以
自效。"洪范亦喜,为告文
灿,受其降。巡按御史林铭
球,分巡道王瑞柟与良玉
谋[1],俟献忠至执之,文灿不
可。献忠遂据谷城,请十万
人饷,文灿不敢决。时群贼
皆聚南阳,屠掠旁州县。文
灿赴裕州[2],益大发檄抚贼。
汝才以战败乞降于太和山
监军太监李继改[3]。明年,
射塌天、混十万、过天星、关
索、王光恩等十三家渠帅,
先后具降。陕西总督洪承
畴、巡抚孙传庭复大破李自
成,自成窜崤、函山中[4],朝
廷皆谓贼扑剪殆尽。

本名刘国能,他与张献忠有矛盾,就投
降了熊文灿。张献忠伤势很重,不能作
战,十分恐惧。

崇祯十一年(1638)春天,张献忠侦
察到陈洪范为熊文灿属下的总兵,大
喜,他派遣间谍携带重金献给陈洪范,
并说:"献忠承蒙您的大恩,得以不死,
您难道忘了吗? 我愿率领所部投降,为
您效劳。"陈洪范也很高兴,禀告了熊文
灿,接受张献忠的投降。巡按御史林铭
球、分巡道王瑞柟与左良玉商量,等张
献忠到后就逮捕他,熊文灿不同意。张
献忠遂占据谷城,请求得到十万人的军
饷,熊文灿不敢作决定。这时各支农民
军都聚集在南阳,屠杀掠夺周围州县。
熊文灿赶赴裕州,更加大发文告以招抚
农民军。罗汝才因战败而向太和山的
宦官监军李继改请降。第二年,射塌
天、混十万、过天星、关索、王光恩等十
三家农民军首领,先后都投降了。陕西
总督洪承畴、巡抚孙传庭又大败李自
成,李自成逃进崤山和函谷关的山中,
朝廷都认为农民军差不多被消灭光了。

**注释** ① 分巡道:官名,明代按察司的佐官副使,佥事,分理各道司法,称为分巡道。柟(zhān)。 ② 裕州:明朝的州名,治所在今河南方城。 ③ 太和山:武当山主峰,在今湖北西北部。监军太监:官名,监督军队的布置,指挥作战等,由宦官充任。 ④ 崤:山名,在今河南西部。函:即函谷关。

**原文**

献忠在谷城,训卒治甲仗①,言者颇疑其欲反。帝方信兵部尚书杨嗣昌言,谓文灿能办贼,不复忧也。夏五月,献忠叛,杀知县阮之钿,隳谷城②,陷房县,合汝才兵,杀知县郝景春。十三家降贼一时并叛,惟王光恩不从。献忠去房县,左良玉追击之,罗岱为前锋,至罗猴山③,岱中伏死,良玉大败。

**翻译**

张献忠在谷城,训练士兵,修造甲胄武器,向皇帝上书言事的人很怀疑张献忠,认为他想谋反。而崇祯这时正相信兵部尚书杨嗣昌的话,以为熊文灿能治理农民军,不用再忧虑。夏季五月,张献忠反叛,杀知县阮之钿,毁坏谷城,攻陷房县,会合罗汝才的军队,杀知县郝景春。十三家已被招降的农民军一时都起兵反叛,只有王光恩没有跟着干。张献忠离开房县,左良玉追击他,罗岱为前锋,追至罗猴山,罗岱中了张献忠的埋伏而死,左良玉大败。

**注释** ① 甲:铠甲。仗:泛指各种兵器。 ② 隳(huī):这里指毁坏。 ③ 罗猴山:位于今湖北房县西八十里。

**原文**

嗣昌已拜大学士①,乃自请督师,帝大悦。十月朔②,嗣昌至襄阳,集诸将议进兵。时群贼大掠,贺一龙、贺锦犯随、应、麻、黄,与

**翻译**

杨嗣昌被授以大学士,于是他请求督率军队,皇帝十分高兴。十月初一,杨嗣昌到襄阳,召集诸将商议进兵。这时农民军大肆抢掠,贺一龙、贺锦侵犯随县、应山、麻城、黄安,与明军相持。

官军相持。汝才及过天星窜伏漳、房、兴、远，献忠踞湖广、四川界，将西犯。嗣昌视东略稍缓，乃宿辎重襄阳，浚濠筑城甚固，令良玉专力剿献忠。

罗汝才及过天星逃窜藏匿于南漳、房县、兴山、远安，张献忠盘踞湖广、四川边界，准备向西进军。杨嗣昌看见农民军向东进攻稍缓，于是把军用器械、粮草等安放在襄阳，疏导挖掘护城河，修筑城墙，防守十分坚固，命令左良玉全力进剿张献忠。

**注释** ① 大学士：皇帝顾问，明中叶以大学士为内阁长官，起草诏令，批答奏章，官品虽低，实掌宰相之权。 ② 朔：夏历每月初一。

**原文**

十三年闰正月，良玉击贼枸坪关，献忠遁，追至玛瑙山。贼据山拒敌，良玉先登，贺人龙、李国奇夹击，大败之，斩首千三百余级，擒献忠妻妾。湖广将张应元、汪之凤追败之水右坝①。川将张令、方国安又邀击于岔溪②。献忠奔柯家坪，张令逐北深入，被围，应元、之凤援之，复破贼。献忠率千余骑窜兴、归山中③，势大蹙。

**翻译**

崇祯十三年(1640)闰正月，左良玉在枸坪关打击了农民军，张献忠逃跑，明军追至万源县玛瑙山。农民军据山抵抗，左良玉率先登山，贺人龙、李国奇夹击，大败农民军，斩首一千三百多人，擒获张献忠的妻妾。湖广将领张应元、汪之凤追击张献忠，至水右坝打败了他。四川将领张令、方国安又在岔溪拦击。张献忠败走柯家坪，张令深入追击败兵，被农民军包围，张应元、汪之凤前来救援，又击破农民军。张献忠率千余骑逃至湖北兴山、归州山中，其势十分窘迫。

**注释** ① 水右坝：在今四川万源一带。 ② 岔溪：万源境内前江附近。 ③ 归：明时州名，治所在今湖北秭归。

## 原文

初，良玉之进兵也，与嗣昌议不合。献忠遣间说良玉，良玉乃围而弗攻。献忠因得与山民市盐刍米酪，收溃散，掩旗息鼓，益西走白羊山①。时汝才及过天星从宁昌窥大昌、巫山，欲渡江，为官兵所扼。献忠至，遂与之合。献忠虽累败，气益盛，立马江岸，有不前赴者，辄戮之。贼争死斗，官军退走。贼毕渡，屯万顷山，归、巫大震。已而汝才、过天星犯开县不利，汝才东走，过天星复轶开县而西。诸将往复追逐，献忠乃悉众攻楚兵于土地岭②，副将汪之凤战死。遂陷大昌，进屯开县，张令战死，石砫女土司秦良玉亦败③。汝才复自东至，与献忠转趋达州。川抚邵捷春退扼涪江。贼北陷剑州，将入汉中。总兵官赵光远、贺人龙守阳平、百

## 翻译

当初，左良玉在进剿中与杨嗣昌意见不一致。张献忠就派间谍向左良玉游说，于是左良玉只围而不攻。张献忠因此得以向山民购买粮盐和饲料，接收溃散的军队，偃旗息鼓，不让敌人觉察，加快向西进入白羊山。这时罗汝才和过天星从宁昌暗中察探大昌、巫山，想渡江，为明军所阻。张献忠到后，就与他们会合。张献忠虽然数次失败，但斗志更加旺盛，他立马于江岸，见有不冲锋陷阵的，就杀掉。农民军拼死作战，明军败走。农民军全部渡江，驻扎在万顷山，归州和巫山县十分震骇。不久，罗汝才、过天星进攻开县失利，罗汝才东逃，过天星又突袭开县往西进军。明军诸将来往追逐，张献忠率领全部士兵在土地岭打击了湖广来增援的明军，明军副将汪之凤战死。张献忠便攻陷了大昌，进军屯兵开县，川将张令战死，石砫女土司秦良玉也被张献忠打败。罗汝才又从东边而来，与张献忠一起掉头奔赴达州。四川巡抚邵捷春退守涪江。农民军往北攻陷剑州，准备进入汉中。总兵官赵光远、贺人龙驻守阳平和百丈的险要之处。农民军不能过关，于是又奔向巴州西部。涪江明军崩溃，邵捷春

丈险④。贼不得过,乃复走巴西⑤。涪江师溃,捷春论死。献忠屠绵州,越成都,陷泸州,北渡陷永川,走汉州⑥、德阳,入巴州。又自巴走达州,复至开县。

被处死。张献忠在绵州屠城,又过成都,攻下泸州,向北渡江攻陷永川,经汉州、德阳,进入巴州,又从巴州到达州,后又回到开县。

**注释** ① 白羊山:巫山深险处。 ② 土地岭:明军大本营所在地,在今重庆奉节。 ③ 秦良玉:四川石柱宣抚使马千乘妻,马千乘死后,她领其部在四川一带镇压张献忠农民军。 ④ 阳平:在陕西宁强,自古为汉中入四川的咽喉要道。 ⑤ 巴:明时州名,治所在今重庆。 ⑥ 汉州:明时州名,治所在今四川广汉。

**原文**

先是,嗣昌闻贼入川,进驻重庆。监军万元吉曰:"贼或东突,不可无备,宜分中军间道出梓潼,扼归路。"嗣昌不听,拟令诸将尽赴泸州追贼。

十四年正月,总兵猛如虎、参将刘士杰追之开县之黄陵城,贼还战,官军大败,士杰及游击郭开等皆死。献忠果东出,令汝才拒郧抚袁继咸兵,自率轻骑,一日夜驰三百里,杀督师使者于

**翻译**

先前,杨嗣昌听说农民军入川,进驻重庆。监军万元吉对他说:"农民军可能往东边突围,不可没有准备,应当分出中军一部分,从偏僻的小道出击梓潼县,控制他们的退路。"杨嗣昌不听,命令诸将全都赴泸州追击农民军。

崇祯十四年(1641)正月,总兵猛如虎、参将刘士杰追击张献忠于开县的黄陵城,农民军回师交战,明军大败。刘士杰及游击郭开等人皆丧命。张献忠果然向东突围,他命令罗汝才抵御郧阳巡抚袁继咸的部队,自率轻骑,一昼夜奔驰三百里,在路上杀了杨嗣昌的督军使者,取走兵符,骗取了襄阳城。张献

道,取军符①,给陷襄阳城。献忠缚襄王翊铭置堂下,属之酒曰:"我欲借王头,使杨嗣昌以陷藩诛,王其努力尽此酒。"遂杀之,并杀郧襄道张克俭、推官邝曰广,复得其所失妻妾。又去,陷樊城、当阳、郑。合汝才入光州②,残商城、罗山、息县、信阳、固始。分军犯茶山、应城,陷随州。伪张良玉帜,入泌阳。再攻应山,不克,去。攻郧阳,守将王光恩力战,始解。又拔郧西,群盗附者万计,遂东略地。

忠把襄王朱翊铭绑缚置于堂下,让他喝酒,说:"我想借你襄王的头,让杨嗣昌以失陷藩封而被诛杀,你努力把这些酒喝完。"遂杀了襄王,并杀了郧襄道张克俭,推官邝曰广,又得到被俘失掉的妻妾。张献忠又离开襄阳,攻陷了樊城、当阳、郑县。会合罗汝才进入光州,毁坏商城、罗山、息县、信阳、固始等县。分军侵犯茶山、应城,攻陷随州。张献忠打着左良玉的旗帜,进入泌阳县。再攻应山,不下,就离开了。攻郧阳,明军守将王光恩力战才得以解围。张献忠又攻克郧西,归附农民军的人数以万计,于是向东攻略地盘。

**注释** ①军符:即兵符,调兵用的凭证。 ②光州:明时州名,治所在今河南潢川。

**原文**

献忠自玛瑙山之败,心畏良玉,及屡胜,有骄色。秋八月,良玉追击之信阳,大破之,降贼众数万。献忠伤股,乘夜东奔,良玉急追之。会大雨,江溢道绝,官

**翻译**

张献忠自玛瑙山之战败给左良玉后,心中畏惧左良玉军,到这时张献忠打了几次胜仗,才骄傲起来。秋天八月,左良玉追击他至信阳,大破农民军,数万农民军投降。张献忠大腿受伤,乘夜东逃,左良玉急追。遇上大雨,江水

军不能进,献忠走免。已,复出商城,将向英山,又为副将王允成所破,众道散且尽,从骑止数十。时汝才已先与自成合,献忠遂投自成。自成以部曲遇之①,不从。自成欲杀之,汝才谏曰:"留之使扰汉南②,分官军兵力。"乃阴与献忠五百骑,使遁去。道纠土贼一斗谷、瓦罐子等,众复盛,然犹佯推自成。先是,贼营革、左二贺陷含、巢、潜诸县③,欲西合献忠,以湖广官兵沮不得达。及汴围急,督师丁启睿及左良玉皆往援汴,献忠乘间陷亳州,入英、霍山中,与革、左二贺相见,皆大喜。

泛滥,道路断绝,明军无法前进,张献忠才逃脱。不久,张献忠又从商城出击,准备到英山,又被明军副将王允成击破,农民军在路途几乎走散,跟从张献忠者只有数十骑,这时罗汝才已先期与李自成联合,张献忠就投奔了李自成。李自成以对部下的方式对待他,张献忠不服气。李自成想杀掉他,罗汝才劝道:"留下他,让他骚扰汉水以南,以分散明军的兵力。"于是罗汝才暗地里给张献忠五百骑兵,让他逃跑。张献忠在途中纠集了河南的一斗谷、瓦罐子的部队,势力又壮大起来,他们仍假装拥戴李自成。先前,农民军的革里眼、左金王二贺的部众攻陷含、巢、潜诸县,想向西联合张献忠,因为湖广明军拦阻不能实现。到汴梁被围,督师丁启睿和左良玉都去救援汴梁,张献忠乘机攻陷亳州,进入英山、霍山两县山中,与革里眼、左金王二贺相见,都十分高兴。

**注释** ① 部曲:古代军队编制单位。 ② 汉南:汉水以南。 ③ 革:革里眼,本名贺一龙。左:左金王,本名贺锦。

**原文**

　　明年合攻,陷舒城、六安,掠民益军。陷庐州,知

**翻译**

　　第二年,张献忠与革、左二贺合力进攻明军,攻陷舒城、六安,抢抓平民来

府郑履祥死。陷无为、庐江,习水师于巢湖。太监卢九德以总兵官黄得功、刘良佐之兵战于夹山①,败绩,江南大震。凤阳总督高斗光、安庆巡抚郑二阳逮治,诏起马士英代斗光。是秋,得功、良佐大破贼于潜山,献忠腹心妇竖尽走蕲水,革、左二贺北投自成。已,献忠复袭陷太湖。会良玉避自成东下,尽撤湖广兵自从。献忠闻之,又袭陷黄梅。

**注释**　① 夹山:在安徽和县境内。

扩充军力。攻克庐州,知府郑履祥被杀。攻下无为、庐江,在巢湖操练水军。太监卢九德率总兵官黄得功、刘良佐的军队与农民军在夹山大战,兵败,江南大震。凤阳总督高斗光、安庆巡抚郑二阳被朝廷逮捕治罪,崇祯帝下诏用马士英代高斗光。这年秋天,黄得功、刘良佐在潜山大破农民军,张献忠的亲信、妇女、童仆都逃到蕲水,革、左二贺往北投靠李自成去了。不久,张献忠又攻陷太湖。适逢左良玉被李自成打败东逃,他撤掉全部湖广兵跟从自己。张献忠听说此事后,又袭击攻下了湖广的黄梅。

**原文**

十六年春,连陷广济、蕲州、蕲水。入黄州,黄民尽逃,乃驱妇女铲城,寻杀之以填堑。麻城人汤志者,大姓奴也,杀诸生六十人,以城降贼。献忠改麻城为州。又西陷汉阳,全军从鸭蛋洲渡,陷武昌,执楚王华

**翻译**

崇祯十六年(1643)春天,张献忠连连攻陷广济、蕲州、蕲水等地。进入黄州,黄州民众尽逃,他驱使妇女拆城,接着又杀掉她们来填护城的壕沟。麻城人汤志是当地名门望族的仆人,他杀了六十个生员,率全城投降了张献忠。张献忠改麻城为州。又向西攻下汉阳,全军从鸭蛋洲渡江,攻下武昌,擒拿楚王朱华奎,把他放在笼子里沉入江中,并

奎,笼而沉诸江,尽杀楚宗室。录男子二十以下、十五以上为兵,余皆杀之。由鹦鹉洲至道士洑,浮胔蔽江,逾月人脂厚累寸,鱼鳖不可食。献忠遂僭号,改武昌曰天授府,江夏曰上江县。据楚王第,铸西王之宝,伪设尚书、都督、巡抚等官,开科取士。以兴国州柯、陈两姓土官悍勇①,招降之。题诗黄鹤楼。下令发楚邸金振饥民。蕲、黄等二十一州县悉附。

杀光了朱华奎的家属。录用二十岁以下、十五岁以上的男子当兵,其余的全部杀掉。从鹦鹉洲到道士洑之间,漂浮的没有烂尽的尸肉遮盖了江面,过了一个月,尸体的油脂厚积数寸,鱼鳖都不能入口。张献忠遂冒用帝王的尊号,改武昌名为天授府,江夏名为上江县。占据楚王的府第,铸造了西王的印玺,设置了尚书、都督、巡抚等官,开科举录取士人。因兴国州柯、陈二姓土官勇猛,就招降了他们。张献忠还在黄鹤楼题诗。下令分发楚王府的钱财以救济饥民,蕲、黄等二十一州县全部归附了张献忠。

**注释** ① 兴国州:明时州名。治所在今湖北阳新。

**原文**

　　时李自成在襄阳,闻之忌且怒,贻书谯责。左良玉兵复西上,伪官吏多被擒杀。献忠惧,乃悉众趋岳州、长沙。于是监军道王瓚、沔阳知州章旷、武昌生员程天一、白云寨长易道三

**翻译**

　　这时李自成在襄阳,听说张献忠称王十分忌妒和愤怒,他给张献忠写信,进行责难。左良玉的军队又西上,张献忠所置的官吏多被擒杀。张献忠很恐惧,乃率全军赴岳州、长沙。于是监军道王瓚、沔阳知州章旷、武昌生员程天一、白云寨首领易道三都起兵讨伐张献忠,蕲、黄、汉阳三府也都归顺了朝廷。

皆起兵讨贼①，蕲、黄、汉阳三府皆反正。献忠遂陷咸宁、蒲圻，逼岳州。沅抚李乾德、总兵孔希贵等据城陵矶拒战，三战三克，歼其前部。献忠怒，百道并进，乾德等不支，皆走，岳州陷。献忠欲渡洞庭湖，卜于神，不吉，投珓而詈②。将渡，风大作，献忠怒，连巨舟千艘，载妇女焚之，水光夜如昼。骑而逼长沙，巡按刘熙祚奉吉王、惠王走衡州，总兵尹先民降，长沙陷。寻破衡州，吉王、惠王、桂王俱走永州③。乃拆桂府材，载至长沙，造伪殿，而自追三王于永。熙祚命中军护三王入广西，身入永死守，城陷见杀。又陷宝庆、常德，发故督师杨嗣昌祖墓，斩其尸见血。攻道州，守备沈至绪战殁，其女再战，夺父尸还，城获全。遂东犯江西，陷吉安、袁州、建昌、抚州、永新、安

张献忠便攻下咸宁、蒲圻，逼近岳州。沅江巡抚李乾德、总兵孔希贵等人据守城陵矶抵御农民军，三战三胜，歼灭农民军前部。张献忠愤怒，多路一起进攻，李乾德等抵挡不住，全都逃走了，岳州失陷。张献忠想渡洞庭湖，向神占卜，不吉利，他就把占卜的珓掷在地上大骂。准备渡湖时，狂风大作，张献忠发怒，他就下令把千艘巨舟连在一起，载上妇女并用火烧，水面上的火光照映夜空如同白天一样。他的骑兵逼近长沙，巡按刘熙祚侍奉吉王朱慈烺、惠王朱常润逃入衡州，总兵尹先民投降，长沙失陷。不久，张献忠又攻破衡州，吉王、惠王、桂王都逃至永州。张献忠便拆下桂王府的材料，运到长沙，造了一个宫殿，后又亲自追击三王于永州。刘熙祚命中军护卫三王进入广西，自己到永州死守，城破被杀。张献忠又攻陷宝庆、常德，挖掘已故督师杨嗣昌的祖墓，斩其尸见血。农民军攻打道州，守备沈至绪战死，他的女儿再战，夺回沈至绪的尸体，道州城得以保全。张献忠便向东侵犯江西，攻陷吉安、袁州、建昌、抚州、永新、安福、万载、南丰诸府县。广东大震，南雄府、韶州满城的官民全部逃走。农民军中有人向张献忠献计攻

福、万载、南丰诸府县。广东大震，南、韶属城官民尽逃。贼有献计取吴、越者，献忠惮良玉在，不听，决策入川中。

取长江下游江苏、浙江一带地区，张献忠因惧怕左良玉在那里，没有采纳，决定进入四川。

**注释** ① 白云寨：在湖北孝感境内。 ② 珓（jiào）：占卜用具，用蚌或形似蚌壳的竹木两片，掷于地，察其仰俯，以观吉凶。 ③ 永州：明时府名，治所在今湖南零陵。

**原文**

十七年春陷夔州①，至万县，水涨，留屯三月。已，破涪州，败守道刘麟长②、总兵曹英兵。进陷佛图关③。破重庆，瑞王常浩遇害。是日，天无云而雷，贼有震者。献忠怒，发巨炮与天角。遂进陷成都，蜀王至澍率妃、夫人以下投于井，巡按龙文光被杀。是时我大清兵已定京师，李自成遁归西安。南京诸臣尊立福王，命故大学士王应熊督川、湖军事，兵力弱，不能讨贼。献忠遂僭号大西国王，改元大顺。冬十一月庚寅，即伪位，以蜀王府为宫，名成都曰西京。用汪

**翻译**

崇祯十七年（1644）春天，张献忠攻陷夔州，来到万县，江水涨溢，留驻了三个月。不久，农民军又攻下了涪州，击败守道刘麟长、总兵曹英的军队。攻陷佛图关。破重庆，瑞王朱常浩遇害。这天，天上无云而响雷，农民军中有人被震昏的。张献忠怒，向天发射巨炮和天斗。接着进陷成都，蜀王朱至澍率妃、妾等人投于井中，巡抚龙文光被杀。这时清兵已平定北京，李自成逃回西安。南京的众大臣尊立福王朱由崧，命曾任过大学士的王应熊总督四川、湖广军务，但兵力较弱，不能讨伐农民军。张献忠就冒用大西国王的称号，改年号为大顺。冬十一月庚寅日即位，以蜀王府为王宫，称成都为西京。用汪兆麟为左丞相，严锡命为右丞相。设六部五军都督府等官，王国麟、江鼎镇、龚完敬等人

兆麟为左丞相,严锡命为右丞相。设六部五军都督府等官,王国麟、江鼎镇、龚完敬等为尚书。养子孙可望、艾能奇、刘文秀、李定国等皆为将军,赐姓张氏,分徇诸府州县,悉陷之。保宁、顺庆先已降自成④,置官吏,献忠悉逐去。自成发兵攻,不克,遂据有全蜀。惟遵义一郡及黎州土司马金坚不下⑤。

为尚书。张献忠的养子孙可望、艾能奇、刘文秀、李定国等人都任命为将军,赐姓张氏,分别攻略各府州县,全都攻克了。保宁府、顺庆府先已投降李自成,设置了官吏,张献忠把他们都赶走了。李自成派兵攻打,不能取胜,张献忠便占据了整个四川。只有遵义一郡和黎州土司马金坚处没有攻下。

**注释** ① 夔(kuí)州:明时府名,治所在今重庆奉节。 ② 守道:凡布政使司参政、参议所任之道员称为守道。 ③ 佛图关:在今重庆。 ④ 保宁:明时府名,治所在今四川阆中。顺庆:明时府名,治所在今四川南充。 ⑤ 黎州:明土司名,治所在今四川汉源。

**原文**

献忠黄面长身虎颔,人号黄虎。性狡谲,嗜杀,一日不杀人,辄悒悒不乐。诡开科取士,集于青羊宫①,尽杀之,笔墨成丘冢。坑成都民于中园,杀各卫籍军九十八万。又遣四将军分屠各府县,名草杀。伪官朝会拜

**翻译**

张献忠脸黄、身高、下巴像虎颔,人称黄虎。性情狡猾、诡诈,好杀人,一天不杀人,就闷闷不乐。他诡称开科取士,把士人集中在青羊宫,全部杀光,笔墨堆积起来像坟头一样。还在成都东门外的中园活埋了成都居民。杀死明军各卫的在编军人九十八万。派遣孙可望等四将军分别屠杀各府州县,取名

伏,呼獒数十下殿②,獒所嗅者,引出斩之,名天杀。又创生剥皮法,皮未去而先绝者,刑者抵死。将卒以杀人多少叙功次,共杀男女六万万有奇③。贼将有不忍至缢死者。伪都督张君用、王明等数十人,皆坐杀人少、剥皮死,并屠其家。胁川中士大夫使受伪职,叙州布政使尹伸、广元给事中吴宇英不屈死。诸受职者,后寻亦皆见杀。其惨虐无人理,不可胜纪。又用法移锦江,涸而阙之,深数丈,埋金宝亿万计,然后决堤放流,名水藏,曰:"无为后人有也。"当是时,曾英、李占春、于大海、王祥、杨展、曹勋等义兵并起,故献忠诛杀益毒。川中民尽,乃谋窥西安。

叫草杀。大西官员朝会拜伏时,张献忠招呼獒犬数十只跑下宫殿,獒犬所嗅的人,都拉出去杀掉,名为天杀。又创造剥活人皮的方法,皮没有剥尽而人已死,行刑的人也要抵死。将领士卒以杀人多少来论定功劳的等级,共杀男女六万万多。义军中有不忍心杀人而自己上吊自杀的。大西都督张君用、王明等数十人,都犯了杀人少的罪,被剥皮而死,并屠杀了他们的家人。张献忠又威胁川中的士大夫接受官职,叙州布政史尹伸、广元给事中吴宇英宁死不屈。一些受职的,不久以后也都被杀死。其惨无人道,不可胜记。张献忠又设法把锦江水排干,再挖掘大坑。深达数丈,埋下金银财宝数以亿万计,然后决堤放水,名为水藏,说:"不要让后人占有这些财宝。"这时,曾英、李占春、于大海、王祥、杨展、曹勋等企图复辟明朝的武装一同起事,所以张献忠诛杀更加残暴。四川的老百姓被杀光了,他又图谋夺取西安。

**注释** ①青羊宫:道教观名,在今四川成都。 ②獒(áo):一种凶猛的狗。 ③共杀句:据《明会典》记载,万历时全国人口为六千万,此处所谓杀人六亿,纯属夸张。

## 原文

顺治三年，献忠尽焚成都宫殿庐舍，夷其城，率众出川北，又欲尽杀川兵。伪将刘进忠故统川兵，闻之，率一军逃。会我大清兵至汉中，进忠来奔，乞为乡导。至盐亭界，大雾。献忠晓行，猝遇我兵于凤凰坡①，中矢坠马，蒲伏积薪下。于是我兵擒献忠出，斩之。

注释　① 凤凰坡：在四川西充境内。

## 翻译

顺治三年（1646），张献忠烧毁了成都的宫殿房屋，削平城墙，率军出川北，又想杀尽川兵。他的部将刘进忠过去曾统领川军，听到这个消息，就率一支军队逃走了。适逢清兵到汉中，刘进忠就投降了清兵，并要求当清兵的向导。到盐亭地界，遇到大雾。张献忠拂晓行军，突然在凤凰坡遇到清兵，中箭落马，他爬到柴堆下隐藏。于是清兵把张献忠擒获，斩杀了他。

## 原文

川中自遭献忠乱，列城内杂树成拱，狗食人肉若猛兽虎豹，啮人死辄弃去，不尽食也。民逃深山中，草衣木食久，遍体皆生毛。献忠既诛，贼党可望、能奇、文秀、定国等溃入川南，杀曾英、李乾德等，后皆降于永明王。

## 翻译

四川自从遭到张献忠之乱后，各城内的杂树丛生，野狗食人肉就像猛兽虎豹，咬人至死就弃尸而去，不吃尽尸体。人民逃往深山中，穿草衣、吃野果时间很长，遍身都长毛。张献忠被杀后，他的部属孙可望、艾能奇、刘文秀、李定国等人溃败窜入川南，杀了曾英、李乾德等人，后来他们都投降了永明王朱由榔。

# 佛 郎 机 传

**导读**

　　十六世纪初,葡萄牙、西班牙等国殖民者相继来到东方。公元1511年,葡萄牙侵占了马六甲,随即开始了对中国的侵扰。1517年,葡萄牙舰队炮轰广州,又先后侵扰广东的屯门岛、新会,福建漳州的月港,泉州的浯屿,都遭到中国军民的回击。1553年,殖民者贿赂明朝官吏,以纳银为条件,在澳门上岸居住,建立了入侵中国的据点。1571年,殖民者占领了吕宋,并冒名与中国贸易,对中国进行掠夺。

　　《明史·佛郎机传》专门记述了这段历史。"佛郎机"一词,曾是中世纪以来土耳其、阿拉伯人以及东方民族称呼欧洲人的泛称,此处专指葡萄牙和西班牙。《佛郎机传》比较详细地介绍了明武宗正德年间至明末,佛郎机在东方的势力扩张,对我国沿海的贸易和骚扰;明政权对海外贸易、对海外诸国、对佛郎机的态度;明代军民对殖民者的抵抗。

　　有必要说明的是,《佛郎机传》在史实上多有出入,观点上存在偏颇,请读者参考张维华先生《明史欧洲四国传注释》以及戴裔煊先生《明史·佛郎机传笺证》,他们有许多精辟的考证和见解,可供借鉴。(选自卷三二五)

**原文**

　　佛郎机,近满剌加①。正德中②,据满剌加地,逐其王③。十三年遣使臣加必丹

**翻译**

　　佛郎机靠近满剌加。正德年间,佛郎机占据了满剌加地域,驱赶了满剌加的国王。正德十三年(1518),派遣使臣

末等贡方物④，请封，始知其
名，诏给方物之直⑤，遣还。
其人久留不去，剽劫行旅，
至掠小儿为食⑥。已而夤缘
镇守中贵⑦，许入京。武宗
南巡，其使火者亚三因江彬
侍帝左右⑧。帝时学其语以
为戏。其留怀远驿者⑨，益
掠买良民，筑室立寨，为久
居计。

加必丹末等进贡土产，请求封号，才开始知道他们的名称。明武宗下诏按土产的价值赏赐钱物，遣送他们回去。他们滞留不走，抢劫行商旅客，甚至劫掠儿童作为食物。随即拉拢镇守太监，允许进入京城。明武宗巡行南方，佛郎机的使臣火者亚三通过江彬的关系，得以在武宗左右侍奉。武宗时常学火者亚三的语言作为游戏。那些留在怀远驿的佛郎机人，加紧掠买良民，建筑房屋，设立寨子，为久居作打算。

**注释** ① 满剌加：即东南亚马来半岛的马六甲。由于明人对世界地理认识不清，加上当时葡萄牙殖民者占据了印度的马拉巴尔海岸一带，距马六甲海峡不远，故以为佛郎机离满剌加很近。 ② 正德：明武宗朱厚照年号(1506—1521)。 ③ 逐其王：此事发生在公元1509年至1511年之间，葡萄牙用武力把满剌加国王苏丹驱赶到马来群岛中的宾唐山岛。 ④ 加必丹末：这是葡文的译音，意为船长。 ⑤ 直：价值，钱物。 ⑥ 掠小儿为食：殖民者掠买小儿并不是专门作为食物，而是贩卖为奴隶。 ⑦ 夤(yín)缘：攀缘，拉拢。 ⑧ 火者：一说是回人的官称，一说是阉者的称呼。亚三：为殖民者办事的使臣名。江彬：明武宗的宠臣，受殖民者贿赂，推荐火者亚三给明武宗，《明史》有传。 ⑨ 怀远驿：明永乐初年置，在今广州十八甫，由市舶提举司管辖。

**原文**

十五年，御史丘道隆
言①："满剌加乃敕封之国，
而佛郎机敢并之，且唉我以

**翻译**

正德十五年(1520)，御史丘道隆说："满剌加是我国诏令封贡的国家，而佛郎机胆敢吞并它，还拿些好处来引诱

利②，邀求封贡，决不可许。宜却其使臣，明示顺逆，令还满剌加疆土，方许朝贡。倘执迷不悛③，必檄告诸蕃，声罪致讨。"御史何鳌言④："佛郎机最凶狡，兵械较诸蕃独精。前岁驾大舶突入广东会城⑤，炮声殷地。留驿者违制交通，入都者桀骜争长⑥。今听其往来贸易，势必争斗杀伤，南方之祸殆无纪极。祖宗朝贡有定期，防有常制，故来者不多。近因布政吴廷举谓缺上供香物，不问何年，来即取货。致番舶不绝于海澨⑦，蛮人杂遝于州城。禁防既疏，水道益熟。此佛郎机所以乘机突至也。乞悉驱在澳番舶及番人潜居者，禁私通，严守备，庶一方获安。"疏下礼部，言："道隆先宰顺德，鳌即顺德人，故深晰利害。宜俟满剌加使臣至，廷诘佛郎机侵夺邻邦、扰乱内地之

我，要求封贡，决不能允许。应该退还佛郎机的使臣，明白地训示顺逆之理，命令他们归还满剌加的疆土，才许朝贡。如果执迷不改，就一定要下文书通告各国，宣布它的罪状并讨伐它。"御史何鳌说："佛郎机最凶残狡猾，军事器械与其他国家比较是特别精良的。前年驾驶大船突然闯入广东会城，炮声震地。留在驿馆的人违反制度，擅自交接往来，进入京城的人凶蛮争胜。如果现在任凭他们往来贸易，势必争斗杀伤，南方的祸患将无休止。祖宗对朝贡有规定期限，守备有常规制度，所以来的人不多。近年因为布政使吴廷举说缺乏上供的香物，不论哪年，来了就取货。致使海上有络绎不绝的外来船舶，州城有错杂往返的外邦蛮人。禁令防备已经松弛，水域道路日益熟悉。这就是佛郎机能乘机突然到来的原因。请求将在澳门的外来船和隐居的外来人全部赶走，禁止私下交通，整肃守备，这样能使这块土地得到安宁。"疏文转到礼部，礼部认为："丘道隆先前是顺德知县，何鳌是顺德人，所以能洞察利害关系。应当等满剌加使臣到，在朝廷上指责佛郎机侵夺邻邦、扰乱我国的罪状，上奏请求处分。其他

罪,奏请处置。其他悉如御史言。"报可。

的都按御史的疏文办。"皇帝表示同意。

**注释** ①丘道隆:字懋之,福建上杭人,正德九年(1514)进士,由顺德知县擢江南道御史。 ②啖(dàn):吃或给人吃。此处意为拿利益引诱人。 ③悛(quān):改正。 ④何鳌:字子鱼,顺德黄连人,由庆元知县擢监察御史。 ⑤会城:指广州,时广东布政司等机构设于此。 ⑥桀骜:凶暴乖戾。 ⑦滗(shì):水涯。

**原文**

亚三侍帝骄甚。从驾入都,居会同馆①。见提督主事梁焯②,不屈膝。焯怒,挞之。彬大诟曰:"彼尝与天子嬉戏,肯跪汝小官邪?"明年,武宗崩,亚三下吏。自言本华人,为番人所使,乃伏法。绝其朝贡。其年七月,又以接济朝使为词,携土物求市。守臣请抽分如故事,诏复拒之。其将别都卢既以巨炮利兵肆掠满剌加诸国,横行海上,复率其属疏世利等驾五舟,击破巴西国③。

**翻译**

亚三侍从武宗,很骄纵。随从皇帝车驾进入都城,住在会同馆。见到提督主事梁焯,不下跪。梁焯很生气,鞭挞他。江彬大骂说:"亚三曾与天子在一起玩耍,怎么会给你这个小官下跪?"第二年,武宗死了,亚三免官治罪。自称本是华人,被外国人指使,于是依法处置。断绝佛郎机的朝贡。这年七月,佛郎机又以接济朝贡使者为理由,携带土产,请求贸易。守臣请按过去的事例抽税,下诏再次拒绝了他们。佛郎机的将领别都卢用大炮和锐利的兵器大肆劫掠满剌加等国后,横行海上,又率领他的部属疏世利等人驾驶五艘船,攻占巴西国。

注释　① 会同馆：即四夷馆，掌管接待国内少数民族及外国使臣，以及语言文书的翻译事务。　② 梁焯：字日孚，广东南海人，正德甲戌进士。　③ 巴西国：苏门答腊西北岸的一个小国，公元1521年被葡萄牙殖民者灭掉。

原文

　　嘉靖二年遂寇新会之西草湾①，指挥柯荣、百户王应恩御之②。转战至稍州，向化人潘丁苟先登，众齐进，生擒别都卢、疏世利等四十二人，斩首三十五级，获其二舟。余贼复率三舟接战。应恩阵亡，贼亦败遁。官军得其炮，即名为佛郎机，副使汪铉进之朝③。九年秋④，铉累官右都御史，上言："今塞上墩台城堡未尝不设，乃寇来辄遭蹂躏者，盖墩台止瞭望，城堡又无制远之具，故往往受困。当用臣所进佛郎机，其小止二十斤以下，远可六百步者，则用之墩台。每墩用其一，以三人守之。其大至七十斤以上，远可五六里者，

翻译

　　嘉靖二年(1523)，佛郎机索性侵犯新会县的西草湾，指挥柯荣、百户王应恩抵抗他们。转战到了稍州，归化的潘丁苟先登上船去，众人一起进攻，活捉了别都卢、疏世利等四十二人，斩杀三十五人，缴获他们的两条船。残余的侵略者又率三条船前来交战，王应恩阵亡，侵略者也败走。明官军缴获了他们的炮，就称这些炮为佛郎机，副使汪铉进献给朝廷。嘉靖九年(1530)秋天，汪铉连续擢升为右都御史，向朝廷进言："现在边塞上未尝不设有墩台城堡，然而入侵者来后却往往遭到严重破坏，是因为墩台只用于瞭望，城堡没有用来制服远处的武器，所以常常受困。应当用臣下所进献的佛郎机，那些小的不到二十斤，可射六百步远，就把它用在墩台上。每个墩台置一个，由三个人使用它。那些大的有七十斤以上，可射五六里远，就把它用在城堡上。每个城堡置三个，由十个人使用它。五里设一墩，十里设一堡，大小互相依托，远近互相

则用之城堡。每堡用其三，以十人守之。五里一墩、十里一堡，大小相依，远近相应，寇将无所容足，可坐收不战之功。"帝悦，即从之。火炮之有佛郎机自此始。然将士不善用，迄莫能制寇也。

呼应，来犯的敌人将无处立足，我们可坐收不出战便能破敌之功。"明世宗很高兴，就采纳了他的意见。火炮中有叫佛郎机这一种类的就是从此开始的。然而将士不善于运用，迄今不能制服来寇。

**注释** ① 新会：今广东江门新会区。 ② 柯荣、王应恩：事迹不详。 ③ 汪铉：字宣之，江西婺源人，历任按察司副使、兵部尚书等职。 ④ 九年：公元 1530 年。

**原文**

初，广东文武官月俸多以番货代，至是货至者寡，有议复许佛郎机通市者。给事中王希文力争①，乃定令，诸番贡不以时及勘合差失者②，悉行禁止，由是番舶几绝。巡抚林富上言③："粤中公私诸费多资商税，番舶不至，则公私皆窘。今许佛郎机互市有四利。祖宗时诸番常贡外，原有抽分之法，稍取其余，足供御用，利一。两粤比岁用兵，库藏耗

**翻译**

起初，广东文武官员的月俸主要以外来货物代替，到这时货物来得少了，有人议论重新允许佛郎机互通贸易。给事中王希文极力争辩，于是明确规定，那些不按时间以及勘合有差失的外来进贡人员，全部加以禁止，于是外来船只几乎都断绝了。巡抚林富上言："广东公私的各种费用多靠商税，外船不来，公私就都很拮据。现在如果能允许与佛郎机互通贸易，则有四条好处：先朝诸帝时，各国常规贡品之外，本有抽税办法，稍取剩余的一部分，足供朝廷用度，这是一利。两广连年用兵，库府的贮藏都消耗竭尽，借税收的余额以

# 原文

竭,借以充军饷,备不虞,利二。粤西素仰给粤东,小有征发,即措办不前,若番舶流通,则上下交济,利三。小民以懋迁为生④,持一钱之货,即得展转贩易,衣食其中,利四。助国裕民,两有所赖,此因民之利而利之,非开利孔为民梯祸也。"从之。自是佛郎机得入香山澳为市⑤,而其徒又越境商于福建,往来不绝。

# 翻译

充实军饷开支,防备不测,这是二利。广西一向靠广东资助,稍有调拨,就难以筹措,如果让外船往来,则上下一起接济,这是三利。小民以贸易为生计,带上一点值钱的货物,就得辗转贩卖,通外贸易则穿衣吃饭都在其中,这是四利。能帮助国家,能使百姓富裕,公私都有依赖,这是根据百姓的利益来为他们谋利,不是打开利益之道而为民造成祸害之梯呀!"世宗同意了。从此,佛郎机得以进入香山澳进行交易,他们中有些人又越境到福建经商,来往不绝。

**注释**　① 王希文:字景纯,今广东东莞人,嘉靖七年(1528)乡荐第一,成进士,授刑科给事中。　② 勘合:来往的凭证。　③ 林富:福建莆田人,《明史》有传。　④ 懋(mào)迁:贸易。懋,同"贸"。　⑤ 香山澳:即澳门。

# 原文

至二十六年,朱纨为巡抚①,严禁通番。其人无所获利,则整众犯漳泉之月港、浯屿②。副使柯乔等御却之③。二十八年又犯诏安④。官军迎击于走马溪,生擒贼首李光头等九十六人,余遁去。纨用便宜斩

# 翻译

到嘉靖二十六年(1547),朱纨任巡抚,严禁与外商贸易。佛郎机人无处获利,就整饬人众到漳州的月港、泉州的浯屿骚扰。副使柯乔等抵抗并击退了他们。嘉靖二十八年(1549),佛郎机又骚扰诏安,明官军在走马溪迎击他们,活捉贼首李光头等九十六人,其余的逃走了。朱纨不待上奏,自行决断杀了他

之,怨纨者御史陈九德遂劾其专擅。帝遣给事中杜汝祯往验,言此满剌加商人,岁招海滨无赖之徒,往来鬻贩⑤,无僭号流劫事,纨擅自行诛,诚如御史所劾。纨遂被逮,自杀。盖不知满剌加即佛郎机也。

们。怨恨朱纨的御史陈九德于是弹劾朱纨独断专行。世宗派给事中杜汝祯前往核实,说这些人是满剌加商人每年招募的沿海无赖之徒,来往买卖,没有冒用名号流窜劫掠的事情,朱纨擅自加以诛杀,确实如御史弹劾的一样。朱纨于是被逮,自杀。这是他们不知道满剌加就是佛郎机的缘故。

注释　① 朱纨:字子纯,嘉靖二十六年(1547)巡抚浙江兼督浙闽海防军务,后被劾落职。　② 月港:在今福建漳州。浯屿:在今福建泉州。　③ 柯乔:字迁之,嘉靖己丑进士,历任湖广金事、福建金事等职。　④ 诏安:今福建诏安。　⑤ 鬻(yù):卖。

原文

　　自纨死,海禁复弛,佛郎机遂纵横海上无所忌。而其市香山澳、壕镜者①,至筑室建城,雄踞海畔,若一国然,将吏不肖者反视为外府矣。壕镜在香山县南虎跳门外。先是,暹罗、占城、爪哇、琉球、浡泥诸国互市②,俱在广州,设市舶司领之。正德时,移于高州之电白县③。嘉靖十四年,指挥黄庆纳贿④,请于上官,移之

翻译

　　自朱纨死后,海禁重新松弛。佛郎机于是在海上随意往来,没有什么禁忌,而那些在香山澳、壕镜从事贸易的人,甚至建房筑城,雄踞海滨,像独立的邦国一样。那些不正派的将吏反而把他们当作外国政府。壕镜在香山县南的虎跳门外。先前,暹罗、占城、爪哇、琉球、浡泥等国都在广州贸易,设置市舶司管理其事。正德年间,市舶司移到高州的电白县。嘉靖十四年(1535),指挥黄庆受贿,请示上司,移市舶司到壕镜,每年缴课税二万两,佛郎机于是能混进来。他们所筑的高屋飞脊,一个挨

壕镜，岁输课二万金，佛郎机遂得混入。高栋飞甍⑤，栉比相望⑥，闽、粤商人趋之若鹜⑦。久之，其来益众。诸国人畏而避之，遂专为所据。四十四年伪称满剌加入贡⑧。已，改称蒲都丽家⑨。守臣以闻，下部议，言必佛郎机假托，乃却之。

一个，闽、粤商人都争着去。时间久了，他们来的人越来越多，各国人畏惧而回避他们。于是壕镜被佛郎机独占。嘉靖四十四年(1565)，他们冒称满剌加进贡。随即改称蒲都丽家。地方官吏报告朝廷，下到部里讨论，说肯定是佛郎机冒称，于是拒绝了他们。

**注释**　①壕镜：今广东香山南的一个半岛。　②暹罗：今泰国。占城：今越南南部。爪哇：今印度尼西亚爪哇岛。琉球：今琉球群岛。浡泥：今加里曼丹岛北部。　③电白县：在今广东。　④黄庆：或称黄琼，事迹不详。　⑤甍(méng)：屋脊。　⑥栉(zhì)比：像梳子齿那样挨着。　⑦鹜(wù)：鸭子。　⑧四十四年：公元1565年。　⑨蒲都丽家：即葡萄牙，葡文的音译。

**原文**

　　万历中①，破灭吕宋②，尽擅闽、粤海上之利，势益炽。至三十四年，又于隔水青州建寺③，高六七丈，闳敞奇闶④，非中国所有。知县张大猷请毁其高埔⑤，不果。明年，番禺举人卢廷龙会试入都⑥，请尽逐澳中诸番，出居浪白外海⑦，还我壕镜故

**翻译**

　　万历年间，佛郎机攻占了吕宋，全部控制了闽、粤的海上贸易，势力日益炽盛。到万历三十四年(1606)，又在水对岸的青州修建教堂，高六七丈，高大宽敞神秘，是中国所没有的。知县张大猷请求拆毁他们的高墙，没有实行。第二年，番禺举人卢廷龙到京城参加会试，请求将澳门的外商全部赶走，让他们到外海的浪白去居住，把壕镜故地还

地,当事不能用。番人既筑城,聚海外杂番,广通贸易,至万余人。吏其土者,皆畏惧莫敢诘,甚有利其宝货,佯禁而阴许之者。总督戴燿在事十三年⑧,养成其患。番人又潜匿倭贼,敌杀官军。四十二年,总督张鸣冈檄番人驱倭出海⑨,因上言:"粤之有澳夷,犹疽之在背也。澳之有倭贼,犹虎之傅翼也。今一旦驱斥,不费一矢,此圣天子威德所致。惟是倭去而番尚存,有谓宜剿除者,有谓宜移之浪白外洋就船贸易者,顾兵难轻动。而壕镜在香山内地,官军环海而守,彼日食所需,咸仰于我,一怀异志,我即制其死命。若移之外洋,则巨海茫茫,奸宄安诘,制御安施。似不如申明约束,内不许一奸阑出⑩,外不许一倭阑入,无启衅,无弛防,相安无患之为愈也。"部议从之。居

给我们,朝廷当权者不采纳。外国人既已修建了城堡,聚合海外各国人,广泛地进行贸易,数目达一万多人。地方官吏都畏惧他们而不敢指责,甚至有贪图他们宝物的,表面上禁止而私下应允他们。总督戴燿在位十三年,放任纵容造成此患。外国人又隐匿倭寇,对抗并杀戮官军。万历四十二年(1614),总督张鸣冈行文命令外国人驱赶倭寇出海,因此上言:"广东有澳门的外国人,就像毒疮长在背上。澳门有倭贼,就像给老虎添翅膀。现在一旦驱逐他们,不费一箭,这是神圣天子的威德所能办到的。只是倭寇走了,而外国人还在,有人说应当剿除,有人说应当移到浪白外海在船上贸易,然而军队难以随便调动。而壕镜在香山内地,我官军沿海守备,他们每天所需食物,都得依靠我们,一旦他们生有不良的图谋,我们就可制他们于死地。如果让他们移到外洋,则大海茫茫,怎么追究他们的奸谋,施行制御措施呢?似乎不如对他们申明约束,对内地的不许一个坏人混出去,对外面的不许一个倭寇混入。不挑起事端,不松弛守备,相安无患就比较好了。"部里讨论,同意了他的建议。过了三年,在中路雍陌营设参将,调千人戍守,渐渐加

三年,设参将于中路雍陌营⑪,调千人戍之,防御渐密。天启元年,守臣虑其终为患,遣监司冯从龙等毁其所筑青州城⑫,番亦不敢拒。

强了防御。天启元年(1621),守臣担心佛郎机终将为患,派监司冯从龙等人拆毁了他们所修筑的青州城,外国人也不敢抗拒。

**注释** ① 万历:明神宗朱翊钧年号。 ② 吕宋:今菲律宾群岛中的吕宋岛,公元 1571 年至 1898 年被西班牙侵占。 ③ 青州:在澳门半岛以北。寺:教堂。 ④ 閟 (bì):神秘。 ⑤ 张大猷:字允升,湖北黄陂人,万历乙未进士,任香山县知县。墉 (yōng):高墙。 ⑥ 番禺:今广东广州番禺区。 ⑦ 浪白:浪白澳,在香山县南,为外船接济之处。 ⑧ 戴燿:字德辉,福建长泰人,隆庆戊辰进士,万历二十六年(1598) 任两广总督。⑨ 张鸣冈:江西南安人,万历三十八年(1610)任两广总督。⑩ 阑 (lán):混。⑪ 雍陌:香山县的六个圩市之一。⑫ 冯从龙:冯先后担任广东布政使司参政、陕西按察使等职。

**原文**

其时,大西洋人来中国①,亦居此澳。盖番人本求市易,初无不轨谋②,中朝疑之过甚,迄不许其朝贡,又无力以制之,故议者纷然。然终明之世,此番固未尝为变也。其人长身高鼻,猫眼鹰嘴,拳发赤须,好经商,恃强陵轹诸国③,无所往。后又称干系腊国④。所

**翻译**

这时,大西洋的人来到中国,也住在澳门。大凡外国人来本想进行贸易,起初没有违法的图谋,中国政府对他们过分怀疑,以至于不许他们朝贡,又无力来制止他们,所以议论纷纷。然而,整个明朝一代,佛郎机没有制造变乱。他们的人身长鼻高,猫眼鹰嘴,头发卷曲,胡须红色,乐意经商,自恃强大,欺压各国,无处不往。后来又自称干系腊国。他们的出产多为犀角象牙、珍珠海贝。衣服华丽整洁,贵族戴帽子,平民

产多犀象珠贝。衣服华洁，贵者冠，贱者笠，见尊长辄去之。初奉佛教，后奉天主教。市易但伸指示数，虽累千金不立约契，有事指天为誓，不相负。自灭满剌加、巴西、吕宋三国，海外诸蕃无敢与抗者。

戴笠，见到有地位的人就脱帽（笠）。起先信奉佛教，后来改奉天主教。交易时只伸手指表示数字，虽然大宗交易额达千金也不立契约，遇事指天为誓，讲信义。自从灭了满剌加、巴西、吕宋三国，海外各国没有敢与他们作对的。

**注释** ① 大西洋人：指意大利的利玛窦等耶稣会士。 ② 轨：同"宄"，犯法作乱。③ 陵轹(lì)：欺压。 ④ 干系腊：公元十一至十五世纪西班牙中部的一个小国，后成为西班牙的一部分。

# 清史稿

黄　毅　译注

章培恒　审阅

# 导　言

　　清朝是我国历史上的一个很重要的朝代。作为清朝"正史"的《清史稿》，尽管属于我国列代"正史"里最差的几部之列，但仍是一部重要的历史著作。

　　所谓"正史"，本指纪传体的史书，即由"本纪""列传"等部分所构成的史书，后来曾有一度把编年体史书也列入"正史"，到清代编《四库全书》时，不但把编年体史书从"正史"中剔去，而且规定列入"正史"的史书必须由皇帝选定。于是由乾隆皇帝"钦定"了二十四部史书作为"正史"，这也就是大家都知道的"二十四史"，起于《史记》，终于《明史》。到北京政府时期，又把《新元史》也列为"正史"，所以又有《二十五史》的名称。但"正史"须由皇帝或政府来选定，这实在是一件相当可笑的事；而且，无论是"二十四史"或"二十五史"，都不包括清朝的历史，假如恪守乾隆时期的那个规定，清朝就没有"正史"了，那也实在说不通。所以，撇开乾隆时期的规定，根据"正史"原来的定义而把《清史稿》列为"正史"，乃是理所当然的事。因为，以清朝为记述对象的大规模纪传体史书只有《清史稿》一部。尽管它有很多严重的缺点（参见下文），但要研究清代的历史仍然离不开它。

　　那么，《清史稿》的缺点是什么呢？这要从清朝的历史作用说起。

　　清代是中国历史发展的关键时期之一。从鸦片战争失败以后，中国就沦为所谓半殖民地半封建社会。但鸦片战争的失败并非偶然。清王朝建立之初，中国已处于封建社会的末期，社会矛盾本来就很尖锐，加以其最高统治集团——满族贵族集团——又对广大的汉族人采取歧视和压迫的政策,尤其在其前期,民族压迫更为残酷,这就使社会矛盾愈臻激烈和复杂。面对这样的现实,清朝政府不是力图顺应社会的潮流,推动新的因素的成长、壮大,而是采取了相反的做法。清兵入关之初的掠夺和残杀固然对社会的发展具有明显的滞迟、倒退作用,就是顺治、康熙等皇帝为安定社会所作的努力,也主要是以传统的理想社会为模式的。所以,清朝建立后的很长一段时期里,在经济上重农业而轻工商;在思想上主醇正而黜异端;在对外关系上则采取自大和抵御相结合的奇特态势,除天文、历数等少数技术性领域外,对外来文化的抵斥十分强烈。在推行这一切的时候,对思想的统治一直作为极其重要的一环而处于突出的地位。到乾隆皇帝时,更把凶残的镇压——匪夷所思的文字狱——和精心的改造——《四库全书》的编纂以及与此结合的禁书、对古籍的篡改——巧妙地合并使用,收到了相当满意的效果。而其结果,则不仅在当时延缓了社会的进程,而且对以后的中国人的思想也产生了重大的影响。关于后一点,鲁迅曾不止一次地指出过,现引其在《买〈小学大全〉记》中的有关论述为例:

> ……清的康熙、雍正和乾隆三个,尤其是后两个皇帝,对于"文艺政策"或说得较大一点的"文化统制",却真尽了很大的努力的。文字狱不过是消极的一方面。积极的一面,则如钦定《四库全书》,于汉人的著作,无不加以取舍,所取的书,凡有涉及金、元之处者,又大抵加以修改,作为定本。此外,对于《七经》,《二十四史》,《通鉴》,文士的诗文,和尚的语录,也都不肯放过,不是鉴定,便是评选,文苑中实在没有不被蹂躏的处所了。……

> 倘有有心人加以收集(指收集《东华录》《御批通鉴辑览》《上谕八旗》《雍正朱批谕旨》等书。——引者),一一钩稽,将其中的关于驾御汉人,批评文化,利用文艺之处,分别排比,辑成一书,我想,我

们不但可以看见那策略的博大和恶辣，并且还能够明白我们怎样
受异族主子的驯扰，以及遗留至今的奴性的由来的罢。

这是说得很透辟的。总之，在清代前期，通过顺治到乾隆这四位皇帝的
努力，社会秩序是建立起来了，经济不但从清初的大破坏中复苏了起
来，而且较之明末还有所发展，国力似乎也相当强盛；但与世界上的先
进国家相比，则其经济、文化上的差距实大于明末时期，而人们的思想
特点——鲁迅所说的"奴性"——更成为社会进步的严重障碍。在这样
的情况下，鸦片战争的失败以及随之而来的一系列的民族悲剧，原都有
其历史的必然性。

所以，一部好的清朝"正史"，理当对此作出客观的描述，既显示出
社会在经过明末清初的大破坏之后的复兴，以及历届清朝政府在这复
兴过程中的作用，也显示出清朝统治集团自清初以来的各种负面作用
以及社会在这负面作用影响下的走向。如果做不到这一点，至少也应
提供足够的有关史料，使读者可借以获得应有的认识。

然而，《清史稿》却并未能达到上述要求，这有多种原因。

首先，《清史稿》是由民国初年设立的"清史馆"纂修的。清史馆由
赵尔巽任馆长，先后参加纂修的有柯劭忞、缪荃孙、张尔田等一百余人。
主持者为清代遗老，纂修人中有不少与其观点接近。因此，对于清朝的
统治采取歌功颂德、隐恶扬善的态度。许多凶残的事件在《清史稿》中
都不见记录。例如清朝入关以后，特别是清兵南下时的屠杀焚掠，乾隆
时的文字狱，《四库全书》纂修过程中大规模的禁毁、抽毁、篡改书籍等
事，都未记述。这不仅仅是纂修时史料不足所可解释的。因为从清朝
末年到民国初年，许多记载清朝统治集团暴行的书籍——如《扬州十日
记》《嘉定屠城纪略》等都出版了，在《清史稿》编纂时，这些书都很容易
得到。

其次，《清史稿》纂修时，正值北京政府统治时期，经费不足，工作不时停顿。从1914年开始纂修，到1927年虽大致告一段落，而实在仍是未定稿。编修既出于众手，彼此缺少照应；其后又未进行认真的统一加工，是以体例不一，史事抵牾，繁简失当，援据差讹，译名互歧之处，所在多有。刊行时也颇匆促，没有认真校勘，这就更增加了书中的错误。现引本书选入的《年羹尧传》中一段文字为例：

> ……五十七年，羹尧令护军统领温普进驻里塘，增设打箭炉至里塘驿站，寻请增设四川驻防兵，皆允之。上嘉羹尧治事明敏，巡抚无督兵责，特授四川总督，兼管巡抚事。……

按，从"皆允之"这句话来看，年羹尧所请求的事应不止一件，但就此句的上文来看，他所请求的又明明只有"增设四川驻防兵"一件事。又，此段文字已经说明，"巡抚无督兵责"，那么，在年羹尧获得总督职衔以前又怎能"令护军统领温普进驻里塘"呢？经过查核，可知《清史稿》的这段记载实出于清代《国史列传》的《年羹尧传》，该传是说：年羹尧"请令护军统领温普驻里塘，自打箭炉至里塘增设驿站，八月，又请增驻防四川兵，允之"。在此处，显然漏掉了一个"请"字，以致造成了史实的严重失误。但这"请"字的遗漏，是纂修者的疏忽，抑或刊行时的问题，那就不得而知了。

然而，尽管存在着以上的缺点，《清史稿》仍然值得重视，是今天研究和了解清代历史不可或缺的著作。

第一，编纂者把许多资料如《清实录》、《国史列传》（即《清史列传》）、《清会典》、《上谕八旗》、《雍正朱批谕旨》等汇集起来，作了初步的综合整理，成为一部总共五百二十九卷的大书，其中本纪二十五卷，志一百三十五卷，表五十三卷，列传三百十六卷，勾勒了清王朝从兴起到衰亡的大致轮廓。虽然就其细部来说,尚有不少缺失讹误,甚至在轮廓上也未必没有不准确之处,但有了这大致的轮廓总比连轮廓都没有要好得多。自然,我们如果不读《清史稿》而去读《清实录》或根据《清实录》节录而成的《东华录》①,也可以对比得到一个大致的轮廓,但一则《东华录》的分量就大大超过《清史稿》,更不必说《清实录》了,读完《东华录》《清实录》所要耗费的时间和精力比起读《清史稿》来不知要多出多少倍;再则《清实录》(以及据此节录的《东华录》)也有许多粉饰、掩盖和对史实的歪曲,例如清兵南下时的残酷屠杀在《清实录》中是同样看不到的;何况《清史稿》是对许多资料进行初步整理、综合而编成的,因而其中许多内容为《清实录》所未载。这样说并非认为《清实录》不必读,而只是说明《清史稿》确实具有《清实录》等书所不可替代的作用。

第二,《清史稿》对清王朝从兴起到衰亡过程中的许多具体事件作了简明扼要的叙述,使我们可以对它们获得不同程度的了解。即使在那些含有粉饰或歪曲的记载中,也仍然接触到了事实的某个或某些方面。例如《世祖本纪》和《圣祖本纪》,固然分别对顺治、康熙两位皇帝歌功颂德,而对发生在当时的残酷镇压汉族人民的事件加以掩饰,但从中也可看出这两位皇帝确有力图缓和满族与汉族的矛盾(当然以不损害满族贵族统治集团的利益为前提),整顿吏治,使社会逐步趋向稳定的一面,从而为清朝统治的稳固打下了基础。由此我们也可知道,清王朝能延续二百几十年绝非偶然——一个政权如果光靠镇压,是绝对维持不了这么久的。

第三,《清史稿》在交代史实的同时,在若干方面也能提供一些历史

①《清实录》:是对清代列朝皇帝在位期间每天所处理的重要政治事件——包括由中央政府各部门处理、经皇帝批准的重要事件——以及皇帝本人的重要言行的按日记录,也记及另一些重要情况,如某一年的人口统计、某皇子的出生等。

的因果关系或内在联系。例如,在《世祖本纪》中有这样的一段:

> ……上问汉高祖、文帝、光武及唐太宗、宋太祖、明太祖孰优。陈名夏对曰:"唐太宗似过之。"上曰:"不然,明太祖立法可垂永久,历代之君皆不及也。"

这似乎只是君臣间评论历代的"明君",至多显示了顺治皇帝对汉族历史和汉文化的深切了解,但如仔细一想就可发现,说明太祖"立法可垂永久",不就意味着他要继承明太祖所立的"法"——所定下的制度吗?而这一点也为其后继者所继承。所以,除了把满族统治集团置于汉族统治集团之上、满族的地位优于汉族(以及由此所引起的矛盾和根据这矛盾采取的对策)之外,实在可以说是"清承明制"。即使在文化思想上,清王朝也秉承了明王朝的那一套:崇孔、孟,尊程、朱,黜异端。例如,明朝的万历皇帝以"敢倡乱道"的罪名把当时的进步思想家李卓吾逮捕入狱,李最后死于狱中,清朝的乾隆皇帝在编《四库全书》时也把李卓吾的所有著作列入应销毁者之列,并在《四库全书总目》的"存目"提要中对之进行口诛笔伐。所以,《世祖本纪》中的上述记载,看似无关紧要,其实是从一个方面显示了清王朝与明王朝的内部联系,为我们理解清王朝与明王朝之间所存在的共同性提供了钥匙。

第四,《清史稿》的"志"共分十六类:天文、灾异、时宪、地理、礼、乐、舆服、选举、职官、食货、河渠、兵、刑法、艺文、交通、邦交。这实是各有关门类的专史。例如,《交通志》就是清代交通史,《邦交志》是清代外交史,等等。这种性质的专史,为我们了解各有关的情况提供了较为系统、扼要的材料。其中虽有若干的现成书籍——如《清通典》《清通志》《清文献通考》等可供参考,但这些书都编于乾隆时期,从那以后直到清末的有关历史,就得另起炉灶了。另有《清续文献通考》,虽然所述内容也截止于清末,但该书是 1921 年完成的,《清史稿》的编纂者显然不能等看到这部书后再来动手写"志"。总之这些"志"的部分实是对读者颇为方便的且含有较多创造性劳动的断代专史,只是内容较为专门、枯燥,一般读者对此也许不感兴趣,本书就不选入了。至于《清史稿》的"表",也是从大量资料中勾勒出来的、很具实用价值的文献,例如《大学士年表》《军机大臣年表》《部院大臣年表》《疆臣年表》等,分别对各大学士、军机大臣、尚书、侍郎、总督、巡抚等的任职起讫年月作了详细记载,为研究清史者所必需;但基于同样的理由,本书也不入选。

第五,《清史稿》所依据的材料,绝大部分现都存在,而且不难见到,如《清实录》等;但也有一些记载,例如部分"志"和清末人物的传,其所依据的材料至今尚不清楚。这些记载虽不无以讹传讹的可能,但也不会全是如此。换言之,在《清史稿》中还保存着一些稀见、珍贵的史料。

基于以上五点,《清史稿》仍是"正史"中的一部重要著作。因此通过选译,将它介绍给广大读者,仍是一项有意义的工作。

既要从事选译,就有一个以什么版本作为选择依据的问题。而在这方面,《清史稿》又有一些复杂的情况,需要在这里交代一下。

如上所述,《清史稿》的编纂到 1927 年初步告一段落,但实在尚未定稿。不过由于种种原因,编纂者已决定加以印行;名之为《清史稿》则表示其尚需修改,并非定本。印行工作由袁金铠主持,金梁经办,在 1928 年出书,当时共印了一千一百部。其中四百部由金梁运往东北销售。后来,清史馆的人发现了金梁对原稿私自作了改动,他们不同意这种做法。除了已发往东北的书他们无法可想外,对存在北京的书他们又进行了若干抽换。通常把金梁发往东北销售的《清史稿》称为"关外本",而将在"关外本"基础上进行过抽换的称为"关内本"。到抗日战争时期,又有人在东北印行《清史稿》,在内容上又有所改动,也称"关外本"。后因这两种关外本实在并不一样,所以也有人称金梁运往东北发售的为"关外一次本"。后来在东北印的为"关外二次本"。为避免混淆,我认为后一种称呼是可取的。

这三种版本间的主要区别如下:关外一次本有《张勋传》和《康有为传》,《张勋传》并附《张彪传》,关内本认为这是原稿所没有的,把它们删去了。同时,关内本还抽换了关外一次本的《艺文志·序》,删去《艺文志》中"易类"书目六十四种,修改了劳乃宣、沈曾植的传论。关外二次本则把《张勋传》《康有为传》加以恢复,但删去了《张勋传》所附《张彪传》。此外,还抽掉了《公主表·序》和《时宪志》中的"八线对数表",增加了原来没有的陈黉举、朱筠、翁方纲传,压缩了《赵尔丰传》。目前较为流行的是关外二次本,所以这次选译也就以关外二次本为依据。

选文的原则,是尽量把各个时期、不同类型的纪传多选入一些。然而,重要人物的纪传几乎都很长,如果整篇选录,就没有几篇好译了,因而不得不采用节选的办法。删节得是否恰当,尚祈读者、同行指正。所选各篇在排列上也作了一些调整,以所叙人物的时代先后为序,与《清史稿》原来排列顺序有所不同。《清史稿》原无注释,加以我学识浅陋,所加的注恐也难免有错误之处,也祈不吝教正。此书从头至尾,得到我的老师章培恒教授的悉心指导,在此特致谢意。

黄　毅

# 世 祖 本 纪

**导读**

　　清世祖福临是清兵入关后清朝的第一个皇帝。他六岁登位,开始时由叔父多尔衮摄政。顺治七年(1650),多尔衮去世,福临亲政。他在维护满族统治集团利益的前提下,也采取了一些缓和满汉矛盾、笼络汉人的措施,并注意整顿吏治,打击贪污,努力吸取明朝的统治经验,对此起彼伏的抗清武装力量则采取严厉镇压与招抚并用的政策,有效地巩固了清王朝的统治。本篇除记载他的这些政策措施,也反映了满族统治集团之间的矛盾,记述了他在多尔衮死后逐步将政权掌握在自己手中的过程。这里主要选录了福临亲政后的情况。与《多尔衮传》相互参照,可对其亲政前的重大政治事件有较多的了解。(选自卷四、卷五)

**原文**

　　世祖体天隆运定统建极英睿钦文显武大德弘功至仁纯孝章皇帝,讳福临①,太宗第九子②。母孝庄文皇后方娠,红光绕身,盘旋如龙形。诞之前夕,梦神人抱子纳后怀曰:"此统一天下之主也。"寤,以语太宗。太宗喜甚,曰:"奇祥也,生子

**翻译**

　　世祖体天隆运定统建极英睿钦文显武大德弘功圣仁纯孝章皇帝,讳福临,是太宗第九个儿子。母亲孝庄文皇后刚怀孕时,有红光环绕身体,盘旋着好像龙的形状。诞生的前一个晚上,梦见神人抱着小孩,放入皇后的怀中说:"这是统一天下的君主。"醒来,把这件事告诉了太宗。太宗很高兴,说:"这是异常吉祥的征兆,生下儿子必定会建大业。"次日皇上降生,红光照耀宫中,香

必建大业。"翌日上生,红光烛宫中,香气经日不散。上生有异禀,顶发耸起,龙章凤姿,神智天授。

八年秋八月庚午,太宗崩③,储嗣未定。和硕礼亲王代善会诸王、贝勒、贝子、文武群臣定议④,奉上嗣大位,誓告天地,以和硕郑亲王济尔哈朗、和硕睿亲王多尔衮辅政。丙子,阿济格、尼堪等率师防锦州。丁丑,多罗郡王阿达礼、固山贝子硕托谋立和硕睿亲王多尔衮。礼亲王代善与多尔衮发其谋。阿达礼、硕托伏诛。乙酉,诸王、贝勒、贝子、群臣以上嗣位期祭告太宗。丙戌,以即位期祭告郊庙⑤。丁亥,上即皇帝位于笃恭殿。诏以明年为顺治元年,肆赦常所不原者。颁哀诏于朝鲜、蒙古。……

气整天不散。皇上生下来就有异常的天赋,头顶心的头发耸起,神采风姿如同龙凤,如神的智慧是上天授予的。

八年(1643)秋八月庚午,太宗去世,皇位继承人尚未确定。和硕礼亲王代善会集诸王、贝勒、贝子、文武群臣作出决议,拥戴皇上继承皇位,盟誓祭告天地,以和硕郑亲王济尔哈朗、和硕睿亲王多尔衮协助处理政务。丙子,阿济格、尼堪等率领部队守卫锦州。丁丑,多罗郡王阿达礼、固山贝子硕托谋划推立和硕睿亲王多尔衮。礼亲王代善与多尔衮揭发了他们的阴谋。阿达礼、硕托被判处死刑。乙酉,诸王、贝勒、贝子、群臣把皇上继承皇位的日期祭告太宗。丙戌,把皇上登位的日期祭告天地祖宗。丁亥,皇上在笃恭殿登上皇帝的宝座。下诏以明年为顺治元年,大赦平常所不原谅的罪犯。颁发哀悼皇帝去世的诏书给朝鲜、蒙古。……

**注释** ① 福临:即爱新觉罗·福临,清代第一位皇帝。1644 年至 1661 年在位。

讳:隐瞒、避忌。旧时对帝王将相或尊长不能直呼其名,要避讳,因而亦称其名为讳。 ② 太宗:即清太宗爱新觉罗·皇太极,1626 年至 1643 年在位。 ③ 崩:皇帝死称为"崩"。 ④ "和硕"句:清崇德元年(1636)定满族宗室爵位称号,按其地位高低依次为:亲王、郡王、贝勒、贝子,其尤尊者分别加"和硕"二字。礼亲王为代善的封号。诸王,亲王、郡王的统称。 ⑤ 郊庙:即指天地祖宗。郊,祭祀天地的场所,一般在郊外。庙,太庙,皇帝祭祀祖先的地方。

## 原文

顺治元年春正月庚寅朔,御殿受贺①,命礼亲王代善勿拜。……郑亲王济尔哈朗谕部院各官,凡白事先启睿亲王,而自居其次。……

七年……十二月戊子,摄政和硕睿亲王多尔衮薨于喀喇城②。壬辰,赴闻,上震悼,臣民为制服。丙申,丧至,上亲奠于郊。己亥,诏曰:"太宗文皇帝升遐,诸王大臣吁戴摄政王。王固怀挹让③,扶立朕躬④,平定中原,至德丰功,千古无二。不幸薨逝,朕心摧痛。中外丧仪,合依帝礼。"庚子,收

## 翻译

顺治元年(1644)春正月庚寅初一日,登殿接受朝贺,命令礼亲王代善不要跪拜。……郑亲王济尔哈朗谕令部院各官,凡是禀报事情先启奏睿亲王,其次则禀告自己。……

七年(1650)……十二月戊子,摄政和硕睿亲王多尔衮死于喀喇城。壬辰,讣告到达,皇上震惊悲痛,臣民为他服丧。丙申,死者的遗体到了,皇上亲自在郊外奠祭。己亥,下诏说:"太宗文皇帝升天,各位亲王大臣呼吁拥戴摄政王,王坚持谦让,拥立朕为皇帝,平定中原,他那至高的德行和巨大的功绩,千古以来没有第二个。王不幸逝世,朕心中深感悲痛。中外为他所举行的服丧、哀悼仪式,应该按照为皇帝服丧的礼节。"庚子,收回原摄政王的印信,存放在宫内的库房。……乙巳,下谕说:"国家的政务,都要上奏告知。朕年纪还

故摄政王信符，贮内库。……乙巳，谕曰："国家政务，悉以奏闻。朕年尚幼，暗于贤否，尚书缺员⑤，其会推贤能以进。若诸细务，理政三王理之。"

小，对于人的贤德与否不明了，尚书缺员，还望集议推举有德行才能的人加以进用。假如是各种细小的事务，由管理政务的三位亲王处理。"

**注释**　①御：对帝王所作所为及所用物的敬称。此处作动词用，御殿即登殿之意。　②薨(hōng)：古代诸侯王或有爵位的大官去世称为薨。喀喇城：在今河北承德滦平西。　③㧑(huī)：谦逊。　④朕：皇帝自称。躬：自身。　⑤尚书：明清两代中央行政机构吏、户、礼、兵、刑、工六部的最高长官均称尚书。

**原文**

八年春正月己酉朔，蒿齐忒部台吉噶尔马撒望、储护尔率所部来归①。辛亥，以布丹为议政大臣②。甲寅，和硕英亲王阿济格谋乱，幽之。其党郡王劳亲降贝子，席特库等论死。乙卯，以苏克萨哈、詹岱为议政大臣。……庚申，上亲政，御殿受贺，大赦。诏曰："朕躬亲大政，总理万几。天地祖宗，付托甚重。海内

**翻译**

八年(1651)春正月己酉初一日，蒿齐忒部的台吉噶尔马撒望、储护尔率领所属部众来归顺。辛亥，以布丹为议政大臣。甲寅，和硕英亲王阿济格图谋作乱，所以把他幽禁起来。他的党羽、郡王劳亲降为贝子，席特库等人判处死刑。乙卯，任苏克萨哈、詹岱为议政大臣。……庚申，皇上亲自执政，登大殿接受朝贺，颁布大赦令。下诏说："朕亲自执掌国家大政，全面负责各种各样的国家政务。天地祖宗，托付给朕的责任十分重大。海内臣民，期望治理好国家的心情十分殷切。自思才德微薄，早晚谨慎畏惧。天下极大，政务极繁，不是

臣庶,望治甚殷。自惟凉德,夙夜祇惧。天下至大,政务至繁,非朕躬所能独理。凡我诸王贝勒及文武群臣,其各殚忠尽职,洁己爱人,利弊悉以上闻,德意期于下究。百姓亦宜咸体朕心,务本乐业,共享泰宁之庆。"孔有德克桂林,斩故明靖江王及文武官四百七十三人,余党悉降。

朕能够单独处理的。凡是我诸王贝勒及文武群臣,还望各自尽忠尽职,洁身自好并爱护他人,政务的利弊都要上报,国家对百姓的恩惠要推及最底层。百姓也应当体谅我的心意,以务农为本,愉快地从事自己的职业,共同享受安宁太平的欢乐。"孔有德攻克桂林,斩杀原明朝靖江王以及文武官员四百七十三人,余党全部投降。

**注释** ① 台吉:历史上蒙古贵族的称号。清朝沿用它作为封爵之一,在王、贝勒、贝子、公之下,用来封赠蒙古及西北地区部分民族的贵族首领。 ② 议政大臣:清顺治时设立的辅佐大臣。

**原文**

闰二月……乙卯……谕曰:"榷关之设,国家藉以通商,非苦之也。税关官吏,扰民行私,无异劫夺。朕灼知商民之苦。今后每关设官一员,悉裁冗滥,并不得妄咨勤劳,更与铨补。"丙辰,谕督抚甄别有司①,才

**翻译**

闰二月……乙卯……颁发圣谕说:"征税关卡的设立,是国家借此通商,不是要困扰商人。税关的官吏,骚扰人民谋取私利,与抢劫掠夺没有什么不同。我清楚地知道商民的困苦。今后每关设官一员,将闲散多余的人员全都裁减掉,并且不得妄夸勤劳,再给他们选补官职。"丙辰,谕令总督巡抚甄别所辖官吏,对才德均优兼通文理的人加以提

德并优兼通文义者擢之，不识文义任役作奸者黜之。吏部授官校试文义不通者除名②。……乙丑……谕曰："国家设官，必公忠自矢，方能裨益生民，共襄盛治。朕亲政以来，屡下诏令，嘉与更始。乃部院诸臣因仍前弊，持禄养交。朕亲行黜陟③，与天下见之。自今以后，其淬砺前非④，各尽厥职。若仍上下交欺，法必不贷。"丙寅，谕曰："各省土寇，本皆吾民，迫于饥寒，因而为乱。年来屡经扑剿，而管兵将领，杀良冒功，真盗未歼，民乃荼毒，朕深痛之。嗣后各督抚宜剿抚并施，勿藉捕扰民，以称朕意。"丁卯，孔有德克梧州、柳州⑤。……壬申，免涿、良乡等十三州县圈地⑥。乙亥，定阿附多尔衮诸臣罪，刚林、祁充格俱坐罪。丁丑，谕曰："故明宗藩，前以恣行不轨，多被诛

拔，对不通文理玩忽职守干犯法纪的人加以罢黜。吏部为任命官员而举行考试，文理不通的除名。……乙丑……下谕说："国家所设官员，一定要以公正忠诚约束自己，这样才能有益于百姓，共同协助朕完成伟大的治国之业。朕亲自执政以来，屡次颁发诏令，很好地给予大家重新开始的机会。可是部院诸臣因袭以往的弊病，拿国家俸禄来培植私党。朕将亲自掌握官吏的升降进退，让天下的人都看到。从今以后，还望痛改前非，各尽其职。假若还是上下勾结欺瞒，王法一定不会宽恕你们。"丙寅，下谕说："各省的土寇，本来都是我大清的百姓，被饥寒逼迫，因此而作乱。近年来已经多次追捕征剿，但是领兵的将领却杀戮良民假冒战功，真正的盗贼未歼灭，人民却受到残害，朕为此深感痛心。以后各总督巡抚应做到征剿安抚同时施行，不要借口追捕盗贼而骚扰人民，这样才能称朕的心愿。"丁卯，孔有德攻克梧州、柳州。……壬申，免除涿、良乡等十三个州县的圈地。乙亥，定奉承依附多尔衮诸臣的罪，刚林、祁充格都因此获罪。丁丑，下谕说："原来明朝的宗室藩王，以前因为横行不法，多被诛杀，朕很是怜悯。从此以后有流离失

戮,朕甚怜焉。自后有流移失所甘心投诚者,有司礼送京师,加恩畜养。镇国将军以下⑦,即其地占籍为民,各安厥业。"

所并心甘情愿投诚的,有关官吏当以礼相送到京城,由朕加恩养活。镇国将军以下的,就在当地占有户籍做百姓,各安其业。"

**注释** ① 督:总督,官名。清代的总督为地方最高长官,综理一省或二省军民要政。抚:巡抚,官名。清代巡抚为省级地方政府的长官,总揽一省军事、吏治、刑狱等,地位略次于总督。有司:古代指负有专职的官吏。 ② 吏部:官署名,为六部之首,掌管全国官吏的任免、考课、升迁、调动等事务。 ③ 黜陟(chù zhì):官吏的升降。黜,降职,罢免。陟,提升。 ④ 淬(cuì)砺:刻苦磨炼的意思。 ⑤ 梧州、柳州:均在今广西。 ⑥ 涿:今河北涿州。良乡:今北京房山区良乡。圈地:清代满族统治者用政治强制手段掠夺土地的一种方式,所圈之地用以设置皇庄及八旗官兵庄田,安置由关外内迁的旗人。 ⑦ 镇国将军:明代宗室的一种爵位称号。

**原文**

三月壬午,端重亲王博洛、敬谨亲王尼堪以罪降郡王。癸未,命诸王、贝勒、贝子分管六部、理藩院、都察院事①。……丙午,许满洲、蒙古、汉军子弟科举②,依甲第除授。

夏四月庚戌,诏行幸所过,有司不得进献。遣官祭岳镇海渎、帝王陵寝、先师

**翻译**

三月壬午,端重亲王博洛、敬谨亲王尼堪因有罪降为郡王。癸未,命令诸王、贝勒、贝子分管六部、理藩院、都察院的事务。……丙午,准许满洲、蒙古、汉军的子弟参加科举,按照考取的等第授官。

夏四月庚戌,下诏说:今后皇帝出行所经过的地方,官吏不得进献。派遣官员祭祀山岳河海、帝王陵墓、先师孔子的故居阙里。

五月丁丑初一日……夏一鹗攻打

孔子阙里③。

五月丁丑朔……夏一鹗击明唐王故将傅鼎铨等④,追入福建,擒鼎铨等斩之。

明唐王的原将领傅鼎铨等人,追入福建,擒获鼎铨等人,把他们处死。

注释　①理藩院:清代创设的官署名,负责蒙古、西藏、新疆的少数民族事务。都察院:官署名。全国最高的监察、弹劾及建议机关。　②汉军:汉人而隶于旗籍的,即汉军八旗。清代八旗组织的三个组成部分之一。与八旗满洲、八旗蒙古共同构成清代八旗的整体,但地位低于前者。汉军八旗主要由清兵入关前降附的汉人及其后裔组成。　③岳镇海渎:山岳河海。镇,一方的主要山峰。渎,河流。　④唐王:南明皇帝朱聿键。1645—1646 年在位。崇祯五年(1632)继承唐王封爵。清兵进攻江南时,受郑鸿逵、黄道周等拥戴,在福州监国,旋即帝位,年号隆武。次年,清兵入福建,因郑芝龙降清,他逃到汀州被俘,死于福州。

原文

秋七月丙子朔……谕曰:"大小臣工,皆朝廷职官,待之以礼,则朝廷益尊。今在京满、汉诸臣犯罪,有未奉旨革职辄提取审问者,殊乖大体。嗣后各衙门遇官员有犯,或被告讦,皆先请旨革职,然后送刑部审问,毋得径行提审,著为令。"

八月……乙卯……定顺天乡试满洲、蒙古为一榜①,

翻译

秋七月丙子初一日……下谕说:"大小臣子,都是朝廷的官员,用礼来对待他们,那么朝廷就更显其尊贵。如今在京城的满族、汉族诸臣犯罪,有还未奉圣旨革职就提来审问的,很不符合朝廷的大体。往后各衙门遇到官员有罪,或被告发检举,都要先请求圣旨革职,然后送交刑部审问,不得直接提来审问。这要成为法令并记录下来。"

八月……乙卯……定顺天乡试满洲、蒙古考生为一榜,汉军、汉人考生为一榜,会试、殿试也同样。戊午,册立科汉军、汉人为一榜,会试、殿试如之②。戊午,册立科尔沁卓礼克图亲王吴克善女博尔济锦氏为皇后③。……乙酉,大婚礼成,加上太后尊号为昭圣慈寿恭简皇太后。丙寅,御殿受贺,颁恩赦。戊辰,追复肃亲王豪格爵。

尔沁卓礼克图亲王吴克善的女儿博尔济锦氏为皇后。……乙酉,皇帝结婚的大礼完成,增加并进上太后的尊号为昭圣慈寿恭简皇太后。丙寅,登大殿接受朝贺,颁发恩诏大赦。戊辰,恢复死去的肃亲王豪格的爵位。

**注释** ① 顺天:顺天府,今北京及其周围地区。乡试:明清两代每三年一次在各省省城(包括京师)举行的考试。考中的称为举人。 ② 会试:每三年一次在京城举行的考试,各省举人均可参加。考中者称为贡士。殿试:也称廷试,指会试之后在朝廷上举行的由皇帝亲发策问的考试。考中的称为进士。 ③ 科尔沁:蒙古旧部名。其牧地约包括今内蒙古、黑龙江、吉林交界处大片土地。首领为成吉思汗弟哈萨尔后裔,是最早归附清王朝的蒙古部落。与清皇室联姻,关系密切。

**原文**

九月庚辰,定朝仪。壬午,命平西王吴三桂征四川。陈锦、金砺克舟山①,故明鲁王遁走②。

九年……三月……丙戌,罢诸王、贝勒、贝子管理部务。

五月丁丑,诏京察六年

**翻译**

九月庚辰,制定朝见皇帝的礼仪。壬午,命令平西王吴三桂征伐四川。陈锦、金砺攻克舟山,原明鲁王逃走。

九年(1652)……三月……丙戌,停止诸王、贝勒、贝子管理六部的事务。

五月丁丑,诏令六年举行一次对京官的考察。

秋七月癸酉,原明朝将领孙可望攻陷桂林,定南王孔有德殉难。丙子,命一举行。

秋七月癸酉,故明将孙可望陷桂林,定南王孔有德死之。丙子,名皇城北门为地安门。浙闽总督陈锦征郑成功,至漳州③,为其下所杀。……丁亥,吴三桂、李国翰定漳腊、松潘、重庆④。遣梅勒章京戴都围成都⑤,故明帅刘文秀举城降。

名皇城北门为地安门。浙闽总督陈锦征讨郑成功,抵达漳州,被他的部下所杀。……丁亥,吴三桂、李国翰平定漳腊、松潘、重庆。派遣梅勒章京戴都包围成都,原明朝将帅刘文秀献城投降。

**注释** ① 舟山:今浙江舟山。 ② 鲁王:即南明监国朱以海。明崇祯十七年(1644)嗣鲁王位。次年,清军攻陷南京,张国维、钱肃乐等起兵浙东,拥他监国。清兵攻击浙东,他流亡海上,后在台湾病死。 ③ 漳州:今福建漳州及周围地区。 ④ 漳腊:在四川松潘北部,清置漳腊营,为屯守之地。 ⑤ 梅勒章京:满语音译。官名,汉名为副都统。

**原文**

九月……辛卯,幸太学释奠。癸巳,赉衍圣公、五经博士、四氏子孙、祭酒、司业等官有差①。敕曰:"圣人之道,如日中天,上之赖以致治,下之资以事君。学官诸生当共勉之②。"

冬十月庚子……尚可

**翻译**

九月……辛卯,临幸太学祭奠孔子。癸巳,赏赐衍圣公、五经博士、四氏子孙、祭酒、司业等官各按不同的等次。下敕说:"圣人的道,如在天空正中的太阳,皇帝依赖它以使天下治安,臣下凭借它以侍奉君主。学官诸生都应以圣人之道来勉励自己。"

冬十月庚子……尚可喜、耿继茂攻

喜、耿继茂克钦州、灵山③，故明西平王朱聿铄缚贼渠李明忠来降，高、雷、廉、琼诸郡悉平④。壬寅，官军复梧州。……甲寅，孙可望寇保宁⑤，吴三桂、李国翰大败之。

十一月庚午，以卓罗为靖南将军，同蓝拜等征广西余寇。……庚寅，故明将白文选寇辰州⑥，总兵官徐勇、参议刘升祚、知府王任杞死之。辛卯，尼堪抵湘潭⑦，故明将马进忠等遁宝庆⑧，追至衡山⑨，击败之，又败之于衡州⑩。尼堪薨于军。追封尼堪为和硕庄亲王。

克钦州、灵山，原明朝西平王朱聿铄捆绑贼寇首领李明忠来投降。高、雷、廉、琼诸府全部平定。壬寅，官军收复梧州。……甲寅，孙可望侵犯保宁，吴三桂、李国翰大败孙可望。

十一月庚午，任命卓罗为靖南将军，同蓝拜等人征讨广西余寇。……庚寅，原明朝将领白文选侵犯辰州，总兵官徐勇、参议刘升祚、知府王任杞死于难。辛卯，尼堪抵达湘潭，原明将马进忠等逃往宝庆，追到衡山，打败了他们。又在衡州将他们打败。尼堪死于军中。追封尼堪为和硕庄亲王。

**注释** ① 衍圣公：专门封给孔子后裔的爵号。五经博士：中国古代教授五经的学官。五经指《诗》《书》《礼》《易》《春秋》。四氏：清代专为孔、孟、颜、曾(孔子、孟子、颜回、曾子的后裔)四姓别立学馆，教授四姓子弟，称四氏子孙。祭酒：学官名。清代国家最高学府国子监的长官。司业：国子监副长官。 ② 诸生：明清两代对就学于府、州、县学读书的生员的统称。 ③ 钦州、灵山：指今广西钦州、灵山。 ④ 高、雷、廉、琼：指清代所置广东的高州府(今广东高州及周围地区)、雷州府(今广东雷州及周围地区)、廉州府(今广西合浦及周围地区)、琼州府(今海南)。 ⑤ 保宁：清置保宁府，即今四川阆中及周围地区。 ⑥ 辰州：清置辰州府，即今湖南沅陵及周围地区。　⑦湘潭：今湖南湘潭。　⑧宝庆：今湖南邵阳市。　⑨衡山：今湖南衡山。　⑩衡州：今湖南衡阳。

**原文**

十年春正月庚午，谕曰："朕自亲政以来，但见满臣奏事。大小臣工，皆朕腹心。嗣凡章疏，满、汉侍郎、卿以上会同奏进，各除推诿，以昭一德。"辛未，谕："言官不得捃摭细务①，朕一日万几，岂无未合天意、未顺人心之事？诸臣其直言无隐。当者必旌，戆者不罪。"……丙申，幸内苑。阅《通鉴》。上问汉高祖、文帝、光武及唐太宗、宋太祖、明太祖孰优。陈名夏对曰："唐太宗似过之。"上曰："不然，明太祖立法可垂永久，历代之君皆不及也。"

**翻译**

十年（1653）春正月庚午，下谕说："朕亲自执政以来，只见满族的臣子上奏议事。大小臣子，都是朕的心腹。往后凡是奏章疏稿，满、汉侍郎、卿以上的官员当共同具名呈进，以消除各人推诿责任的现象，显示彼此间的同心同德。"辛未，下谕说："谏官不应只采择一些细小的事情来塞责，朕一天处理许许多多事情，难道就没有不合天意，不顺人心的事？还望诸臣直言不隐。说得恰当的必定嘉奖，说得鲁莽的也不加罪。"……丙申，临幸宫内的花园。阅读《通鉴》。皇上问汉高祖、文帝、光武及唐太宗、宋太祖、明太祖哪一个优秀，陈名夏回答说："唐太宗好像超过其他人。"皇上说："不是这样，明太祖建立的法度可以永久流传，历代的君主都及不上他。"

**注释**　①言官：即谏官，负有监察、弹劾、向君主进谏等责任的官员。捃摭（jùn zhí）：摘取，搜集。

原文

三月戊辰，幸南台较射。上执弓曰："我朝以此定天下，朕每出猎，期练习骑射。今综万几，日不暇给，然未尝忘也。"赐太常寺卿汤若望号通玄教师。……辛巳，设宗学，亲王、郡王年满十岁，并选师教习。

夏四月丁酉，亲试翰林官成克巩等。庚子，御太和殿，召见朝觐官，谕遣之。谕曰："国家官人，内任者习知纪纲，外任者谙于民俗，内外扬历①，方见真才。今亲试词臣，其未留任者，量予改授，照词臣外转旧例，优予司、道各官②。"始谕吏部、都察院举京察。……甲寅，命提学御史、提学道清厘学政③。定学额，禁冒滥。改折民间充解物料，行一条鞭法④。

翻译

三月戊辰，临幸南台比试射箭，皇上手执弓说："我大清朝用这个平定天下，朕每次出行狩猎，都希望练习骑马射箭。现今总管各种繁忙的事务，天天不得空闲，然而未曾忘掉。"赐太常寺卿汤若望通玄教师的称号。……辛巳，设立宗室学校，亲王、郡王年满十岁的，都选择老师教导他们。

夏四月丁酉，亲自考核翰林院的官员成克巩等人。庚子，登太和殿，召见朝觐的官员，给予指示后遣送他们返回。下谕说："国家的官员，在朝廷内任职的熟知制度，在朝廷外任职的通晓民俗，内外都经历过，才能看出其真正的才能。如今朕亲自考核文学侍从之臣，那些未能留任的，衡量情况改授其他职务，按照文学侍从之臣调任外官的旧例，从优授予司、道的官职。"开始谕示吏部、都察院举行对在京官员的考察。……甲寅，命令提学御史、提学道清理整顿学校的事务。规定学生的定额，禁止假冒、滥取。把在民间征收并解送朝廷的物料折算成银两，实行一条鞭法。

注释　①扬历：指做官所经历的。　②司：布政使司、按察使司称为司。道：明清时在省、府之间所设置的监察区，长官称道员。　③提学御史：指负责学校、教育方面的御史。御史,官名,隶属都察院,负责纠察。 ④ 一条鞭法:也叫"总赋法",明代开始实行的一种对旧赋役制度进行改革的新法。其主要内容为简化税制,将各种赋税、徭役归并,并折合成银两支付,由实物税改为货币税,是对中国田赋制度的重大改革。

**原文**

六月……辛酉,增置内三院汉大学士①,院各二人。癸亥,谕曰:"唐、虞、夏、商未用寺人②,至周仅具,其职司阍闼洒扫、给令而已③。秦、汉以来,始假事权,加之爵禄,典兵干政,贻祸后代。小忠小信,固结主心;大憝大奸④,潜持国柄。宫庭邃密,深居燕闲,淆是非以溷贤奸⑤,刺喜怒而张威福,变多中发,权乃下移。历览覆车,可为鉴戒。朕酌古准今,量为设置,级不过四品。非奉差遣,不许擅出皇城。外官有与交结者,发觉一并论死。"

**翻译**

六月……辛酉,增设内三院的汉族大学士,每院各二人。癸亥,下谕说:"唐、虞、夏、商从未任用宦官,到周代才有少数宦官,其职责只是看守宫门、洒水扫地,供人使唤而已。秦、汉以来,才开始给他们处理政务的权力,给以爵位俸禄,让他们执掌军事、干预政治,给后代留下祸患。他们用小忠小信,牢牢地抓住君主的心;实际上是大恶大奸,暗地里把持国家的大权。在深邃严密的宫殿里,当帝王在深宫里过着闲暇生活时,他们都可以混淆是非以颠倒贤奸,刺探君主的喜怒来施展威福,变乱多从宫中发生,权力于是下移。逐个观察以往的教训,可以作为借鉴警戒。朕酌量古时比照当今,适量地设置宦官,品级不超过四品。不是奉命差遣,不许擅自出皇城。外面官员有与宦官勾结的,如被发觉一起处死。"

**注释** ① 内三院:清初设置的政治机构,分别为国史院、秘书院、弘文院。 ② 唐、虞:即陶唐氏、有虞氏,均为传说中的远古部落名。前者居于平阳(今山西临汾西南),

尧为其领袖。后者居于蒲阪（今山西永济西蒲州镇），舜为其领袖。寺人：太监。
③ 阍：宫门。闳：门。 ④ 憝（duì）：坏，奸恶。 ⑤ 溷（hùn）：同"混"。

**原文**

八月壬午，以太宗十四女和硕公主下嫁平西王吴三桂子应熊。尚可喜克化州、吴川①。甲申，定武职品级。……己丑，废皇后为静妃。

九月壬子，复刑部三覆奏例。丙辰，耿继茂、喀喀木克潮州。丁巳，孟乔芳讨故明宜川王朱敬镶于紫阳②，平之。

冬十月癸亥朔，命田雄移驻定海③。乙丑，马光辉等讨叛将海时行于永城④，时行伏诛。

**翻译**

八月壬午，将太宗第十四个女儿和硕公主下嫁给平西王吴三桂的儿子吴应熊。尚可喜攻克化州、吴川。甲申，制定武职的品级。……己丑，废黜皇后降为静妃。

九月壬子，恢复刑部审案要反复上奏三次的规程。丙辰，耿继茂、喀喀木攻克潮州。丁巳，孟乔芳在紫阳讨伐原明宜川王朱敬镶，平定了他。

冬十月癸亥初一日，命令田雄移驻定海。乙丑，马光辉等在永城征讨叛逆将领海时行，时行被诛。

**注释** ① 化州：今广东化州。吴川：清置吴川县，治所在今广东吴川西南吴阳。② 紫阳：今陕西紫阳。 ③ 定海：今浙江定海。 ④ 永城：今河南永城。

**原文**

十一年春正月辛丑，罢织造官①。

三月……戊申，皇第三

**翻译**

十一年（1654）春正月辛丑，废除织造官这个部门。

三月……戊申，皇上第三个儿子玄

子玄烨生,是为圣祖。

六月……甲戌,立科尔沁镇国公绰尔济女博尔济锦氏为皇后。庚辰,大赦。

冬十月……壬午……李定国陷高明②,围新会③,耿继茂请益师。

十二月……壬申,以济度为定远大将军,征郑成功。尚可喜、耿继茂、朱玛喇败李定国于新会,定国遁走。乙亥,郑成功陷漳州,围泉州。

十二年春正月……辛亥,修《顺治大训》。

二月……癸未,耿继茂、尚可喜败李定国于兴业④。广东高、雷、廉三府,广西横州平。

三月……壬子,谕曰:"自明末扰乱,日寻干戈,学问之道,阙焉弗讲。今天下渐定,朕将兴文教,崇儒术,以开太平。直省学臣,其训督士子,博通古今,明体达用。诸臣政事之暇,亦宜留

烨降生,这就是圣祖。

六月……甲戌,册立科尔沁镇国公绰尔济的女儿博尔济锦氏为皇后。庚辰,颁大赦令。

冬十月……壬午……李定国攻陷高明,包围新会,耿继茂请求增派部队。

十二月……壬申,任命济度为定远大将军,征讨郑成功。尚可喜、耿继茂、朱玛喇在新会打败李定国,李定国逃走。乙亥,郑成功攻陷漳州,包围泉州。

十二年(1655)春正月……辛亥,修纂《顺治大训》。

二月……癸未,耿继茂、尚可喜在兴业打败李定国。广东高、雷、廉三府,广西横州平定。

三月……壬子,下谕说:"自从明末天下骚乱以来,战争天天接连不断,学问之道,缺失不讲。如今天下逐渐平定,朕将振兴文化教育,推崇儒术,以此来开拓太平盛世。直隶和各省的学官,望能训导督促读书士人,做到博古通今,明了根本,并能取得实际效用。诸臣在处理政务的余暇,也应该留心学问,帮助朕推行崇尚文化的治国之道。"癸丑,设立日讲官。

夏四月……癸未,下诏修纂太祖、太宗《圣训》。

心学问,佐朕右文之治⑤。"
癸丑,设日讲官。

夏四月……癸未,诏修
太祖、太宗《圣训》。

五月……辛卯,和硕郑
亲王济尔哈朗薨,辍朝
七日。

五月……辛卯,和硕郑亲王济尔哈
朗去世,停止上朝七天。

**注释** ① 织造官:清代在江宁(今南京)、苏州、杭州三府设置织造衙门,长官为织造监督,隶属内务府。专掌织造各项丝织品,以供皇室消费。 ② 高明:清高明县,治所在今广东高鹤西北的明城。 ③ 新会:今广东新会。 ④ 兴业:清兴业县,治所在今广西玉林西北的石南镇。 ⑤ 右文:因古时尚右,故"右"指较高的地位。此处"右"字作动词用。

**原文**

六月……辛巳,命内十
三衙门立铁牌。谕曰:"中
官之设,自古不废。任使失
宜,即贻祸乱。如明之王
振、汪直、曹吉祥、刘瑾、魏
忠贤辈,专权擅政,陷害忠
良;出镇典兵,流毒边境;煽
党颂功,谋为不轨;覆败相
寻,深可鉴戒。朕裁定内官
职掌,法制甚明。如有窃权

**翻译**

六月……辛巳,命令在宫内十三个
衙门设立铁牌,下谕说:"宦官的设置,
自古以来从未废除过。但任用失当,就
会留下祸乱。如明代的王振、汪直、曹
吉祥、刘瑾、魏忠贤之流,垄断权力独揽
朝政,陷害忠良;外出镇守地方、执掌军
队,流毒传播边境;煽动党羽称颂自己
的功劳,图谋不轨;因而相继倾覆败亡,
大可以作为鉴戒。朕规定了宦官所执
掌的事务,法律制度很是明确。如果有
窃取权力接受贿赂,勾结官员,超越本

纳贿,交结官员,越分奏事者,凌迟处死。特立铁牌,俾世遵守。"

十一月……乙酉,巡按御史顾仁坐纳贿,弃市。丁亥,谕曰:"国家设督抚巡按,振纲立纪,剔弊发奸,将令互为监察。近来积习,乃彼此容隐。凡所纠劾止末员,岂称设官之意?嗣有瞻顾徇私者,并坐其罪。"郑成功将陷舟山,副将把成功降于贼。

十二月……乙丑,颁《大清满字律》。

十三年春正月……癸未,谕修《通鉴全书》《孝经衍义》。

二月……戊辰,命两广总督移驻梧州。官军败李定国于南宁。庚午,定部院满官三年考满、六年京察例。

夏四月……丁丑,尚可喜复揭阳、普宁、澄海三县①。

分而上奏朝政的宦官,将判处分尸的死刑。特地设立铁牌,让世世代代遵守。"

十一月……乙酉,巡按御史顾仁因受贿罪处死刑,在闹市中执行。丁亥,下谕说:"国家设置总督、巡抚和巡按御史,是为了振兴纲常树立法纪,剔除弊端揭发奸恶,并让他们互相监督。近来形成的习惯,却是彼此包容隐瞒。凡是所举报弹劾的仅仅局限于小官员,怎么符合设置这些官职的本意?以后有瞻顾情面而徇私舞弊的,一并治他的罪。"郑成功部将攻陷舟山,副将把成功向郑成功投降。

十二月……乙丑,颁布《大清满字律》。

十三年(1656)春正月……癸未,谕令修纂《通鉴全书》《孝经衍义》。

二月……戊辰,命两广总督移兵驻扎梧州。官军在南宁打败李定国。庚午,制定部、院的满族官员参加三年任满考核,六年京官考察的条例。

夏四月……丁丑,尚可喜收复揭阳、普宁、澄海三县。

**注释** ① 揭阳:今广东揭阳。普宁:清代普宁县,其治所在今广东普宁北洪阳镇。澄海:今广东澄海。

**原文**

六月己丑,谕曰:"满洲家人皆征战所得,故立严法以儆逋逃。比年株连无已,朕心恻焉。念此仆隶,亦皆人子。苟以恩结,宁不知感?若任情困辱,虽严何益。嗣后宜体朕意。"

秋七月……戊申,官军败明桂王将龙韬于广西①,斩之。……庚戌,郑成功将黄梧等以海澄来降。

八月……壬辰,封黄梧为海澄公。停满官榷关。癸巳,郑成功军陷闽安镇②,进围福州,官军击却之。

十二月己卯,册内大臣鄂硕女董鄂氏为皇贵妃③,颁恩赦。

**翻译**

六月己丑,下谕说:"满洲人的奴仆都是经过征战得来的,所以制定了严厉的法律来儆戒逃亡。近年来株连不断,朕心中很是悲伤。想想这些仆人奴隶,也都是人生的。只要用恩惠笼络他们,难道他们不知感恩?假若任意欺压侮辱他们,立法虽严又有什么用处。往后应当体察朕的心意。"

秋七月……戊申,官军在广西打败明朝桂王的将领龙韬,杀了他。……庚戌,郑成功的将领黄梧等人献上海澄前来投降。

八月……壬辰,封黄梧为海澄公。停止满族官员担任征收关税的职务。癸巳,郑成功的部队攻陷闽安镇,进兵包围福州,官军打退了他们。

十二月己卯,册封内大臣鄂硕的女儿董鄂氏为皇贵妃,颁发恩诏大赦。

**注释** ① 桂王:即南明皇帝朱由榔。1646—1661 年在位。明神宗孙,思宗堂弟。南明隆武帝死后,受瞿式耜等拥戴,在广东肇庆即位,年号永历。永历十年(1656),

李定国迎他到云南,后为吴三桂所杀。 ②闽安镇:即今福建福州东闽安。 ③内大臣:侍卫处副长官。侍卫处是负责保卫皇宫的机构。

## 原文

十四年春正月……戊午,谕曰:"制科取士,计吏荐贤,皆朝廷公典。臣子乃以市恩①,甚无谓也。师生之称,必道德相成,授受有自,方足当之。岂可攀援权势,无端亲昵,考官所得,及荐举属吏,辄号门生?贿赂公行,径窦百出②,钻营党附,相煽成风。朕欲大小臣工杜绝弊私,恪守职事,犯者论罪。"……甲子,谕曰:"我国家之兴,治兵有法。今八旗人民,怠于武事,遂至军旅隳敝③,不及曩时。皆由限年定额,考取生童,乡会两试,即得录用,及各衙门考取他赤哈哈番、笔帖式④,徒以文字得官,迁转甚速,以故人乐趋之。其一切停止。"

## 翻译

十四年(1657)春正月……戊午,下谕说:"制定科举制度选取读书人,考核吏员荐举贤才,都是朝廷公开的恩典。臣子却以此作为讨好人的手段,这是很没有意思的。师生的称谓,一定要在道德上有所提高,相许而成,在学业上有授受的根据,才足以担当。怎么可以攀援权势,无缘无故地亲昵,将考官所录取的,以及长官荐举的下属,都称为门生?以致贿赂公开进行,门路百出,钻营奔走结党依附,互相煽动成为风气。朕希望大小臣子杜绝舞弊营私,恪守职责,违反者论罪。"……甲子,下谕说:"我大清国的兴盛,是因为治理军队得法。如今八旗的人民懒于行军打仗,以至于军队困敝,不如往昔。这都是因为在一定年限内都有一定名额的人,考取生员,再经过乡会两试,就得以录用,至于各衙门考取的他赤哈哈番、笔帖式,只是以文字取得官职,提升得很快,所以人们都乐意奔这条路。这一切现都停止。"

注释　① 市恩：犹言讨好，买好。　② 径：小路。窦：孔、洞。此处指到处找门路的意思。　③ 隳（huī）：毁坏。　④ 他赤哈哈番：满语音译，汉名笔帖式。笔帖式：官名。清代在各衙署中设置的低级官员，掌理翻译满、汉奏章文书。

**原文**

二月戊寅……命儒臣篡修《易经》。

八月……丙申，郑成功犯台州，绍台道蔡琼枝叛，降于贼。

冬十月……甲午，顺天考官李振邺、张我朴等坐受贿弃市。

十二月……甲戌，封孙可望为义王。癸未，命吴三桂自四川，赵布泰自广西，罗托自湖南取贵州。丙戌，明桂王将谭新传等降。

**翻译**

二月戊寅……命令儒臣篡修《易经》。

八月……丙申，郑成功进犯台州，绍台道蔡琼枝叛变，向贼投降。

冬十月……甲午，顺天府考官李振邺、张我朴等人因受贿被处以死刑在闹市执行。

十二月……甲戌，封孙可望为义王。癸未，命令吴三桂从四川，赵布泰从广西，罗托从湖南攻取贵州。丙戌，明桂王将领谭新传等人投降。

**原文**

十五年……六月戊辰，吴三桂等败李定国将刘正国于三坡，克遵义，拔开州①。……癸巳，郑成功犯温州，陷平阳、瑞安②。

**翻译**

十五年（1658）……六月戊辰，吴三桂等在三坡打败李定国的部将刘正国，攻克遵义，打下开州。……癸巳，郑成功进犯温州，攻陷平阳、瑞安。

十二月……壬午，故明宗室朱议溳率众降。

十二月……壬午，原明朝宗室朱议溳率领部众投降。

注释 ① 开州：今贵州开阳。 ② 平阳：今浙江平阳。瑞安：今浙江瑞安。

原文

十六年春正月甲午，桂王将谭文犯重庆，其弟谭诣杀之，及谭弘等来降。丁酉，以徐永正为福建巡抚。庚子，多尼克云南，以捷闻。初，多尼、吴三桂、赵布泰会师于平越府之杨老堡①，分三路取云南。多尼自贵阳入，渡盘江至松岭卫，与白文选遇，大败之。三桂自遵义至七星关，不得进，乃由水西间道趋乌撒②。赵布泰自都匀至盘江之罗颜渡③，败守将李成爵于山谷口，又败李定国于双河口，所向皆捷，遂俱抵云南，入省城。李定国、白文选奉桂王奔永昌④。

翻译

十六年(1659)春正月甲午，桂王将领谭文进犯重庆，他的弟弟谭诣杀了他，和谭弘等人前来投降。丁酉，任命徐永正为福建巡抚。庚子，多尼攻克云南，将捷报上报朝廷。起初，多尼、吴三桂、赵布泰在平越府的杨老堡会师，分三路攻取云南。多尼从贵阳进入，渡盘江到松岭卫，与白文选相遇，打得他大败。三桂从遵义到七星关，无法前进，就由水西的小路奔向乌撒。赵布泰从都匀到盘江的罗颜渡，在山谷口打败守将李成爵，又在双河口打败李定国，所到之处都打了胜仗，于是一起抵达云南，进入省城。李定国、白文选侍奉桂王逃奔永昌。

注释　①平越府：今贵州福泉及周围地区。　②乌撒：即今贵州威宁彝族回族苗族自治县。清初为乌撒府，康熙三年（1664）改为威宁府。　③都匀：今贵州都匀。④永昌：今云南保山及其附近地区。清为永昌府。

原文

三月……戊申……郑成功犯浙江太平县，官军击败之。……甲寅，命吴三桂镇云南，尚可喜镇广东，耿继茂镇四川。

夏四月甲寅，多尼、吴三桂军克镇南州①，白文选纵火烧澜沧江铁桥遁走。我军进克永昌，李定国奉桂王走腾越②，伏兵于磨盘山，我军力战，复克腾越。

翻译

三月……戊申……郑成功进犯浙江太平县，官军击败了他。……甲寅，命令吴三桂镇守云南，尚可喜镇守广东，耿继茂镇守四川。

夏四月甲寅，多尼、吴三桂的部队攻克镇南州，白文选纵火焚烧澜沧江铁桥后逃走。我军进兵攻克永昌，李定国侍奉桂王逃往腾越，在磨盘山埋伏部队，我军力战，又攻克腾越。

注释　①镇南州：今云南南华县。　②腾越：今云南腾冲及周围地区。清初为腾越州。

原文

五月……戊寅，官军击成功于定关，败之，斩获甚众。

六月……壬子，郑成功陷镇江府。

翻译

五月……戊寅，官军在定关攻击郑成功，打败了他，斩杀俘获很多。

六月……壬子，郑成功攻陷镇江府。

秋七月丁卯，以达素为安南将军，同索洪、赖塔等率师征郑成功。丙子，郑成功犯江宁。

八月己丑朔，江南官军破郑成功于高山，擒提督甘辉等，烧敌船五百余艘。成功败遁，我军追至瓜州[1]，敌兵大溃。先是，成功拥师十余万，战舰数千，抵江宁城外，列八十三营，络绎不绝，设大炮、地雷、云梯、木栅，为久困之计，军容甚盛。我军噶褚哈、马尔赛等自荆州以舟师来援，会苏松水师总兵官梁化凤及游击徐登第、参将张国俊等各以军至，总督郎廷佐合军会战，水陆并进，遂以捷闻。……甲辰，郑成功复犯崇明，官军击败之。

秋七月丁卯，任命达素为安南将军，同索洪、赖塔等率领军队征讨郑成功。丙子，郑成功进犯江宁。

八月己丑初一日，江南的官军在高山打败郑成功，擒获提督甘辉等人，烧毁敌船五百余艘。郑成功失败逃走，我军追到瓜洲，敌兵大规模溃败。在此之前，郑成功拥有军队十余万，战舰数千，抵达江宁城外，列置八十三营，络绎不绝，设置大炮、地雷、云梯、木栅，打算长久围困，军容很雄壮。我军噶褚哈、马尔赛等从荆州带船队来增援，适逢苏松水师总兵官梁化凤以及游击将军徐登第、参将张国俊等人各自带着部队到来，总督郎廷佐集合部队共同作战，水陆并进，终于以捷报上达。……甲辰，郑成功再次进犯崇明，官军击败了他。

**注释** ① 瓜州：即瓜洲，在今江苏扬州南。

**原文**

十七年……三月癸亥，

**翻译**

十七年（1660）……三月癸亥，确定

定平西、靖南二藩兵制。……甲戌,定固山额真汉称曰都统,梅勒章京曰副都统,甲喇章京曰参领,牛录章京曰佐领,昂邦章京曰总管①。满仍其旧。

秋七月……壬午,以罗托为安南将军,率师征郑成功。

八月……壬寅,皇贵妃董鄂氏薨,辍朝五日。甲辰,追封董鄂氏为皇后。

平西、靖南二藩王军队的编制。……甲戌,确定任固山额真的汉人称为都统,梅勒章京称为副都统,甲喇章京称为参领,牛录章京称为佐领,昂邦章京称为总管。满人仍然照旧。

秋七月……壬午,任命罗托为安南将军,率领军队征讨郑成功。

八月……壬寅,皇贵妃董鄂氏去世,停止上朝五天。甲辰,追封董鄂氏为皇后。

注释　① 固山额真、梅勒章京、甲喇章京、牛录章京、昂邦章京:满语音译。均为清初武官名。

原文

十八年春正月壬子,上不豫。丙辰,大渐。赦死罪以下。丁巳,崩于养心殿,年二十四。

三月癸酉,上尊谥曰体天隆运英睿钦文大德弘功至仁纯孝章皇帝,庙号世祖,葬孝陵。累上尊谥曰体天隆运定统建极英睿钦文显武大德弘功至仁纯孝章皇帝。

翻译

十八年(1661)春正月壬子,皇上不舒服。丙辰,病危。赦免死罪以下的囚犯。丁巳,在养心殿去世,年龄为二十四岁。

三月癸酉,敬上尊号为体天隆运英睿钦文大德弘功至仁纯孝章皇帝,庙号世祖,葬在孝陵,累次敬上尊号为体天隆运定统建极英睿钦文显武大德弘功至仁纯孝章皇帝。

# 睿忠亲王多尔衮传

导读

　　多尔衮,既是清王朝的开国功臣,又是独揽大权达七年之久的摄政王。顺治元年(1644),清兵入关,一面打出"仁义之师"的旗号,采取笼络的手段收拾民心;一面采取严酷的手段镇压农民起义和各地抗清义军,消除汉人的反清意识,到顺治七年(1650)多尔衮去世时,基本上确立了清王朝在中国的统治。而这一切都是在多尔衮主持下进行的。清朝定都北京后的各项政策的制定,包括参照明代政治体制建立各级政府机构,正式开科取士,罢除明代诸饷加派等,也都是在他主持下进行的。他对清王朝的建立和巩固起了很大的作用。可就在他死后两个月,就被剥夺了爵位和宗室的身份,并且被抄了家,从中反映出清朝初期统治阶级内部的复杂矛盾和激烈冲突。(选自卷二一八)

原文

　　睿忠亲王多尔衮,太祖第十四子。初封贝勒。天聪二年,太宗伐察哈尔多罗特部①,破敌于敖穆楞,多尔衮有功,赐号墨尔根代青②。三年,从上自龙井关入明边③,与贝勒莽古尔泰等攻下汉儿庄④,趋通州⑤,薄明

翻译

　　睿亲王多尔衮,是太祖的第十四个儿子。起初封为贝勒。天聪二年(1628),太宗征伐察哈尔的多罗特部,在敖穆楞打败了敌人,多尔衮有功劳,赐号墨尔根代青。三年(1629),跟随皇上从龙井关进入明朝边境,与贝勒莽古尔泰等人攻下汉儿庄,奔赴通州,逼近明朝首都,在广渠门外打败袁崇焕、祖大寿的援兵,又在蓟州歼灭了山海关的

都,败袁崇焕、祖大寿援兵于广渠门外⑥,又歼山海关援兵于蓟州⑦。四年,引还,多尔衮与莽古尔泰先行,复破敌。五年,初设六部,掌吏部事。从上围大凌河⑧,战,多尔衮陷阵,明兵堕壕者百余,城上炮矢发,将士有死者。上切责诸将不之阻。祖大寿约以锦州献⑨,多尔衮与阿巴泰等以兵四千,佋装从大寿作溃奔状,袭锦州,锦州兵迎战,击败之。……

援兵。四年(1630),领兵撤回,多尔衮与莽古尔泰率部先行,又击败敌人。五年(1631),开始设立六部,多尔衮主管吏部事务。跟随皇上包围大凌河,开战时,多尔衮冲入敌阵,明朝士兵掉下壕沟的有一百多人,城墙上大炮、弓箭齐发,将士中有死亡的。皇上严词谴责各位将帅没有阻拦多尔衮。祖大寿约定将锦州城进献,多尔衮与阿巴泰等人率领士兵四千人,改了装束跟大寿作出溃败逃跑的样子,袭击锦州,锦州城中的军队迎战,我军打败了明朝军队。……

注释 ① 察哈尔:漠南蒙古部落名。在今内蒙古乌兰察布东南部及锡林郭勒南部。 ② 墨尔根代青:满语音译。意为聪明王。 ③ 龙井关:长城关隘,在今河北迁安西北。 ④ 汉儿庄:在今河北迁西北部,北靠长城。 ⑤ 通州:今北京通州及周围地区。 ⑥ 袁崇焕:明辽远巡抚。祖大寿:明锦州总兵。 ⑦ 山海关:长城起点,在今河北秦皇岛。形势险要,有"天下第一关"之称。蓟州:今天津蓟州及周围地区。 ⑧ 大凌河:在今辽宁西部,往东南流入辽东湾。 ⑨ 锦州:今辽宁锦州。

原文

九年,上命偕岳托等将万人招察哈尔林丹汗子额哲①,师还渡河,多尔衮自平鲁卫至朔州②,毁宁武关③,

翻译

九年(1635),皇上命令多尔衮会同岳托等人率领一万人去招降察哈尔林丹汗的儿子额哲,军队返回时渡过黄河,多尔衮从平鲁卫抵达朔州,攻破了

略代州、忻州、崞县、黑峰口及应州④，复自归化城携降众还⑤。林丹汗得元玉玺，曰"制诰之宝"，多尔衮使额哲进上，群臣因表上尊号⑥。崇德元年，进封睿亲王。武英郡王阿济格等率师伐明，命王偕多铎攻山海关缀明师，阿济格捷至，乃还。从伐朝鲜，偕豪格别从宽甸入长山口⑦，克昌州⑧。进攻江华岛⑨，克之，获朝鲜王妃及其二子，国王李倧请降。上还盛京⑩，命约束后军，携朝鲜质子淄、淏及大臣子以归。

宁武关，劫掠代州、忻州、崞县、黑峰口以及应州，再从归化城带着归降的部众返回。林丹汗得到元朝皇帝所用玉印，刻着"制诰之宝"四字，多尔衮让额哲进献给皇上，群臣因此写表奉上尊号，请求太宗正式登上帝位。崇德元年，进封为睿亲王。武英郡王阿济格等人率领部队讨伐明朝，皇上命令睿亲王会同多铎进攻山海关，以拖住山海关的明军。阿济格的捷报传来，于是撤回。跟随皇上征伐朝鲜，会同豪格另从宽甸进入长山口，攻克昌州。进而攻打江华岛，攻克了。擒获了朝鲜的王妃以及她的两个儿子，国王李倧请求投降。皇上返回盛京，命令亲王管束后继部队，带着朝鲜做人质的王子李淄、李淏以及大臣的儿子返回。

**注释**　①林丹汗：察哈尔部落的首领。汗（hán），可汗，即首领。　②平鲁卫：今山西平鲁，明置平鲁卫。朔州：今山西朔州及周围地区。　③宁武关：长城关隘，在今山西宁武境内。　④代州：今山西代县及周围地区。忻州：今山西忻州及周围地区。崞县：今山西原平及周围地区。应州：今山西应县及周围地区。　⑤归化城：今内蒙古呼和浩特及周围地区。　⑥上尊号：指拥立清太宗（皇太极）为皇帝。尊号指帝号。皇太极是在得到玉玺后才正式称帝的。　⑦宽甸：今辽宁宽甸。⑧昌州：在今朝鲜平壤西北。　⑨江华岛：朝鲜西海岸大岛，在汉江口、江华湾内。⑩盛京：今沈阳。清入关前首都。

原文

　　三年，上伐喀尔喀<sup>①</sup>，王留守，筑辽阳都尔弼城<sup>②</sup>，城成，命曰屏城；复治盛京至辽河大道<sup>③</sup>。八月，命为奉命大将军，将左翼，岳托将右翼，伐明。自董家口毁边墙入<sup>④</sup>，约右翼兵会通州河西务。越明都至涿州，分兵八道，行略地至山西，南徇保定，击破明总督卢象升。遂趋临清<sup>⑤</sup>，渡运河，破济南。还略天津、迁安<sup>⑥</sup>，出青山关<sup>⑦</sup>。克四十余城，降六城，俘户口二十五万有奇，赐马五、银二万。五年，屯田义州<sup>⑧</sup>，克锦州城西九台，刈其禾。又克小凌河西二台<sup>⑨</sup>。迭败明兵杏山、松山间<sup>⑩</sup>。……

翻译

　　三年（1638），皇上征伐喀尔喀，亲王留守盛京，修筑辽阳的都尔弼城。城堡修成后，命名为屏城；又修筑了盛京到辽河的大路。八月，被任命为奉命大将军，率领左翼部队，岳托率领右翼部队，讨伐明朝。从董家口拆毁边境城墙进入，约定与右翼部队在通州的河西务会师。然后越过明朝京都抵达涿州，分兵八路，一路攻城掠地抵达山西，再向南攻取保定，打败了明朝总督卢象升。接着奔赴临清，渡过运河，攻克济南。返回途中劫掠天津、迁安，从青山关出境。攻克四十多座城池，招降六座城池，俘虏人口二十五万还多，受赏赐马五匹，银子二万两。五年（1640），在义州屯田，攻克锦州城西面的九座城堡，收割那里的庄稼。又攻克小凌河西面的两座城堡，连续在杏山、松山之间击败明朝军队。……

注释　①喀尔喀：漠南蒙古部落名，在今内蒙古哲里木盟境内。　②辽阳：今辽宁辽阳。　③辽河：我国东北地区南部的大河。贯穿辽宁全省，向西南流入辽东湾。　④董家口：长城关隘，在今河北抚宁北部。　⑤临清：今山东临清及周围地区。　⑥迁安：今河北迁安及周围地区。　⑦青山关：长城关隘，在河北迁安西北。　⑧义州：今辽宁义县及周围地区。　⑨小凌河：在今辽宁西部，流经锦州西南入辽东湾。　⑩杏山、松山：指杏山城、松山城，均在今辽宁锦州南、山海关以北。

明朝政府在此驻有重兵守卫。

**原文**

　　八年，太宗崩，王与诸王、贝勒、大臣奉世祖即位。诸王、贝勒、大臣议以郑亲王济尔哈朗与王同辅政，誓曰："有不秉公辅理、妄自尊大者，天地谴之！"郡王阿达礼、贝子硕托劝王自立，王发其谋，诛阿达礼、硕托。寻与济尔哈朗议罢诸王、贝勒管六部事。顺治元年正月，却朝鲜馈遗，告济尔哈朗及诸大臣曰："朝鲜国王因予取江华，全其妻子，常以私馈遗。先帝时必闻而受之，今辅政，谊无私交①，不当受。"因并禁外国馈诸王贝勒者。济尔哈朗谕诸大臣，凡事先白王，书名亦先之。王由是始专政。固山额真何洛会等讦肃亲王豪格怨望②。集议，削爵，大臣扬善等以谄附，坐死。

**翻译**

　　八年（1643），太宗驾崩，亲王与各位亲王、郡王、贝勒、大臣拥戴世祖登位。诸王、贝勒、大臣商议让郑亲王济尔哈朗与亲王共同辅助朝政，宣誓说："如有不主持公道辅助治理国家、妄自尊大的，天地将予以谴责！"郡王阿达礼、贝子硕托劝亲王自立为帝，亲王揭发了他们的阴谋，诛杀了阿达礼、硕托。不久与济尔哈朗商议停止诸王、贝勒管理六部事务。顺治元年（1644）正月，亲王拒绝了朝鲜的馈赠，对济尔哈朗以及各位大臣说："朝鲜国王因为我攻取江华时，保全了他的妻子和儿女，经常以私人名义赠送东西给我。先帝的时候一定先报告皇上然后接受，如今辅助朝政，从道义上讲不该有私交，所以不应当接受。"因此一并禁止外国馈赠东西给诸王、贝勒。济尔哈朗谕告各位大臣，凡有事先禀告亲王，书写姓名时也将亲王写在前面。亲王从这时候起开始独揽朝政。固山额真何洛会等人揭发肃亲王豪格心怀不满。因而召集诸王大臣共同商议，除去了他的爵位。大臣扬善等因谄媚依附，被判处死罪。

注释 　① 谊：同"义"，道义。　② 讦(jié)：攻击别人的短处或揭发别人的阴私。怨望：心怀不满。

**原文**

　　四月乙丑，上御笃恭殿，援王奉命大将军印，并御用纛盖①，敕便宜行事②，率武英郡王阿济格、豫郡王多铎及孔有德等伐明。丙寅，发盛京。壬申，次翁后。明平西伯吴三桂自山海关来书乞师，王得书，移师向之。……

**翻译**

　　四月乙丑，皇上登笃恭殿，授予亲王奉命大将军的大印，以及皇帝所用的大旗和华盖，命令他根据事势所宜自行处理政务，率领武英郡王阿济格、豫郡王多铎以及孔有德等人讨伐明朝。丙寅，从盛京出发。壬申，驻扎翁后。明朝平西伯吴三桂从山海关送来书信请求出兵援助，亲王得到书信，调动军队向山海关进发。……

注释 　① 纛(dào)：古代军队中的大旗。盖：华盖，华丽的伞盖。　② 便宜行事：根据事势的方便适宜，自行处理事务而不用上报。一般用于皇帝赐给臣子权力。

**原文**

　　丁丑，次连山①。三桂复遣使请速进，夜逾宁远抵沙河②。戊寅，距关十里，三桂报自成兵已出边。王令诸王逆击③，败李自成将唐通于一片石④。己卯，至山海关，三桂出迎，王慰劳之。

**翻译**

　　丁丑，驻扎连山。吴三桂再次派遣使者请求迅速前往，部队夜晚越过宁远抵达沙河。戊寅，距离山海关十里，吴三桂来报李自成的军队已经出了边关。亲王命令诸王迎战，在一片石打败了李自成的将领唐通。己卯，抵达山海关，吴三桂出关迎接，亲王慰劳了他。命令所

令所部以白布系肩为识,先驱入关。时自成将二十余万人,自北山列阵,横亘至海⑤。我兵阵不及海岸,王令曰:"流贼横行久⑥,犷而众,不可轻敌。吾观其阵大,首尾不相顾。可集我军鳞比,伺敌阵尾,待其衰击之,必胜。努力破此,大业成矣。勿违节制!"既成列,令三桂居右翼后。搏战,大风扬沙,咫尺不能辨。力斗良久,师噪。风止,自三桂阵右突出,捣其中坚⑦,马迅矢激。自成登高望见,夺气,策马走。师无不一当百,追奔四十里,自成溃遁。王即军前承制进三桂爵平西王。下令关内军民皆薙发⑧。以马步兵各万人属三桂,追击自成。乃誓诸将曰:"此行除暴救民,灭贼以安天下。勿杀无辜、掠财物、焚庐舍。不如约者,罪之。"自关以西,百姓有逃窜山谷者,皆还乡里,薙发迎

属部队用白布系在肩上作为标记,先驰驱马入关。当时李自成率领着二十多万人,从北山开始列阵,连绵不断直到大海。我军列阵不到海岸,亲王下令说:"流贼横行已久,凶悍而且人数众多,不可轻敌。我观察他们的阵容虽然强大,但首尾不相顾及。可以集结我军兵力如鱼鳞般密密排列在一起,窥视敌阵的尾部,等到他们疲惫时攻击他们,就一定能够胜利。奋力攻破此阵,大业就成功了。切勿违反调度和命令!"既已排成队列,命令吴三桂等候在右翼的后面。双方搏斗,大风扬起尘沙,咫尺之间都无法辨认。奋战了很久,部队喧哗起来。风停了,部队从吴三桂阵地的右边突然出击,直捣敌人的主力部队,万马迅疾,弓箭激飞。自成登上高处远远望见,丧失了胆气,拍马而逃。我军无不以一当百,追赶了四十里,李自成溃败逃走。亲王当即在军前以皇上的名义给吴三桂进爵为平西王。下令关内的军民一律剃发。拨骑兵、步兵各一万人隶属吴三桂,追击李自成。于是与诸将帅宣誓说:"这次行动是为了翦除暴虐拯救百姓,消灭贼寇以安定天下。禁止滥杀无辜、掠夺财物、焚烧房屋。如有不照此约办理者,就定他的罪。"从山海关往西,百姓中有逃避到山里去的,都返回

降。辛巳,次新河驿⑨,使奏捷,师遂进。途中明将吏出降,命供职如故。

乡里,剃了头发,迎接投降。辛巳,部队驻扎新河驿,派人报捷,然后部队继续前进。一路上有明朝将帅官吏出来投降的,命他们仍旧担任原来的职务。

原文

　　五月戊子朔,师次通州。自成先一日焚宫阙①,载辎重而西。王令诸王偕三桂各率所部追之。己丑,王整军入京师,明将吏军民迎朝阳门外,设卤簿②,请乘辇③,王曰:"予法周公辅冲主,不当乘。"众以周公尝负扆④,固请,乃命以卤簿列王仪仗前,奏乐,拜天,复拜阙,乘辇,升武英殿。明将吏入谒,呼万岁。下令将士皆乘城,毋入民舍,民安堵如故⑤。为崇祯帝发丧三

翻译

　　五月戊子初一日,部队驻扎通州。李自成已在前一天焚烧了皇宫,装载着粮草物资往西而去。亲王命令诸王会同吴三桂各自率领所属部队追击李自成。己丑,亲王整顿军队进入京师,明朝的将帅官吏和军士百姓到朝阳门外迎接,设置了帝王的仪仗队,请亲王乘坐辇车,亲王说:"我效法周公辅助幼主,不应当乘坐。"众人以周公曾经背负屏风南面而坐代理政务为由,坚持请求,于是亲王命令将天子仪仗队排列在亲王的仪仗面前,奏起乐曲,向天礼拜,又向皇宫礼拜,才乘上辇车,登上武英殿。明朝将帅官吏入殿拜见,口呼万岁。亲王下令将士们全部待在城楼上,不许进入百姓家中,百姓安居如故。为

日⑥，具帝礼葬之。诸臣降者，仍以明官治事。……

崇祯皇帝发丧三天，置备了皇帝的礼仪来安葬他。那些投降的大臣，让他们仍旧按照明朝的职务管理政务。……

**注释** ① 宫阙：此处指皇宫。阙，古代宫殿等高大建筑物两边所建的楼观。② 卤簿：帝王出行时扈从的仪仗队。 ③ 辇(niǎn)：天子乘坐的车。 ④ 负扆(yǐ)：扆：屏风。天子朝见臣子时，背负屏风南面而坐，称为负扆。 ⑤ 安堵：安居，不受骚扰。 ⑥ 崇祯帝：指明朝最后一个皇帝朱由检，年号崇祯。1628—1644 年在位。

**原文**

王初令官民皆薙发，继闻拂民愿，谕缓之。令戒饬官吏，网罗贤才，收恤都市贫民。用汤若望议，厘正历法，定名曰《时宪历》。……六月，遣辅国公屯齐喀、和托，固山额真何洛会等迎上，定都燕京①。

明福王由崧称帝江宁②，遣其大学士史可法督师扬州，设江北四镇③，沿淮、徐置戍④。……

**翻译**

亲王原先命令官吏百姓一律剃发，继而听说违背了百姓的意愿，下令延缓执行。下令告诫整顿官吏，搜罗贤才，收容和抚恤城市中的贫民。采用汤若望的建议，考订修正历法，定名为《时宪历》。……六月，派遣辅国公屯济喀、和托、固山额真何洛会等人去迎接皇上，定都燕京。

明朝福王朱由崧在江宁称帝，派遣他的大学士史可法在扬州督率部队，设立了江北四镇，沿着淮安府、徐州设置防守部队。……

**注释** ① 燕京：北京的别称。 ② 福王：南明皇帝朱由崧。1644—1645 年在位。崇祯十六年(1643)继承福王封爵。明亡，在南京建立政权，年号弘光。弘光元年(1645)清兵南下，他在芜湖被俘，次年被杀于北京。江宁：今江苏南京市。 ③ 江北四镇：福王立国后，在军事上将长江以北地区分为四镇，即：淮海、徐泗、凤寿、滁和,包括了今江苏、安徽、山东三省的部分地区。 ④ 淮、徐:指明代所置淮安府及徐州地区,相当于今江苏徐州、淮安部分地区,明黄河故道穿越其地东流入海。此处指在黄河南岸设置营垒以抵御清军。

## 原文

九月,上入山海关,王率诸王群臣迎于通州。上至京师,封为叔父摄政王,赐貂蟒朝衣。十月乙卯朔,上即位,以王功高,命礼部尚书郎球、侍郎蓝拜、启心郎渥赫建碑纪绩,加赐册宝、黑狐冠一、上饰东珠十三、黑狐裘一,副以金、银、马、驼。二年,郑亲王等议上摄政王仪制,视诸王有加礼。王曰:"上前未敢违礼,他可如议。"翌日入朝<sup>①</sup>,诸臣跪迎,命还舆,责大学士刚林等曰:"此上朝门,诸臣何故跪我?"御史赵开心疏言:"王以皇叔之亲,兼摄政王之尊,臣民宁肯自外于拜舞<sup>②</sup>?第王恩皆上恩,群臣谒王,正当限以礼数,与朝

## 翻译

九月,皇上进入山海关,亲王率领诸王群臣在通州迎接。皇上抵达京师,封亲王为叔父摄政王,赐给貂皮绣蟒朝服。十月乙卯初一日,皇上登位。因亲王功高,命令礼部尚书朗球、侍郎蓝拜、启心郎渥赫为他建立石碑记录功绩,加赐册封的盖有宝玺的文书、黑狐冠一顶,冠上饰有东珠十三颗,黑狐裘衣一件,再附上金、银、马匹、骆驼。二年(1645),郑亲王等人经过协商确定了关于摄政王的礼仪制度,上奏皇帝;与诸王相比其礼仪更为尊崇。亲王说:"在皇上面前不敢违礼,其他的可以遵照其所建议的办理。"次日入朝,各位大臣下跪迎接,亲王命令座车返回,责问大学士刚林等人说:"这是上朝的宫门,各位大臣为什么要在这里给我下跪?"御史赵开心上疏说:"王爷以皇叔的至亲身份,兼以摄政王的尊贵地位,臣民怎么肯不跪拜舞蹈呢?只是王爷的恩典都是皇上的恩典,群臣拜见王爷,也应当在礼数上有所限制,与朝见皇上不同。

见不同。庶诸臣不失尊王之意③，亦全王尊上之心。上称叔父摄政王，王为上叔父，惟上得称之。若臣庶宜于叔父上加'皇'字，庶辨上下，尊体制。"下礼部议行。其年六月，豫亲王克扬州，可法死之，遂破明南都④。闰六月，英亲王逐李自成至武昌⑤，东下九江⑥，故明宁南侯左良玉子梦庚率众降，江南底定⑦。十月，上赐王马，王入谢，诏曰："遇朝贺大典，朕受王礼。若小节，勿与诸王同。"王对曰："上方幼冲⑧，臣不敢违礼。待上亲政，凡有宠恩，不敢辞。"王时摄政久，位崇功高，时诚诸臣尊事主上，曰："俟上春秋鼎盛⑨，将归政焉。"

以使诸臣既不丧失尊敬王爷的心意，也成全王爷尊敬皇上的心意。皇上称王爷为叔父摄政王，王爷是皇上的叔父，只有皇上才能够这样称呼。假若是臣子百姓应当在'叔父'上面加一个'皇'字，这样才能区别上下，尊重体制。"把这一奏疏交给礼部讨论后施行。这一年的六月，豫亲王攻克扬州，史可法死在战斗中，接着攻破了明朝的南都。闰六月，英亲王追逐李自成一直到武昌，又向东攻取九江，原明朝宁南侯左良玉的儿子左梦庚率领部众投降，江南得以平定。十月，皇上赐给亲王马匹，亲王入宫拜谢，皇上下诏说："遇到朝贺大典，朕接受睿亲王的礼拜。如果是一般性的见面，不必与其他诸王相同。"亲王回答说："皇上正当幼年，臣不敢违背礼仪，等到皇上亲自执政了，凡有宠爱和恩典，那我不敢推辞。"亲王当时代替皇上处理国事很久了，地位高功勋大，时时告诫各位大臣要尊敬地侍奉皇上，说："等到皇上成年以后，将把朝政归还皇上。"

注释　①翌(yì)日：明天。　②拜舞：跪拜与舞蹈。舞蹈，古代臣子朝见皇帝时的一种仪节。　③庶(shù)：希望。　④南都：明太祖朱元璋建都南京，永乐年间迁都北京，故明人称南京为南都。　⑤武昌：今湖北武昌及周围地区。　⑥九江：今江西九江及周围地区。　⑦江南：此处泛指长江以南地区。底定：平定。　⑧幼冲：年幼。冲，幼小。　⑨春秋：指年龄。

原文

初，肃亲王怨王不立己，有郄①。英、豫二王与王同母，王视豫亲王厚，每宽假之。豫亲王之征苏尼特也②，王送之出安定门。及归，迎之乌兰诺尔。集诸大臣，语以豫亲王功懋③，宜封辅政叔王，因罢郑亲王辅政，以授豫亲王。肃亲王既平四川，王摘其微罪，置之死。四年十二月，王以风疾不胜跪拜，从诸王大臣议，独贺正旦上前行礼，他悉免。五年十一月，南郊礼成④，敕诏曰："叔父摄政王治安天下，有大勋劳，宜加殊礼，以崇功德，尊为皇父摄政王。凡诏疏皆书之。"

翻译

原先，肃亲王怨恨亲王没有拥立自己为皇帝，与亲王有矛盾。英、豫两位亲王和亲王是同母所生，但亲王对待豫亲王感情深，经常宽容他。豫亲王征伐苏尼特时，亲王一直将他送出安定门。等到返回，又到乌兰诺尔去迎接他。召集各位大臣，对他们说豫亲王功大，应当封为辅政叔王，因而停止郑亲王辅政，并将辅政权力授予豫亲王。肃亲王既已平定了四川，亲王故意抓住他的小小过失，处以死刑。四年（1647）十二月，亲王以风寒病不能跪拜，听从诸王、大臣的建议，只在庆贺正月初一的大礼时到皇上面前行礼，其他场合都免了。五年（1648）十一月，南郊祭天大礼结束，皇上在大赦诏书中说："叔父摄政王治理平定天下，有极大的功勋，应当加以特殊的礼遇，以尊崇他的功德，尊为皇父摄政王。凡诏书、奏疏中都必须书写。"

注释 ① 郄(xì)：同"隙"，嫌隙。 ② 苏尼特：漠南蒙古部落名。在今内蒙古锡林郭勒盟境内。 ③ 懋：盛大。 ④ 南郊礼：古代封建王朝在每年的冬至日，在圜丘祭天，因地处京师南面之郊，故称为南郊大祀。

原文

六年……十二月，王妃博尔济吉特氏薨，以册宝追封为敬孝忠恭正宫元妃。

七年正月，王纳肃王福金①，福金，妃女弟也。复征女朝鲜。……

寻有疾，语贝子锡翰、内大臣席讷布库等曰："予罹此大戚②，体复不快。上虽人主③，独不能循家人礼一临幸乎？谓上幼冲，尔等皆亲近大臣也。"既又戒曰："毋以予言请上临幸。"锡翰等出，追止之，不及，上幸王第④。王因责锡翰等，议罪当死，旋命贳之⑤。十一月，复猎于边外。十二月，薨于喀喇城，年三十九。上闻之，震悼。丧还，率王大臣缟服迎奠东直门外⑥。诏追尊为"懋德修道广业定功安民立政诚敬义皇帝，庙号成宗"。明年正月，尊妃为义皇后。祔太庙⑦。

翻译

六年（1649）……十二月，亲王的王妃博尔济吉特氏去世，用盖有宝玺的册书追封王妃为敬孝忠恭正宫元妃。

七年（1650）正月，亲王娶了肃亲王的福金。福金，是亲王去世王妃的妹妹。亲王又到朝鲜征选美女。……

不久亲王有病，对贝子锡翰、内大臣席讷布库等人说："我遭到这样大的不幸，身体又不好，皇上虽然是天子，难道就不能遵照家人的礼仪来一次吗？虽说是皇上年幼，想不到这一点，但你们都是皇上的亲近大臣啊。"一会儿又告诫说："不要以我刚才的话去请皇上来看我。"锡翰等人出去后，亲王派人去追赶阻止他们，没有追上。皇上亲临亲王府第。亲王因此责怪锡翰等人，命有关部门议定他们的罪，认为应处死刑，不久亲王又下令赦免了他们。十一月，再次在边境外打猎。十二月，在喀喇城去世，年龄为三十九岁。皇上听到这一消息，感到震惊悲痛。灵柩返京时，皇上率领诸王、大臣穿着丧服到东直门外迎接并祭奠。下诏追加尊号为"懋德修道广业定功安民立政诚敬义皇帝，庙号成宗"。第二年正月，尊王妃为义皇后。附祭在太庙中。

注释　① 福金：即"福晋"，满语中妻子的意思。清朝亲王、郡王的妻子称为福晋。② 大戚：大的不幸和痛苦。此处指王妃博尔济吉特氏的去世。　③ 人主：君主。④ 幸：指帝王驾临。　⑤ 贳（shì）：赦免。　⑥ 缟（gǎo）服：此处指丧服。缟，白色。⑦ 太庙：古代帝王的祖庙。

## 原文

　　王无子，以豫亲王子多尔博为后，袭亲王，俸视诸王三倍，诏留护卫八十员①。又以王近侍苏克萨哈、詹岱为议政大臣。二月，苏克萨哈、詹岱讦告王薨时，其侍女吴尔库尼将殉②，请以王所制八补黄袍、大东珠素珠、黑貂褂置棺内。王在时，欲以两固山驻永平，谋篡大位。固山额真谭泰亦言王纳肃王福金，复令肃王子至第较射，何洛会以恶言詈之。于是郑亲王济尔哈朗、巽亲王满达海、端重亲王博洛、敬谨亲王尼堪及内大臣等疏言："昔太宗文皇帝龙驭上宾③，诸王大臣共矢忠诚④，翊戴皇上⑤。方在冲年，令臣济尔哈朗与睿

## 翻译

　　亲王没有儿子，过继豫亲王的儿子多尔博为儿子，承袭睿亲王爵位，俸禄与诸王相比是他们的三倍，皇上下诏给多尔博留下护卫八十人。又任用亲王的亲近侍从苏克萨哈、詹岱为议政大臣。二月，苏克萨哈、詹岱揭发上告亲王去世之时，他的侍女吴尔库尼将殉葬时，请求将为亲王所制作的八补黄袍、大东珠朝珠、黑貂褂子放置在棺中。亲王在世时，想用两个固山的兵力驻扎永平，阴谋篡夺皇位。固山额真谭泰也上言说亲王娶肃亲王的福金，又命令肃亲王的儿子到亲王府中较量射箭，何洛会用恶毒的语言骂他。于是郑亲王济尔哈朗、巽亲王满达海、端重亲王博洛、敬谨亲王尼堪以及内大臣等人上疏说："以前太宗文皇帝龙驾升天，诸王、大臣共同宣誓尽忠，以辅助拥戴皇上。皇上正当幼年，命令臣济尔哈朗与睿亲王多尔衮共同辅助朝政。到后来多尔衮独揽朝政，作威作福，不让济尔哈朗参与

亲王多尔衮同辅政。逮后多尔衮独擅威权，不令济尔哈朗预政，遂以母弟多铎为辅政叔王。背誓肆行，妄自尊大，自称皇父摄政王。凡批票本章⑥，一以皇父摄政王行之。仪仗、音乐、侍从、府第，僭拟至尊⑦。擅称太宗文皇帝序不当立，以挟制皇上。拘陷威逼，使肃亲王不得其死，遂纳其妃，且收其财产。更悖理入生母于太庙。僭妄不可枚举。臣等从前畏威吞声，今冒死奏闻，伏愿重加处治⑧。"诏削爵，撤庙享，并罢孝烈武皇后谥号庙享⑨，黜宗室，籍财产入官，多尔博归宗。

朝政，接着任命同母弟多铎为辅政叔王。背弃誓言，胡作非为，妄自尊大，自称为皇父摄政王。凡是批示票拟、奏章，一律以皇父摄政王的名义签发执行。仪仗、音乐、侍从、府第，超越本分地模仿皇上。擅敢宣称太宗文皇帝按照次序不应当立为皇帝，以此来要挟控制皇上。通过诬陷和威逼，使得肃亲王不得善终，还娶了肃亲王的王妃，并没收了他的财产。更违背伦常，将生母送入太庙。他的僭越妄为多得无法一件件列举出来。臣等从前畏惧他的威势而忍气吞声，如今冒着死罪向皇上上奏，希望重重地加以处治。"下诏削去他的爵位，撤销在太庙中享受祭祀的待遇，一并撤销孝烈武皇后的谥号和在太庙中配享祭祀的待遇，除去亲王的宗室身份，抄没财产充公，多尔博回归本宗。

**注释** ①护卫八十员：多尔衮生前拥有一百名护卫，他死后，其子按规定只能有六十名护卫，皇上特命保留八十名，以示优待。 ②殉：殉葬。 ③龙驭上宾：皇帝去世的委婉说法。龙驭，皇帝车驾。上宾，为天帝的宾客。 ④矢：同"誓"，宣誓。 ⑤翊（yì）：辅助。 ⑥票：票拟。清政府内阁接到臣子的奏章后，用小票写上所拟批答，再由皇帝朱笔批阅，称为票拟。本章：指奏章。 ⑦僭（jiàn）：超越本分。 ⑧伏：敬辞。 ⑨孝烈武皇后：指多尔衮生母，努尔哈赤妃子纳喇氏，为努尔哈赤殉葬死。多尔衮摄政，赠谥号为孝烈恭敏献哲仁和赞天俪圣武皇后，附祭太庙。

# 郑 成 功 传

**导读**

　　郑成功是清初抗击清兵、驱逐荷兰侵略者、收复我国领土台湾的民族英雄。这篇传记以主要篇幅描写郑成功的抗清斗争，叙述较为客观。对于郑成功经营台湾的记叙比较简略，但基本上勾勒出他在台湾所推行的政策措施，肯定了他的功绩。（选自卷二二四）

**原文**

　　郑成功，初名森，字大木，福建南安人。父芝龙，明季入海，从颜思齐为盗，思齐死，代领其众。崇祯初，因巡抚熊文灿请降，授游击将军。以捕海盗刘香、李魁奇，攻红毛功[①]，累擢总兵。

　　芝龙有弟三：芝虎、鸿逵、芝豹。芝虎与刘香搏战死。鸿逵初以武举从军，用芝龙功，授锦衣卫掌印千户。崇祯十四年，成武进士。明制，勋卫举甲科进三

**翻译**

　　郑成功，原来的名字叫森，字大木，福建南安人。父亲郑芝龙，明代末年跑到海上，跟随颜思齐做强盗。颜思齐死后，接替他统领他的部众。崇祯初年，通过巡抚熊文灿向朝廷请求投降，授官游击将军。因捕获海盗刘香、李魁奇，攻打荷兰人有功，经多次提升而做到总兵。

　　郑芝龙有三个弟弟：郑芝虎、郑鸿逵、郑芝豹。郑芝虎在与刘香的搏斗中战死。郑鸿逵起初以武举人的身份参军，因郑芝龙的功劳，授官锦衣卫掌印千户。崇祯十四年（1641），成为武进士。明代制度，勋卫中进士后可晋升三级，因此郑鸿逵授官都指挥使。经多次提升

秩②，授都指挥使。累迁亦至总兵。福王立南京，皆封伯，命鸿逵守瓜洲。顺治二年，师下江南，鸿逵兵败，奉唐王聿键入福建，与芝龙共拥立之，皆进侯，封芝豹伯。未几，又进芝龙平国公、鸿逵定国公。

后也做到总兵。福王在南京建立政权后，郑芝龙和郑鸿逵都进封为伯爵。福王命令郑鸿逵镇守瓜洲。顺治二年（1645），清军下江南，郑鸿逵的部队打了败仗，侍奉唐王朱聿键进入福建，和郑芝龙一起拥立朱聿键为皇帝，都被封为侯爵，封郑芝豹为伯爵。不久，又进封郑芝龙为平国公，郑鸿逵为定国公。

**注释** ① 红毛：明清时称荷兰人为"红毛番"。 ② 勋卫：勋臣宿卫之官。甲科：进士科。此处指武进士。

**原文**

芝龙尝娶日本妇，是生森，入南安学为诸生。芝龙引谒唐王，唐王宠异之，赐姓朱，为更名。寻封忠孝伯。唐王倚芝龙兄弟拥重兵，芝龙族人彩亦封伯，筑坛拜彩、鸿逵为将，分道出师。迁延不即行。招抚大学士洪承畴与芝龙同县①，通书问，叙乡里，芝龙挟二心。三年，贝勒博洛师自浙江下福建，芝龙撤仙霞关守兵不为备②，唐王坐是败。博洛

**翻译**

郑芝龙曾经娶过一位日本妇人，她生了郑森。郑森进入南安县学，成为生员。郑芝龙带他去拜见唐王，唐王很宠爱他，认为他与众不同，赐他姓朱，为他改名叫郑成功。不久，封为忠孝伯。唐王倚仗郑芝龙兄弟拥有大批精兵，把芝龙的同族人郑彩也封为伯爵。唐王筑起坛场，拜郑彩、郑鸿逵为大将，命令他们分道出兵。他们拖延着不肯立即出兵。清朝招抚大学士洪承畴和郑芝龙是同县人，他与郑芝龙通信，叙谈乡里之情，郑芝龙怀有二心。三年（1646），清贝勒博洛的军队从浙江南下福建，郑芝龙撤走仙霞关的守军，不作防范，唐

师次泉州，书招芝龙，芝龙率所部降，成功谏不听。芝龙欲以成功见博洛，鸿逵阴纵之入海。四年，博洛师还，以芝龙归京师，隶汉军正黄旗，授三等精奇尼哈番③。

王因此而失败。博洛的军队驻扎泉州，写信招降郑芝龙，郑芝龙率领部队投降了，郑成功规劝他也不听。郑芝龙还想带郑成功去见博洛，郑鸿逵偷偷放他去了海上。四年（1647），博洛的军队撤回，把郑芝龙带回京师，隶属汉军正黄旗，授予三等精奇尼哈番的头衔。

**注释** ① 招抚大学士：洪承畴时任"招抚南方总督军务大学士"，奉命招抚江南各省。 ② 仙霞关：在今浙江江山南的仙霞岭上，为闽、浙要冲。 ③ 精奇尼哈番：满语音译，清代封爵名。汉文为子爵。

**原文**

成功谋举兵，兵寡，如南澳募兵①，得数千人。会将吏盟，仍用唐王隆武号，自称"招讨大将军"。以洪政、陈辉、杨才、张正、余宽、郭新分将所部兵，移军鼓浪屿。成功年少，有文武略，拔出诸父兄中，近远皆属目，而彩奉鲁王以海自中左所改次长垣②，进建国公，屯厦门。彩弟联，鲁王封为侯，据浯屿③，相与为犄角。成功与彩合兵攻海澄④，师

**翻译**

郑成功图谋举兵抗清，兵士少，就去南澳招募兵丁，得到几千人。会集众将官盟誓，依旧沿用唐王隆武年号，自称"招讨大将军"。派洪政、陈辉、杨才、张正、余宽、郭新分别率领所属部下，转移部队到鼓浪屿。郑成功年轻，有文韬武略，在他的父辈兄弟中出类拔萃，远近四方的人都注目于他。而此时郑彩侍奉鲁王朱以海从中左所移驻长垣，进封为建国公，屯扎在厦门。郑彩的弟弟郑联，被鲁王封为侯爵，占据浯屿，相互形成犄角之势。郑成功和郑彩合兵攻打海澄，清军赶去救援，洪政战死。郑成功又和郑鸿逵合兵包围泉州，清军赶

赴援，洪政战死。成功又与鸿逵合兵围泉州，师赴援，围解。鸿逵入揭阳⑤。成功颁明年隆武四年《大统历》。五年，成功陷同安⑥，进犯泉州。总督陈锦师至，克同安，成功引兵退。六年，成功遣其将施琅等陷漳浦⑦，下云霄镇⑧，进次诏安⑨。明桂王称帝，号肇庆，至是已三年。成功遣所署光禄卿陈士京朝桂王，始改用永历号，桂王使封成功延平公。鲁王次舟山，彩与鲁王贰，杀鲁王大学士熊汝霖及其将郑遵谦。七年，成功攻潮州，总兵王邦俊御战，成功败走。攻碣石寨，不克，施琅出降。成功袭厦门，击杀联，夺其军，彩出驻沙埕。鲁王将张名振讨杀汝霖、遵谦罪，击彩，彩引余兵走南海，居数年，成功招之还，居厦门。卒。

去支援，包围解除。郑鸿逵退入揭阳。郑成功颁发次年——隆武四年《大统历》。五年（1648），郑成功攻克同安，进攻泉州。清总督陈锦的军队赶到，克复了同安，郑成功领兵撤退。六年，郑成功派遣他的部将施琅等人攻克漳浦，拿下云霄镇，进兵驻扎诏安。南明桂王称帝，年号肇庆，到这时已经三年了。郑成功派遣其委任尚未经皇帝正式任命的光禄卿陈士京去朝见桂王，开始改用永历年号，桂王派使臣封成功为延平公。鲁王驻扎在舟山，郑彩对鲁王有了二心，杀了鲁王的大学士熊汝霖及其部将郑遵谦。七年（1650），郑成功攻打潮州，清总兵王邦俊防御作战，成功败退。进攻碣石寨，未能攻下，施琅离开部队投降。郑成功袭击厦门，杀了郑联，夺取了他的军队。郑彩撤出厦门，驻扎在沙埕。鲁王部将张名振以声讨其杀熊汝霖、郑遵谦的罪行，袭击郑彩，郑彩带着残部退走南海，住了几年，郑成功招他回来，住在厦门。后来去世了。

**注释** ① 南澳：即今广东南澳。 ② 中左所：即今福建厦门。明代置中左千户所。 ③ 浯屿：即今金门岛。 ④ 海澄：治所在今福建漳州龙海。 ⑤ 揭阳：今广东揭阳。 ⑥ 同安：今福建同安。 ⑦ 漳浦：今福建漳浦。 ⑧ 云霄镇：即今福建云霄县治所。 ⑨ 诏安：今福建诏安。

**原文**

八年，桂王诏成功援广州，引师南次平海①，使其族叔芝莞守厦门。福建巡抚张学圣遣泉州总兵马得功乘虚入焉，尽攫其家资以去。成功还，斩芝莞，引兵入漳州。提督杨名高赴援，战于小盈岭，名高败绩。进陷漳浦。总督陈锦克舟山，名振进奉鲁王南奔，成功使迎居金门。九年，陷海澄，锦赴援，战于江东桥，锦败绩，左次泉州。成功复取诏安、南靖、平和②，遂围漳州。锦师次凤凰山，为其奴所杀，以其首奔成功。漳州围八阅月，固山额真金砺等自浙江来援，与名高兵合，自长泰间道至漳州③，击破成功。成功入海澄城守，金砺

**翻译**

八年（1651），桂王命令郑成功支援广州，带领部队向南驻扎平海，派他的族叔郑芝莞留守厦门。清福建巡抚张学圣派遣泉州总兵马得功乘虚进入厦门，把郑成功的家财抢劫一空而去。成功回来后，杀了郑芝莞，带领部队进入漳州。清提督杨名高赶来援救，在小盈岭交战，杨名高溃败。郑成功进兵攻克漳浦。清总督陈锦攻克舟山，张名振进军迎接鲁王，侍奉他向南逃亡，郑成功派人接鲁王居住在金门。九年，攻克海澄，陈锦赶来支援，在江东桥交战，陈锦溃败，向东驻扎泉州。郑成功又夺取诏安、南靖、平和各县，接着包围了漳州。陈锦的部队驻扎在凤凰山，陈锦被他的奴仆所杀，提着他的首级投奔郑成功。漳州被围八个多月，固山额真金砺等人从浙江赶来救援，和杨名高的部队会合，从长泰的偏僻小路抵达漳州，击破了郑成功的部队。郑成功退入海澄凭城固守，金砺等人的部队逼近城下，郑成功部将王秀奇、郝文兴督促士兵奋力

等师薄城，成功将王秀奇、郝文兴督兵力御，不能克。

上命芝龙书谕成功及鸿逵降，许赦罪授官，成功阳诺，诏金砺等率师还浙江。十年，封芝龙同安侯，而使赍敕封成功海澄公、鸿逵奉化伯，授芝豹左都督。芝龙虑成功不受命，别为书使鸿逵谕意，使至，成功不受命，为书报芝龙。芝豹奉其母诣京师。成功复出掠福建兴化诸属县。十一年，上再遣使谕成功，授靖海将军，命率所部分屯漳、潮、惠、泉四府[④]。

抵御，未能攻下。

皇上命令郑芝龙写信劝说成功和鸿逵投降，答应赦免他们的罪行并授以官职。郑成功表面上答应了，皇上就下诏令金砺等人率部返回浙江。十年（1653），封郑芝龙为同安侯，而派使臣带着皇上的敕书封成功为海澄公、鸿逵为奉化伯，授予郑芝豹为左都督。郑芝龙担心郑成功不接受任命，另外写信给郑鸿逵转达自己的意见。使臣到后，郑成功果然不接受诏命，写信回复郑芝龙。郑芝豹侍奉其母亲去了京师。郑成功再次出兵劫掠福建兴化府所属各县。十一年（1654），皇上再次派遣使臣劝告郑成功，授予他靖海将军，命他率领所属部众分别屯驻漳州、潮州、惠州、泉州四府。

**注释** ① 平海：明置平海卫，治所在今福建莆田东南平海。 ② 南靖：县名，治所在今福建南靖东北靖城镇。平和：县名，治所在今福建平和西九峰镇。 ③ 长泰：今福建长泰。 ④ 漳、潮、惠、泉四府：指今福建漳州、广东潮州、惠州、福建泉州及周围广大地区。清代置府。

**原文**

成功初无意受抚，乃改中左所为思明州，设六官理事，分所部为七十二镇；遥

**翻译**

郑成功原本无意接受招抚，于是将中左所改称思明州，设立六官管理政事，将所属部队划分为七十二镇；遥拥

奉桂王，承制封拜，月上鲁王豚、米，并厚廪泸溪、宁靖诸王，礼待诸遗臣王忠孝、沈佺期、郭贞一、卢若腾、华若荐、徐孚远等，置储贤馆以养士。名振进率所部攻崇明①，谋深入，成功嫉之，以方有和议②，召使还。名振俄遇毒死。成功托科饷，四出劫掠，蔓及上游。福建巡抚佟国器疏闻，上密敕为备。李定国攻广东急，使成功趣会师。成功遣其将林察、周瑞率师赴之，迁延不即进。定国败走，成功又攻漳州，千总刘国轩以城献，再进，复陷同安。其将甘辉陷仙游③，穴城入，杀掠殆尽。至是和议绝。

桂王为天子，承用桂王的名义封拜官员，每月奉给鲁王猪和米，并优厚地供给泸溪王、宁靖王诸位明藩王，以礼对待明朝各位遗臣王忠孝、沈佺期、郭贞一、卢若腾、华若荐、徐孚远等人，设置储贤馆以收养士人。张名振率领部队前进攻打崇明，谋求向内地深入。郑成功嫉妒他，就借口刚刚与清王朝讲和的协议，把他召了回来。张名振不久中毒身亡。郑成功以征集军饷为名，四处出兵抢掠，并蔓延到上游地区。福建巡抚佟国器上疏报告朝廷，皇上秘密下敕给佟国器，命令他加以防备。李定国攻打广东很猛烈，派人让郑成功赶去会师。郑成功派遣自己的部将林察、周瑞率领部队赴广东，他们拖延着不立即进发。李定国溃败逃走。郑成功又攻打漳州，千总刘国轩将漳州城献出，郑成功继续进兵，再次攻克同安。他的部将甘辉攻克仙游，是在城墙上打洞进入城内的，几乎将城中烧杀抢劫一空。到这时和议终于破裂。

**注释** ① 崇明：今上海崇明岛，地处东海长江口。 ② 和议：指清王朝命郑成功分屯漳、潮、惠、泉四府事。 ③ 仙游：今福建仙游。

**原文**

上命郑亲王世子济度为定远大将军①，率师讨成

**翻译**

皇上任命郑亲王世子济度为定远大将军，率领军队讨伐成功。十二年

功。十二年，左都御史龚鼎
孳请诛芝龙，国器亦发芝龙
与成功私书，乃夺芝龙爵，
下狱。成功遣其将洪旭、陈
六御攻陷舟山，进取温、台，
闻济度师且至，隳安平镇及
漳州、惠安、南安、同安诸
城②，撤兵聚思明。济度次
泉州，檄招降，不纳；易为
书，成功依违答之③。上又
令芝龙自狱中以书招成功，
谓不降且族诛，成功终不
应。十三年，济度以水师攻
厦门，成功遣其将林顺、陈
泽拒战。飓起，师引还。

成功以军储置海澄，使
王秀奇与黄梧、苏明同守。
梧先与明兄茂攻揭阳未克，
成功杀茂，并责梧。梧、明
并怨成功，俟秀奇出，以海
澄降济度。诏封梧海澄公，
驻漳州。尽发郑氏墓，斩成
功所置官。大将军伊尔德
克舟山，击杀六御。成功攻
陷闽安城牛心塔，使陈斌戍

(1655)，左都御史龚鼎孳请求诛杀郑芝
龙，佟国器也揭发了郑芝龙给郑成功的
私信，于是剥夺郑芝龙的爵位，并关进
监狱。郑成功派遣他的部将洪旭、陈六
御攻克舟山，进而夺取温州、台州。听
说济度的军队即将抵达，就毁坏安平镇
以及漳州、惠安、南安、同安各城，撤回
兵力集结在思明。济度驻扎泉州，发布
公文招降，郑成功不接受；改用书信，郑
成功模棱两可地回答了他。皇上又命
令郑芝龙从狱中写信招降郑成功，说再
不投降就要夷灭九族，郑成功始终不答
复。十三年(1656)，济度用水师攻打厦
门，郑成功派遣他的部将林顺、陈泽抵抗
作战。恰有飓风兴起，清军带兵撤退。

郑成功因军用储备物资都放在海
澄，派王秀奇和黄梧、苏明共同守卫。黄
梧原先和苏明的哥哥苏茂一起攻打揭
阳未能攻克，成功杀了苏茂，并且责怪黄
梧，黄梧、苏明都怨恨郑成功。等到王秀
奇外出时，就献出海澄城，投降了济度。
朝廷下诏封黄梧为海澄公，驻扎漳州，黄
梧将郑氏家族的祖坟全部挖开，并斩杀
郑成功所设置的官员。大将军伊尔德
攻克舟山，杀死陈六御。郑成功攻陷闽
安城牛心塔，派陈斌守卫在那里。十四
年(1657)，郑鸿逵去世。清军攻克闽安，
陈斌投降后被杀。郑成功攻陷台州。

焉。十四年,鸿逵卒。师克
闽安,斌降而杀之。成功陷
台州。

**注释** ① 世子:指清代亲王的嫡长子。 ② 惠安:今福建惠安。 ③ 依违:模棱两可的意思。

**原文**

十五年,谋大举深入,与其将甘辉、余新等率水师号十万,陷乐清①,遂破温州。张煌言来会。将入江,次羊山②,遇飓,舟败,退泊舟山。桂王使进封为王,成功辞,仍称招讨大将军。十六年五月,成功率辉、新等整军复出,次崇明,煌言来会。取瓜洲,攻镇江,使煌言前驱,溯江上。提督管效忠师赴援,战未合,成功将周全斌以所部陷阵,大雨,骑陷淖,成功兵徒跣击刺,往来剽疾,效忠师败绩。成功入镇江,将以违令斩全斌,继而释之,使守焉;进攻江宁,煌言次芜湖,庐、凤、

**翻译**

十五年(1658),成功谋划大举深入内地,和他的部将甘辉、余新等人率领水师,号称十万之众,攻陷乐清,接着攻破温州。张煌言前来会合。即将进入长江,驻扎在羊山,遇上了飓风,船只毁坏,于是退兵停泊在舟山。桂王派遣使者进封郑成功为王,郑成功推辞了,仍然称招讨大将军。十六年(1659)五月,郑成功率领甘辉、余新等人整顿军队再次出兵,驻扎崇明,张煌言前来会师。夺取瓜洲,将进攻镇江,派张煌言为先锋,沿长江逆流而上。清提督管效忠的部队赶来支援,战斗还没打响,郑成功的部将周全斌率领部下攻入敌阵。天下着大雨,坐骑都陷进泥淖中,郑成功手下的士兵们赤着脚冲杀,来去剽悍迅捷,管效忠的军队溃败。郑成功进入镇江,将以违反命令的罪名杀周全斌,后来放了他,派他守卫镇江;将进攻江宁,张煌言驻扎在芜湖,庐州、凤阳、宁国、

宁、徽、池、太诸府县多与通款③，腾书成功，谓宜收旁郡县，以陆师急攻南京。成功狃屡胜④，方谒明太祖陵，会将吏置酒，辉谏不听。崇明总兵梁化凤赴援，江宁总管喀喀木等合满、汉兵出战，袭破新军，诸军皆奔溃，遂大败，生得辉杀之。成功收余众犹数万，弃瓜洲、镇江，出海，欲取崇明。江苏巡抚蒋国柱遣兵赴援，化凤亦还师御之，成功战复败，引还。煌言自间道走免。

徽州、池州、太平各府县多与张煌言通好。传信给郑成功，说应当收复沿江周围各府县，派陆军猛攻南京。郑成功因屡获胜利而漫不经心，正在拜谒明太祖的陵墓，会集将吏们置酒庆贺，甘辉劝谏也不听。崇明总兵梁化凤赶来支援，江宁总管喀喀木等人集合满、汉军队出战，击破余新的部队，其他部队也都奔逃溃败，于是大败，清军活捉甘辉并杀了他。郑成功收拾残余部众仍有数万人，于是放弃了瓜洲、镇江，退至海上，想夺取崇明。江苏巡抚蒋国柱派兵赶来增援，梁化凤也回师抵抗。郑成功作战再次失败，引兵撤退。张煌言则从小道逃脱。

**注释** ①乐清：今浙江乐清。 ②羊山：岛名，今浙江嵊泗列岛之一。 ③庐、凤、宁、徽、池、太：指清代的庐州府（治所为今安徽合肥）、凤阳府（治所为今安徽凤阳）、宁国府（治所为今安徽宣城）、徽州府（治所为今安徽歙县）、池州府（治所为今安徽贵池）、太平府（治所为今安徽当涂）。 ④狃(niǔ)：习以为常，漫不经心。

**原文**

上遣将军达素、闽浙总督李率泰分兵出漳州、同安，规取厦门。成功使陈鹏守高崎，族兄泰出浯屿，而与周全斌、陈辉、黄庭次海

**翻译**

皇上派遣将军达素、闽浙总督李率泰分别领军从漳州、同安出兵，谋划夺取厦门。郑成功派陈鹏镇守高崎，派族兄郑泰从浯屿出兵，而自己和周全斌、陈辉、黄庭驻扎海门岛。清军从漳州逼近海门，发起战斗，郑成功部将周瑞、陈

门①。师自漳州薄海门战，成功将周瑞、陈尧策死之，迫取辉舟，辉焚舟。战方急，风起，成功督巨舰冲入，泰亦自浯屿引舟合击，师大败，有满洲兵二百降，夜沉之海。师自同安向高崎，鹏约降。其部将陈蟒奋战，师以鹏已降，不备，亦败，成功收鹏杀之，引还。十七年，命靖南王耿继茂移镇福建，又以罗托为安南将军，讨成功。十八年，用黄梧议，徙滨海居民入内地，增兵守边。

尧策战死，清军逼近，想夺取陈辉的船只，陈辉焚毁了船只。战斗进行得正紧急时，刮起了大风，郑成功督率巨舰冲进阵地，郑泰也正好从浯屿前来合击，清军大败，有二百多个满洲士兵投降，夜里，郑成功将他们沉入大海。清军从同安向高崎进兵，陈鹏约定投降，而他的部将陈蟒奋力迎战，清军因为陈鹏已投降，没做什么准备，也遭到失败。郑成功逮住陈鹏并杀了他，领兵撤回。十七（1660），清政府命令靖南王耿继茂改驻福建，又任命罗托为安南将军，讨伐成功。十八年（1661），采用黄梧的建议，将沿海的居民迁移到内地，增派兵力防守海疆。

**注释** ① 海门：在今福建漳州龙海东。

**原文**

成功自江南败还，知进取不易；桂王入缅甸，声援绝，势日蹙，乃规取台湾。台湾，福建海中岛，荷兰红毛人居之。芝龙与颜思齐为盗时，尝屯于此。荷兰筑城二：曰赤嵌、曰王城①，其

**翻译**

郑成功自从江南战败回来，知道进攻内地求取发展不容易；当时桂王进入缅甸，接应声援也断绝了，形势一天天窘迫起来，于是就筹划夺取台湾。台湾，是福建省的海中岛屿，荷兰人占据在那儿。郑芝龙和颜思齐做强盗的时候，曾经屯扎在那里。荷兰人在那里修筑了两座城池：一叫赤嵌，一叫王城，它

海口曰鹿耳门。荷兰人恃鹿耳门水浅不可渡，不为备。成功师至，水骤长丈余，舟大小衔尾径进，红毛人弃赤嵌走保王城。成功使谓之曰："土地我故有，当还我；珍宝恣尔载归。"围七阅月，红毛存者仅百数十，城下，皆遣归国。成功乃号台湾为东都，示将迎桂王狩焉[2]。以陈永华为谋主，制法律，定职官，兴学校。台湾周千里，土地饶沃，招漳、泉、惠、潮四府民，辟草莱，兴屯聚，令诸将移家实之。水土恶，皆惮行，又以令严不敢请，铜山守将郭义、蔡禄入漳州降[3]。是岁，圣祖即位，戮芝龙及诸子世恩、世荫、世默。

的海岛口岸叫作鹿耳门。荷兰人仗着鹿耳门的水浅，船只不能靠岸，未加防备。郑成功的军队到达时，海水一下子涨高了一丈多，大大小小的船只首尾相接，直接驶进，荷兰人放弃了赤嵌城，退守王城。成功派人对荷兰人说："土地原来就是我们的，理当归还给我；珍宝听任你们装回去。"围城历时七个多月，荷兰人仅剩下了一百多人。城攻下后，郑成功把他们都遣返回国。于是郑成功称台湾为东都，表示将迎接桂王来此巡视。他用陈永华为主要谋划人，制定法律，确定职官，兴办学校。台湾四周方圆千里，土地富饶肥沃，成功招募漳州、泉州、惠州、潮州四府的百姓，开荒种地，兴建村落，命令手下各位将领把家口搬来以充实这些地方。因台湾水土环境恶劣，众将领都害怕到这儿安家，又因为郑成功的命令严厉而不敢向他请求，铜山守将郭义、蔡禄进漳州投降了清政府。这一年，康熙皇帝登位，杀了郑芝龙以及他的几个儿子郑世恩、郑世荫、郑世默。

**注释** ① 赤嵌：即今台湾台南。王城：古城名。荷兰人修筑的城堡，当时称台湾城，郑成功收复台湾后，改名为王城。故址在今台南安平镇。 ② 狩：巡狩。 ③ 铜山：即今福建东山县东北的东山镇，明置铜山千户所。

**原文**

成功既得台湾，其将陈豹驻南澳，而令子锦居守思明。康熙元年，成功听周全斌谗，遣击豹，豹举军入广州降。恶锦与乳媪通，生子，遣泰就杀锦及其母董。会有讹言成功将尽杀诸将留厦门者，值全斌自南澳还，执而囚之，拥锦，用芝龙初封，称平国公，举兵拒命。成功方病，闻之，狂怒啮指①。五月朔，尚据胡床受诸将谒②，数日遽卒，年三十九。

**翻译**

郑成功夺取台湾后，他的部将陈豹驻守南澳，而命令他的儿子郑锦居守在思明。康熙元年(1662)，郑成功听信周全斌的谗言，派兵袭击陈豹。陈豹带着全部人马进广州投降了清政府。郑成功痛恨儿子郑锦和奶娘私通，还生了儿子，派遣郑泰就地杀掉郑锦和锦母董氏。正好这时候有谣言传说郑成功将要杀光留驻厦门的各位将领，又适逢周全斌从南澳回到厦门，众将领抓住周全斌并囚禁了他，拥戴郑锦，用郑芝龙当年的封号，称为平国公，起兵抗拒郑成功。郑成功正在患病，听到这个消息，狂怒地啮咬自己的手指。五月初一日那天，他还靠在胡床上接受诸位将领的谒见，几天后突然去世，年龄为三十九岁。

**注释** ① 啮(niè)：咬。 ② 胡床：亦称交床、交椅，一种轻便坐具。

# 黄宗羲传

**导读**

　　明清易代之际，涌现出许多坚持民族气节的思想家，黄宗羲就是其中的杰出代表之一。清兵南下时，他曾积极参加抗清活动。在学术研究上，著作繁富，其中《明儒学案》叙述明代学术思想的流派和衍变，这种体裁在中国历史上是他首创，也是对中国学术史的杰出贡献；《明夷待访录》则对封建专制政治的不合理性有所批判，蕴含着民主思想的萌芽，成为后来戊戌变法时维新派的思想武器之一。另外他还有历法、天文、数学方面的著作，充分反映出其学问的渊博。他提倡经世致用，贵创造，重证据，开拓了清代学术的新风貌。这篇传记主要记述其政治活动，也较详细地开列了他的著作书目。（选自卷四八〇）

**原文**

　　黄宗羲字太冲，余姚人①，明御史黄尊素长子②。尊素为杨、左同志③，以劾魏阉死诏狱④，事具《明史》。思宗即位⑤，宗羲入都讼冤。至则逆阉已磔⑥，即具疏请诛曹钦程、李实⑦。会廷鞫许显纯、崔应元⑧，宗羲对簿⑨，出所袖锥锥显纯，流血

**翻译**

　　黄宗羲，字太冲，浙江余姚人，明代监察御史黄尊素的长子。黄尊素是与杨涟、左光斗具有共同志向的朋友，因弹劾太监魏忠贤，作为皇帝下旨逮捕的罪犯而死在监狱中。事情记述在《明史》中。思宗登位，黄宗羲进京为父亲申冤。抵达京都时，魏忠贤已被处以磔刑，黄宗羲就上奏疏请求朝廷诛杀曹钦程、李实。适逢刑部、都察院、大理寺会审许显纯、崔应元，黄宗羲与他们对质，

被体；又殴应元，拔其须归祭尊素神主前⑩；又追杀牢卒叶咨、颜文仲，盖尊素绝命于二卒手也。时钦程已入逆案⑪，实疏辨原疏非己出，阴致金三千求宗羲弗质，宗羲立奏之，谓："实今日犹能贿赂公行，其所辨岂足信？"于对簿时复以锥锥之。狱竟，偕诸家子弟设祭狱门，哭声达禁中⑫。思宗闻之，叹曰："忠臣孤子，甚恻朕怀。"归，益肆力于学。愤科举之学锢人，思所以变之。既尽发家藏书读之，不足，则抄之同里世学楼钮氏⑬，澹生堂祁氏⑭，南中则千顷堂黄氏⑮，绛云楼钱氏⑯，且建续抄堂于南雷⑰，以承东发之绪⑱。山阴刘宗周倡道蕺山⑲，以忠端遗命从之游⑳。而越中承海门周氏之绪㉑，援儒入释㉒，姚江之绪几坏㉓。宗羲独约同学六十余人力排其说。故蕺

他抽出藏在袖子中的锥子向许显纯刺去，许显纯遍体流血；又殴打崔应元，拔下他的胡须回去在尊素的灵位前祭奠；又追杀监狱看守叶咨、颜文仲，因为黄尊素就是死在这两个看守手中的。当时曹钦程已被列为逆阉魏忠贤一案的同党，李实上疏申辩，说原先请求朝廷逮捕黄尊素等人的奏疏并非出自己之手，并暗中送给黄宗羲三千两银子求他不要追问此事，黄宗羲立即上奏朝廷，说："李实到今天还能够这样公然地进行贿赂，他所申辩的又哪里值得相信呢？"他在审讯对质时又拿出锥子来扎他。案件判决后，黄宗羲偕同被害各家的子弟在监狱门口设立祭坛，哭声一直传到宫中。思宗听到哭声，叹息说："这些忠臣孤儿，使朕的心中非常难过。"回到家乡，黄宗羲更加致力于学问。他痛恨科举制度所要求的那套"学问"禁锢人的思想，想设法改变。他既已把家中的藏书都找出来读了，仍觉不足，就去抄录同乡钮氏世学楼、祁氏澹生堂的藏书，南京方面则抄黄氏的千顷堂，钱氏的绛云楼中的藏书，并且在南雷里建造续抄堂，以继承黄东发未竟的事业。山阴的刘宗周在蕺山倡导儒学正道，黄宗羲遵照父亲忠端公的遗命跟随他学习。而越中地区继承周汝登的余风，把儒学

山弟子如祁、章诸子皆以名德重㉔。而御侮之功莫如宗羲。弟宗炎、宗会，并负异才，自教之，有"东浙三黄"之目㉕。

引到佛教的路上去，王守仁的传统几乎被毁了。黄宗羲独自邀约了同学六十多人竭力反对这种学说。因此蕺山学派的弟子如祁彪佳、章正宸等人都以名节和德行受到重视。但他们抵御外侮的功绩不如黄宗羲。他的弟弟黄宗炎、黄宗会，也都具有特出的才能，黄宗羲亲自教导他们，有"东浙三黄"之称。

**注释** ① 余姚：今浙江余姚。 ② 黄尊素：明末东林名士。天启年间(1621—1627)任御史，因继杨涟后弹劾太监魏忠贤专权，削职归籍。不久下狱，受酷刑而死。 ③ 杨、左：指杨涟、左光斗。因弹劾魏忠贤，被魏诬陷，死狱中。 ④ 魏阉：指魏忠贤。天启年间任司礼秉笔太监，专断国政。天启五年(1625)兴大狱，杀杨涟、左光斗等人。崇祯帝即位，黜职，安置在凤阳，不久下令逮捕，他在途中畏罪自杀。阉，阉人，即太监。诏狱：皇帝下旨审处的犯罪案件称为诏狱。 ⑤ 思宗：即崇祯皇帝，庙号思宗。 ⑥ 磔(zhé)：古代的一种酷刑，即分尸。 ⑦ 曹钦程、李实：均为魏忠贤同党。 ⑧ 廷鞫(jū)：指明代中央政府的司法、监察机构刑部、都察院、大理寺会审犯人。根据明朝制度，凡特别重要的案件需经过这三个机构会审，见《明史·职官志》："都察院……大狱重囚会鞫于外朝，偕刑部、大理谳平之。"廷，朝廷，这里指"外朝"。许显纯、崔应元：也是魏忠贤同党。 ⑨ 对簿：对质。簿，指文状。 ⑩ 神主：为死去的人所立的牌位。 ⑪ 逆案：即魏忠贤及其同党一案。 ⑫ 禁中：即宫中。 ⑬ 钮氏：指会稽钮石溪家，钮石溪为藏书家，世学楼为其楼名。 ⑭ 祁氏：指明山阴祁承㸁家，承㸁为藏书家，所建藏书室名"澹生堂"。 ⑮ 南中：指明朝的南京。千顷堂黄氏：明晋江(今福建晋江)黄虞稷所建藏书室名"千顷堂"。黄氏当时居于南京。 ⑯ 绛云楼钱氏：明末清初常熟钱谦益所建藏书楼名"绛云楼"。常熟在明代属于南直隶(南京)。 ⑰ 南雷：即南雷里，黄宗羲里居。 ⑱ 东发：黄震，字东发，慈溪人。学者称於越先生，南宋末思想家。绪：前人未竟的功业。 ⑲ 山阴：旧县名，治所在今浙江绍兴。蕺(jí)山：在浙江绍兴境内。刘宗周在此创建证人书院进行讲学。　⑳ 忠端:指黄尊素。福王时追加谥号忠端。游:这里是从师学习的意思。　㉑ 越中:泛指春秋时越地,即今浙江绍兴及周围地区。海门周氏:指周汝登,万历间进士,海门是他的号。师事罗汝芳。罗汝芳为王守仁弟子王艮的再传弟子,强调"赤子良心,不学不虑",接近禅宗的思想。周汝登继承了罗汝芳的学说。　㉒ 释:佛教。文中指佛教禅宗一派。　㉓ 姚江:指明姚江学派的创始人王守仁。王守仁为浙江余姚人,境内有姚江,故名。　㉔ 祁、章:祁:祁彪佳,明天启进士,官至右金都御史。清军攻破南京,绝食而死。章:章正宸,明崇祯进士,福王时官至大理丞。明亡,弃家为僧。　㉕ 目:名目、名称。

## 原文

戊寅,南都作《防乱揭》攻阮大铖①,东林子弟推无锡顾杲居首②,天启被难诸家推宗羲居首。大铖恨之刺骨,骤起③,遂按揭中一百四十人姓氏,欲尽杀之。时宗羲方上书阙下而祸作④,遂与杲并逮。母氏姚叹曰:"章妻、滂母乃萃吾一身耶⑤?"驾帖未行⑥,南都已破,宗羲踉跄归。会孙嘉绩、熊汝霖奉鲁王监国⑦,画江而守⑧。宗羲纠里中子弟数百人从之,号世忠营。授职方郎⑨,寻改御史,作《监国鲁元年大统历》颁之浙

## 翻译

戊寅,南京的文人作《防乱揭》攻击阮大铖。参与其事的,东林党人的子弟以无锡顾杲为首,天启年间受难各家遗族以黄宗羲为首。阮大铖恨之入骨,当他突然得势后,就按照揭文中所列的一百四十人的姓名,想把他们全部杀掉。当时宗羲正向朝廷上奏疏而祸事突然降临,就与顾杲一起被捕。他的母亲姚氏叹息道:"难道王章之妻、范滂之母的命运竟将集中在我一个人身上吗?"逮捕令还没有颁行天下,南京已被攻破,黄宗羲跟跟跄跄地回到家乡。适逢孙嘉绩、熊汝霖拥戴鲁王监国,划钱塘江为界隔江而守,黄宗羲结集乡里子弟几百人跟随鲁王,号称"世忠营"。授官职方郎,不久改任御史,制定《监国鲁元年大统历》颁布于浙东地区。马士英投奔

东。马士英奔方国安营,众言其当诛,熊汝霖恐其挟国安为患也,好言慰之。宗羲曰:"诸臣力不能杀耳! 春秋之孔子,岂能加于陈恒,但不谓其不当诛也⑩。"汝霖谢焉⑪。又遗书王之仁曰⑫:"诸公不沉舟决战,盖意在自守也。蕞尔三府⑬,以供十万之众,必不久支,何守之能为?"闻者皆韪其言而不能用⑭。

到方国安的营地,大家都说他该杀,熊汝霖唯恐马士英挟制方国安为祸作乱,就用好话安慰他。黄宗羲说:"不杀马士英只是大家还无力杀他罢了! 春秋时的孔子,怎么可能对陈恒加以处置呢? 但孔子不说他不该杀。"熊汝霖为此向他道歉。黄宗羲又送信给王之仁说:"你们各位不破釜沉舟地与清军决战,其用意在守住自己的地盘。但以小小三个府的力量,要供应十万之众的部队,势必不能长久支持,又怎么守得住呢?"听到这番话的人都同意他的看法,但却未被当权者采纳。

**注释** ①阮大铖:天启时依附魏忠贤,崇祯时被废斥。 ②东林子弟:泛指东林党人的后裔。东林党是明代后期以江南士大夫为主的政治集团。以顾宪成、高攀龙、钱一本等为首。顾杲:顾宪成的从孙。 ③骤起:突然得势的意思。阮大铖于南明弘光时又突然得势,官至兵部尚书。 ④阙下:宫阙之下,借指朝廷。此处指南明福王的小朝廷。 ⑤章妻:汉代王章之妻。王章为谏大夫,因直言上疏下狱,他的妻、子也被捕。滂母:东汉范滂母。范滂因反对宦官被捕,死在狱中。黄宗羲母姚氏因丈夫遭害,儿子被捕,哀叹章妻、滂母的惨痛遭遇落在自己一个人的头上。萃:聚集。 ⑥驾帖:指锦衣卫等衙门所发不经地方官府而直接捉人的公文。此处当指捉拿《防乱揭》中署名的尚未被捕的人的公文。 ⑦孙嘉绩:明崇祯进士。鲁王监国,仕至东阁大学士。从至舟山,病亡。熊汝霖:明崇祯进士。鲁王监国,督师防江,进兵部尚书,后遇害。 ⑧画:同"划",划分。江:此处指钱塘江。 ⑨职方郎:官名,全称"职方清吏司员外郎",兵部官员,负责掌管疆域图籍。 ⑩"春秋"句:陈恒:春秋时齐国大夫。他在齐简公四年杀了简公,拥立平公。孔子曾请求伐齐未成,故云"岂能加于陈恒"。但孔子在《春秋》中仍记载:"齐陈恒执其君寘于舒州""齐人弑其君壬于舒州",表明了鲜明的批判态度。故黄宗羲云"不谓其不当诛也"。此句意为:虽然不能够杀马士英,但也不必一味地去讨好他。　⑪ 谢:道歉。　⑫ 王之仁:明末定海总兵。迎鲁王监国、执掌兵权。　⑬ 蕞(zuì)尔:小的意思。三府:指鲁王所辖的宁波、绍兴、台州三府,相当于今宁波、绍兴、临海及周围地区。　⑭ 韪(wěi):是,同意。

## 原文

　　至是孙嘉绩以营卒付宗羲,与王正中合军,得三千人。正中者,之仁从子也,以忠义自奋。宗羲深结之,使之仁不得挠军事。遂渡海屯潭山,由海道入太湖,招吴中豪杰①,直抵乍浦②,约崇德义士孙奭等内应③。会清师纂严不得前④,而江上已溃⑤。宗羲入四明山结寨自固⑥,余兵尚五百人,驻兵杖锡寺。微服出访监国,戒部下善与山民结。部下不尽遵节制,山民畏祸,潜爇其寨⑦,部将茅翰、汪涵死之。宗羲无所归,捕檄累下⑧,携子弟入剡中⑨。闻鲁王在海上,仍赴

## 翻译

　　这时孙嘉绩将自己军营的士兵交给黄宗羲率领,与王正中的部队合在一起,共有三千人。王正中是王之仁的侄子,以忠义激励他自己。黄宗羲与他深相结纳,使得王之仁不能够阻挠他们的军务。于是渡海驻扎潭山,从海路进入太湖,招募吴中地区的豪杰勇士,一直进到乍浦,联络崇德的义士孙奭等人作为内应。适逢清军戒严无法前进,而钱塘江上鲁监国的部队已经溃败。黄宗羲进入四明山建造山寨固守自保,残余的士兵还有五百人,驻扎在杖锡寺。黄宗羲改装出山寻访鲁王,临走时告诫部下要好好与山民团结。部下没能完全遵照他的约束,山民们害怕他给自己带来灾难,偷偷焚烧了他们的山寨,部将茅翰、汪涵因此丧生。黄宗羲无处可归,追捕他的文书又一次次下达,只好带着子弟进入剡中地区。听说鲁王在海上,于是前往剡中,被授予左副都御

之，授左副都御史⑩。日与吴钟峦坐舟中⑪，正襟讲学，暇则注《授时》《泰西》《回回》三历而已⑫。

史。每天与吴钟峦坐在船中，正襟危坐地讲学，空闲时则注释《授时》《泰西》《回回》三种历法而已。

**注释** ①吴中：泛指春秋时吴地，即今江苏苏州及周围地区。 ②乍浦：镇名。在今浙江平湖境内，滨临杭州湾。 ③崇德：旧县名，今属浙江桐乡。 ④纂严：戒严。 ⑤江上已溃：指鲁王军队在钱塘江上溃败，鲁王出逃。 ⑥四明山：山名，在浙江余姚南部。 ⑦爇（ruò）：放火焚烧。 ⑧捕檄（xí）：捉拿的文书。 ⑨剡（shàn）中：今浙江嵊州。 ⑩左副都御史：官名。都察院副长官。 ⑪吴钟峦：明崇祯进士。鲁王时为礼部尚书，清兵至宁波，自焚死。 ⑫《授时》：《授时历》，元代郭守敬等创修。《泰西》：《泰西历》，明崇祯时徐光启按利玛窦所进的西洋历法督修而成。《回回》：《回回历》，即《希吉来历》，明洪武时发现的元朝历法。

**原文**

宗羲之从亡也，母氏尚居故里。清廷以胜国遗臣不顺命者①，录其家口以闻。宗羲闻之，亟陈情监国②，得请，遂变姓名间行归家。是年监国由健跳至滃洲③，复召之，副冯京第乞师日本④。抵长崎⑤，不得请，为赋《式微》之章以感将士⑥。自是东西迁徙无宁居。弟宗炎坐与冯京第交通⑦，刑有日

**翻译**

黄宗羲跟随鲁王流亡，母亲仍居住在故乡。清政府对不肯归顺的前朝旧臣，把他们的家属登记造册上报朝廷。黄宗羲听说这一消息，赶快向鲁王提出回家的请求，得到允许后，就改名换姓从小路赶到家中。这一年鲁王从健跳转移到滃洲，又召回黄宗羲，命他协助冯京第前往日本，请日本出兵援助。他们到了长崎，没有得到日本方面的允诺，他吟诵《式微》的诗章来感动将士。从此以后他四处迁移而没有固定的居所。他的弟弟黄宗炎因与冯京第交往而被清政

矣,宗羲以计脱之。甲午⑧,张名振间使至⑨,被执,又名捕宗羲⑩。丙申⑪,慈水寨主沈尔绪祸作,亦以宗羲为首。其得不死,皆有天幸,而宗羲不慑也。其后海上倾覆⑫,宗羲无复望,乃奉母返里门,毕力著述,而四方请业之士渐至矣。

府判处死罪,行刑的日期已经确定,黄宗羲设计使他逃脱了。甲午年,张名振派来与黄宗羲联络的秘密使者被清政府抓获了,又指名捉拿黄宗羲。丙申年,清政府对慈水寨主沈尔绪的抗清事件严加查处所导致的灾难产生了,也把黄宗羲当作首犯。他能够不死,都是上天给予的幸运;而黄宗羲并不害怕。这以后郑成功攻打南京的部队覆没,黄宗羲不再存有希望,于是侍奉母亲返回乡里,以全部精力著书立说,而向他请教学业的人也就从四面八方渐渐地来了。

**注释** ①胜国:亡国,已亡之国。 ②监国:指鲁王。 ③是年:清顺治六年(1649)。健跳:地名,今属浙江三门。瀜洲:即舟山岛,今属浙江定海。 ④冯京第:南明将领。鲁王监国时,官兵部右侍郎,奉命至日本乞师。舟山陷,死之。副:辅助。 ⑤长崎:日本长崎岛。 ⑥《式微》:《诗经》篇名。据《毛诗序》:这是黎国君主被狄人所逐后,其臣子劝国君回去收复失土的诗。诗中有"微君之故,胡为乎泥中"句,表现了对"君"的深厚感情。黄宗羲吟咏此诗,是以忠君之情、恢复国土的愿望来激励将士。 ⑦交通:往来。 ⑧甲午:指清顺治十一年(1654)。 ⑨张名振:南明将领。间使:秘密使者。 ⑩名捕:指名捕捉。 ⑪丙申:指清顺治十三年(1656)。 ⑫海上倾覆:此处指顺治十六年(1659)郑成功攻打南京失败。郑成功当时据守沿海一带,其部队被称为"海上之师",此处即"海上之师"的简称。

**原文**

戊午,诏征博学鸿儒①。掌院学士叶方蔼寓以诗②,敦促就道,再辞以免。未

**翻译**

戊午,清政府下诏征聘博学鸿儒。掌院学士叶方蔼寄诗给黄宗羲,极力促使他上路赴京,黄宗羲再三推辞,得以

几,方蔼奉诏同掌院学士徐元文监修《明史》,将征之备顾问,督抚以礼来聘,又辞之。朝论必不可致,请敕下浙抚抄其所著书关史事者送入京,其子百家得预参史局事③。徐乾学侍直,上访及遗献④,复以宗羲对,且言:"曾经臣弟元文疏荐,惜老不能来。"上曰:"可召至京,朕不授以事。即欲归,当遣官送之。"乾学对以笃老无来意⑤,上叹息不置,以为人材之难。宗羲虽不赴征车⑥,而史局大议必咨之。《历志》出吴任臣之手⑦,总裁千里遗书,乞审正而后定。尝论《宋史》别立《道学传》,为元儒之陋,《明史》不当仍其例。朱彝尊适有此议⑧,得宗羲书示众,遂去之。卒,年八十六。

免去。不久,叶方蔼奉诏和掌院学士徐元文一起主持修纂《明史》,将聘请黄宗羲以备顾问,总督、巡抚以礼来聘,又推辞了。朝中议论说肯定不可能请到他了,请皇上下敕令给浙江巡抚派人抄录黄宗羲所著书中有关历史事实的部分送往京师;他的儿子黄百家得以参与明史馆的工作。徐乾学在皇帝身边当值,皇上问及前朝遗留下来的贤者有谁,徐乾学又一次以黄宗羲来答复,并说:"曾经由臣的弟弟徐元文上疏推荐过,可惜年老不能来京。"皇上说:"可以召他来京师,朕不授予他实际工作。即使他来后想回去,可以派官员护送他。"徐乾学回答说黄宗羲太老了,并没有来京的意思,皇上连连叹息,认为人才难得。黄宗羲虽然没有接受朝廷的征召,但是明史馆的重大事情必定向他咨询。《历志》出自吴任臣之手,明史馆总裁千里迢迢写信来,请黄宗羲审核改正后再定稿。黄宗羲曾经议论《宋史》中另立《道学传》是元代修史学者的识见鄙陋,《明史》不应当因袭这一体例。朱彝尊正好也有这一倡议,得到黄宗羲的回信后就拿给众人看,于是就把《道学传》去掉了。后来黄宗羲去世,年龄为八十六岁。

**注释** ①博学鸿儒:康熙十七年,康熙皇帝下诏征求"博学鸿儒",即学问广博的学者。后荐得曹溶等七十一人,赴京候旨。 ②叶方蔼:清顺治进士,康熙间任翰林院掌院学士兼经筵讲官。掌院学士：清翰林院长官。 ③ 史局：这里指修《明史》的机构。 ④ 访：咨询。献：古代贤者，特指熟悉掌故的人。 ⑤ 笃老：衰老已甚。⑥ "不赴"句：指其不应征召。征车，朝廷专门送征用人员的公家车马；此处借指朝廷的征召。 ⑦ 吴任臣：清史学家。康熙时举博学鸿词科，授官检讨。著有《十国春秋》等书。曾参加纂修《明史》。 ⑧ 朱彝尊：清著名学者、文学家。康熙时举博学鸿词科，授官检讨。曾参加纂修《明史》。

**原文**

宗羲之学，出于蕺山①，闻诚意、慎独之说②，缜密平实。尝谓明人讲学，袭语录之糟粕，不以《六经》为根柢③，束书而从事于游谈。故问学者必先穷经，经术所以经世。不为迂儒，必兼读史。读史不多，无以证理之变化；多而不求于心，则为俗学。故上下古今，穿穴群言④，自天官、地志、九流百家之教⑤，无不精研。所著《易学象数论》六卷，《授书随笔》一卷，《律吕新义》二卷，《孟子师说》二卷。文集则有《南雷文案》《诗案》。今共存《南雷文定》十一卷，

**翻译**

黄宗羲的学问，出于刘宗周，接受了"诚意""慎独"的学说，细致精密，平允实在。他曾经说明代人的讲学，是因袭语录中的糟粕，不以《六经》作为做学问的基础，抛开书本而从事于虚浮不实的空谈。所以研究学问的人一定要先深入研究经书，经术本是用以治理天下的。而要想不成为迂腐的儒者，一定要兼读史书。阅读史书不多，就无法证实"理"的变化多端；读书多而不求内心的领会，则是世俗的学问。因此他博览上下古今的群书而加以融会贯通，从天文、地理到九流百家的学问，他没有不精心研究的。他的著作有《易学象数论》六卷，《授书随笔》一卷，《律吕新义》二卷，《孟子师说》二卷。文集则有《南雷文案》《诗案》。如今一共存有《南雷文定》十一卷，《文约》四卷。还著有《明儒学案》六十二卷，叙述明代讲学的各

《文约》四卷。又著《明儒学案》六十二卷，叙述明代讲学诸儒流派分合得失颇详；《明文海》四百八十二卷，阅明人文集二千余家，自言与《十朝国史》相首尾。又《深衣考》一卷，《今水经》一卷，《四明山志》九卷，《历代甲子考》一卷，《二程学案》二卷，辑《明史案》二百四十四卷，又《明夷待访录》一卷，皆经世大政。顾炎武见而叹曰："三代之治可复也⑥！"天文则有《大统法辨》四卷，《时宪书法解新推交食法》一卷，《圜解》一卷，《割圜八线解》一卷，《授时法假如》一卷，《西洋法假如》一卷，《回回法假如》一卷。其后梅文鼎本《周髀》言天文⑦，世惊为不传之秘，而不知宗羲实开之。晚年又辑《宋元学案》，合之《明儒学案》，以志七百年儒苑门户。宣统元年，从祀文庙⑧。

个儒家流派的分合得失，相当详尽；所撰《明文海》四百八十二卷，翻阅了明人文集两千多家，自称与《十朝国史》相互联系。又有《深衣考》一卷，《今水经》一卷，《四明山志》九卷，《历代甲子考》一卷，《二程学案》二卷，辑录《明史案》二百四十四卷，又有《明夷待访录》一卷，都是有关治国大政的。顾炎武见后感叹地说："三代的清明政治可望恢复了！"天文方面的著作有《大统法辨》四卷，《时宪书法解新推交食法》一卷，《圜解》一卷，《割圜八线解》一卷，《授时法假如》一卷，《西洋法假如》一卷，《回回法假如》一卷。其后梅文鼎根据《周髀》来论说天文，世人惊讶地认为这是他所发现而非古人传下来的秘籍，而不知道实际上是黄宗羲首倡的，晚年又纂辑《宋元学案》，与《明儒学案》合在一起，记载了七百年来儒家的各个学派。宣统元年(1909)，附祭孔庙。

**注释**　① 蕺山：指刘宗周，因其在蕺山书院讲学而得名。　② 诚意、慎独：刘宗周讲学的重要论点。　③《六经》：六部儒家经典的合称。即《诗》《书》《礼》《易》《乐》《春秋》。　④ 穿穴群言：穿穴，本指在物体上穿孔，此处借指深入群籍之中而求其贯通。群言，犹言群籍。　⑤ 九流：先秦的学术流派。即法、名、墨、儒、道、阴阳、纵横、杂、农九家。百家：亦指学术上的各种派别。　⑥ 三代：指上古尧、舜、禹三代。根据中国的传统观念，这三个时代是政治最清明的时代。　⑦ 梅文鼎：清初著名历算、天文学家。　⑧ 文庙：孔庙。唐玄宗封孔子为文宣王，故名。在中国封建社会中，能够附孔庙得到人们的祭祀，是一种极高的荣誉。

# 靳 辅 传

导读

　　明代以后,黄河的灾患日趋严重,清代从顺治到康熙年间,只有十年没有河患,仅康熙元年(1662)至十六年(1677),黄河的大决口就达六十七次。不仅使河南、苏北广大地区深受水灾之苦,而且直接影响到漕运,危及政治的稳定和经济的发展。康熙决心花大力治理黄河,任命靳辅担任河道总督,全面负责治河工程。靳辅在幕僚陈潢的协助下,继承了明朝治黄专家潘季驯的经验,采取"束水攻沙"法,即建筑堤岸束水,使水流迅急,冲刷淤积在河床的泥沙,使水畅流入海。他还进一步创造了"分流杀势"法,即当河水暴涨时,在上游分流,减杀水势,在下游河道宽阔处再引分流入正河。二法并用,既防止了上游决口的危险,又减少了下游泥沙的沉积。他还提出要彻底根治黄河,必须对上、中、下游统筹规划,源流并治。靳辅治黄十多年,成效显著,成为清代著名的水利专家。这篇传记较详细地记载了靳辅治理黄河的经过。(选自卷二七九)

原文

　　靳辅字紫垣,汉军镶黄旗人①。顺治九年,以官学生考授国史馆编修②,改内阁中书③,迁兵部员外郎④。康熙初,自郎中四迁内阁学士⑤。十年,授安徽巡抚。

翻译

　　靳辅字紫垣,汉军镶黄旗人。顺治九年(1652),以官学生的身份通过考试授官国史馆编修,改任内阁中书,升为兵部员外郎。康熙初年,从兵部郎中经四次升迁后做到内阁学士。十年(1671),授官安徽巡抚。上疏请求实行沟田法,以十亩地为一畦,每二十畦开疏请行沟田法,以十亩为一畽⑥,二十畽为一沟。沟土累为道,道高沟低,涝则泄水,旱以灌田。会三藩乱起⑦,不果行。部议裁驿站经费⑧,辅疏请禁差员横索、骚扰驿递,岁终节存驿站、扛脚等项二十四万有奇。上奖辅实心任事,加兵部尚书衔。

一条沟。用开沟挖出来的土堆积成为路,路高而沟低,涝时水沟就用来排水,旱时则用来灌溉田地。适逢发生了三藩之乱,建议没有能够实行。户部作出裁减驿站经费的决定,靳辅上疏请求禁止出差人员向地方横加勒索,骚扰驿站交通。年终时他在拨给安徽的驿站、挑夫等项经费中省下,储存了二十四万多两银子。皇上嘉奖他实心实意办事,加授兵部尚书的头衔。

**注释** ① 汉军镶黄旗:清兵入关前,其统治集团将归附的汉人编为八旗汉军,与八旗满洲、八旗蒙古共同构成清代八旗的整体。所谓八旗,指黄、白、红、蓝、镶黄、镶白、镶红、镶蓝。这一制度在入关后仍然保存。凡八旗成员统称"旗人",与州县所属的"民人"不同。 ② 官学:清代为八旗子弟设立的学校。靳辅为汉军旗人,故入官学读书,成为官学生。 ③ 中书:官名。内阁中地位较低的官员,负责起草文件、翻译等事务。 ④ 员外郎:官名,六部部门官员。 ⑤ 郎中:官名,六部部门官员,地位在员外郎之上。 ⑥ 畽(nán):十亩为一畽。 ⑦ 三藩乱:指清康熙年间吴三桂、耿精忠、尚之信三藩王发动的叛乱。 ⑧ 驿站:古时供传递公文的人或来往官员暂住、换马的场所。

**原文**

十六年,授河道总督①。时河道久不治②,归仁堤、王家营、邢家口、古沟、翟家坝等处先后溃溢,高家堰决三

**翻译**

十六年(1677),授官河道总督。当时黄河河道已长久不修治了,归仁堤、王家营、邢家口、古沟、翟家坝等地先后决口,河水泛滥,高家堰大堤决口三十多处,淮河水全部流入运河,黄河水逆

十余处③,淮水全入运河,黄水逆上至清水潭④,浸淫四出。砀山以东两岸决口数十处⑤,下河七州县淹为大泽⑥,清口涸为陆地⑦。辅到官,周度形势,博采舆论,为八疏同日上之:首议疏下流,自清江浦至云梯关⑧,于河身两旁离水三丈,各挑引河一道,俟黄、淮下注,新旧河合为一,即以所挑土筑两岸大堤,南始白洋河,北始清河县⑨,并东至云梯关。云梯关至海口百里,近海二十里,潮大土湿,不能施工;余八十里亦宜量加疏浚,筑堤以束之,限二百日毕工,日用夫十二万三千有奇。次议治上流淤垫,洪泽湖下流自高家堰西至清口,为全淮会黄之所。当于小河两旁离水二十丈,各挑引河一道,分头冲洗。次议培修七里墩、武家墩、高家墩、高良涧至周桥闸临湖残缺堤岸,

转方向沿运河而上流到清水潭,逐渐向四面漫出。砀山以东的黄河两岸决口了几十处,下河地区的七个州县被淹成了湖泽,而清口的黄河河道则干涸成为陆地。靳辅到任后,周密地测度所面临的形势,广泛地搜集意见,写了八道奏疏在同一天上交朝廷:首先建议疏通下游河道,从清江浦到云梯关,在河床两边离水三丈远的地方,各挖一道引河,等到黄河、淮河的水流东下灌注时,新旧河道就合为一条,并用挖引河挑上来的土修筑两岸的大堤,南岸从白洋河开始,北岸从清河县开始,都向东一直修到云梯关。从云梯关到出海口还有一百里,靠近大海的二十里,因海潮大泥土湿,无法施工;余下的八十里也应酌量疏通河道,以筑堤来约束水流,限定二百天完工,每天用民工十二万三千多人。其次建议治理下游往上的泥沙淤塞和积垫,洪泽湖下游从高家堰起往西到清口,是整条淮河和黄河会合的地方。应当在新近被泥沙淤垫而变得窄小的河道两边离水二十丈的地方,各挖一条引河,分头冲刷河道。第三建议加固修复从七里墩、武家墩、高家墩、高良涧一直到周桥闸临洪泽湖一面的残缺堤岸,并在堤岸下修筑平坦的斜坡,使洪水来时能沿斜坡平缓上涨,并顺势退缩,不至于因水流狂怒激荡而毁坏冲垮堤坝。每一尺堤岸,筑五尺平坦斜坡,

下筑坦坡，使水至平漫而上，顺缩而下，不至怒激崩冲。堤一尺、坦坡五尺，夯杵坚实，种草其上。次议塞黄、淮各处决口，例用埽[10]，费巨且不耐久；求筑土御水之法，宜密下排桩，多加板缆，用蒲包裹土，麻绳缚而填之，费省而工固。次议闭通济闸坝，浚清口至清水潭运河二百三十里，以所挑之土倾东西两堤之外，西堤筑为坦坡，东堤加培坚厚。次议规画经费，都计需银二百十四万八千有奇。宜令直隶、江南、浙江、山东、江西、湖北各州县预征康熙二十年钱粮十之一，约二百万。工成后，令淮、扬被水田亩纳三钱至一钱；运河经过，商货米豆石纳二分，他货物斤四分；并开武生纳监事例[11]，以数补还。次议裁并冗员，明定职守，并严河工处分，讳决视讳盗；兼请调

将它夯得坚固结实，并在上面种上草。第四建议堵塞黄河、淮河的各处决口，如按照惯例用埽料修筑，费用巨大而且不耐久用；可以求助于筑土坝以御水的方法，应当密密地打下一排排木桩，多用木板和缆绳进行加固，再用蒲包装满泥土，用麻绳捆好，填进木桩之间，这样费用节省而且工事坚固。第五建议关闭通济闸坝，疏通清口到清水潭之间二百三十里的运河河道，用挖出的泥土倾倒在东西两岸的长堤之外。西堤岸外筑成平坦斜坡，东堤岸外则予加固，使其更加坚厚。第六建议规划治河工程的经费。总共需白银二百十四万八千多两。可命令直隶、江南、浙江、山东、江西、湖北的各州县预先征收到康熙二十年（1681）为止的钱粮的十分之一，大约二百万两。工程完工后，可命令淮安、扬州两府地区遭受水灾的田地每亩交纳一钱到三钱的银两，凡途经运河过往的商人贩卖米、豆，每石交纳二分银子，其他货物每斤交纳四分银子；并设立武生捐纳监生的条例，这样就可如数补还国家的税收款。第七建议裁减淘汰多余的闲散人员，明确规定各官员的职责范围，并严格治河工程的处分，将隐瞒决口视作隐瞒盗贼；同时请求有调道、任用地方官吏的权力，工程完工后，将他们与原属河道总督衙门的官吏一起按劳绩大小给予从优奖励。第八建

用官吏，工成，与原属河厅官吏并得优叙⑫。次议工竣后，设河兵守堤，里设兵六名至二名，都计五千八百六十名。疏入，下廷议⑬，以方军兴⑭，复举大工，役夫每日至十二万余，召募扰民，应先择要修筑。上命辅熟筹。

议全部工程竣工后，设置河兵防守堤岸，每一里堤岸设兵二到六名，共计五千八百六十名。奏疏送入后，下发给朝廷大臣讨论，廷议认为国家刚刚发动重大的军事行动，再兴起浩大的治河工程，役夫每天达十二万多人，招募劳力必会骚扰人民，应当先选择要紧之处修筑。皇上命令靳辅再仔细筹划。

**注释** ① 河道总督：官名。清代始置的专门官员，掌管黄河、运河及永定河的堤防、疏浚事务。 ② 河道：黄河河道。黄河为中国第一大河，但易淤易决，河道在历史上屡经变迁。明万历初至清咸丰五年(1855)，黄河河道由开封往东出徐州由泗夺淮，经清江浦(今江苏淮安清江)东流入黄海，今称黄河故道。靳辅治河，即指黄河故道。 ③ 高家堰：大堤名。在今江苏淮安淮阴西南。它贯穿整个洪泽湖东岸，全堤长约一百二十里。三国时下邳人陈登始筑，明代万历时的著名治河专家潘季驯大兴堤工，加筑砖石，建武家墩、高良涧、周家桥三闸。到了靳辅又自周家桥向南接修周桥、翟坝堤工，并修筑周桥、高良涧、武家墩、唐埂、古沟减水坝，全堤才告完成。清代的洪泽湖西南接淮河、东北注黄河，东面为运河，是黄、淮、运三河交汇之处，高家堰成为蓄泄的关键。此堤一旦决口，淮水全入运河，漫溢淹没江苏淮安、扬州一带大片低洼的下河地区，而且势必引起黄河水倒灌，河道淤垫，漕运受阻，为祸更烈。因此，高家堰大堤的维护修筑成为当时治理黄河的重大关键之一。 ④ 清水潭：潭名。在江苏高邮北，运河之东。 ⑤ 砀山：今安徽砀山，地处黄河故道之南。 ⑥ 下河：清指运河以东、黄河以南的江苏淮安、扬州两府的大片土地，今称里下河地区。 ⑦ 清口：亦名泗口。清河口，即古泗水入淮之口。在今江苏淮安清江西南。 ⑧ 清江浦：在今江苏淮安，为水陆交通要道。清代河道总督驻此。云梯关：黄河故道入海口。 ⑨ 清河县：即今江苏淮安淮阴。 ⑩ 埽(sào)：河工上用的以秫秸、芦苇、树枝等捆成的稍料。一层埽加一层土夯实后修成的工事称为埽工。

⑪ 纳监：指用交纳银两或粟米的方法取得监生资格。 ⑫ 叙：按劳绩大小给予奖励称为"叙"。 ⑬ 廷议：大臣们在朝廷上讨论国家大事称为廷议。 ⑭ 军兴：此处指朝廷将对三藩之乱采取的军事行动。

原文

十七年，辅疏言："以驴运土，可减募夫之半；初拟二百日毕工，今改为四百日，又可减募夫之半。"河工故事，大堤谓之"遥堤"，堤内复为堤逼水，谓之"缕堤"，两堤间为横堤，谓之"格堤"。辅疏请就原估土方加筑缕堤，有余量增格堤，南自白洋河，北自清河，上至徐州，视此兴筑。余并如前议。疏入，复下廷议，允行。

上谕以治河大事，当动正项钱粮。辅疏言："前议黄河两岸分筑遥、缕二堤，勘有旧堤贴近河身，拟作为缕堤，其外更筑遥堤。前议用驴运土，今议改车运。前议离堤三十丈内不许取土，

翻译

十七年(1678)，靳辅上疏说："用驴运土，可以减少原需招募劳力的一半；原先打算二百天完工，现在改为四百天，这样又可以减少原需招募劳力的一半。"按照治理黄河工程的成例，大堤叫作"遥堤"，堤内再筑一堤逼近河水，叫作"缕堤"，两堤之间再筑横堤，叫作"格堤"。靳辅上疏请求在原估土方量的基础上加筑缕堤，有多余土方量再增筑格堤，南岸从白洋河修起，北岸从清河修起，上溯至徐州为止，都按照此法兴筑。其余各条都与上次所奏建议相同。奏疏送入。再次下交朝廷大臣讨论，被允许施行。

皇上谕旨说，治理黄河是大事，应当动用国家正式征收的钱粮。靳辅上疏说："上次建议在黄河两岸分别修筑遥堤和缕堤二种，经勘察，有以前留下的旧堤贴近河床，现打算将旧堤当作缕堤，在它之外再修筑遥堤。上次建议用驴运土，现在建议改用车运土。上次建议在离堤岸三十丈之内不许取土，现在

今因宿迁、桃源等县人弱工多①，改令二十丈外取土。前议河身两旁各挑引河一道，今以工费浩繁，除清河北岸浅工必须挑浚。余俱用铁扫帚浚深河底。"下部议，从之。

因为宿迁、桃源等县人力少，工程多，改为让在二十丈之外取土。上次建议在河边两边各挖一道引河，现在因为工程繁重，费用浩大，除了清河北岸河床浅而必须挖引河疏通之外，其余河段都可用铁扫帚疏通刷深河底。"奏疏下交工部讨论，同意这一建议。

注释　① 宿迁：今江苏宿迁。桃源：今江苏泗阳。两县在黄河故道两岸。

### 原文

是岁吴三桂死，上趣诸将帅进兵，辅欲节帑佐军，又以兴工后需费溢出原估，均颇改前议，先开清口引河四道，塞高家堰、王家冈、武家墩诸决口，筑堤束水。如所议施行。顾下流未大治，伏秋盛涨，水溢出堤上，复决砀山石将军庙、萧县九里沟①。辅乃议设减水坝，于萧、砀、宿迁、桃源、清河诸县河南北两岸为坝十三，坝七洞，水盛借以宣泄。辅复察清口淮、黄交会，黄涨侵灌运河，乃自新庄闸西南开

### 翻译

这一年吴三桂死了，皇上督促各位将帅续继进兵，靳辅想节省下国库银资助军需之用，又因为治河工程开工后，所需费用超出了原来的估算，因此对以前建议的施工方案多有修改，决定先开挖清口的四道引河，堵塞高家堰、王家冈、武家墩等处决口，修筑堤岸，约束水流。工程均按照他的新建议施行。但是，因黄河下游的河道没能大规模治理，泥沙淤积河道，伏秋时，洪水猛涨，漫出堤岸，砀山的石将军庙、萧县的九里沟再次决口。于是靳辅建议修筑减水坝，在萧县、砀山、宿迁、桃源、清河各县境内的黄河南北两岸修筑十三座减水坝，每座坝修有七个泄洪洞，洪水猛涨时靠它排水。靳辅再次勘察了地处清口的淮河、黄河

新河至太平坝;又自文华寺开新河至七里闸,复折向西南,亦至太平坝;改以七里闸为运口,由武家墩烂泥浅转入黄河②。运口距黄、淮交会处约十里,自此无淤垫之患。疏报,并议行。辅勘清水潭决口屡塞屡冲,乃弃深就浅,筑东西长堤二道,并挑新河八百四十丈,疏积水。山阳、高邮等七州县民田③,至是皆出水可耕。

交汇处,发现黄河涨水时往往倒灌侵入运河,于是就从新庄闸往西南方向开一条新河道到太平坝;又从文华寺开一条新河道到七里闸,再转向西南方向,也挖到太平坝为止;将七里闸改为运河出口,从武家墩烂泥浅转入黄河。这样,运河口距离黄河、淮河的交汇处大约有十里,从此运河就没有黄河泥沙积垫的祸患了。奏疏上报,诸事一并经讨论通过而施行。靳辅勘察了清水潭屡次堵塞屡次冲垮的状况,于是避开水深的地方而就水浅之处,建筑了东西长堤两道,并且挖了一道八百四十丈的新河,疏通了积水。山阳、高邮等七个州、县的民田,到这时都脱离了水淹,能够耕种了。

**注释** ① 萧县:今安徽萧县,黄河故道之南。 ② 烂泥浅:地名。 ③ 山阳:今江苏淮安。高邮:今江苏高邮,清置高邮州。二地均处下河地区。

**原文**

十八年,辅疏报,并请名新河曰永安河,报闻。瞿家坝淮河决口成支河九道,辅饬淮扬道副使刘国靖等督堵塞,至是工竟,辅诣勘疏报,并言:"山阳、宝应、高邮、江都四州县潴水诸湖①,

**翻译**

十八年(1679),靳辅上疏报告治河情况,并请求将清水潭新开河命名为永安河。得到了皇上的批准。原先淮河在瞿家坝决口,并冲出了九条支流,靳辅命令淮扬道副使刘国靖等人监督堵塞决口。到这时工程已经完工,靳辅前往工地勘察,上疏报告朝廷,并说:"山阳、宝应、高邮、江都四个州县的一些潴

逐渐涸出。臣今广为招垦，俾增赋足民，上下均利。"屯田之议自此起。

漕船自七里闸出口[②]，行骆马湖达窑湾。夏秋盛涨，冬春水涸，重运多阻。辅议浚湖旁皂河故道，上接洳河通运。疏入，下廷议，上问诸臣意若何，左都御史魏象枢曰："辅请大修黄河，上发帑二百五十一万，计一劳永逸。前奏堤坝已筑十之七，今又欲别开河道，所谓一劳永逸者安在？臣等虑漕运有阻，故议从其请。"上曰："象枢言良是。河虽开，必上流浩瀚，方免淤滞。今雨少水涸，恐未必有济。即已成诸工，亦以旱易修，岂得恃为永固耶？"十九年五月，辅丁忧[③]，命在任守制[④]。秋，河复决，辅疏请处分，上趣辅修筑。二十年三月，辅疏言："臣前请大修黄

积洪水的湖泊，现已逐渐干涸见底。臣现在正大规模地招募百姓开垦，以便增加国家赋税，使百姓富足，上下都得到利益。"屯田的建议就是从这时发起的。

运粮的漕船从七里闸出运河口，行经骆马湖驶抵窑湾。骆马湖夏、秋两季汛期时水势猛涨，到了冬、春两季却水面干涸，负荷重的船只经常受到阻碍。靳辅建议疏浚骆马湖旁边的皂河旧河道，北上连接洳河，贯通运河。奏疏送入，下发给朝廷大臣讨论。皇上问各位大臣的意见如何，左都御史魏象枢说："靳辅请求大规模治理黄河，皇上调拨国库银二百五十一万两，打算一劳永逸。前次上奏说堤坝已修筑了十分之七，现在又要另开河道，所谓的一劳永逸在哪里呢？但臣下们考虑到漕运有阻碍，所以商议下来仍同意他的请求。"皇上说："魏象枢说得很对。河道虽然开了，但是一定要上流水势浩大，才能够避免河道重新淤积滞塞。现在雨少水枯，恐怕未必对事情有利。就是已经完工的各项工程，也是因为天气干旱容易修筑罢了，又怎么能以此为依靠，看成是永远坚固的呢？"十九年（1680）五月，靳辅遭逢父丧，皇上命令他在任上守孝。这一年秋天，黄河再次决口，靳辅上疏请求处分，皇上只是催促他抓紧修筑堤坝。二十年（1681）三月，靳辅上疏说："臣下三年前请求大规

河,限三年水归故道。今限满,水未归故道,请处分。"下部议,当夺官,上命戴罪督修。

模治理黄河,限三年之内让黄河水复归旧道。现在期限已到,但黄河水没有能回归旧道。所以请求处分。"皇上将此事下交吏部讨论其处分,按理应当削夺官职,但皇上命令他戴罪督修黄河工程。

**注释** ① 宝应:今江苏宝应。江都:今江苏江都。二地亦处下河地区。潴(zhū):水停聚的地方。 ② 漕船:担负漕运的船只。漕运,指政府将所征粮食解往京师或其他指定地点的运输。明清二代东南地区的漕粮都经大运河运往通州(今北京通州)、北京。 ③ 丁忧:旧称遭父母之丧为"丁忧"。 ④ 在任守制:守制,即守孝。旧时遭逢父母、祖父母的丧事,儿子及长房长孙要谢绝人事,做官的解除职务,在家守孝二十七个月,叫作守制。在任守制指朝廷命令大臣要员不必离职,在任上素服办公,不参加一切吉礼。亦称为"夺情"。

**原文**

二十一年五月,上遣尚书伊桑阿、侍郎宋文运、给事中王曰温、御史伊喇喀勘工。候补布政使崔维雅奏上所著书,议尽罢辅所行减水坝诸法,大兴工,日役夫四十万,筑堤以十二丈为率。上命从伊桑阿等往与辅议之。伊桑阿等遍勘诸工,至徐州,令辅与维雅议。辅疏言:"河道全局已成十八九。萧家渡虽有决口,而

**翻译**

二十一年(1682)五月,皇上派遣尚书伊桑阿、侍郎宋文运、给事中王曰温、御史伊喇喀勘察治河工程。候补布政使崔维雅将自己所著的关于治河的书上奏朝廷,建议全面停止靳辅所推行的修筑减水坝等治河方法,主张大规模兴起修堤工程,每天征集劳力四十万人,修筑堤坝以每天十二丈为标准。皇上就命令崔维雅跟随伊桑阿等人一起前往工地并和靳辅讨论。伊桑阿等人全面勘察了各个治河工程,抵达徐州后,就让靳辅和崔维雅进行讨论。靳辅在所上的奏疏中说:"黄河河道的整体工程已完成了十分之八九。萧家渡虽然

海口大辟，下流疏通，腹心之害已除。断不宜有所更张，隳成功，酿后患。"伊桑阿等还京师，下廷议，工部尚书萨穆哈等请以萧家渡决口责辅赔修①，上以赔修非辅所能任，未允；又议维雅条奏，伊桑阿请召辅询之。十一月，辅入对，言萧家渡工来岁正月当竟，维雅所议日用夫四十万、筑堤以十二丈为率，皆不可行。维雅议乃寝。上命塞决口，仍动正项钱粮。二十二年四月，辅疏报萧家渡合龙，河归故道，大溜直下，七里沟等四十余处险汛日加，并天妃坝、王公堤及运河闸座，均应修筑。别疏请饬河南巡抚修筑开封、归德两府境河堤②，防上流疏失。上均如所请。十二月，命复辅官。

再次决口，但出海口已经大大打开，下游河道得以疏通，黄河的心腹之患已经消除。断断不应当在这时候对工程有所更改，以免毁坏已成之功，酿成后患。"伊桑阿等人回京师后，靳辅的奏疏又被下交朝廷大臣讨论，工部尚书萨穆哈等人奏请皇上责令靳辅自筹经费修复萧家渡决口以示惩罚，皇上以为赔修办法不是靳辅所能承担的，没有同意；又讨论了崔维雅奏疏中分条陈述的具体办法，伊桑阿请求皇上宣召靳辅询问。十一月，靳辅进京向皇上面奏并回答问题，说萧家渡堵决工程明年正月当能完工，崔维雅所建议的每天征用劳力四十万、修筑堤岸以十二丈为标准，都是行不通的。崔维雅的建议由此作罢。皇上命令堵塞萧家渡决口仍旧动用国家的正式钱粮。二十二年（1683）四月，靳辅上疏报告萧家渡缺口已经合龙，黄河水复归故道，汹涌的水流直泄而下，而七里沟等四十多处的汛期险情日益严重，天妃坝、王公堤以及运河的闸坝基座都应加固修筑。又另外上疏请求朝廷下令河南巡抚修筑开封、归德两府境内的黄河堤岸，以防上游发生问题。皇上全部答应了他的请求。十二月，下令恢复靳辅的原官。

**注释** ① 赔修：指不动用公款，由靳辅自筹经费修复决口，以此作为对前工程不合格的一种惩罚和补偿办法。 ② 归德：今河南商丘及周围地区。清为归德府。

## 原文

二十三年十月，上南巡，阅河北岸诸工，谕辅曰："萧家渡堤坝当培薄增卑，随时修筑。减水坝原用以泄水，遇泛溢横流，安知今日减水坝不为他年之决口？且减水旁流，浸灌民田，朕心深不忍。当筹画措置。"上见堤夫作苦，驻跸慰劳久之，谕辅戒官役侵蚀工食。复视天妃闸，谕辅宜改草坝，并另设七里、太平二闸杀水势。舟过高邮，见田庐在水中，恻然悯念。遣尚书伊桑阿、萨穆哈察视海口。还跸①，复阅高家堰，至清口，阅黄河南岸诸工，谕辅运口当添建闸座，防黄水倒灌；复召辅入行宫慰谕，书《阅河堤诗》赐之。

## 翻译

二十三年（1684）十月，皇上到南方巡视，视察了黄河北岸的各项工程，告诫靳辅说："萧家渡堤坝的薄弱处应当加固，低卑之处应当增高，要随时加以修筑。减水坝原来是用来排泄水的，若是遇到河水泛滥，四处冲激，怎能知道今天的减水坝不会成为他年的决口呢？况且为了杀减水势而让河水流向其他地方，淹没民田，朕心中实在是不忍。这件事应当统一筹划和采取措施。"皇上看见筑堤的民工们劳作十分辛苦，就停下马车，慰劳民工们很长时间，并嘱咐靳辅，要禁止官员衙役侵吞、克扣民工的粮食。又视察了天妃闸，命令靳辅说应当将这里改为植草的堤坝，并另设七里闸、太平闸两座闸来杀减水势。皇上乘坐的船只经过高邮时，看见田地和房屋都浸在水里，心中悲痛，哀怜百姓受苦。又派遣尚书伊桑阿、萨穆哈视察海口地区。返京途中，皇上又视察了高家堰大堤，到达清口后，视察了黄河南岸的各个工程，并对靳辅说，在运河入口处应当增筑水闸，以防止黄河水倒灌进运河。又宣召靳辅到行宫加以慰劳勉励，并亲手书写了《阅河堤诗》赐给他。

**注释** ① 跸(bì)：特指皇帝的车驾。

**原文**

辅以上念减水淹民，因议于宿迁、桃源、清河三县黄河北岸堤内开新河，谓之中河。于清河西仲家庄建闸，引拦马河减水坝所泄水入中河。漕船初出清口浮于河，至张庄运口，中河成，得自清口截流，径渡北岸，度仲家庄闸，免黄河一百八十里之险。伊桑阿等还奏，议疏浚车路、串场诸河至白驹、丁溪、草堰诸口①，引高邮等处减水坝所泄水入海。上命安徽按察使于成龙董其事，仍受辅节制，奏事由辅疏报。

**翻译**

因皇上时时挂念着因减水坝杀减水势而淹没的民田民屋，靳辅就提议在宿迁、桃源、清河三县境内的黄河北岸的长堤内开凿一条新的河道，称之为"中河"。在清河县西的仲家庄建筑一道水闸，把拦马河减水坝所排泄出的水引入中河。原先，运粮的漕船从清口出运河后，就一直在黄河上行驶，直到抵达地处张庄的北运河口，中河开成后，漕船一出清河口，就能横渡过去，直接渡到黄河北岸，再通过仲家庄水闸，进入中河，避免了黄河一百八十里的险程。伊桑阿等人返回京师后上奏，建议疏浚从车路河、串场河等河一直到白驹、丁溪、草堰各个盐场的水口，将高邮等地减水坝所排泄下来的水引入大海。皇上命令安徽按察使于成龙负责这项工程，仍然受靳辅的调度和管辖，凡向朝廷上奏事宜必须通过靳辅上疏转报。

**注释** ① 白驹、丁溪、草堰：均为江苏沿海的盐场。

**原文**

二十四年正月，辅疏请徐州迤上毛城铺、王家山诸

**翻译**

二十四年(1685)正月，靳辅上疏请求在徐州往上的毛城铺、王家山等处增筑减

处增建减水闸,下廷议。上
谕减水闸益河工无益百姓,
不可不熟计,命遣官与辅详
议,若分水不致多损民田,
即令兴工。九月,辅疏报赴
河南勘黄河两岸,请筑考
城、仪封、封丘、荥泽堤埽①,
下部议行。成龙议疏海口
泄积水,辅谓下河地卑于海
五尺,疏海口引潮内侵,害
滋大;议自高邮东车逻镇筑
堤,历兴化、白驹场②,束所
泄水入海,堤内涸出田亩,
丈量还民,余招民屯垦,取
田价偿工费。疏闻,上谓取
田价恐累民,未即许。

水闸,下交朝廷大臣讨论。皇上说减水闸
有益于治河工程而无益于黎民百姓,所以
不能不深思熟虑,于是下令派遣有关官员
和靳辅一起审慎商议,如果将减水闸排泄
下来的水分流而不至于过多损害民田的
话,就下令动工。九月,靳辅上疏报告前
往河南勘察黄河两岸的情况,请求修筑考
城、仪封、封丘、荥泽等处的堤岸埽工,交
工部讨论后施行。于成龙建议疏浚黄河
下游海口处的河道以泄积水,靳辅则说下
河地区地势低于海平面五尺,疏浚海口反
会导致潮水内灌,危害更大;建议从高邮
东面的车逻镇开始筑堤,历经兴化、白驹
场,约束从高处排泄下来的水流入海,堤
内积水干涸后出现的田地,经丈量后还给
原主人,其余的田地招募百姓屯垦,收取
土地价格用以支付治河工程的费用。奏
疏上达,皇上说收取土地价格恐怕会增加
百姓的负担,没有马上批准。

**注释** ① 考城:旧县名,在今河南兰考东北。1954 年与兰封县合并改为兰考县。
仪封:旧县名,在今河南兰考东。封丘:今河南封丘。荥泽:在今河南郑州西北。
② 兴化:今江苏兴化。

**原文**

寻召辅、成龙驰驿诣京
师廷议①,成龙议开海口故
道,辅仍主筑长堤高一丈五

**翻译**

不久,皇上宣召靳辅、于成龙火速
兼程赶赴京师参加朝廷大臣的讨论。
于成龙提议开挖海口的黄河故道,靳辅
仍旧主张修筑一条高度为一丈五尺的

尺,束水敌海潮。大学士、九卿从辅议②,通政使参议成其范、给事中王又旦、御史钱珏从成龙议,议不决。上命宣问下河诸州县人官京师者,侍读宝应乔莱等乃言:"从成龙议,工易成,百姓有利无害;从辅议,工难成,百姓田庐坟墓多伤损,且堤高一丈五尺,束水至一丈,高于民居,伏秋溃决,为害不可胜言。"上颇右成龙,遣尚书萨穆哈、学士穆称额诣淮安会漕督徐旭龄、巡抚汤斌详勘。二十五年正月,萨穆哈等还奏,谓民间皆言浚海口无益。寻授成龙直隶巡抚,罢浚海口议。四月,召斌为尚书,入对,上复举其事以问,斌言浚海口必有益於民。上责萨穆哈、穆称额还京时不以实奏,夺官。召大学士九卿及莱等定议浚海口,发帑二十万,命侍郎孙在丰董其役。

长堤,用约束水流而形成急流的办法抵御海潮。内阁大学士、九卿赞同靳辅的提议,通政使参议成其范、给事中王又旦、御史钱珏则赞同于成龙的提议,讨论没有结果。皇上下令宣召那些籍贯为下河地区各州县、现在京师做官的人来询问情况,翰林院侍读、宝应县人乔莱等人就说:"听从于成龙的提议,工程容易完成,对百姓有利无害;听从靳辅的提议,工程完成困难,百姓的田地房屋、坟墓也会受到很大损失,况且堤高为一丈五尺,被约束后的水流平面将高到一丈,大大高于百姓的住房,伏天秋后汛期时如堤岸崩溃决口,那造成的危害就更无法说了。"皇上颇倾向于成龙的意见,派遣尚书萨穆哈、学士穆称额去淮安会同漕运总督徐旭龄、巡抚汤斌一起审慎勘察。二十五年(1686)正月,萨穆哈等人返回京师后上奏,说民间都说疏浚海口没什么好处。不久,皇上任命于成龙为直隶巡抚,推翻了疏浚海口的提议。四月,召汤斌至京任工部尚书。汤斌入朝奏对时,皇上又提出这件事来问他,汤斌说疏浚海口肯定对百姓有好处。皇上斥责萨穆哈、穆称额返回京师时没有据实奏报,罢了他们的官。又宣召大学士、九卿以及乔莱等人讨论,决议疏浚海口,调拨国库银二十万两,命令侍郎孙在丰主持这一工程。

注释 ① 驰驿：旧时官吏因急召入京，由沿途驿站急供夫马粮食，兼程而进，不按站停止耽搁，叫作"驰驿"。 ② 大学士：内阁最高长官。九卿：古代高级长官的称谓，历代有所不同。此处当泛指当时的中央各部院的长官。

原文

工部劾辅治河已九年，无成功。上曰："河务甚难，而辅易视之。若遽议处①，后任者益难为力，今姑宽之，仍责令督修。"二十八年，辅疏言："运堤减水以下河为壑，东即大海，浚海口似可纾水患；惟泰州、安丰、东台、盐城诸县地势甚卑②，形如釜底，若止就此挑浚，徒增其深。淮流甚涨，高家堰泄水汹涌而来，仍不能救民田之淹没。臣以为杜患于流，不若杜患于源。高家堰堤外直东为下河，东北为清口，当自翟家坝起至高家堰筑重堤万六千丈，束减水北出清口，则洪泽湖不复东淹下河。下河十余万顷皆成沃产，而高、宝诸湖涸出

翻译

工部弹劾靳辅治理黄河已历时九年，没有成功。皇上说："治理黄河这件事情是很艰巨的，可是靳辅把它看得过于容易了。如果现在突然将靳辅论罪处分，今后担任此项工作的人就更加难办了。现在姑且宽恕他，仍旧责成他督修黄河。"二十六年（1687），靳辅上疏说："运河堤岸减水坝所排泄下的水都流到了地势低洼的下河地区，再往东就是大海，疏浚海口听上去似乎可以解除水患，但是从泰州到海安镇，经安丰场、东台县到盐城，各县土地的地势很低，形状就像锅底，如果只在这里挖深疏浚，那只是白白地增加它的深度。当淮河水盛涨，高家堰所排泄下的水汹涌而来时，仍旧不能挽救大片民田被水淹没。臣认为，与其在支流上杜绝祸患，不如从源头上杜绝祸根。高家堰大堤外的正东是下河，东北面是清口，应当从翟家坝起一直到高家堰修筑一道长一万六千丈的重堤，约束、引导淮河水流从北面的清口出去，这样，洪泽湖水就不会再往东淹没下河地区，下河地区的十万多顷土地都将变成出产丰裕的良田，而高邮、宝应

田亩,可招民屯垦,以裕河库。"上使以辅疏示成龙,成龙仍言下河宜开,重堤不宜筑。上遣尚书佛伦,侍郎熊一潇,给事中达奇纳、赵吉士与总督董讷,总漕慕天颜会勘。佛伦等皆欲用辅议,天颜、在丰与相左。佛伦等还奏,下廷议,会太皇太后崩[3],议未上。

等地湖泊干涸所出现的土地,就可以招募百姓屯垦,以充裕治河工程的经费。"皇上派人将靳辅的奏疏给于成龙看,于成龙仍然坚持说下河地区应当开挖疏浚,重堤不应当修筑。皇上派遣尚书佛伦、侍郎熊一潇、给事中达奇纳、赵吉士与江南总督董讷、漕运总督慕天颜一起会同勘察。佛伦等人都希望采用靳辅的提议,慕天颜、孙在丰的意见则正相反。佛伦等人回京奏报,皇上将此事下交朝廷大臣讨论。正好这时候太皇太后去世了,所以讨论的结果没有上报。

注释　① 议处:清代对有过失的官员,交吏部拟定处罚办法,名为"议处"。② 泰州:今江苏泰州。安丰:沿海盐场名,地处东台之南。东台:今江苏东台。盐城:今江苏盐城。　③ 太皇太后:指康熙皇帝的祖母孝庄文皇后。

原文

二十七年春,给事中刘楷,御史郭琇、陆祖修交章论辅,琇辞连辅幕客陈潢,祖修请罢辅,至以舜殛鲧为比;天颜、在丰亦疏论屯田累民,及辅阻挠开浚下河状。琇旋劾大学士明珠等,语复及辅。辅入觐,亦疏讦成龙、天颜、在丰等朋比谋陷害。上曰:"辅为总河,挑

翻译

二十七年(1688)春天,给事中刘楷,御史郭琇、陆祖修轮番上奏章抨击靳辅,郭琇的奏疏中还牵连到了靳辅的幕僚陈潢,陆祖修请求罢免靳辅的官职,甚至以舜杀戮其父鲧来作比喻;慕天颜、孙在丰也就屯田增加百姓负担以及靳辅阻挠开挖疏浚下河地区的情况上疏抨击。不久,郭琇弹劾大学士明珠等人,所说的话中又涉及靳辅。靳辅入朝晋见皇上,也上疏攻击于成龙、慕天颜、孙在丰等人相互勾结阴谋陷害自己。

河筑堤，漕运无误，不可谓无功；但屯田、下河二事，亦难逃罪。近因被劾，论其过者甚多。人穷则呼天，辅若不陈辨朕前，复何所控告耶？"三月，上御乾清门，召辅与成龙、琇等廷辨，辅、成龙各持所见不相下。琇言辅屯田害民，辅言属吏奉行不善致民怨，因引咎，坐罢，以王新命代，佛伦、讷、在丰、达奇纳皆左迁，天颜、吉士并夺官，陈潢亦坐谴。

时中河工初竣，上遣学士开音布、侍卫马武往勘，还奏中河商贾舟楫不绝。上谕廷臣曰："前者于成龙奏河道为靳辅所坏，今开音布等还奏，数年未尝冲决，漕运亦不误。若谓辅治河全无所裨，微特辅不服，即朕亦不惬。"因遣尚书张玉书、图纳，左都御史马齐，侍郎成其范、徐廷玺阅工，遍察辅所缮治，孰为当改，孰

皇上说："靳辅身为河道总督，开河筑堤，使漕运不致耽误，不能说没有功劳；但是在屯田累民，反对疏浚下河地区这两件事上，也很难逃脱罪责。近来因遭到弹劾，议论他过失的人很多。人在困窘之极时就要喊老天爷，靳辅如果不在我面前陈述分辩，又到什么地方去控告呢？"三月，皇上驾临乾清门，宣召靳辅和于成龙、郭琇等人当廷辩论，靳辅、于成龙各持己见相持不下。郭琇说靳辅屯田害民，靳辅说是下属官吏奉命行事不妥善而招致百姓怨恨，并因而自承过失。靳辅由此被罢官，以王新命代替他的职务，佛伦、董讷、孙在丰、达奇纳都被降职，慕天颜、赵吉士被一起削夺官职，陈潢也因此受到处罚。

这时，中河工程刚竣工，皇上派遣学士开音布、侍卫马武前往勘察，他们回来后上奏说中河开成后，商人的船只来往不绝。皇上对廷臣们说："前些日子于成龙上奏说黄河河道被靳辅治理坏了，现在开音布等人回来奏报，几年来河道并没有决口，漕运也没有耽误，若是说靳辅治理黄河全然没有裨益，不只是靳辅不服，就是朕也不同意。"于是皇上派遣尚书张玉书、图纳，左都御史马齐，侍郎成其范、徐廷玺视察黄河工程，全面考察靳辅所经营治理的各项工程，什么地方应当修改，什么地方不应当修改，都要审慎勘察并全部上报。张

为不当改，详勘具奏。玉书等还言河身渐次刷深，黄水汛溜入海[1]，两岸闸坝有应循旧者，有应移改者；多守辅旧规。

玉书等人返回京师后汇报说，黄河河床已逐渐被水流冲刷加深，黄河水迅疾地直滑入海，黄河两岸的水闸和堤坝有些应该保持原样，也有些应该迁移改动的；他们所说多数都符合靳辅原来的规划。

注释　① 汛：据《清史列传》，当为"迅"。

原文

　　十一月，上遣尚书苏赫等阅通州运河，命辅偕往。请于沙河建闸蓄水，通州下流筑堤束水，从之。二十八年正月，上南巡阅河，辅扈行。阅中河，上虑逼近黄河，水涨堤溃；辅对若加筑遥堤即无患。还京师，谕奖辅所缮治河深堤固，命还旧秩。二十九年，漕运总督董讷以北运河水浅，拟尽引南旺河水北流；仓场侍郎开音布复疏请浚北运河。上咨辅，言南旺河水尽北流，南河必水浅，惟从北河两旁下埽束水，自可济运。上命偕

翻译

　　十一月，皇上又派遣尚书苏赫等人视察通州的北运河，命令靳辅一同前往。靳辅请求在沙河修筑闸门蓄水，在通州以下的运河两岸修筑堤坝以约束水流，皇上听从了靳辅的意见。二十八年（1689）正月，皇上巡视南方，考察黄河，靳辅随驾护行。在视察中河时，皇上担心中河逼近黄河，河水上涨时堤岸会崩溃，靳辅回答说如果加筑遥堤就没事了。回到京师后，皇上下谕奖励靳辅所治理的黄河各处水深堤固，恢复了他原来的品级。二十九年（1690），漕运总督董讷因北运河水浅，打算引南旺河水全部北流；仓场侍郎开音布又上疏请求疏浚北运河。皇上向靳辅咨询，靳辅说如果引南旺河水全部北流，南运河必然就变得水浅，只要在北运河的两边投放埽料，集约水流，使河水加深，漕运自然就可通行了。皇上命令靳辅偕同开音

开音布董理。

三十一年，王新命坐事罢，上曰："朕听政后，以三藩及河务、漕运为三大事，书宫中柱上。河务不得其人，必误漕运。及辅未甚老而用之，亦得纾数年之虑。"今仍为河道总督，辅以衰弱辞，命顺天府丞徐廷玺为协理。会陕西西安、凤翔灾，上命留江北漕粮二十万石，自黄河运蒲州。辅疏言水道止可至孟津，亲诣督运，上嘉之。辅疏请就高家堰运料小河培堤使高广、中河加筑遥堤，并增建四闸，堵塞张庄旧运口，皆前此缮治所未竟者。别疏请复陈潢官，并起用熊一潇、达奇纳、赵吉士。辅病剧，再疏乞解任，命内大臣明珠往视，传谕调治。十一月，卒，赐祭葬，谥文襄。三十五年，允江南士民请，建祠河干。四

布一起主持此事。

三十一年（1692），王新命因为出了事而被罢官，皇上说："自朕执政之后，将三藩、河务、漕运当作三件最重要的事，并将它们书写在宫中的柱子上。如果河务没有恰当的人选，必然会耽误漕运。现在趁靳辅还不太老而起用他，也可以解除我几年的忧虑。"于是命令靳辅仍旧担任河道总督的职务。靳辅以年老体弱为由推辞这一任命，皇上就命顺天府丞徐廷玺作为协理帮助他办事。适逢陕西的西安、凤翔发生旱灾，皇上命令留下江北的漕粮二十万石，由黄河运往蒲州。靳辅上疏说水道只可通到孟津，自己将亲自前往监督运粮，皇上嘉奖了他。靳辅又上疏请求沿着高家堰运输治河材料的小河，将黄河这一段的堤岸增修，使之高广，在中河加筑遥堤，并增加修筑四座水闸，堵塞张庄的旧运河口，这些建议都是以前治理黄河时准备做而没有来得及完成的工程。另外又上疏请求恢复陈潢的官职，并起用受自己牵连的熊一潇、达奇纳、赵吉士。靳辅病重后，两次上疏请求解除自己的职务，皇上命内大臣明珠前往探视，传达皇上旨意，让他安心调理医治。十一月，他去世了，皇上赐予祭奠，并赏赐丧葬费，谥为文襄。三十五年（1696），朝廷批准江南士民的请求，在黄河岸边

十六年,追赠太子太保,予拜他喇布勒哈番世职①。雍正五年,复加工部尚书。

建祠以示纪念。四十六年(1707),追赠太子太保,授予他拜他喇布勒哈番的世职。雍正五年(1727),又加工部尚书官衔。

**注释** ① 拜他喇布勒哈番:满语音译。清代封爵名。汉文为"骑都尉"。世职:世代承袭之职。

# 年 羹 尧 传

## 导读

　　年羹尧是清朝康熙后期到雍正初年朝廷中的显赫人物。他长期担任封疆大吏,执掌一方的军政要务。在平定西藏、青海的军事行动中为清王朝立下了汗马功劳。雍正帝登位后,年羹尧倍受宠幸。但不久就遭到严厉处分,被投入监狱,并被责令自杀。关于年羹尧的这种遭遇,在史学界主要有两种不同的说法。一种认为雍正帝的帝位是谋夺而得,年羹尧是他谋位过程中的死党;雍正帝即位后,不愿有人知道他的阴私,所以在开始时对他佯示宠幸,接着就杀人灭口。另一种则认为雍正帝的帝位并非谋夺而得,最初宠幸年羹尧是由于他的功绩和能力,其后的严加处分,则是由于他擅作威福,怙权纳贿,措置确有不当之处。本篇简要地记述了他的生平,对他是否与雍正帝有特殊关系的问题毫不触及。(选自卷二九五)

## 原文

　　年羹尧字亮工,汉军镶黄旗人。……康熙三十九年进士,改庶吉士①,授检讨②。迭充四川、广东乡试考官,累迁内阁学士③。四十八年,擢四川巡抚。四十九年,斡伟生番罗都等掠宁

## 翻译

　　年羹尧字亮工,汉军镶黄旗人。……康熙三十九年(1700)进士,选调为庶吉士,授官检讨。接连充任四川、广东乡试的考官,积官提升到内阁学士。四十八年(1709),晋升四川巡抚。四十九年(1710),斡伟地区的生番罗都等人劫掠宁番卫,杀害了游击周玉麟。皇上命令年羹尧与提督岳升龙征剿、安抚。岳升

番卫④,戕游击周玉麟。上命羹尧与提督岳升龙剿抚。升龙率兵讨之,擒罗都。羹尧至平番卫⑤,闻罗都已擒,引还。川陕总督音泰疏劾,部议当夺官,上命留任。五十六年,越嶲卫属番与普雄土千户那交等为乱⑥,羹尧遣游击张玉剿平之。

龙率领军队讨伐他们,擒获了罗都。年羹尧抵达平番卫时,听说罗都已被抓获,领兵撤回。川陕总督音泰上疏弹劾他,吏部讨论后认为应当削夺官职,皇上命令留任。五十六年(1717),越嶲卫所属番人与普雄的土千户那交等人作乱,年羹尧派遣游击张玉前去征剿,平定了叛乱。

**注释** ①庶吉士:翰林院官名。清代翰林院设庶常馆,挑选新科进士入馆学习,叫庶吉士。三年后再举行考试,成绩优良者正式授予翰林院的官职。 ②检讨:官名,属翰林院。担任"撰著记载"工作,而级别比翰林院中担任同类工作的其他官员低。 ③内阁学士:官名。主管内阁向皇帝上奏章等工作。内阁是清代中央政府的最高级官署,尽管在军机处成立后其实权远不如军机处。 ④生番:没有开化的番人。番是旧时对我国西部及西南部少数民族的称呼。宁番卫:地名,即今四川冕宁。明代设宁番卫,清雍正六年(1728)改为冕宁县。 ⑤平番卫:在今四川松潘境内。 ⑥越嶲卫:即今四川越西及周围地区。明代设卫,清雍正六年(1728)改设厅。普雄:地名,在今四川越西境内。土千户:土官的一种。元、明、清三代在部分少数民族中实行"以土官治土民"的制度,从当地少数民族中任命官员,这些官员就是土官,并常在其官名前加一"土"字,以示与一般官员的区别。千户是较低级的武官。

**原文**

是岁,策妄阿喇布坦遣其将策凌敦多卜袭西藏①,戕拉藏汗。四川提督康泰

**翻译**

这一年,策妄阿喇布坦派遣他的部将策凌敦多卜袭击西藏,杀死了拉藏汗。四川提督康泰率领部队出兵黄胜

率兵出黄胜关<sup>②</sup>，兵哗，引还。羹尧遣参将杨尽信抚谕之，密奏泰失兵心，不可用，请亲赴松潘协理军务<sup>③</sup>。上嘉其实心任事，遣都统法喇率兵赴四川助剿。

关，士兵哗变，撤回。年羹尧派遣参将杨尽信安抚晓谕他们，并秘密上奏朝廷说康泰失去军心，不能使用，请求亲自前往松潘协助办理军务。皇上嘉奖他实心办事，派遣都统法喇前往四川协助讨伐。

**注释**　① 策妄阿喇布坦：蒙古族准噶尔部的首领，居住在新疆伊犁地区。　② 黄胜关：地名，在今四川松潘西北。　③ 松潘：今四川松潘及周围地区。

**原文**

五十七年，羹尧请令护军统领温普进驻里塘<sup>①</sup>，增设打箭炉至里塘驿站<sup>②</sup>，寻请增设四川驻防兵，皆允之。上嘉羹尧治事明敏，巡抚无督兵责，特授四川总督，兼管巡抚事。

五十八年，羹尧以敌情叵测，请赴藏为备。廷议以松潘诸路军事重要，令羹尧毋率兵出边，檄法喇进师。法喇率副将岳钟琪抚定里塘、巴塘<sup>③</sup>。羹尧亦遣知府迟维德招降乍丫、察木多、

**翻译**

五十七年(1718)，年羹尧请求皇上命令护军统领温普进驻里塘，增设从打箭炉到里塘的驿站，不久又请求增设四川的驻防军队，都得到批准。皇上看重年羹尧处理公务精明敏捷，而巡抚没有督率军队的职权，特地任命他为四川总督，兼管巡抚事务。

五十八年(1719)，年羹尧因敌情难测，请求前往西藏预为防备。朝廷大臣讨论结果，因松潘各路军务重要，命令年羹尧不要率领军队出四川边境，下令法喇进军。法喇率领副将岳钟琪安抚平定了里塘、巴塘。年羹尧也派遣知府迟维德招降了乍丫、察木多、察哇各番的头目，因而请求朝廷召法喇的军队返回，获得了同意。

察哇诸番目④,因请召法喇
师还,从之。

① 请:此字原脱,据《清史列传》补。里塘:地名,亦称"理塘",在今四川境
内。 ② 打箭炉:地名,即今四川康定及周围地区。驿站:古代官家设置的供传递
公文者或往来官员途中歇宿、换马的处所。 ③ 巴塘:地名,即今四川巴塘及周围
地区。 ④ 乍丫:地名,在今西藏察雅境内。察木多:地名。即今西藏昌都。察哇:
不详。当在西藏与四川交界地区。

原文

五十九年,上命平逆将
军延信率兵自青海入西藏,
授羹尧定西将军印,自拉里
会师①,并咨羹尧孰可署总
督者。羹尧言一时不得其
人,请以将军印畀护军统领
噶尔弼②,而移法喇军驻打
箭炉,上用其议。巴塘、里
塘本云南丽江土府属地③,
既抚定,云贵总督蒋陈锡请
仍隶丽江土知府木兴。羹
尧言二地为入藏运粮要路,
宜属四川,从之。……八
月,噶尔弼、延信两军先后
入西藏,策凌敦多卜败走,
西藏平。上谕羹尧护凯旋

翻译

五十九年(1720),皇上命令平逆将
军延信率领军队从青海进入西藏,授予
羹尧定西将军大印,到拉里与延信的部
队会师,并咨询羹尧谁可以代理总督职
务。羹尧说一时没有合适的人选,请求
把将军大印给予护军统领噶尔弼,而调
动法喇军队进驻打箭炉,皇上采纳了他
的建议。巴塘、里塘本来是云南丽江土
府的属地,既已安抚平定,云贵总督蒋
陈锡请求将二地仍然归还丽江土知府
木兴。年羹尧向皇上进言,说这两个地
方是进入西藏的运粮重要通道,应当隶
属四川。皇上听从了他的意见。……
八月,噶尔弼、延信两支部队先后进入
西藏,策凌敦多卜败阵逃走,西藏平定。
皇上下谕年羹尧监领凯旋的各路军队

诸军入边，召法喇还京师。……

六十年，入觐，命兼理四川陕西总督，辞，还镇，赐弓矢。……

进入四川边境，召法喇返回京师。……

六十年（1721），入京觐见皇上，命他兼管四川陕西总督的职务，告辞皇上而返回其镇守地时，皇上赐予弓箭。……

注释　① 拉里：一作喇里，今西藏嘉黎。　② 畀（bì）：给予。　③ 土府：云南丽江实行土司制度，故称土府。其知府称为土知府。

原文

世宗即位①，召抚远大将军允禵还京师②，命羹尧管理大将军印务。雍正元年，授羹尧二等阿达哈哈番世职③，并加遐龄尚书衔④。寻又加羹尧太保。诏撤西藏驻防官军。……论平西藏功，以羹尧运粮守隘，封三等公，世袭。

青海台吉罗卜藏丹津为顾实汗孙⑤，纠诸台吉吹拉克诺木齐、阿尔布坦温布、藏巴札布等，劫亲王察罕丹津叛，掠青海诸部。上命羹尧进讨，谕抚远大将军延信及

翻译

世宗登位，召抚远大将军允禵返回京师，命令羹尧管理大将军印章事务。雍正元年，授予羹尧二等阿达哈哈番世袭爵位，并且加封其父年遐龄尚书的头衔。不久又加封羹尧太保。下诏撤回西藏的驻防军队。……评定平定西藏的功劳时，由于羹尧的运送粮饷和固守关隘，封为三等公爵，世代承袭。

青海的台吉罗卜藏丹津是顾实汗的孙子，纠集各台吉吹拉克诺木齐、阿尔布坦温布、藏巴札布等人，劫持亲王察罕丹津发动叛乱，掠夺青海各部落。皇上命令年羹尧进军征讨，谕告抚远大将军延信以及防卫边疆筹措军饷的各位大臣，四川、陕西、云南的总督、巡抚、提督、总兵，军事行动都必须报告年羹

防边理饷诸大臣,四川、陕西、云南督、抚、提、镇⑥,军事皆告羹尧。十月,羹尧率师自甘州至西宁⑦。改延信平逆将军,解抚远大将军印授羹尧,尽护诸军。羹尧请以前锋统领素丹、提督岳钟琪为参赞大臣,从之。……

尧。十月,年羹尧率领部队从甘州出发抵达西宁。改任延信为平逆将军,解下抚远大将军之印授予年羹尧,总领此次行动的所有各部。年羹尧请求用前锋统领素丹、提督岳钟琪为参赞大臣,皇上也听从了。……

**注释** ① 指雍正皇帝胤禛,庙号世宗。 ② 允禵:雍正帝的弟弟。相传康熙帝本拟把帝位传给允禵。雍正帝即位后,立即把他调回京师,实含有防范允禵之意。史学界中有一种意见认为,康熙去世雍正即位之初,允禵掌管着一支强大的军队,但不敢起兵反抗,就因年羹尧具有很强的军事力量,站在雍正帝一边监视着他。 ③ 阿达哈哈番:满语音译,清代封爵称号,汉文为轻车都尉。 ④ 遐龄:年羹尧的父亲年遐龄。 ⑤ 台吉:清代对蒙古部落的封爵名称。顾实汗:亦称"固始汗",蒙古和硕特部的首领。 ⑥ 提:提督,武官名。在清代,提督一般为一省的高级武官。镇:本为军队的编制单位,其军事长官是总兵,此处即指总兵,又称总镇,受提督节制。 ⑦ 甘州:即今甘肃张掖。西宁:即今青海西宁。清代属甘肃,当时为西宁卫,雍正二年(1724)改为西宁府。

**原文**

　　羹尧初至西宁,师未集,罗卜藏丹津诇知之,乃入寇,悉破傍城诸堡,移兵向城。羹尧率左右数十人坐城楼不动,罗卜藏丹津稍引退,围南堡。羹尧令兵斫

**翻译**

　　年羹尧刚刚抵达西宁,军队还没有聚集起来,罗卜藏丹津刺探到这个消息,于是就来进犯、攻破了所有靠近西宁城的各堡,调动军队向西宁城攻来。年羹尧率领左右几十人稳坐城楼不动,罗卜藏丹津领兵稍微后退了一些,包围

贼垒，敌知兵少，不为备，驱桌子山土番当前队。炮发，土番死者无算。钟琪兵至，直攻敌营，罗卜藏丹津败奔，师从之，大溃，仅率百人遁走。羹尧乃部署诸军，令总兵官周瑛率兵截敌走西藏路，都统穆森驻吐鲁番，副将军阿喇纳出噶斯①，暂驻布隆吉尔②，又遣参将孙继宗将二千人与阿喇纳师会。敌侵镇海堡，都统武格赴援，敌围堡，战六昼夜，参将宋可进等赴援，敌败走，斩六百余级，获多巴囊素阿旺丹津③。罗卜藏丹津攻西宁南川口，师保申中堡。敌围堡，堡内囊素与敌通，欲凿墙而入。守备马有仁等力御，可进等赴援，夹击，敌败走，诸囊素助敌者皆杀之。羹尧先后疏闻，并请副都统花色等将鄂尔多斯兵④，副都统查克丹等将归化土默特兵⑤，总兵马觌伯

了南堡。年羹尧命令士兵攻敌贼的营垒，敌人知道他的兵少，不加防备，只是驱赶桌子山的土番来抵挡先头部队。清兵放炮，土番死去的不计其数。岳钟琪的部队赶到，直攻敌人营垒，罗卜藏丹津败退奔逃，清军在后追蹑，罗卜藏丹津大败，仅领着一百人左右逃走。年羹尧于是部署各部队，命令总兵官周瑛率领部队截断敌人逃往西藏的通道，都统穆森进驻吐鲁番，副将军阿喇纳从噶斯出发，暂时驻扎在布隆吉尔，又派遣参将孙继宗率领二千人马与阿喇纳的部队会合。敌人侵犯镇海堡，都统武格前往增援，敌人包围了城堡，战斗了六个昼夜，参将宋可进等前往增援，敌人败逃，斩下六百多首级，擒获了多巴囊素阿旺丹津。罗卜藏丹津进攻西宁的南川口，清军守卫申中堡。敌人包围了申中堡，堡内的囊素和敌人勾结，想凿城墙而进。守备马有仁等人奋力抵御，宋可进等人前来支援，两面夹击，敌人败逃，将帮助敌人的各个囊素都杀了。年羹尧先后上疏奏报朝廷，并请求让副都统花色等人率领鄂尔多斯的军队，副都统查克丹等人率领归化土默特的军队，总兵马觌伯率领大同镇的军队，会合甘州助战，皇上同意了。

将大同镇兵,会甘州助战,
从之。

注释　①噶斯:湖名。在今新疆若羌东,清初时为屯戍要地。　②布隆吉尔:镇名。在今甘肃瓜州东。　③囊素:这里指申中堡的囊素,也即其蒙古族首领。④鄂尔多斯:蒙古部落名。　⑤归化土默特:蒙古部落名。

原文

西宁北川、上下北塔蒙、回诸众将起应罗卜藏丹津,羹尧遣千总马忠孝抚定下北塔三十余庄。上北塔未服,忠孝率兵往剿,擒戮其渠①,余众悉降。察罕丹津走河州②。罗卜藏丹津欲劫以去,羹尧令移察罕丹津及其族属入居兰州。青海台吉索诺木达什为罗卜藏丹津诱擒,脱出来归,羹尧奏闻,命封贝子,令羹尧抚慰。敌掠新城堡,羹尧令西宁总兵黄喜林等往剿,斩千五百余级,擒其渠七,得器械、驼马、牛羊无算。以天寒,羹尧令引师还西宁。……

翻译

西宁的北川、上下北塔的蒙古族、回族各部的人们即将起兵响应罗卜藏丹津,年羹尧派遣千总马忠孝安抚平定了下北塔的三十多个村庄。上北塔没有归服,马忠孝带兵前往征伐,抓获并杀了他们的首领,剩下的部众全部投降。察罕丹津逃往河州。罗卜藏丹津想劫持他逃走,年羹尧命令将察罕丹津以及他的族人家属转移到兰州居住。青海的台吉索诺木达什被罗卜藏丹津诱骗擒获,逃出后前来归顺,年羹尧报告了皇上,下令封他为贝子,并命年羹尧安抚慰劳他。敌人攻掠新城堡,年羹尧命令西宁总兵黄喜林等人前往征伐,斩了一千五百多首级,擒获他们的首领七人,得到的兵器、驼马、牛羊多得无法计算。因为天气寒冷,年羹尧下令把军队撤回西宁。……

注释　① 渠:同"巨",大,即首领。　② 河州:在今甘肃临夏境内。

原文

二年,上以罗卜藏丹津负国,叛,不可宥,授钟琪奋威将军,趣羹尧进兵。……

二月,钟琪师进次伊克哈尔吉①。搜山,获阿尔布坦温布,喜林亦得其酋巴珠尔阿喇布坦等。师复进,羹尧诇知阿冈都番助敌②,别遣凉庄道蒋洞等督兵攻之③,戮其囊素。复击破石门寺喇嘛,杀六百余人,焚其寺。钟琪师复进次席尔哈罗色,遣兵攻噶斯,逐吹拉克诺木齐。三月,钟琪师复进次布尔哈屯。罗卜藏丹津所居地曰额母讷布隆吉,钟琪督兵直入,分兵北防柴旦木,断往噶斯道。罗卜藏丹津走乌兰穆和儿,复走柴旦木,师从之,获其母阿尔太哈屯及其戚属等,并男妇、牛羊、驼马无算。分

翻译

二年(1724),皇上因罗卜藏丹津背负国恩,成为叛贼,不可宽恕,授岳钟琪为奋威将军,催促年羹尧进兵。……

二月,岳钟琪的军队前进驻扎在伊克哈尔吉,搜索山中,擒获了阿尔布坦温布,喜林也抓获了他们的首领巴珠尔阿喇布坦等人。军队再前进,年羹尧刺探了解到阿冈都的番人帮助敌人,就另外派遣凉庄道的蒋洞等人督率军队攻打他们,杀了他们的囊素。又击破石门寺的喇嘛,杀了六百多人,焚烧了他们的寺庙。岳钟琪的军队再进到席尔哈罗色,派兵攻打噶斯,赶走了吹拉克诺木齐。三月,岳钟琪的军队再进驻布尔哈屯。罗卜藏丹津所居住的地方叫作额母讷布隆吉,岳钟琪督率军队长驱直入,并分兵在北面防守柴旦木,断绝通往噶斯的道路。罗卜藏丹津逃往乌兰穆和儿,再逃往柴旦木,清军紧追不舍,抓获了他的母亲阿尔太哈屯以及他的亲戚家属等人,还抓获无数男人妇女、牛羊、驼马。分兵攻打乌兰白克,擒获了吹拉克诺木齐以及协助叛乱的八个台吉。当时藏巴扎布已在此之前被擒

兵攻乌兰白克,获吹拉克诺木齐及助乱八台吉。时藏巴扎布已先就擒,罗卜藏丹津以二百余人遁走。青海部落悉平。论功,进羹尧爵一等,别授精奇尼哈番,令其子斌袭,封遐龄如羹尧爵,加太傅。……

获,罗卜藏丹津带着二百多人逃走了。青海各部落全部平定。评定功劳,把年羹尧爵位提升了一等,另外授予精奇尼哈番,命他的儿子斌承袭,加封其父遐龄与年羹尧相同的爵位,加太傅。……

**注释** ① 伊克哈尔吉:山名。在今青海湖北岸,刚察县境内。"哈"原作"喀",据《清史列传》等改。 ② 诇(xiòng):刺探。阿冈都:地名。 ③ 道:清代在省、府之间所设的监察区,长官称道员。凉庄道在今甘肃凉州一带。泂:音 jiǒng。

**原文**

十月,羹尧入觐,赐双眼花翎、四团龙补服、黄带、紫辔、金币。叙功,加一等阿思哈尼哈番世职①,令其子富袭。

羹尧才气凌厉,恃上眷遇,师出屡有功,骄纵。行文诸督抚,书官斥姓名②。请发侍卫从军③,使为前后导引,执鞭坠镫。入觐,令总督李维钧、巡抚范时捷跪道送迎。至京师,行绝驰

**翻译**

十月,年羹尧入京觐见皇上,赐予双眼花翎、四团龙补服、黄带、紫辔、金币。奖赏他的功劳,加一等阿思哈尼哈番世袭职位,命他的儿子年富承袭。

年羹尧才气凌厉,倚仗着皇上的恩宠厚待,带兵出征多次有功,就骄傲放纵。给各位总督巡抚写公文,直接写其官职名称并直书其姓名。请求派侍卫来从军,让他们为自己前导后引,赶车卸马。入京觐见时,让总督李维钧、巡抚范时捷跪在道旁迎送。抵达京师,行进时径直穿过皇家的专用道路。诸王、大臣到郊外迎接,也不还礼。在边疆,

道①。王大臣郊迎,不为礼。在边,蒙古诸王公见必跪,额驸阿宝入谒亦如之⑤。尝荐陕西布政使胡期恒及景灏可大用⑥,劾四川巡抚蔡珽逮治,上即以授景灏,又擢期恒甘肃巡抚。羹尧仆桑成鼎、魏之耀皆以从军屡擢,成鼎布政使,之耀副将。羹尧请发将吏数十从军,上许之。觐还,即劾罢驿道金南瑛等,而请以从军主事丁松署粮道。上责羹尧题奏错误⑦,命期恒率所劾官吏诣京师。三年正月,珽逮至,上召入见,备言羹尧暴贪诬陷状,上特宥珽罪。

蒙古的各位王公贵族拜见他必须下跪,额驸阿宝进去拜见他也是如此。他曾经推荐陕西布政使胡期恒以及景灏可以担任重要官职,又弹劾四川巡抚蔡珽致其逮捕治罪,皇上就将四川巡抚的官职授予景灏,又晋升胡期恒为甘肃巡抚。年羹尧的仆人桑成鼎、魏之耀都因从军而得到多次提拔,成鼎做到布政使,之耀做到副将。年羹尧请求派遣将吏几十人从军,皇上允许了。觐见后返回时,马上弹劾罢免负责驿传的道员金南瑛等人,而请求以从军的主事丁松代理粮道职务。皇上指责年羹尧题本奏本混淆,命令胡期恒带领被年羹尧弹劾的官吏前来京师。三年(1725)正月,蔡珽被逮捕抵京,皇上召他进宫觐见,他详细述说了年羹尧暴虐贪赃诬陷别人的情况,皇上特意免了蔡珽的罪。

**注释**　①阿思哈尼哈番:满语音译。清代封爵名。汉文为男爵。　②书官:直接写其官职名称,这是上级对下级很不客气的做法。斥姓名:直书其姓名。古代不仅对上级和平级的人不应直称其名,就是对下级,也只有在很不客气的情况下才直称其名,一般称其字、号。年羹尧对总督、巡抚"书官斥姓名",是将他们看作比自己低得多的下级。　③侍卫:清代挑选满、蒙勋戚的子弟以及武进士为侍卫,负责保卫皇宫。　④绝:横越。驰道:古代专供帝王行驶马车的道路。　⑤额驸:清代公主的丈夫称为额驸。阿宝:"蒙古诸王公"之一,为青海额鲁特部的阿拉善扎萨克郡王,同时又是额驸。　⑥景灏:王景灏。　⑦题奏错误:清遵明制,臣子给皇帝上疏,凡紧要公事用题本,有私事相求用奏本。这里是说皇帝认为年羹尧所奏的是公事,不当用奏本。

## 原文

二月庚午，日月合璧，五星联珠①，羹尧疏贺，用"夕惕朝乾"语②，上怒，责羹尧有意倒置，谕曰："羹尧不以'朝乾夕惕'许朕，则羹尧青海之功，亦在朕许不许之间而未定也。"会期恒至，入见，上以奏对悖谬，夺官。上命更定打箭炉外增汰官兵诸事，不用羹尧议。四月，上谕曰："羹尧举劾失当，遣将士筑城南坪③，不惜番民，致惊惶生事，反以降番复叛具奏。青海蒙古饥馑，匿不上闻。怠玩昏愦，不可复任总督，改授杭州将军。"而以钟琪署总督，命上抚远大将军印。羹尧既受代④，疏言："臣不敢久居陕西⑤，亦不敢遽赴浙江，今于仪征水陆交通之处候旨⑥。"上益怒，促羹尧赴任。山西巡抚伊都立、都统前山西巡

## 翻译

二月庚午，日月同升，五星同时在天空的同一方位出现，年羹尧上疏祝贺，奏疏中用了"夕惕朝乾"的话，皇上发怒，斥责年羹尧有意将"朝乾"与"夕惕"颠倒，下谕说："年羹尧不同意我是'朝乾夕惕'的君主，那么年羹尧是否有平定青海的功劳，也还在朕的同意与不同意之间而没有确定呢。"适逢胡期恒抵京，入宫觐见，皇上以他奏陈、对答错乱荒谬，革去了他的官职。皇上命令更改在打箭炉之外增减士兵等事情，不采纳年羹尧的建议。四月，皇上下谕说："年羹尧荐举、弹劾官员不恰当，他派遣将士们在南坪修筑城堡，不体恤当地的番民，致使他们惊吓害怕而惹起事端，他却反以已降番民再次叛乱来上奏。青海的蒙古部落发生饥荒，他隐瞒不报。他懈怠玩忽，昏庸糊涂，已不能再任总督，改授为杭州将军。"而派岳钟琪代理总督职务，命他上交抚远大将军印信。年羹尧既已离任，上疏说："臣不敢长久地留居陕西，也不敢马上前往浙江，现在仪征的水陆交通之地等候圣旨。"皇上更加发怒，催促年羹尧前去赴

抚范时捷、川陕总督岳钟琪、河南巡抚田文镜、侍郎黄炳、鸿胪少卿单畴书、原任直隶巡抚赵之垣交章发羹尧罪状，侍郎史贻直、高其佩赴山西按时捷劾羹尧遣兵围邰阳民堡杀戮无辜⑦，亦以谳辞入奏⑧，上命分案议罪。罢羹尧将军，授闲散章京⑨，自二等公递降至拜他喇布勒哈番⑩，乃尽削羹尧职。

任。山西巡抚伊都立、都统、前山西巡抚范时捷、川陕总督岳钟琪、河南巡抚田文镜、侍郎黄炳、鸿胪少卿单畴书、原任直隶巡抚赵之恒交相上章揭发年羹尧的罪状，侍郎史贻直、高其佩前往山西核查范时捷所弹劾的年羹尧派兵包围邰阳百姓住地并滥杀无辜的罪行，也将审定的书面文字送入上奏，皇上命令分别立案议处他的罪。罢黜年羹尧的将军官职，授予闲散章京，从二等公爵陆续降到拜他喇布勒哈番，最终全部削夺了年羹尧的官职。

**注释** ① 日月合璧，五星联珠：日月同升，金、木、水、火、土五行星同时出现在天空同一方。这种现象很少见，古人视为吉祥的征兆。 ② 夕惕朝乾：通常作"朝乾夕惕"，出于《易经》："君子终日乾乾，夕惕若……"意为君子终日勤奋谨慎，到晚上仍惕然自励，不稍懈息。年羹尧奏疏中写作"夕惕朝乾"，意思仍跟"朝乾夕惕"一样。但雍正帝却说他之所以这样写，是故意颠倒过来，以显示雍正帝并非"朝乾夕惕"，所以下文又说"羹尧不以'朝乾夕惕'许朕"。 ③ 南坪：即今四川南坪。 ④ 受代：接受别人的替代，即"去职"。 ⑤ 陕西：时年羹尧任四川、陕西总督，治所在今陕西西安，故云。 ⑥ 仪征：今江苏仪征。 ⑦ 按：审察、核实。邰阳：旧县名，即今陕西合阳。 ⑧ 谳(yàn)辞：定案后的报告。谳，审判定案。 ⑨ 闲散章京：章京，清代军职多称章京。闲散章京，等于无官。 ⑩ 拜他喇布勒哈番：满文音译，清爵位名称，汉文为骑都尉。

**原文**

十二月，逮至京师，下

**翻译**

十二月，被逮捕到京师，下交议政

议政大臣、三法司、九卿会鞫①。是月甲戌，具狱辞：羹尧大逆之罪五，欺罔之罪九，僭越之罪十六，狂悖之罪十三，专擅之罪六，忌刻之罪六，残忍之罪四，贪黩之罪十八，侵蚀之罪十五，凡九十二款，当大辟，亲属缘坐。上谕曰："羹尧谋逆虽实，而事迹未著②，朕念青海之功，不忍加极刑。"遣领侍卫内大臣马尔赛、步军统领阿齐图赍诏谕羹尧狱中令自裁③。

大臣、三法司、九卿会审。这个月的甲戌日，完成了对他审判结案的报告：年羹尧犯大逆不道罪五条，欺骗蒙蔽罪九条，僭越罪十六条，狂妄违理罪十三条，专断擅权罪六条，嫉妒刻薄罪六条，凶残狠毒罪四条，贪污罪十八条，侵吞罪十五条，总计九十二条款，应当判死刑，亲戚家属连坐。皇上下谕说："年羹尧谋反判逆虽然是事实，但事迹还不明显，朕念及他平定青海的功绩，不忍心加以极刑。"派遣领侍卫内大臣马尔赛、步兵统领阿齐图奉诏书送到狱中令他自尽。

**注释** ①议政大臣：清官名。清初设议政处，参与军政要务，其长官称议政大臣。雍正间改议政处为军机处，而满洲大学士仍有兼议政衔者。三法司：明、清时全国高级司法、监察机构刑部、都察院、大理寺的合称。 ②著：明显。 ③赍(jī)：送。

# 和　珅　传

**导读**

　　清王朝到乾隆年间达到鼎盛，统治者奢侈之风与贪污之风也日益滋长，和珅是其突出代表。和珅因得乾隆帝宠信，很快位极人臣，大权在握。他贪赃枉法，公开向下索取贡献，达到了惊人的地步。嘉庆四年（1799）和珅倒台后，被抄没家产达八亿，而当时国库的每年收入仅七千万。他人品低下，尖刻阴险，执政二十年，对上巧计迎合，文过饰非，对下权诈百出，借故倾陷。这样的人竟能在政治上长期得势，嘉庆帝虽然对他很不满，但在登位后的相当长一段时间里，由于乾隆帝尚在世，竟然也不敢动他。这也从一个方面反映了封建独裁政治的特点。乾隆死后十六天内，嘉庆帝才以迅雷不及掩耳的手段处理了和珅。此篇传记对和珅作为的记述虽然简略，但也颇有值得玩味之处。（选自卷三一九）

**原文**

　　和珅字致斋，钮祜禄氏[①]，满洲正红旗人。少贫无藉，为文生员[②]。乾隆三十四年，承袭三等轻车都尉[③]。寻授三等侍卫，挑补粘杆处[④]。四十年，直乾清门，擢御前侍卫，兼副都统[⑤]。次年，遂授户部侍

**翻译**

　　和珅字致斋，姓钮祜禄氏，满洲正红旗人。幼年时贫穷而无依无靠，是一名文生员。乾隆三十四年（1769），承袭三等轻车都尉的官爵。不久授官三等侍卫，经挑选补充为粘杆处侍卫。四十年（1775），执勤于乾清门，提升为御前侍卫，兼任副都统。次年，就被任命为户部侍郎，又被命为军机大臣，兼任内务府大臣，很快地得到信任、重用。又

郎⑥，命为军机大臣⑦，兼内务府大臣⑧，骎骎向用⑨。又兼步军统领⑩，充崇文门税务监督⑪，总理行营事务⑫。四十五年，命偕侍郎喀凝阿往云南按总督李侍尧贪私事。侍尧号才臣，帝所倚任。和珅至，鞫其仆，得侍尧婪索状，论重辟。奏云南吏治废弛，府州县多亏帑，亟宜清厘⑬。上欲用和珅为总督，嫌于事出所按劾，乃以福康安代之。命回京，未至，擢户部尚书、议政大臣。及复命，面陈云南盐务、钱法、边事，多称上意，并允行。授御前大臣兼都统⑭。赐婚其子丰绅殷德为和孝公主额驸，待年行婚礼。又授领侍卫内大臣⑮，充四库全书馆正总裁⑯，兼理藩院尚书事⑰，宠任冠朝列矣。

兼任步军统领，充任崇文门税务监督，总管行营事务。四十五年（1780），命他偕同侍郎喀凝阿前往云南审查核实总督李侍尧贪婪勒索之事。李侍尧号称有才能的大臣，受到皇帝的倚重和信任。和珅到了那里，审讯李侍尧的仆人，了解到了李侍尧贪婪勒索的罪状，判处死刑。他上奏说云南的官吏在治理政务方面荒废松弛，府、州、县大多亏空钱财，应赶快清理。皇上想任用和珅为云南总督，因处分李侍尧是出自和珅的审处、弹劾，要避嫌疑，就用福康安代替他任总督。命和珅返京，还未抵京，就被提升为户部尚书、议政大臣。等他返回汇报时，当面陈述其对云南的盐务、钱法、边境事务的意见，多符合皇上的心意，都批准施行。任命他为御前大臣兼都统。赐他的儿子丰绅殷德与和孝公主结亲，为额驸，等待年长后举行婚礼。又任命为领侍卫内大臣，充任四库全书馆正总裁，兼任理藩院尚书的事务，所受到的宠信重用为朝廷同列之首。

注释 ① 和珅(shēn)：全名钮祜禄和珅，满族人。 ② 文生员：学文的生员，相对"武生员"而言。 ③ 轻车都尉：即满文所称"阿达哈哈番"，清代封爵称号。 ④ 侍卫：清官名。挑选满、蒙勋戚子弟以及武进士担任。分一、二、三等及兰翎侍卫，其最高级为御前侍卫、乾清门侍卫，负责保卫皇宫。粘杆处：指粘杆处侍卫，属兰翎侍卫。 ⑤ 副都统：清代八旗制度中每旗的副长官，满文音译为"梅勒章京"。 ⑥ 侍郎：六部中各部的副长官。 ⑦ 军机大臣：清官名。雍正十年(1732)设军机处，负责全国军政事务，其长官称为军机大臣。 ⑧ 内务府大臣：即内务府总管大臣，内务府长官，专管皇室宫廷事务。 ⑨ 骎(qīn)骎向用：很快得到信任、重用。骎骎，迅疾的意思。向用，专意任用而不疑。 ⑩ 步军统领：清官名，提督九门步军巡捕五营统领的简称。负责北京城九门内外的守卫警戒工作，亦称为九门提督。 ⑪ 崇文门税务监督：清官名。在京城的崇文门设关，收受出入京师的商货之税和其他商税，其长官称崇文门税务监督。 ⑫ 总理行营事务：总管皇帝出外巡幸时的武装力量和保卫工作。行营，这里指皇帝出外巡幸时的军营。 ⑬ 厘：整理。 ⑭ 御前大臣：清官名。皇帝的侍卫大臣，由王大臣兼任。 ⑮ 领侍卫内大臣：清官名。侍卫处的最高长官。 ⑯ 四库全书馆：纂修《四库全书》的机构。清乾隆三十七年(1772)开始纂修《四库全书》，因分经、史、子、集四部，故名。 ⑰ 理藩院：清官署名。负责蒙古、西藏、新疆各地少数民族事务。

原文

四十六年，甘肃撒拉尔番回苏四十三等叛，逼兰州，额驸拉旺多尔济、领侍卫内大臣海兰察、护军额森特等率兵讨之。命和珅为钦差大臣，偕大学士阿桂往督师。阿桂有疾，促和珅兼程先进。至则海兰察等已

翻译

四十六年(1781)，甘肃撒拉尔回族番民苏四十三等人反叛，逼近兰州，额驸拉旺多尔济、领侍卫内大臣海兰察、护军额森特等人率领军队讨伐。皇上命和珅为钦差大臣，偕同大学士阿桂前去督率军队。阿桂有病，催促和珅兼程先行。和珅抵达时海兰察等人已攻击贼寇并打了胜仗，和珅立即督促各位将

击贼胜之,即督诸将分四路进兵,海兰察逼贼山梁,歼其伏。贼掘沟坎深数丈,并断小道,不能度。总兵图钦保阵亡。后数日,阿桂至,和珅委过诸将不听调遣。阿桂曰:"是宜诛!"明日,同部署战事,阿桂所指挥,辄应如响。乃曰:"诸将殊不见其慢,当谁诛?"和珅恚甚。上微察之,诏斥和珅匿图钦保死事不上闻,赴师迟延而劾海兰察、额森特先战,颠倒是非;又谓自阿桂至军,措置始有条理,一人足办贼,和珅在军,事不归一,海兰察等久随阿桂,易节制,命和珅速回京。和珅用是衔阿桂,终身与之龃龉。寻兼署兵部尚书,管理户部三库①。

帅兵分四路进军,海兰察将贼寇逼到山梁,歼灭了埋伏在那里的敌人。贼寇挖掘壕沟有几丈深,并且切断小路,无法越过。总兵图钦保阵亡。过了几天,阿桂抵达,和珅将打败仗的责任推在诸将不听调遣上。阿桂说:"这样的人应当杀掉!"第二天,一起部署战斗,阿桂所作指挥,诸将都立即响应。阿桂于是说:"根本不见诸将有什么怠慢,应当杀谁?"和珅非常羞愤。皇上对此略有察觉,下诏斥责和珅隐瞒图钦保阵亡之事不上报朝廷,还斥责他去军队时迟缓拖延反而弹劾海兰察、额森特不等他到就提前作战为颠倒是非;又说自从阿桂抵达军中,安排调度才有条理,他一个人足以解决贼寇了,和珅在军中,指挥就不能够统一,海兰察等人一直跟随阿桂,容易受阿桂指挥管辖,命令和珅火速回京。和珅因为这件事而对阿桂怀恨在心,终生与阿桂有磨擦。不久兼代理兵部尚书,管理户部三库事务。

**注释** ① 户部三库:指当时户部所管辖的银库、缎匹库、颜料库。

原文

四十七年，御史钱沣劾山东巡抚国泰、布政使于易简贪纵营私，命和珅偕都御史刘墉按鞫，沣从往。和珅阴袒国泰，既至，盘库，令抽视银数十封，无缺，即起还行馆①。沣请封库，明日尽发视库银②，得借市银充抵状，国泰等罪皆鞫实。

会加恩中外大臣，加太子太保③，充经筵讲官④。四十八年，赐双眼花翎，充国史馆正总裁、文渊阁提举阁事、清字经馆总裁⑤。甘肃石峰堡回匪平，以承旨论功，再予轻车都尉世职，并前职授一等男爵。调吏部尚书、协办大学士⑥，管理户部如故。

翻译

四十七年(1782)，御史钱沣弹劾山东巡抚国泰、布政使于易简贪污恣纵、结党营私，皇上命令和珅偕同都御史刘墉核查审讯，钱沣跟随前往。和珅暗中袒护国泰，既到山东，盘点库藏，下令抽查验看了几十封银子，没有发现缺损，马上就起身返回自己的住所。钱沣请求封好仓库，第二天将库银全部拿出来查验，查获了借用市场上的银子冒充库银抵数的情况，国泰等人的罪行都经审讯而查实。

适逢皇上对朝廷内外大臣加恩封赏，和珅加封太子太保，充任经筵讲官。四十八年(1783)，赐予双眼花翎，充任国史馆正总裁、文渊阁提举阁事、清字经馆总裁。甘肃石峰堡的回民叛乱平定了，以禀承皇上旨意评定功绩，再次赐予和珅轻车都尉世职，加上以前官职授予一等男爵。调任吏部尚书、协办大学士，与以前一样管理户部事务。

注释　① 行馆：出行在外的住所。　② 库银：国库所储存的银两，上盖官印，与民间市面上通行的银两不同。　③ 太子太保：清代加封大臣的荣誉头衔之一。　④ 经筵讲官：为皇帝讲论经史的官员，清代中期已渐成虚衔。　⑤ 文渊阁提举阁事：清设文渊阁以藏四库书，因阁在宫内，故以内务府大臣一人兼管阁事，为事务长官。　⑥ 协办大学士：清代内阁长官，职位仅次于内阁大学士，大都以尚书、总督兼任。

原文

五十一年,御史曹锡宝劾和珅家奴刘全奢僭,造屋逾制,帝察其欲劾和珅,不敢明言,故以家人为由。命王大臣会同都察院传问锡宝,使直陈和珅私弊,卒不能指实。和珅亦预使刘全毁屋更造,察勘不得直,锡宝因获谴。逾月,授和珅文华殿大学士①。诏以其管崇文门监督已阅八年,大学士不宜兼权务②,且锡宝劾其家人,未必不因此,遂罢其监督。部员湛露擢广信知府,上见其年幼,不胜方面,斥和珅滥保。又两广总督富勒浑纵容家人娄索,和珅请调回富勒浑,不兴大狱;京师米贵,和珅请禁囤积,逾五十石者交厂减粜,商民以为不便,廷臣迁就原议。上并切责之。

翻译

五十一年(1786),御史曹锡宝弹劾和珅的家奴刘全奢侈超越自己的本分,建造房屋超过了法律规定,皇帝觉察到他是想弹劾和珅,又不敢明说,所以以他的家人为由头。便命令诸王、大臣会同都察院传唤提问锡宝,让他直率地陈述和珅的营私舞弊行为,但终究没能指出真凭实据。和珅也预先叫刘全拆毁房屋重新建造,察看后无法证实曹锡宝的指控,曹锡宝因此受到处分。过了一个月,授予和珅文华殿大学士。下诏说因他主管崇文门监督已经八年,而大学士不适宜兼任税收事务,况且曹锡宝弹劾他的家人,事情未必就不是由此而起,于是免去了他崇文门税务监督的职务。户部官员湛露提升为广信知府,皇上见他年纪轻,无法胜任独当一面的地方事务,斥责和珅滥行保举。还有两广总督富勒浑纵容家人贪婪勒索,和珅请求将富勒浑调回京师,不作大案处理。京师的米价昂贵,和珅请求禁止囤积,超过五十石的上交户部仓厂减价卖出,商人百姓都认为不方便,而朝廷臣僚迁就和珅原来的提议,皇上一并严词指责。

注释 ① 文华殿大学士:内阁大学士之一。乾隆年间,内阁大学士以三殿(保和殿、文华殿、武英殿)、三阁(文渊阁、东阁、体仁阁)的名义任命。　②榷(què)务:指专利、专卖的征税事务。

原文

　　五十三年,以台湾逆匪林爽文平,晋封三等忠襄伯,赐紫缰。五十五年,赐黄带、四开禊袍①。上八旬万寿,命和珅偕尚书金简专司庆典事。内阁学士尹壮图疏论各省库藏空虚,上为动色,和珅请即命壮图往勘各省库,以侍郎庆成监之。庆成每至一省辄掣肘,待挪移既足,然后启榷,迄无亏绌,壮图以妄言坐黜。

　　五十六年,刻石经于辟雍②,命为正总裁。时总裁八人,尚书彭元瑞独任校勘,敕编《石经考文提要》,事竣,元瑞被优赉③。和珅嫉之,毁元瑞所编不善,且言非天子不考文。上曰:"书为御定,何得目为私书耶?"和珅乃使人撰《考文提

翻译

　　五十三年(1788),因平定了台湾叛匪林爽文,和珅晋封为三等忠襄伯,赐予紫缰。五十五年(1790),赐予黄带、四开禊袍。皇上八十岁生日,命令和珅偕同尚书金简专门主持有关庆贺大典的事务。内阁学士尹壮图上疏说各省的库藏空虚,皇上因此流露出了一种不寻常的神色。和珅请求立即命令尹壮图前往勘察各省府库,并派侍郎庆成监督这件事。庆成每到一省总是处处牵制尹壮图,等到挪借得够数了,然后再开始盘查,一直查不出亏损空虚。尹壮图因此以妄言的罪名被贬职。

　　五十六年(1791),在国子监刻石经,命和珅为正总裁。当时总裁有八人,尚书彭元瑞单独承担校勘工作,奉皇上之命编纂《石经考文提要》,此事完成后,彭元瑞受到优厚的赏赐。和珅嫉妒彭元瑞,就诋毁彭元瑞所编《石经考文提要》不好,并说不是天子是不能考定经典文字的。皇上说:"这书是朕御定的,怎么能视为私家著作呢?"和珅于是派人撰写了《考文提要举正》以攻击

要举正》以攻之，冒为己作进上，訾《提要》不便士子，请销毁，上不许。馆臣疏请颁行，为和珅所阻，中止，复私使人磨碑字，凡从古者尽改之。

彭元瑞所编《提要》，并冒充为自己所作进呈皇上，污蔑《提要》对读书人不利，请求销毁，皇上不允许。翰林院的臣僚上疏请求颁发行世，被和珅阻拦，因而停止。又私下派人磨改石碑上的字，凡是遵从古代经文而与通行本不同的全部改掉。

**注释** ① 褉(xiē)袍：一种较短的袍。 ② 石经：刻在石头上的儒家经典。辟雍：原为西周所设大学的名称，此处指最高学府国子监。 ③ 赉(lài)：赏赐、赠送。

**原文**

五十七年，廓尔喀平①，予议叙②，兼翰林院掌院学士。六十年，充殿试读卷官③，教习庶吉士。时朝审停勾④，情重者请旨裁定。和珅管理藩院，于蒙古重狱置未奏，镌级留任。又廷试武举发策⑤，上命检《实录》故事⑥，《实录》不载武试策问，和珅率对不以实，诏斥护过饰非，革职留任。先是京察屡邀议叙⑦，是年特停罢之⑧。嘉庆二年，调管刑部。寻以军需报销，仍兼管

**翻译**

五十七年(1792)，廓尔喀平定，命吏部论定其功赏，兼任翰林院掌院学士。六十年(1795)，充任殿试读卷官，教导庶吉士。当年只进行朝审而停止勾决，案情严重的则请示皇上以决定是否要在当年处死。和珅负责掌管藩院，却将蒙古的重大案件搁起来不上奏，被降级留任。又在廷试武举时考策问，皇上命令检索《实录》中所记的成例。但《实录》中不记载武科廷试的策问；和珅不将此事老实回答，皇上下诏斥责和珅护过饰非，革职留任。原先考核京官时和珅多次获得论功嘉奖，这一年皇上特地下令停止京官考察中对高级官员的奖励。嘉庆二年(1797)，调任主管刑部事务。不久因为军费报销工作繁重，仍然兼管

户部。三年,教匪王三槐就
擒⑨,以襄赞功晋公爵。

户部事务。三年(1798),邪教匪首王三
槐被擒获,和珅以在这一事件中辅佐皇
帝有功晋升公爵。

**注释** ① 廓尔喀:即今尼泊尔王国。 ② 议叙:清代凡官员有功,交吏部核议并确定功赏的等级,叫作议叙。 ③ 殿试:科举制度中皇帝对会试取录的贡士在殿廷上亲发策问的考试,亦称廷试。殿试读卷官是批阅殿试试卷的官员。 ④ 朝审:清代的一种司法程序。判处死刑的案件都要送到中央,由刑部、都察院、大理寺和其他高级官员会审,称为"朝审"。勾:勾决。案件经过朝审和其他审理手续后,再请皇帝裁定,由皇帝或由皇帝委任大学士用朱笔勾出他认为应立即执行死刑的犯人名字,然后发下"勾决"文书,通知执行死刑。但如这一年有重大庆贺活动或重大事件,可不进行勾决工作,称为"停勾"。 ⑤ 廷试武举发策:清设武科选拔武官,其途径与文科同。廷试时考试科目除骑射技勇之外,须考策文。此处指准备武科廷试的策问题目。 ⑥《实录》:每个皇帝统治时期的编年大事记。现存明、清《实录》记述都很详细。故事:成例,旧日的典章制度。 ⑦ 京察:考核京官的制度。三年举行一次,按一定标准考核后,分别给予奖惩。 ⑧ 停罢之:指停止本年京察中对高级官员的奖励,以免别人得奖而和珅不得奖;因和珅本年既受此处分,自不可能获奖。乾隆六十年(1795)"停甄叙",见《清史稿·高宗本纪(六)》。"甄叙"即"京察"中对高级官员的"议叙"。 ⑨ 王三槐:四川东乡(今四川宣汉)人,嘉庆元年(1796)率众起义,嘉庆三年(1798)被清政府抓获,解至北京杀害。

**原文**

和珅柄政久,善伺高宗
意,因以弄窃作威福,不附
己者,伺隙激上怒陷之;纳
贿者则为周旋,或故缓其
事,以俟上怒之霁①。大僚
恃为奥援②,剥削其下以供

**翻译**

和珅掌握国家政务时间很长,善于
揣摩高宗的心意,因此能以玩弄手段、
窃取权柄的办法作威作福,对不依附自
己的人,窥伺机会激起皇上的怒气而陷
害他;对给他贿赂的人则为之斡旋,或
者故意拖延有关那人的事,以等待皇上
的怒气消散。大官都倚仗他作为暗中

所欲。盐政、河工素利薮③，以征求无厌日益敝。川、楚匪乱，因激变而起，将帅多倚和珅，糜饷奢侈，久无功。阿桂以勋臣为首辅④，素不相能，被其梗轧。入直治事，不与同止直庐。阿桂卒，益无顾忌，于军机寄谕独署己衔⑤。同列嵇璜年老，以谗数被斥责。王杰持正，恒与忤，亦不能制。朱珪旧为仁宗傅⑥，在两广总督任，高宗欲召为大学士，和珅忌其进用，密取仁宗贺诗白高宗，指为市恩⑦。高宗大怒，赖董诰谏免；寻以他事降珪安徽巡抚，屏不得内召。言官惟钱沣劾其党国泰得直，后论和珅与阿桂入直不同止同庐，奉命监察，以劳瘁死。曹锡宝、尹壮图皆获谴，无敢昌言其罪者。高宗虽遇事裁抑，和珅巧弥缝，不悛益恣。仁宗自在潜邸知其奸⑧，及即位，以

的靠山，剥削自己的下属以满足他的欲望。盐政、河工历来是利益丰厚的部门，就因征求索要永无止境而日益腐败。四川、湖北的盗匪作乱，是由官府激得民众造反而引起的，前去征剿的将帅们大多倚仗和珅，滥用军饷奢侈无度，长期没有功绩。阿桂以功臣而担任首辅，与和珅素来不合，受到和珅的作梗排挤。入宫当值处理政事，和珅从不与阿桂一起留在当值的房中。阿桂去世，更加无所顾忌，在由军机处寄发的谕旨上只签署自己的名衔。同事嵇璜年老，因和珅的谗言多次被皇上斥责。王杰主持公道，经常触犯他，但也无法制止他。朱珪原先是仁宗的师傅，当时在两广总督任上，高宗想召回他任大学士，和珅妒忌他受重用，偷偷取来仁宗写给朱珪的贺诗告诉高宗，说仁宗向师傅买好。高宗大怒，靠着董诰的劝谏才得无事；不久以其他事情将朱珪降为安徽巡抚，把他摒弃在外不得召回京师任职。谏官中只有钱沣弹劾他的党羽国泰的事情得到符合实际的解决，后来向皇帝批评和珅与阿桂入宫当值时不在同一处休息、也不留在同一个当值房中，就奉皇帝之命监察二人在宫中当值的情况，因而劳累致死。曹锡宝、尹壮图则都受到责罚，所以没有人敢公开说出他的罪行。高宗虽然遇到事情就对他加以制抑，但和珅巧于弥缝，不但毫

高宗春秋高，不欲遽发，仍优容之。

无悔改，反而更加放肆。仁宗在做太子时就知道他的奸诈，等到登位，因高宗年纪大了，不想马上揭发处理他，仍然对他优待宽容。

**注释** ① 霁(jì)：这里指怒气消散。 ② 奥援：暗中支持帮助的力量。 ③ 河工：治理黄河各项工程的总称。 ④ 首辅：内阁大学士中的首席长官。阿桂时任武英殿大学士、吏部尚书、军机处行走。 ⑤ 军机寄谕：当时皇帝的谕旨，如公开发布的，由内阁起草，经批准后宣布；如只发给政府有关部门或个人的，由军机处封好后寄发。军机寄谕即由军机处寄发的谕旨。 ⑥ 仁宗：即嘉庆帝颙琰，庙号仁宗。 ⑦ "密取"二句：据《清史稿·董诰传》，嘉庆元年(1796)，召朱珪来京，拟任命他为大学士。任命尚未宣布，嘉庆帝拟写诗庆贺他。但在起草阶段，诗尚未写成，稿子就被和珅偷偷弄到了手，拿去给乾隆帝看，说嘉庆帝向师傅"市恩"。乾隆大怒，几乎要采取不利于嘉庆帝的行动，幸得董诰谏阻，嘉庆帝才得免祸。市恩，买好。 ⑧ 潜邸：皇帝即位前所居住的地方，也借指皇帝即位前的时期。

**原文**

四年正月，高宗崩，给事中王念孙首劾其不法状，仁宗即以宣遗诏日传旨逮治，命王大臣会鞫，俱得实。诏宣布和珅罪状……内外诸臣疏言和珅罪当以大逆论，上犹以和珅尝任首辅，不忍令肆市，赐自尽。

**翻译**

四年(1799)正月，高宗驾崩，给事中王念孙首先弹劾和珅的不法罪状，仁宗立即在宣读遗诏的当日传旨逮捕和珅治罪，命令诸王、大臣会审，罪行都得到证实。下诏宣布和珅的罪状……朝廷内外诸臣上疏说和珅的罪行应当以大逆不道论处，但皇上还是因和珅曾经担任过首辅，不忍心让他陈尸街头，赐他自尽。

# 阮 元 传

## 导读

　　阮元在清嘉庆、道光年间,历任侍郎、巡抚、总督、体仁阁大学士等显职,有一定的政绩,但他的贡献主要在学术和教育方面。他在学术上提倡汉学,师承戴震,研究经学。以文字训诂为基础,考订名物典章制度,通过诠释引申,阐发自己的观点,兼治校勘、金石。他每到一地,把兴办学校、教育人才作为当务之急,在浙江建立诂经精舍,在广东设立学海堂,聘请学识精深的学者为教师,培养出许多专门人才。他还罗致人才从事编书刊印工作,主编《经籍纂诂》,校刻《十三经注疏》,汇刻《皇清经解》等,都是研究经学的重要著作。所编《畴人传》,是我国第一部天文学家和数学家的传记专著。阮元为整理、研究中国传统文化所作的贡献,至今还有重要的作用。这篇传记除叙述阮元的政治活动外,对其学术工作也有简要的评价。(选自卷一五一)

## 原文

　　阮元字伯元,江苏仪征人。祖玉堂,官湖南参将,从征苗,活降苗数千人,有阴德。

　　元,乾隆五十四年进士,选庶吉士,散馆第一,授编修[①]。逾年大考[②],高宗亲擢第一,超擢少詹事[③]。

## 翻译

　　阮元字伯元,江苏仪征人。祖父阮玉堂,任湖南参将,参加征讨苗人,曾保全几千个投降的苗人的性命,有阴德。

　　阮元是乾隆五十四年(1789)进士,选拔为庶吉士,散馆时考了第一名,授官编修。过了一年参加大考,高宗亲自提拔他为第一名,越级提升为少詹事。召见应对时,皇上高兴地说:"想不到朕召对,上喜曰:"不意朕八旬外复得一人!"直南书房、懋勤殿④,迁詹事⑤。五十八年,督山东学政⑥,任满,调浙江。历兵部、礼部、户部侍郎。

八十岁以后又得到一个人才!"命他在南书房、懋勤殿当值办事,升为詹事。五十八年(1793),去山东任提督学政,任期满后,调任浙江。历任兵部、礼部、户部侍郎。

**注释** ① 散馆:清制,庶吉士在翰林院学习三年后举行考试,成绩优良者留翰林院授予编修、检讨等职,其他的分发各部为官,叫作散馆。阮元因是散馆第一名,故任命为编修。 ② 大考:清代对翰林、詹事等官所进行的考试,根据成绩分别给予升级、留任、降级等待遇。 ③ 少詹事:官名,詹事府副长官。文学侍从之臣。 ④ 南书房:在乾清宫西南,原为康熙皇帝读书处,康熙十六年(1677)始选翰林等官员入内当值,称"南书房行走"。懋勤殿:皇帝除在此工作和召见廷臣外,也常在此读书写作,故选文学侍从之臣入值。 ⑤ 詹事:官名,詹事府长官。文学侍从之臣。 ⑥ 督山东学政:清代于各省皆设"提督学政"官一人,简称学政。由朝廷派往各省,为负责地方教育文化的最高长官。督山东学政,指派往山东任提督学政。

**原文**

嘉庆四年,署浙江巡抚,寻实授。海寇扰浙历数年,安南夷艇最强①,凤尾、水澳、箬黄诸帮附之②,沿海土匪勾结为患。元征集群议为弭盗之策,造船炮,练陆师,杜接济。五年春,令黄岩镇总兵岳玺击箬黄帮,

**翻译**

嘉庆四年(1799),代理浙江巡抚,不久正式授以此职。当时海寇骚扰浙江沿海已经多年,安南"夷人"的小艇最厉害,凤尾、水澳、箬黄各帮派都依附他们,与沿海地区的土匪勾结起来成为祸害。阮元征集多人的意见制定了消灭海盗的计划,建造船只大炮,训练陆地军队,杜绝海盗的陆上接济。五年(1800)春季,命令黄岩镇总兵岳玺攻打

灭之。夏，寇大至，元赴台州督剿③，请以定海镇总兵李长庚总统三镇水师④，并调粤、闽兵会剿。六月，夷艇纠凤尾、水澳等贼共百余艘，屯松门山下⑤。遣谍间水澳贼先退，会飓风大作，盗艇覆溺无算，余众登山，檄陆师搜捕，擒八百余人。安南四总兵溺毙者三，黄岩知县孙凤鸣获其一，曰伦贵利，磔之。九月，总兵岳玺、胡振声会击水澳帮，擒歼殆尽。土匪亦次第歼抚。浙洋渐清，而余盗为蔡牵所并⑥，闽师不能制，势益炽，复时犯浙。李长庚已擢提督，元集资与造霆船成⑦，配巨炮，数破牵于海上。八年，奏建昭忠祠，以历年捕海盗伤亡将士从祀。盗首黄葵集舟数十，号新兴帮，令总兵岳玺、张成等追剿，逾年乃平之。偕总督玉德奏请以李长庚总督两省水

著黄帮的海盗，消灭了他们。夏季，海寇大部队到来，阮元前往台州督军征剿，请求以定海镇总兵李长庚负责统率三个镇的水师，同时调遣广东、福建的军队会同征剿。六月，安南海盗的船艇纠集凤尾、水澳等盗贼共一百多艘船只，屯扎在松门山下。阮元派遣间谍离间他们，使水澳帮的盗贼先驶退，适逢狂风大作，盗贼艇船覆没，淹死的人不计其数，剩下的盗众逃到山上。阮元命令陆军搜捕，擒获八百多人。安南的四个总兵淹死了三个，黄岩知县孙凤鸣抓获了一个，叫伦贵利，将他分尸处死。九月，总兵岳玺、胡振声联合攻打水澳帮，将他们几乎擒获歼灭干净了。当地土匪也相继被歼灭或招抚。浙江沿海的洋面上渐渐清平，而其余的海盗被蔡牵所合并，福建的军队无法制服他们，气焰更加嚣张，又时时侵犯浙江。李长庚已经被提升为提督，阮元集资给他建造的霆船已建成，配备了大炮，多次在海上打败蔡牵。八年(1803)，上奏建立昭忠祠，将历年来为捕获海盗而伤亡的将士送进祠中陪同祭祀。海盗首领黄葵聚集船只几十艘，号称新兴帮，阮元命令总兵岳玺、张成等人追逐征剿，过了一年才平定了他们。偕同总督玉德上奏请求派李长庚统一督率两省的水师，多次追逐蔡牵几乎将他捕获，而玉

师,数逐蔡牵几获,而玉德遇事仍掣肘。十年,元丁父忧去职⑧,长庚益无助,复与总督阿林保不协,久无成功,遂战殁。

德遇到事情总是牵制他。十年(1805),阮元遭逢父亲之丧而离职,李长庚更加无人帮助,以后又与总督阿林保关系不和,很久没有成功,后来在战场上阵亡。

　① 安南:即今越南。清嘉庆七年(1802)安南改国号越南,清政府亦改称越南。　② 凤尾、水澳、箬黄:指当时出没于浙江、福建沿海的海盗帮派。　③ 台州:今浙江临海及其附近地区,清设台州府。　④ 镇:此处指清代军队的编制单位。三镇:定海镇、黄岩镇、温州镇。此三地各驻有一镇的军队,故以镇为名。　⑤ 松门山:在今浙江温岭东南部,东临大海。　⑥ 蔡牵:福建海盗,后活动于福建、浙江等地,一度攻入台湾。在海上活动十四年,至嘉庆十四年(1809)始被歼。　⑦ 霆船:清嘉庆间浙、闽用于海防的一种大船的名称,船身坚固,配以大炮。　⑧ 丁忧:遭父母之丧称为"丁忧"。

原文

十一年,诏起元署福建巡抚,以病辞。十二年,服阕①,署户部侍郎,赴河南按事。授兵部侍郎,复命为浙江巡抚,暂署河南巡抚。十三年乃至浙,诏责其防海殄寇②。秋,蔡牵、朱渍合犯定海③,亲驻宁波督三镇击走之,牵复遁闽洋。时用长庚部将王得禄、邱良功为两省

翻译

十一年(1806),下诏起用阮元代理福建巡抚的职务,以有病推辞了。十二年(1807),服丧期满,代理户部侍郎,前往河南查处事件。授官兵部侍郎,再次被任命为浙江巡抚,暂时代理河南巡抚。十三年(1808)才至浙江任职,皇上下诏责成他防守海疆消灭贼寇。秋季,蔡牵、朱渍会合侵犯定海,阮元亲自驻扎在宁波督率三镇军队攻击并赶走了敌人,蔡牵再次逃遁到福建的洋面上。当时用了李长庚的部将王得禄、邱良功

提督，协力剿贼，元议海战分兵隔贼船之策，专攻蔡牵。十四年秋，合击于渔山外洋④，竟殄牵，详得禄等传⑤。元两治浙，多惠政，平寇功尤著云。

为两省提督，齐心协力征剿盗贼，阮元提出在海上作战时分兵将盗贼船只分隔开来的计策，专门攻打蔡牵。十四年（1809）秋季，在渔山外洋上进行合击，终于消灭了蔡牵，详情记载在王得禄等人的传中。阮元两次治理浙江，多有德政，平定海寇的功绩尤为卓著。

注释　① 服阕（què）：古人父母死后守丧三年，期满后除去丧服，称为"服阕"。阕，终了。　② 殄（tiǎn）：灭绝，消灭。　③ 朱渍：广东海盗盗魁。　④ 渔山：即今浙江渔山列岛，在临海东面的洋面上。　⑤ 得禄等传：指《清史稿·王得禄传》及同书《李长庚传》《邱良功传》等。

原文

　　方督师宁波时，奏请学政刘凤诰代办乡试监临①，有联号弊，为言官论劾，遣使鞫实，诏斥徇庇，褫职②，予编修，在《文颖》馆行走③。累迁内阁学士。命赴山西、河南按事，迁工部侍郎，出为漕运总督④。十九年，调江西巡抚。以捕治逆匪胡秉耀，加太子少保，赐花翎。二十一年，调河南，擢湖广总督。修武昌江堤，建江陵

翻译

　　当年阮元在宁波带兵打仗时，上奏请求由学政刘凤诰代为担任乡试监临的职务，发生了联号作弊的事，被谏官论奏弹劾，朝廷派遣使臣审讯属实，下诏斥责阮元徇情包庇，夺去巡抚等职务，授予编修，参加《文颖》馆工作。积官升为内阁学士。命他前往山西、河南查察事件，升工部侍郎，出任漕运总督。十九年（1814），调任江西巡抚。因捕获叛逆匪徒胡秉耀，加太子少保衔，赐予花翎。二十一年（1816），调任河南巡抚，提升为湖广总督。修筑了武昌的长江堤岸，建造了江陵的范家堤、沔阳的龙王庙石闸。

范家堤、沔阳龙王庙石闸⑤。

**注释** ① 监临：官名。清代乡试时，除派主考官外，另派大员一人为监临，负责监察，以防止营私舞弊的事发生。 ② 褫（chǐ）：剥夺。 ③《文颖》馆：乾隆帝曾命令编《皇清文颖》，嘉庆帝又命令编《续皇清文颖》；《文颖》馆即因此而成立的编纂馆。嘉庆帝命令编《全唐文》时，也使用了《文颖》馆臣的力量。行走：参加某机构工作而无正式职衔称为在某处行走。 ④ 漕运总督：官名，负责从南方各省通过运河向京师输送粮食。 ⑤ 江陵：今湖北江陵。沔（miǎn）阳：今湖北沔阳及周围地区。

**原文**

二十二年，调两广总督。先一年，英吉利贡使入京，未成礼而回，遂渐跋扈。元增建大黄滘、大虎山两炮台，分兵驻守。迭疏陈预防夷患，略曰："英吉利恃强桀骜，性复贪利。宜镇以威，不可尽以德绥。彼之船坚炮利，技长于水短于陆。定例外国货船不许擅入内洋，傥违例禁，即宜随机应变，量加惩创。各国知彼犯我禁，非我轻启衅也。"诏勖以德威相济①，勿孟浪②，勿葸懦③。道光元年，兼署粤海关监督④。洋船夹带鸦片

**翻译**

二十二年（1817），调任两广总督。前一年，英吉利国的贡使进入京师，没有向皇上朝见行礼就回去了，就此逐渐地跋扈起来。阮元增建了大黄滘、大虎山两座炮台，分兵驻守。连续上疏陈述预防夷患之事，大略说："英吉利凭借着国力强大而桀骜不驯，其性又贪图利益。应当用威力镇住他们，不能完全用恩德去安抚他们。他们的舰船坚固，大炮厉害，从作战技能看擅长在水中作战而不善于在陆地作战。按惯例外国的货船是不许擅自进入内洋的，如果违反这种向来的禁令，就应当随机应变，适当加以惩罚。各国也会知道是他们侵犯了我国的禁令，而不是我国轻易地挑起事端。"皇上下诏勉励说应以恩德和威力相辅，切勿鲁莽轻率，切勿怯懦害怕。道光元年（1821），兼代理粤海关监督。外国船夹带鸦片烟，阮元经弹劾后剥夺了买

烟,劾褫行商顶带⑤。二年,英吉利护货兵船泊伶丁外洋⑥,与民斗,互有伤毙,严饬交犯,英人扬言罢市归国,即停其贸易。久之折阅多⑦,托言兵船已归,俟复来如命。乃暂许贸易,与约船来不交犯乃停止。终元任,兵船不至。元在粤九年,兼署巡抚凡六次。

办商人的顶带。二年(1822),英吉利国保护商船的兵船停泊在伶丁外洋,与百姓发生争斗,互有伤亡,阮元严令英吉利人交出凶犯,英吉利人扬言说要停止贸易回国,阮元立即停止与他们的经商贸易。时间一长,他们亏本越来越多,就假托说兵船已经回国,等到再来中国一定服从命令。于是暂时批准贸易,与他们约定如果兵船再来仍不交出凶犯就停止贸易。一直到阮元任职结束,兵船也没敢来。阮元在两广九年,兼任代理巡抚共六次。

**注释** ① 勖(xù):勉励。 ② 孟浪:鲁莽、轻率。 ③ 葸(xǐ):害怕、胆怯。 ④ 粤海关:设在广东的海关。 ⑤ 行商:洋行的商人,即买办。他们有钱,一般都通过捐纳而具有某种官衔。顶带:清代用以区别官员级别的帽饰。因为只有官员或具有官衔的人才能有顶带,所以褫顶带也就是剥夺其官职、官衔。 ⑥ 伶丁外洋:广东珠江口外的洋面称伶丁外洋。 ⑦ 折(shé)阅:亏本。阅,本钱。"折阅"原作"拆阅",据文意改。

**原文**

六年,调云贵总督。滇盐久敝①,岁绌课十余万,元劾罢蠹吏,力杜漏私;盐井衰旺不齐,调剂抵补,逾年课有溢销,酌拨边用。腾越边外野人时入内地劫掠②,而保山等处边夷曰僳僳③,

**翻译**

六年(1826),调任云贵总督。云南盐政久已衰败,每年亏空盐税达十多万,阮元弹劾罢免了侵蚀的官吏,全力杜绝走私;盐井产量寡丰不等,就进行调剂互相补充,过了一年税收除了上交还有赢余,酌量调拨为边境费用。腾越边境以外的野人经常进入内地抢劫掠夺,保山等地的边境有一个少数民族叫

以垦山射猎为生,可用,乃募僳僳三百户屯种山地,以御野人,即以溢课充费,岁有扩充。野人畏威,渐有降附者。十二年,协办大学士,仍留总督任。车里土司刀绳武与叔太康争斗④,胁官求助,檄镇道击走之⑤,另择承袭乃安。越南保乐州土官农文云内哄,严边防勿使窜入,亦不越境生事,寻文云走死。诏嘉其镇静得大体。十五年,召拜体仁阁大学士,管理刑部,调兵部。十八年,以老病请致仕,许之,给半俸,濒行,加太子太保。二十六年,乡举重逢⑥,晋太傅,与鹿鸣宴⑦。二十九年,卒,年八十有六,优诏赐恤,谥文达。入祀乡贤祠、浙江名宦祠。

作僳僳,以垦荒打猎为生,可以运用他们的力量,于是招募僳僳族的三百户人家在山地屯种,用以抵御野人,就用赢余的盐税充当办这件事的费用,每年开垦的山地都有扩充。野人害怕这种威势,渐渐地有了投降归附的人。十二年(1832),任协办大学士,仍留在总督任上。车里土司刀绳武和他的叔叔太康发生争斗,威胁官府要求帮助,阮元命令当地总兵、道员攻打并赶走了他,另外选择人承袭土司职位才安定下来。越南保乐州的土官农文云与人发生内哄,阮元严密加强边防,使他们不窜入境内,也不越过边境来生事,不久农文云在逃亡途中死去。下诏嘉奖阮元在这件事上镇静、很得体。十五年(1835),召回任体仁阁大学士,管理刑部事务,调任兵部。十八年(1838),因年老有病请求致仕,皇上准许了,给予一半俸禄,临行前,加官太子太保。二十六年(1846),又遇上丙午科乡试,晋升太傅,参加鹿鸣宴。二十九年(1849)去世,年龄为八十六岁,皇上下诏给予高度评价和优厚抚恤,谥号文达。作为祭祀对象列入乡贤祠和浙江名宦祠。

**注释** ① 滇(diān):云南省简称。 ② 腾越:即今云南腾冲及附近地区。清置腾越厅。 ③ 保山:今云南保山及周围地区。僳僳(lì sù):我国少数民族僳僳族,主要分布在云南。 ④ 车里:清代土司名,属云南普洱府。治所在今云南景洪。 ⑤ 镇道：此处指当地的镇、道负责人，也即普洱总兵和迤南道道员。镇，清军队编制单位的名称。镇的军事长官为总兵。道，行政区划名，在省、府之间所设的监察区。普洱府属于云南迤南道。 ⑥乡举重逢：阮元为乾隆五十一年(1786)丙午科举人，至此道光二十六年(1846)，又值丙午科乡试，故曰"乡举重逢"。 ⑦鹿鸣宴：乡试考试后，宴请考中的举人所举行的宴会，因在宴会上歌《诗经·小雅·鹿鸣》而得名。

## 原文

元博学淹通，早被知遇。敕编《石渠宝笈》，校勘《石经》。再入翰林，创编《国史·儒林》《文苑传》，至为浙江巡抚，始手成之。集《四库》未收书一百七十二种，撰提要进御，补中秘之阙。嘉庆四年，偕大学士朱珪典会试，一时朴学高才搜罗殆尽①。道光十三年，由云南入觐，特命典试，时称异数。与大学士曹振镛共事，意不合；元歉然，以前次得人之盛不可复继。历官所至，振兴文教。在浙江立诂经精舍，祀许慎、郑康成②，选高才肄业；在粤立学海堂亦如之，并延揽通儒，

## 翻译

阮元学问广博贯通，很早就得到皇上的知遇之恩。奉敕令编纂《石渠宝笈》，校勘《石经》。再次进入翰林院时，开始编纂《国史》中的《儒林传》《文苑传》，一直到任浙江巡抚时，才亲手完成了。搜集《四库全书》中没有收进的书达一百七十二种，并撰写提要进呈皇上，以补充皇宫秘府藏书的欠缺。嘉庆四年(1799)，配合大学士朱珪主持会试，将当时造诣深厚的朴学学者和高才的士人几乎搜罗尽了。道光十三年(1833)，从云南进京觐见，皇上特命他主持会试，在当时被认为是特殊的恩遇。这次是与大学士曹振镛共同主持的，二人意见不合，阮元心中歉仄，因为不能重新继续前次会试时获得那么多人才的盛况。凡是他任官所到之处，就振兴文教事业。在浙江建立了诂经精舍，祭祀许慎、郑康成，挑选高才生在其中肄业；在广东建立学海堂也是如此。

造士有家法③，人才蔚起④。撰《十三经校勘记》《经籍纂诂》《皇清经解》百八十余种，专宗汉学⑤，治经者奉为科律。集清代天文、律算诸家作《畴人传》⑥，以章绝学。重修《浙江通志》《广东通志》，编辑《山左金石志》《两浙金石志》《积古斋钟鼎款识》《两浙辀轩录》《淮海英灵集》，刊当代名宿著述数十家为《文选楼丛书》。自著曰《揅经室集》。他纪事、谈艺诸编，并为世重。身历乾、嘉文物鼎盛之时，主持风会数十年，海内学者奉为山斗焉⑦。

在这两处都延揽学问通博的学者，培养人才都根据这些学者的优良传统，因此人才大量地起来。撰《十三经校勘记》《经籍纂诂》《皇清经解》一百八十多种，他一意尊奉汉学，被研究经学的学者奉为科律。收集清的天文、历算各家的事迹撰写《畴人传》，以表彰那些将要失传的学问。重新修纂《浙江通志》《广东通志》，编写辑录《山左金石志》《两浙金石志》《积古斋钟鼎款识》《两浙辀轩录》《淮海英灵集》，刊行几十家当代有名望前辈的著述成为《文选楼丛书》。自己的文集叫《揅经室集》。其他有关纪事、谈艺的各种述作，都为当世所重视。他亲身经历了乾隆、嘉庆的文化鼎盛时期，主持风气几十年，全国的学者将他奉为泰山北斗。

**注释**　①朴学：指古籍研究中注重训诂考据的学派，此处指清代的乾嘉学派。②许慎：东汉的经学家、文字学家。郑康成：即东汉经学家郑玄，字康成。　③家法：汉儒说经，均秉承其老师的说法，称为"师法"；因其各自名家，故又称为"家法"。这些是指阮元聘请来的这些"通儒"的师门传统。　④蔚：荟萃、聚集。　⑤汉学：汉儒治经，多注重训诂文字，考订名物制度。清代乾隆嘉庆间称其学为汉学，以与宋明理学相对。　⑥《畴（chóu）人传》：为天文、历算学家所作的传记。《史记·历书》云："幽厉之后，周室微，陪臣执政，史不记时，君不告朔，故畴人子弟分散。"裴骃集解引如淳曰："家家业业相传为畴。"因"历书"的内容是天文历算，故后世称历算学者为"畴人"。此句之"律算"即指"历算",因"律"(音律)、"历"有相通之处,故自《汉书》起即有《律历志》,后人也常以"律历"并称。 ⑦ 山斗:泰山北斗,比喻大家尊崇钦慕的人。

# 林 则 徐 传

**导读**

　　林则徐是我国近代史上反抗帝国主义侵略的民族英雄，也是一位杰出的政治家、军事家。林则徐生活在我国由封建社会开始向半殖民地半封建社会转变的动荡时期，面对摇摇欲坠的清朝封建统治，他主张兴利除弊，改革内政，发展生产。他在任东河河道总督时曾修治黄河，后在江苏巡抚任内，又兴修浏河、白茆等水利，为三吴地区造福。他是禁烟派的代表人物，先在湖广禁鸦片，后又到广州领导禁烟和抗英斗争，屡次打退英军的武装侵略。但他并不盲目排外，而是努力了解和研究世界情况，学习外国的一技之长，从而成为近代中国资产阶级改良主义者的先驱。然而，林则徐虽然有经世救时的才志和抱负，但面对着日趋没落的清王朝也是回天乏术，第一次鸦片战争清政府战败。本篇是对他生平的较为客观的记述。（选自卷一五六）

**原文**

　　林则徐字少穆，福建侯官人①。少警敏，有异才。年二十，举乡试。巡抚张师诚辟佐幕②。嘉庆十六年进士，选庶吉士，授编修。历典江西、云南乡试。分校会试。迁御史③，疏论福建闽

**翻译**

　　林则徐字少穆，福建侯官人。年轻时颖悟敏捷，有非凡的才能。二十岁时，乡试中举。巡抚张师诚征召他为幕僚。嘉庆十六年（1811）进士，选为庶吉士，授官编修。先后主持江西、云南的乡试，并担任过会试的部分阅卷工作。升为御史，上疏提出福建闽安的副将张宝是从海盗投诚过来的，应当显示对他

安副将张宝以海盗投诚,宜示裁抑,以防骄蹇④,被嘉纳。未几,出为杭嘉湖道⑤,修海塘,兴水利。道光元年,闻父病,引疾归。二年,起授淮海道,未之任,署浙江盐运使⑥。迁江苏按察使⑦,治狱严明。四年,大水,署布政使⑧,治赈。寻丁母忧,命赴南河修高家堰堤工⑨,事竣回籍。六年,命署两淮盐政,以未终制辞,服阕,补陕西按察使。迁江宁布政使⑩,父忧归。十年,补湖北布政使,调河南,又调江宁。十一年,擢河东河道总督⑪。疏陈秸料为河工第一弊薮⑫,亲赴各厅察验;又言碎石实足为埽工之辅⑬,应随宜施用。十二年,调江苏巡抚。吴中洊饥⑭,奏免逋赋,筹抚恤。前在藩司任⑮,议定赈务章程,行之有效,至是仍其法,宿弊一清。赈竣,乃筹积谷备荒。清厘

的制抑,以防止他桀骜不驯,被嘉许采纳。不久,出任杭嘉湖道,在当地修筑海塘,兴修水利。道光元年(1821),听到父亲生病的消息,称病返乡。二年(1822),重新起用,授为淮海道,还没有到任,就被委派去代理浙江盐运使职务。升为江苏按察使,审理案件严格公正。四年(1824),江苏发大水,代理布政使职务,处理赈灾事务。不久遭逢母丧,朝廷命他先往南河负责修筑高家堰大堤工程,完工后回原籍守丧。六年(1826),受命代理两淮盐务,以丧期未满推辞了。丧期满后,补官陕西按察使。升为江宁布政使,遭逢父丧返乡。十年(1830),补官湖北布政使,调任河南,又调任江宁。十一年(1831),提升为东河河道总督。上疏陈述秸料中的问题是治河工程中第一个弊端集中地,并亲自前往下属各厅查验;又上言说碎石块完全可以做堤坝工事中的辅助材料,应当根据情况适当使用。十二年(1832),调任江苏巡抚。吴中地区屡遭饥荒,上奏免除了拖欠的赋税,筹划抚恤救灾。以前在布政使任上时,曾讨论制定赈灾事务的章程,行之有效,到此时仍旧遵照那时的办法,使多年的弊病一扫而清。赈灾结束,就筹划积储粮食以备荒年。他清理了前后任移交时的

交代⑯，尽结京控诸狱⑰。考核属吏，疏言："察吏莫先于自察，必将各属大小政务，逐一求尽于心，然后能以验群吏之尽心与否。如大吏之心先未贯彻，何从察其情伪⑱？臣惟持此不敢不尽之心，事事与僚属求实际。"诏嘉之，勉以力行。

各项事务，把以前上京控告而发回重审的各项案件全部审结。他考核下属官吏，上疏说："考察官吏没有比先考察自己更为重要的了，必须对自己管辖范围内的大小政务，逐一做到心中全面了解，然后才能够检验众官吏竭尽心力与否。如果大臣的心中先就没有了解得全面透彻，又从何处去考察事情的真伪呢？臣只是凭着一颗不敢不竭尽全力的忠心，每件事都与同僚下属一起努力以求做到实事求是。"下诏嘉奖了他，勉励他身体力行。

**注释** ①侯官：旧县名，在今福建闽侯境内。 ②辟：征召。 ③御史：监察御史，都察院官员。 ④骄蹇（jiǎn）：傲慢，不顺从。 ⑤杭嘉湖道：这里指杭嘉湖道的道员，负责监察浙江杭州、嘉兴、湖州三府。 ⑥盐运使：官名，设于各产盐省区，负责盐法盐务，简称"运司"。 ⑦按察使：官名，主管一省的司法刑狱等事。 ⑧布政使：官名，负责一省政务。 ⑨南河：清代河道总督所辖江南河道的总称，包括江南地区的黄河、运河、洪泽湖等。 ⑩江宁：即今江苏南京。 ⑪河东河道总督：当为"东河河道总督"。河道总督：官名，负责黄河、运河、永定河的堤防疏浚等事。雍正年间分为北河、南河、东河三督。东河河道总督负责山东、河南的河道事务。 ⑫秸料：筑堤用的原材料。用麦秸、高粱秸等捆扎而成的梢料叫秸料。各地征收秸料后堆成垛以备用，但经常有以另物冒充等弄虚作假行为，不实地抽垛查看便无法知晓，故成为治河工程中的一大隐患。 ⑬埽（sào）工：修筑堤坝的工事。埽，梢料。 ⑭洊（jiàn）：屡次。 ⑮藩司：布政使的别称。 ⑯交代：指前后任的移交事务。 ⑰京控：清代法律规定，凡地方审理的案件，如当事人不服，可到京师向都察院、通政司或步军统领衙门控诉，称为京控。但京控的案件也常发回总督、巡抚重审。此处所说，就是经过京控而发回督、抚重审的案件。 ⑱情伪：真伪。

原文

先是总督陶澍奏浚三江①，则徐方为臬司②，综理其事，旋以忧去。至是黄浦、吴淞工已竣③，则徐力任未竟者，刘河工最要④，拨帑十六万五千有奇，白茆次要⑤，官绅集捐十一万两，同时开浚，以工代赈⑥。两河旧皆通海，易淤，且凿河工巨。改为清水长河，与黄浦、吴淞交汇通流，各于近海修闸建坝，潮汐泥沙不能壅入，内河涨，则由坝泄出归海，复就原河逢湾取直⑦，节省工费三万余两，用浚附近刘河之七浦河，及附近白茆之徐六泾、东西护塘诸河。又浚丹徒、丹阳运河⑧，宝带桥、泖、淀诸工⑨，以次兴举，为吴中数十年之利。两署两江总督。

翻译

在此以前总督陶澍曾上奏请求疏浚三江，林则徐当时正在任按察使，全面负责这件事，不久因母丧离职。到这时黄浦江、吴淞江的工程已经完成，林则徐就努力来承担其未完成的工程，其中浏河工程最为重要，拨发库银十六万五千多两；白茆河工程的重要性次之，由当地官僚士绅集资捐款十一万两。两条河同时开工疏浚，采取以工代赈的方法。它们原先都通海，但容易淤塞，而且凿通已淤河道的工程巨大。所以改为清洁水流延长河道，以与黄浦江、吴淞江交汇通流，各在其近海之处修闸建坝，使潮汐泥沙不能涌进，内河涨水时，就通过坝将水排泄入海，再就原有河道逢弯取直，共节省下工程费用三万多两，用它疏浚了浏河附近的七浦河，以及白茆河附近的徐六泾、东西护塘河等。还疏浚了丹徒、丹阳段的运河，宝带桥、泖湖、淀山湖等工程也相继兴举，为吴中地区带来了几十年的利益。在任巡抚期间，两次代理两江总督的职务。

注释　① 三江：指吴淞江、黄浦江、娄江（即浏河）。　② 臬（niè）司：按察使的别称。　③ 黄浦：黄浦江，源出浙江嘉兴塘，流经上海，与吴淞江合流入海。吴淞：吴淞江,又称苏州河,源出太湖,流经江苏、上海与黄浦江合流入海。 ④ 刘河:即浏河。源出太湖,流经江苏的苏州、昆山、太仓等地,东北入长江。 ⑤ 白茆:白茆河,由江苏常熟向东流入长江,在今浏河北面。 ⑥ 以工代赈:指以招募劳动力支付工钱来代替发放救济粮的方法。 ⑦ 逢湾取直:治理河流的一种方法,即在河段弯曲处,用人工开一条新河道,再接上旧河道,将河道修成直道。这样做有畅泄水流、降低上游水位、减少泛滥等功效。 ⑧ 丹徒、丹阳:即今江苏丹徒、丹阳,均为运河流经之地。 ⑨ 宝带桥:在今江苏苏州南,跨运河。泖(mǎo):泖湖,在今上海松江境内。淀:淀山湖,即今上海青浦之淀山湖。

**原文**

十七年,擢湖广总督。荆、襄岁罹水灾,大修堤工,其患遂弭。整顿盐课,以减价敌私无成效,专严缉私之禁,销数大增。湖南镇筸兵悍,数肇衅,巡阅抚驭,密荐总兵杨芳,擢为提督,移驻辰州①,慎固苗疆屯防。

**翻译**

十七年(1837),提升湖广总督。荆州、襄阳地区年年遭水灾,他大力修筑堤坝,水患就消失了。他整顿盐税,由于用降低公盐价格以对抗私盐的方法没有成效,就专门严格执行禁止私盐的命令,加强缉查,使公盐销量大增。湖南镇筸的士兵凶悍,多次挑起事端,林则徐巡视检阅,加强安抚和控制,秘密推荐总兵杨芳,将他提升为提督,并将提督移驻辰州,以谨慎加强苗族边疆的屯田防务。

**注释** ① 辰州:今湖南沅陵及周围地区,清置辰州府。

**原文**

十八年,鸿胪寺卿黄爵滋请禁鸦片烟,下中外大臣议。则徐请用重典,言:“此祸不除,十年之后,不惟无

**翻译**

十八年(1838),鸿胪寺卿黄爵滋奏请禁止鸦片烟,下交朝廷内外的大臣讨论。林则徐请求采用严厉的刑罚,上言:“这一祸害不除,十年之后,不只是没有

可筹之饷,且无可用之兵。"宣宗深韪之,命入觐,召对十九次。授钦差大臣,赴广东查办。十九年春,至。总督邓廷桢已严申禁令,捕拿烟犯,洋商查顿先避回国。则徐知水师提督关天培忠勇可用,令整兵严备。檄谕英国领事义律查缴烟土,驱逐趸船[1],呈出烟土二万余箱,亲莅虎门验收[2],焚于海滨,四十余日始尽。请定洋商夹带鸦片罪名,依化外有犯之例[3],人即正法,货物入官,责具甘结[4]。他国皆听命,独义律枝梧未从[5]。于是阅视沿海炮台,以虎门为第一门户,横档山、武山为第二门户[6],大小虎山为第三门户。海道至横档分为二支,右多暗沙,左经武山前,水深,洋船由之出入。关天培创议于此设木排铁练二重,又增筑虎门之沙角炮台[7],英国商船后至者不

可筹集的粮饷,而且没有了可以打仗的士兵。"宣宗非常赞同他的话,命林则徐入京觐见,召见奏对十九次。任命为钦差大臣,前往广东查办。十九年(1839)春季,抵达广州。总督邓廷桢已经普遍宣布并严厉执行禁烟令,捕捉吸、卖鸦片的罪犯,洋商查顿已事先躲避回国。林则徐了解到水师提督关天培忠勇可用,命令他整顿军队,严加防备。发文知会英国领事义律清查并缴出烟土,驱逐趸船,洋商呈交出烟土二万多箱,林则徐亲自到虎门验收,在海边焚烧烟土,四十多天才烧完。请求制定洋商夹带鸦片的罪名,依照法律中"化外"地区的犯法条例,犯人立即处决,货物充公,责令在广州的各国有关人员出具保证书。其他国家都服从了命令,只有义律搪塞应付,不肯顺从。于是林则徐检阅巡视沿海的炮台,以虎门为第一道防线,横档山、武山为第二道防线,大小虎山为第三道防线。海上航道到横档山分为二支,右边的一条水下多暗礁,左边的一条经过武山前面,水很深,外国的船就从这条航道出入。关天培首先提议在这里设置木排、铁链二重障碍,又增筑了虎门的沙角炮台,英国商船中后到的就不敢进来了。义律请求让他们前往澳门装货,想借此机会囤积烟土私自贩卖,林则徐严厉斥责并拒绝了义律的请求,英国商船暗暗停泊在尖沙嘴外洋的洋面上。

敢入。义律请令赴澳门载
货,冀囤烟私贩,严斥拒之,
潜泊尖沙嘴外洋。

**注释** ① 趸(dǔn)船:平底匣形的非自航船,可供装卸货物用。 ② 虎门:在广东
东莞西南珠江口,有大小虎山二座山对列如门,故名。海船入广州必经此道,清代
在此置重兵防守。 ③ 化外:政令教化达不到的地方称"化外",这里指英国等外
国。 ④ 甘结:旧时官署处理讼案后由受审理人出具的一种结文,似保证书一类。
⑤ 枝梧:即"支吾"。 ⑥ 横档山、武山:均在珠江口虎门一带,上筑炮台,为海防要
冲。 ⑦ 沙角炮台:原作"河角炮台",误,据《清史稿·地理志》改。

**原文**

　　会有英人殴毙华民,抗
不交犯,遂断其食物,撤买
办、工人以困之。七月,义
律借索食为名,以货船载兵
犯九龙山炮台①,参将赖恩
爵击走之。疏闻,帝喜悦,
报曰:"既有此举,不可再示
柔弱。不患卿等孟浪,但戒
卿等畏葸。"御史步际桐言
出结徒虚文。则徐以彼国
重然诺②,不肯出结,愈不能
不向索取,持之益坚。寻义
律浼澳门洋酋转圜③,愿令
载烟之船回国,货船听官查

**翻译**

　　恰在此时有英国人打死了中国百
姓,义律拒不交出凶犯,于是林则徐断绝
了英国商馆的食物供应,撤走买办、雇工
以使他们陷入困境。七月,义律借索取
食物为名,用货船载着军队进犯我九龙
山炮台,参将赖恩爵击退了敌人。奏疏
上达朝廷,皇帝很高兴,回复说:"既已有
了这次的举动,就不能再显示出软弱。
不怕卿等鲁莽轻率,只禁止卿等害怕退
缩。"御史步际桐上言说出具保证书只是
空文,不切实际。林则徐因他们国家重
视许诺,越是不肯出具保证书,就越不能
不向他们索取,对此更加坚持。不久义
律请出澳门的洋人首领从中调停,愿意
让装有鸦片的船只回国,货船听凭官府
检查验收。九月,商船已出具保证书并

验。九月，商船已具结进口，义律遣兵船阻之，开炮来攻，关天培率游击麦廷章奋击败之。十月，又犯虎门官涌④，官军分五路进攻，六战皆捷。诏停止贸易，宣示罪状，饬福建、浙江、江苏严防海口。先已授则徐两江总督，至是调补两广。府尹曾望颜请罢各国通商⑤，禁渔船出洋。则徐疏言："自断英国贸易，他国喜，此盈彼绌，正可以夷制夷。如概与之绝，转恐联为一气。粤民以海为生，概禁出洋，其势不可终日。"时英船寄椗外洋⑥，以利诱奸民接济销烟。二十年春，令关天培密装炮械，雇渔船蛋户出洋设伏⑦，候夜顺风纵火，焚毁附夷匪船，接济始断。五月，再焚夷船于磨刀洋⑧。谍知新来敌船扬帆北向，疏请沿海各省戒严。又言夷情诡谲，若径赴天津求通贸易，

进入口岸，义律派遣兵舰阻止它们，并开炮进攻，关天培率领游击麦廷章奋起还击，打败了英军。十月，又进犯虎门的官涌，清军兵分五路发起进攻，六次战斗都获得了胜利。朝廷下诏停止贸易，公开宣布罪状，命令福建、浙江、江苏严密防守沿海口岸。在此之前已授予林则徐为两江总督，到这时调补为两广总督。府尹曾望颜请求停止与各国通商，禁止渔船出洋。林则徐上疏说："自从断绝了与英国的贸易，其他国家暗自欢喜，这里得利那里吃亏，我们正可以利用外国人制服外国人。如果一概与所有国家断绝往来，反而恐怕他会联合成一伙。广东百姓以海为生，如一概禁止出洋，势必只能维持很短的一段时期。"当时英国船只暂时抛锚在外洋，用钱财引诱不法之徒为他们接济食物，销售鸦片。二十年(1840)春季，林则徐命令关天培秘密安装大炮器械，雇用渔船、蛋户出洋设置埋伏，等到夜间顺风放火，焚烧那些依附外国人的不法船只，英国船的接济这才断绝。五月，在磨刀洋又焚烧了装载鸦片的洋船。派探子侦察到新近来的敌船扬帆向北驶去，上疏请求沿海各省戒严。又说外国人诡谲，如果他们直接前往天津请求通商贸易，请格外显示出对他们招徕安抚，依照嘉庆年间的惯例，将递交请求的使者从内地送回广东。

请优示怀柔，依嘉庆年间成例，将递词人由内地送粤。

① 九龙山：在今香港九龙境内。 ② 然诺：许诺。 ③ 浼（měi）：请托。转圜（huán）：调停、斡旋。 ④ 官涌：地名，在今香港九龙境内。 ⑤ 府尹：官名，清代顺天府、奉天府的最高长官。此处指顺天府（今北京）尹。 ⑥ 椗（dìng）：即"碇"，船停泊时抛入水中以稳定船身的石块，用处如后来的锚。此处用作动词。 ⑦ 疍（dàn）户：水上居户。 ⑧ 磨刀洋：今澳门西面的洋面。

**原文**

六月，英船至厦门，为闽浙总督邓廷桢所拒。其犯浙者陷定海，掠宁波。则徐上疏自请治罪，密陈兵事不可中止，略曰："英夷所憾在粤而滋扰于浙，虽变动出于意外，其穷蹙实在意中。惟其虚愊性成，愈穷蹙时，愈欲显其桀骜，试其恫喝，甚且别生秘计，冀售其奸；一切不得行，仍必帖耳俯伏。第恐议者以为内地船炮非外夷之敌，与其旷日持久，不如设法羁縻①。抑知夷情无厌，得步进步，威不能克，患无已时。他国纷纷

**翻译**

六月，英国船队抵达厦门，遭到闽浙总督邓廷桢的抵抗。他们进犯浙江的船队攻破定海，劫掠宁波。林则徐上疏请求治自己的罪，并秘密陈述军事行动不能停止，大略说："英国人的怨恨在广东但却在浙江滋事骚扰，虽然这一变动出乎意料之外，但是他们的穷途困窘却实在意料之中。只是他们虚骄成性，越是在穷途困窘之时，就越是要显示他们的桀骜，用吓唬来进行试探，甚至将会另外使出诡计，以期达到他们的险恶目的；当这一切都行不通时，必定仍将俯首帖耳。只是恐怕朝廷中发议论的人认为中国的船炮不是外国人的对手，与其旷日持久地打下去，不如设法对他们加以笼络控制。然而要知道外国人性情贪得无厌，得一步就会更进一步，如果大清的威力不能克制他们，祸患就

效尤,不可不虑。"因请戴罪赴浙,随营自效。七月,义律至天津,投书总督琦善,言广东烧烟之衅,起自则徐及邓廷桢二人,索价不与,又遭诟逐,故越境呈诉。琦善据以上闻,上意始动。

没有停止的时候。其他国家纷纷效法,不能不事先考虑到。"因而请求戴罪前往浙江,随军报效国家。七月,义律抵达天津,投信给总督琦善,说广东焚烧鸦片的争端,是林则徐以及邓廷桢二人引起的,索要赔偿不给,又遭到辱骂驱逐,所以才越过边境直接呈诉。琦善根据他所说的上报朝廷,皇上的决心开始动摇。

**注释** ① 羁縻:笼络使之不生异心。

**原文**

时英船在粤窥伺,复连败之莲花峰下及龙穴洲。捷书未上,九月,诏曰:"鸦片流毒内地,特遣林则徐会同邓廷桢查办,原期肃清内地,断绝来源,随地随时,妥为办理。乃自查办以来,内而奸民犯法不能净尽,外而兴贩来源并未断绝,沿海各省纷纷征调,糜饷劳师,皆林则徐等办理不善之所致。"下则徐等严议,饬即来京,以琦善代之。寻议革职,命仍回广东备查问差

**翻译**

当时英国船队在广东窥伺,我军又连续在莲花峰下以及龙穴洲打败了他们。报捷奏疏还没来得及上达朝廷,九月,下诏说:"鸦片流毒于内地,特地派遣林则徐会同邓廷桢进行查办,原来期望能彻底清除内地的鸦片,断绝货源,根据当时当地的具体情况,妥善处理。但自从查办以来,对内,不法之徒的犯法行为未能消除干净,对外,大规模贩卖的货源未能断绝,沿海各省纷纷征集调用人员物质,耗费军饷,劳苦士兵,这些都是林则徐等人办事不妥善所造成的。"将林则徐等人下交吏部严加议处,命林则徐立即来京师,派琦善代替他的职务。不久,根据吏部建议革去职务,命他仍回广东听候查问和差遣。琦善抵达广州,义律要求赔偿被烧鸦片的钱款,

委。琦善至，义律要求赔偿
烟价，厦门、福州开埠通商，
上怒，复命备战。二十一年
春，予则徐四品卿衔，赴浙
江镇海协防。时琦善虽以
擅与香港逮治，和战仍无定
局。五月，诏斥则徐在粤不
能德威并用，褫卿衔，遣戍
伊犁。会河决开封，中途奉
命襄办塞决，二十二年，工
竣，仍赴戍，而浙江、江南师
屡败。是年秋，和议遂成。

二十四年，新疆兴治屯
田，将军布彦泰请以则徐综
其事。周历南八城，浚水
源，辟沟渠，垦田三万七千
余顷，请给回民耕种，改屯
兵为操防，如议行。二十五
年，召还，以四五品京堂候
补①。寻署陕甘总督。二十
六年，授陕西巡抚，留甘肃，
偕布彦泰治叛番，擒其酋。

开放厦门、福州二处口岸通商贸易，皇上
发怒，再次命令备战。二十一年(1841)
春季，授予林则徐四品京卿的头衔，前往
浙江镇海协助防务。当时琦善虽然已
经因擅自割让香港而被逮捕治罪，是战
还是和仍然没有定局。五月，下诏斥责
林则徐在广东没有能够做到恩德与威
严并用，革去四品京卿头衔，遣送伊犁戍
边。适逢黄河在开封决口，林则徐在途
中奉命去协助处理堵塞决口之事，二十
二年(1842)，工程完工，仍旧前往戍地，
而浙江、江南的军队屡遭失败。这一年
的秋季，和议终于签订。

二十四年(1844)，新疆兴办屯田，
将军布彦泰请求朝廷委派林则徐全面
负责此事。林则徐跑遍了新疆南部的
八个城镇，疏浚水源，拓宽沟渠，开垦荒
田三万七千多顷，请求朝廷将这些土地
分给回民耕种，将屯田的军队改为操练
防守，朝廷依照他的提议实行了。二十
五年(1845)，召回京师，以四五品京堂
的头衔等候补官。不久代理陕甘总督。
二十六年(1846)，授官陕西巡抚，留在
甘肃，偕同布彦泰镇压叛乱的番民，擒
获了他们的首领。

注释 ①京堂：清代对中央政府一些较重要机构的长官(含副长官)的称呼，一般
至少为三品或四品官。但也有些小机构(例如光禄寺)的副长官只有五品。四五品
京堂是京堂中最小的。

原文

二十七年，授云贵总督。云南汉、回互斗焚杀，历十数年。会保山回民控于京，汉民夺犯，毁官署，拆澜沧江桥以拒，镇道不能制。则徐主止分良莠，不分汉、回。二十八年，亲督师往剿，途中闻弥渡客回滋乱①，移兵破其巢，歼匪数百。保山民闻风股栗，缚犯迎师。诛其首要，散其胁从，召汉、回父老谕以恩信。遂搜捕永昌、顺宁、云州、姚州历年戕官诸重犯②，威德震洽③，边境乃安。加太子太保，赐花翎。二十九年，腾越边外野夷滋扰，遣兵平之。以病乞归。逾年，文宗嗣位④，叠诏宣召，未至，以广西逆首洪秀全稔乱⑤，授钦差大臣，督师进剿，并署广西巡抚。行次潮州⑥，病卒。则徐威惠久著南服⑦，贼闻其出，皆震悚⑧，中道遽殁，天下惜之。遗疏上，优

翻译

二十七年(1847)，授官云贵总督。云南的汉、回两族互相殴斗烧杀，持续了十多年。适逢保山的回民去京城告状，汉人抢夺罪犯，烧毁官署，拆掉澜沧江大桥抵抗官兵，地方上的军队也无法制服他们。林则徐主张只区分好人坏人，而不分汉人回人。二十八年(1848)，亲自督率军队前去征剿，半路上听说客居弥渡的回民滋事作乱，移调部队攻破他们的巢穴，歼灭匪徒几百人。保山的汉民听到风声后吓得两腿发抖，捆绑了罪犯迎接官军。林则徐诛杀他们的首犯，遣散胁从，召见汉、回两族中有声望的老人，用恩德和信义去开导他们。于是搜捕永昌、顺宁、云州、姚州历年来杀戮官军的各重要罪犯，以威力来镇服他们，以恩德来使他们融洽，边境于是安定了。加官太子太保，赐给花翎。二十九年(1849)，腾越边境之外的"野夷"滋事骚扰，林则徐派遣军队加以平定。因为生病，经过恳求而回到了家乡。过了一年，文宗皇帝继位，连续下诏宣召林则徐，还未抵达，因广西逆匪首领洪秀全大肆叛乱，命为钦差大臣，督率军队前往征剿，并命他代理广西巡抚。到潮州时，因病去世。林则徐的威严仁慈久已著称于南部边陲，叛贼听说他重新出山，都感到震惊恐惧，他

诏赐恤，赠太子太傅，谥文忠。云南、江苏并祀名宦，陕西请建专祠。

在路途中突然去世，天下人都感到痛惜。临终奏疏上达朝廷后，特下优诏赐予抚恤，赠官太子太傅，谥号文忠。云南、江苏都在名宦祠中祭祀他，陕西奏请建立专门的祠堂纪念他。

注释　① 弥渡：即今云南弥渡，清置弥渡州。　② 永昌：今云南保山及附近地区，清置永昌府。顺宁：今云南凤庆及附近地区。云州：今云南云县及附近地区。姚州：今云南姚安及附近地区。　③ 威德震洽：即威震德洽。洽，协和。　④ 文宗：即咸丰皇帝奕詝，庙号文宗。　⑤ 稔(rěn)：熟。这里是指其所造成的"乱"已到极点。　⑥ 潮州：今广东潮安及周围地区，清置潮州府。　⑦ 南服：服，古代指王畿以外的地方，此处指南部边疆。　⑧ 悚(sǒng)：恐惧。

原文

　则徐才识过人，而待下虚衷，人乐为用，所莅治绩皆卓越。道光之季，东南困于漕运，宣宗密询利弊，疏陈补救、本原诸策，上《畿辅水利议》，文宗欲命筹办而未果。海疆事起，时以英吉利最强为忧，则徐独曰："为中国患者，其俄罗斯乎！"后其言果验。

翻译

　林则徐的才能见识超出一般人，而对待属下很虚心，人们都乐于为他所用，所到任之处政绩都很卓越。道光晚期，东南地区被漕运所困扰，宣宗秘密地向他询问利弊，林则徐上疏陈述"补救""本原"各策，呈上所作《畿辅水利议》，文宗本想命令他筹划办理而未能成为现实。沿海地区的事件发生后，当时都因为英吉利最为强大而为之担忧，只有林则徐说："成为中国祸患的，恐怕是俄罗斯吧！"后来他的话果然应验了。

# 洪 秀 全 传

## 导读

　　洪秀全领导的太平天国运动,是中国近代史上的重大事件。太平军席卷大半个中国,沉重地打击了清王朝的统治力量,建立了农民政权。定都南京后,他颁布《天朝田亩制度》,并制定一系列政治、军事、经济、文化政策,把历史上农民运动的诉求推到最高峰。同时,这一运动虽然跟西方思想存在一定联系,但其基本方面却是中国传统的农民思想,所以,其中也蕴含了中西方思想的融合和冲突。这篇传记的基本出发点虽是拥护清王朝和反对太平天国,但其所提供的史料,尚能大致反映洪秀全领导的这个运动由产生、发展直至失败的整个过程。(选自卷四七五)

## 原文

　　洪秀全,广东花县人。少饮博无赖,以演卜游粤、湘间。有朱九畴者,倡上帝会,亦名三点会,秀全及同邑冯云山师事之。九畴死,众以秀全为教主。官捕之急,乃往香港入耶苏教,藉抗官。旋偕云山传教至广西,居桂平。时秀全妹婿萧

## 翻译

　　洪秀全,广东花县人。年轻时饮酒赌博,是个无赖,以算卦来往于广东、湖南之间。有一个叫朱九畴的人,创立上帝会,也称为三点会,洪秀全以及同乡冯云山拜他为老师。朱九畴死,大家拥洪秀全为教主。官府追捕他很急,于是前往香港入了耶苏教,借此对抗官府。不久偕同冯云山到广西传教,居住在桂平。当时洪秀全的妹夫萧朝贵以及杨秀清、韦昌辉都住在桂平,与他们互相

朝贵及杨秀清、韦昌辉皆家桂平，与相结纳。贵县石达开亦来入教①。秀全尝患病，诡云病死七日而苏，能知未来事。谓："上帝召我，有大劫，惟拜上帝可免。"凡会中人男称兄弟，女称姊妹，欲人皆平等，托名西洋教。自言通天语，谓天父名耶和华，耶苏其长子，己为次子。嗣是辄卧一室，禁人窥伺，不进饮食，历数日而后出，出则谓与上帝议事。众皆骇服。复造《宝诰》《真言》诸伪书，密为传布。潜蓄发，藏山菁间。嗾人分赴武宣、象州、藤县、陆川、博白各邑②，诱众入会。

结交。贵县的石达开也来入教。洪秀全曾经生病，诈说生病死后七天而苏醒，从此能够知晓未来的事情。说："上帝召我去，说即将有大灾难，只有拜上帝方可免祸。"凡是会中的人男的称兄弟，女的称姐妹，要使人人都平等，托名为西洋教。自称通晓天语，说天父名叫耶和华，耶苏是他的长子，自己是次子。自此常睡在一个房间里，禁止别人偷看，不吃不喝，经历几天而后出来。出来就说与上帝在一起商议事情。众人都惊骇并服从他。又造出《宝诰》《真言》等各种伪书，秘密地加以传播。偷偷地留起头发，藏身在山间草丛中。指使别人分头前往武宣、象州、藤县、陆川、博白各县，诱使众人入会。

**注释** ① 贵县：今广西桂平。 ② 武宣、象州、藤县、陆川、博白：县名，均在今广西。

**原文**

初，粤西岁饥多盗，湖南雷再浩、新宁李沅发复窜入为乱。粤盗张家福等各

**翻译**

原先，广西由于年成不好发生饥荒，盗贼很多，湖南的雷再浩、新宁的李沅发又窜入境内作乱。广东的盗贼张

率党数千,四出俘劫。秀全乘之,与杨秀清创立保良攻匪会,练兵筹饷,归附者益众。桂平知县诱而执之,搜获入教名册十七本;巡抚郑祖琛不能决,遂释之。秀全既出狱,秀清率众迎归,招集亡命,贵县秦日纲、林凤祥,揭阳海盗罗大纲、衡山洪大全皆来附[①],有众万人。冯云山读书多智计,为部署队伍、攻守方略。以岁值丁未,应"红羊"之谶[②],遂乘势倡乱于金田[③]。褫郑祖琛职,起前云贵总督林则徐为钦差大臣往督师。则徐薨于途,以两广总督李星沅代之,赴广西剿寇。寇窜平南恩旺墟[④],副将李殿元击却之。复回扑,巡检张镛不屈死;仍遁金田。星沅檄清江协副将伊克坦布往攻[⑤],被围阵亡。星沅檄镇远总兵周凤岐往援[⑥],战一昼夜,毙寇数百,围始解。上以寇势

家福等人各自率领党羽数千人,四出掳掠抢劫。洪秀全乘此机会,与杨秀清创立了保良攻匪会,操练军队筹措粮饷,来归附的人更加多了。桂平知县把他诱去抓了起来,查获了入教人的花名册十七本;巡抚郑祖琛不能决断,于是释放了他们。洪秀全既已出狱,杨秀清率领众人把他接回来,召集亡命之徒,贵县的秦日纲、林凤祥、揭阳的海盗罗大纲、衡山的洪大全都来归附,有部众一万人。冯云山是读书的,多智慧计谋,为洪秀全部署队伍,谋划进攻防守的策略。因为这一年正值丁未年,应着"红羊"大乱的预言,于是乘势在金田村发起叛乱。朝廷革了郑祖琛的职,起用前云贵总督林则徐作为钦差大臣前去督率军队,林则徐死于途中,以两广总督李星沅代替他,奔赴广西征剿贼寇。贼寇流窜到平南的恩旺墟,副将李殿元击退了他们。贼寇又回过来反扑,巡检张镛不屈而死;仍然逃回金田。李星沅发文命令清江协副将伊克坦布前往攻打,被包围而阵亡。李星沅发文命令镇远总兵周凤岐前往增援,战斗了一昼夜,杀死贼寇几百人,包围才解除。皇上因为贼寇气焰日益嚣张,命令前漕运总督周天爵代理广西巡抚,周天爵就请求由提督向荣专门负责征剿金田。

日炽,命前漕运总督周天爵
署广西巡抚,乃请提督向荣
专剿金田。

注释　①衡山:今湖南衡山。　②"红羊":古人以为丙午、丁未两年是国家发生
灾祸的年份。宋代柴望著《丙丁龟鉴》,历举战国到五代时的大变乱,发生在这两年
的有二十一次。从五行学说来说,"丙"属火,火色红;据十二生肖之说,"未"为羊。
故称这两年为"红羊"。　③金田:村名,在今广西桂平境内,太平天国起义的发源
地。　④平南:今广西平南。　⑤协:清代军队(绿营兵)的编制单位。　⑥镇远:地
名,贵州有镇远府镇远县。此处出现镇远总兵,是因围剿洪秀全的部队中有些是从
贵州调来的。

**原文**

咸丰元年,秀全僭号伪
天王,纵火焚其墟,尽驱众
分扰桂平、贵、武宣、平南等
县,入象州。上命广州副都
统乌兰泰会讨,以大学士赛
尚阿为钦差大臣,率都统巴
清德、副都统达洪阿驰防。
乌兰泰至象州,三战皆捷,
疏言:"粤西寇众皆乌合,惟
东乡僭号设官、易服蓄发有
大志①,凶悍过群盗,实腹心
大患。"周天爵主滚营进逼,
驱诸罗渌洞尽歼之②,向荣

**翻译**

咸丰元年(1851),秀全僭称天
王——伪天王,放火焚烧了他所居住的
村落,驱使全部部众分别骚扰桂平、贵、
武宣、平南等县,进入象州。皇上命令
广州副都统乌兰泰会同征讨,以大学士
赛尚阿为钦差大臣,率领都统巴清德、
副都统达洪阿驰往防守。乌兰泰到象
州,三次战斗都获胜,上疏说:"广西的
贼寇都是乌合之众,只有东乡僭用名号
设置官员,改换服饰留起头发,有大志
向,凶猛强悍超过其他盗贼,实在是心
腹大患。"周天爵主张以各营逐步推进
的方法进逼,把贼寇驱赶到罗渌洞中全
部歼灭。向荣不以为然,发文命令贵州

不谓然。檄贵州镇总兵秦定三移营大林,堵北窜象州道,定三亦不奉命。四月,秀全自大林逸出走象州,犯桂平新墟。赛尚阿增调川兵,募乡勇,合三万人,分兵要隘。一日战七胜,斩捕二千,寇仍遁新墟。七月,窜紫金山③,山前以新墟为门户,后以双髻山、猪仔峡为要隘。巴清德与川、楚乡勇出其后,上下夺双髻山④,寇大溃,屯风门坳。向荣率诸军三路攻之,阵毙韦昌辉弟韦亚孙、韦十一等,始遁走。我军追之,会大雨,军仗尽失。

镇总兵秦定三把军营迁移到大林,堵塞贼寇往北逃窜到象州的道路,秦定三也不奉命。四月,洪秀全从大林逃出奔往象州,进犯桂平的新墟。赛尚阿增调四川的军队,又招募地方武装,合起来共三万人,分兵把守险要之处。一日作战七次都胜了,斩杀捕获二千贼寇,贼寇仍然逃回新墟。七月,窜入紫荆山,此山前面以新墟为门户,后面以双髻山、猪仔峡为险要。巴清德与川、楚的地方武装从他们的后面出兵,上下夹攻夺取双髻山,贼寇大败溃散,屯驻风门坳。向荣率领各军分三路进攻,在战场上击毙韦昌辉的弟弟韦亚孙、韦十一等人,贼寇方逃走。我军追赶他们,适逢大雨,兵器全部丢失。

**注释** ① 东乡:地名,在今广西武宣境内,金田村西面。此处借指洪秀全的起义军。 ② 罗渌洞:地名,在今广西武宣东南罗渌山中,有上、中、下三洞。 ③ 紫金山:当为"紫荆山",洪秀全在金田村起事,金田村即在紫荆山南。 ④ 双髻山:在今广西桂平西北。猪仔峡:在今广西武宣东,均在金田村西北部。

**原文**

　　闰八月,寇分二路,东走藤,北犯永安①,陷之,遂僭号太平天国。秀全自为

**翻译**

　　闰八月,贼寇兵分二路,往东奔向藤县,向北进犯永安,并攻陷了它,于是僭称名号为太平天国。洪秀全自己为

天王,妻赖氏为后,建元天德。以秀清为东王,军事皆取决,萧朝贵西王,冯云山南王,韦昌辉北王,石达开翼王,洪大全天德王;秦日纲、罗亚旺、范连德、胡以晃等四十八人任丞相、军师伪职。时官军势胜,寇知不可敌,有散志。秀清独建策封王以羁縻之,势烬而复炽。九月,大军移阳朔②,会攻永安,贼分屯莫家村。乌兰泰建中军旗于秀才岭,上植一红盖,下埋地雷,诱敌燔杀四千,大军乘之,遂克莫家村。

天王,妻赖氏为王后,建年号天德。以杨秀清为东王,军事都取决于他,萧朝贵为西王,冯云山为南王,韦昌辉为北王,石达开为翼王,洪大全为天德王;秦日纲、罗亚旺、范连德、胡以晃等四十八人担任丞相、军师等伪官职。当时官军声势比他们大,贼寇知道不可抵敌,有散伙的想法。惟独杨秀清提出用封王来笼络那些将帅的计策,于是贼寇的势力如同死灰复燃。九月,大军转移到阳朔,会师攻打永安,贼寇分兵屯守莫家村。乌兰泰在秀才岭竖起中军的旗帜,上面树起一个红色的伞盖,下面埋设地雷以引诱敌人进攻,烧死四千人,大军乘机攻击,于是攻克了莫家村。

**注释** ① 永安:清置永安州,治所即今广西蒙山。 ② 阳朔:今广西阳朔。

**原文**

　二年正月,大兵围永安,毁东、西炮台。二月,石达开分兵为四,败我军于寿春营,进破古束冲、小路关。伪丞相秦日纲由水窦屯仙回岭。乌兰泰分兵夹击,毙寇数千,擒伪天德王洪大

**翻译**

　二年(1852)正月,朝廷大军包围永安,毁坏东、西炮台。二月,石达开分兵为四路,在寿春营打败我军,进而攻破古束冲、小路关。伪丞相秦日纲从水窦村移驻仙回岭。乌兰泰分兵夹击,击毙贼寇几千,擒获伪天德王洪大全,用囚车送往京城,在闹市碎割而死。当时大

全，槛送京师，磔之市。时大雨如注，乌兰泰提精卒入山，山路泞滑，寇乘我军阵未定，短兵冲突，遂大败。秀全从杨秀清谋，由瑶山、马岭间道径扑桂林。乌兰泰率败卒追之城南将军桥，受重创，卒于军。三月，贼径趋广西省城。向荣先一时绕道至省，寇踵至，已有备，相持不能拔，解围而北。

冯云山、罗大纲先驱陷兴安、全州①，将顺流趋长沙。浙江知县江忠源御之蓑衣渡②，冯云山中炮死，寇退走道州③。道州俗悍，多会匪，所至争为效死，势复张。六月，陷江华、宁远、嘉禾④。七月，陷桂阳州⑤。江忠源蹑至，一战走之，趋郴州⑥。萧朝贵以胆智自豪，谓群寇迟懦，又诇长沙守兵单⑦，可袭而取也，乃率李开芳、林凤祥由永兴、茶陵、醴陵趋长沙⑧，设幕城

雨像泼水一般，乌兰泰带领精兵进山，山路泥泞滑溜，贼寇乘着我军阵势未布置停当，手持短兵器急冲猛闯，于是我军大败。洪秀全听从杨秀清的计谋，从瑶山、马岭的小路直接扑向桂林。乌兰泰率领败兵追到城南将军桥，身受重伤，死于军中。三月，贼寇直接奔向广西省城。向荣抢先一段时间绕道到达省城，贼寇接踵而至，因已有准备，双方相持，不能攻克，就解除包围而向北去。

冯云山、罗大纲先是迅急行军，攻陷了兴安、全州，即将顺流奔赴长沙。浙江知县江忠源在蓑衣渡抵抗他们，冯云山中炮而死，贼寇退走道州。道州民俗强悍，会匪很多，贼寇所到之处争着卖命效力，贼寇的势力重新大起来了。六月，攻陷江华、宁远、嘉禾。七月，攻陷桂阳州。江忠源跟踪到来，一战就打退了他们，贼寇奔向郴州。萧朝贵以胆识智谋而自豪，认为群寇迟疑软弱，又侦探到长沙守卫的兵力薄弱，可以袭击而攻下，就率领李开芳、林凤祥从永兴、茶陵、醴陵奔向长沙，在城南设置营幕。八月，萧朝贵攻打南门，官兵反击，把萧朝贵用炮射击而死，尸体埋在老龙潭，后来挖出并割下了他的首级。洪秀全听说萧朝贵死去，从郴州赶到，督促攻城更加紧急。九月，掘隧道攻城，屡次不能得逞。

南。八月,萧朝贵攻南门,官兵击之,殪⑨,尸埋老龙潭,后起出枭其首。秀全闻朝贵死,自郴州至,督攻益急。九月,掘隧道攻城,屡不获逞。

**注释** ① 兴安:今广西兴安。全州:今广西全州。 ② 蓑衣渡:在今广西全州北,湘江渡口。 ③ 道州:即今湖南道县。 ④ 江华:县名,治所在今湖南江华西北部。宁远:今湖南宁远。嘉禾:今湖南嘉禾。 ⑤ 桂阳州:清置桂阳州,治所即今湖南桂阳。 ⑥ 郴州:今湖南郴州。 ⑦ 诇(jiǒng):刺探。 ⑧ 永兴:今湖南永兴。茶陵:今湖南茶陵。醴陵:今湖南醴陵。 ⑨ 殪:杀;常指用箭射死,这里指用炮射击而死。萧朝贵是中炮受伤最后死亡的。

**原文**

十月,秀全于南门外得伪玉玺,称为天赐,胁众呼万岁。遂夜渡湘水,由回龙塘窜宁乡①,抵益阳②。掳民船数千,出临资口,渡洞庭,陷岳州③。城中旧储吴三桂军械,至是尽以资寇。寇入长江,旬日间夺五千艘,妇孺货财尽驱之满载。秀全驾龙舟,树黄旗,列巨炮,夜则张三十六灯,他船

**翻译**

十月,洪秀全在南门外得到伪玉玺,声称是上天所赐,胁迫部众高呼万岁。于是夜间渡过湘水,由回龙塘窜到宁乡,抵达益阳。掳掠民船数千艘,出临资口,渡洞庭湖,攻陷岳州。城中原先储存着吴三桂的军械,到这时全部资助了贼寇。贼寇进入长江,十日之间夺得五千艘船只,把妇女小孩货物钱财全部强迫装上船去,船都装满了。洪秀全驾着龙舟,树起黄旗,排列巨炮,晚上则张点三十六盏灯,其他船只相应如此,数十里火光不绝,如同白昼。于是东

称是,数十里火光不绝如昼,遂东下,十一月,陷汉阳。十二月,攻武昌。时杨秀清司军令,李开芳、林凤祥、罗大纲掌兵事。值武汉二江届冬水涸④,乃掳船作浮桥,环以铁索,直达省城,分门攻之。向荣驰至,约城内夹攻,巡抚常大淳虑城启有失,不许。地雷发,城遂陷。秀全出令,民人蓄发束冠巾,建高台小别山下,演说吊民伐罪之意。

下,十一月,攻陷汉阳。十二月,进攻武昌。当时杨秀清为军队的司令,李开芳、林凤祥、罗大纲执掌军队具体事务。恰值武汉的长江、汉水因临近冬季河水干涸,于是抢掠船只作浮桥,用铁索环绕起来,直达省城,分别在各门攻打。向荣急驰赶到,约城内部队夹攻贼寇,巡抚常大淳怕打开城门时会被贼寇乘机攻入,不答应。其时地雷爆发,城市就陷落了。洪秀全发出命令,要人民留头发束头巾,又在小别山下建筑高台,登台演说其起事的意图是哀怜人民的疾苦、讨伐有罪的清朝君臣。

注释 ①宁乡:今湖南宁乡。 ②益阳:今湖南益阳。 ③岳州:今湖南岳阳,在洞庭湖东岸。 ④武汉二江:长江、汉水。

原文

三年,上以赛尚阿久无功,授两广总督徐广缙为钦差大臣。时石达开攻武昌,广缙逗留岳州不敢进,上责其罪,更以向荣为钦差大臣,日夜攻之急,寇弃武昌驾船东下,众号五十万,资粮、军械、子女、财帛尽置舟

翻译

三年(1853),皇上因为赛尚阿久而无功,任命两广总督徐广缙为钦差大臣。当时石达开进攻武昌,徐广缙逗留在岳州不敢前进,皇上斥责他的罪状,改任向荣为钦差大臣,日夜攻打很急,贼寇放弃武昌乘船东下,部众号称五十万,物资粮食、军械、子女、钱财布帛全部放在船中,并分别在两岸以步兵骑兵

中,分两岸步骑夹行,进向九江①,下黄州、武昌、蕲水等十四州县②;抵广济县③,下武穴镇④。两广总督陆建瀛率兵二万余、船千五百艘上溯,遇寇不战而走,前军尽覆,建瀛狼狈还金陵。寇薄九江而下,收官军委弃炮仗,破安庆⑤,巡抚蒋文庆死之。寇夺银米无算,水陆并进,抵金陵,沿城筑垒二十四,具战船,起新州大胜关迤逦至七洲里止,昼夜环攻,掘地道坏城,守兵溃乱。建瀛易服走,为寇戕。将军祥厚偕副都统霍隆武等守满城,二日城陷,皆死之。城中男女死者四万余,阉童子三千余人,泄守城之忿。

夹江而行,向九江进发,攻克黄州、武昌、蕲水等十四个州县;抵达广济县,攻克武穴镇。两广总督陆建瀛率领士兵二万多、船一千五百艘逆流而上,遇见贼寇未经交战就退走,前军全部覆没,陆建瀛狼狈地回到金陵。贼寇进据九江后顺流而下,收取官军丢弃的大炮兵器,攻破安庆,巡抚蒋文庆死难。贼寇夺取银两粮米无数,水陆并进,抵达金陵,沿着城建筑堡垒二十四座,所具战船,从新州大胜关起连绵不断一直到七洲里为止,昼夜轮流进攻,掘地道以毁坏城墙,防守的军队溃乱。建瀛更换服装逃走,被贼寇所杀。将军祥厚偕同副都统霍隆武等防守满城,两天后城陷落,都死于难。城中男女死去的四万多人,阉割孩童三千余人,发泄对官军守城抵抗的愤恨。

注释　①九江:今江西九江。　②黄州:府名,治所在黄冈(今湖北黄冈)。武昌:府名,治所在江夏(今属湖北武汉)。蕲水:今湖北浠水。　③广济县:县名,治所在今湖北武穴东北的梅川镇。　④武穴镇:镇名,在今湖北武穴境内,长江北岸。⑤安庆:府名。治所即今安徽安庆。

**原文**

秀全既破金陵，遂建伪都，拥精兵六十余万。群上颂称明代后嗣。首谒明太祖陵，举行祀典。其祝词曰："不肖子孙洪秀全得光复我大明先帝南部疆土，登极南京，一遵洪武元年祖制。"军士夹道呼汉天子者三，颁登极制诰。……

当是时①，向荣、张国梁负众望②，称江南劲旅。然频年征战，馈饷乖时，士卒常忍饥赴敌，颇缺望③，又分兵四出，所部兵力过单。杨秀清知可乘，请于秀全，定夹攻大营之策④。五月，密约吴如孝率镇江寇自东而西，拊大军之背；金陵寇自西而东与相应，更命溧水、金柱关诸寇旁出横截⑤。秀清自率劲旅出广济门，先遣赖汉英率紫荆山诸党攻七桥瓮以挑之⑥。向荣、张国梁狃常胜，并力截杀，汉英忽少却，向荣

**翻译**

洪秀全既已攻破金陵，于是建立了伪首都，拥有精兵六十余万。众人进上颂赞之作，说他是明代的后裔。他首先拜谒明太祖的陵墓，举行祭祀的典礼。那祝词中说："不肖子孙洪秀全得以光复我大明先帝的南部疆土，在南京登基，一切都遵守洪武元年的祖宗制度。"军队士兵夹道欢呼"汉天子"三次，颁布登基的皇帝诏书。……

当时咸丰六年(1856)，向荣、张国梁身负众望，被称为江南劲旅。然而连年征战，发放粮饷不及时，士兵们常常忍着饥饿去跟敌人死战，很不满意，又四处分兵，所部署的兵力过于薄弱。杨秀清知道有机可乘，请求洪秀全的同意，制定了夹攻江南大营的计策。五月，秘密约吴如孝率领镇江的贼寇自东向西，攻击朝廷大军的背部，金陵贼寇自西向东与他相呼应，又命令溧水、金柱关诸贼寇从旁侧出兵横截。杨秀清亲自率领劲旅出广济门，先派遣赖汉英率领从金田起事时就参加的部众攻打七桥瓮来挑逗官军。向荣、张国梁因为经常获胜而不复措意，合力截杀，赖汉英忽然少为退却，向荣指挥大军加紧追赶敌兵，吴如孝带领镇江的党羽突然切

益策大军赴敌。吴如孝以镇江党突薄之,大营空虚,守兵惊散。向荣见大营火起,退无所据,军立溃。寇数路乘之,大军死伤遍地。国梁独以身翼荣出,稍收败卒退保丹阳。寇筑垒围之,向荣以病不能进,乃以军事付国梁,一恸而绝。

入,大营空虚,防守的士兵惊慌逃散。向荣见大营火起,要后退已无可依据,军队立即溃散。贼寇分数路追击,大军死伤遍地。张国梁独自用身体掩护向荣突围而出,逐渐收集败兵退守丹阳。贼寇建筑堡垒包围他们,向荣因为有病不能前进,就把军队事务交付给张国梁,大哭一场而死。

**注释** ① 当是时:指咸丰六年(1856)。 ② 向荣:本为广西提督,洪秀全起事之初,向荣即是征剿洪秀全军的主力之一,咸丰三年(1853)被任命为钦差大臣,建立江南大营,对太平天国造成最严重的威胁;当时是清廷镇压太平天国的最重要的依靠力量。张国梁:清军将领。早年为盗,洪秀全起事,张国梁附之,后降向荣,成为向荣最得力的战将。向荣死后,负责江南大营事务,任江南提督,后在丹阳一战中阵亡。 ③ 缺望:当作"觖望",不满意、埋怨的意思。 ④ 大营:指江南大营。洪秀全打进南京后,清政府分别建立江南大营(驻扎南京城外孝陵卫)和江北大营(驻扎扬州城外),围攻南京,阻止太平军东下苏、杭。 ⑤ 溧水:今南京溧水。 ⑥ 紫荆山诸党:洪秀全在地处紫荆山南的金田村起义,"紫荆山诸党"即指洪秀全部队中从一起事就参加的那些人。

**原文**

向荣既死,寇举酒相庆,颂秀清功。秀全益深居不出[①];军事皆决于秀清,文报先白其府,刑赏黜陟皆由之,出诸伪王上。如韦昌

**翻译**

向荣既已死去,贼寇举杯相庆,颂扬杨秀清的功劳。洪秀全更加深居简出,军队事务都取决于杨秀清,公文报告先禀报杨秀清的东王府,赏罚升降都由他作主,地位超出于其他各伪王之

辉、石达开虽同起草泽，比于裨将。大营既溃，南京无围师，秀清自以为功莫与京②，阴谋自立，胁秀全过其宅，令其下呼万岁。秀全不能堪，因召韦昌辉密图之。昌辉自江西败归③，秀清责其无功，不许入城，再请，始许之。先诣秀全，秀全诡责之，趣赴伪东王府请命，而阴授之计④，昌辉戒备以往。既见，秀清语以人呼万岁事，昌辉佯喜拜贺，秀清留宴。酒半，昌辉出不意，拔佩刀刺之，洞胸而死。乃令于众曰："东王谋反，吾阴受天王命，诛之。"因出伪诏，糜其尸咽群贼，令闭城搜伪东王党歼焉。东党恟惧⑤，日与北党相斗杀，东党多死亡逃匿。秀全妻赖氏曰："除恶不尽，必留后祸。"因说秀全诡罪昌辉酷杀，予杖，慰谢东党，召之来观，可聚歼焉。秀全用其策，而突

上。如韦昌辉、石达开虽然一同从草莽起家，杨秀清把他们当作自己的部将。大营既已溃散，南京没有了包围的军队，秀清自以为功劳再没有与他一样大的了，阴谋自立为王，胁迫洪秀全到他住宅去看望，命令自己的部下向自己高呼万岁。洪秀全不能忍受，因而召见韦昌辉秘密商量对付他。韦昌辉从江西战败返回，杨秀清指责他没有功劳，不许他入城，再次请求，才准许他进城。韦昌辉先到洪秀全那里，洪秀全假装责备他，催促他前往伪东王府请示，而暗中传授计策给他，韦昌辉做了准备前去。既而见了杨秀清，杨秀清把别人欢呼万岁的事情告诉他，韦昌辉佯装高兴向他行礼祝贺，杨秀清留下并宴请他。酒喝到一半，韦昌辉出其不意，拔出佩刀刺他，穿透胸部而死。于是晓谕众人说："东王谋反，我秘密接受天王的命令，诛杀了他。"因此出天王诏书，将杨秀清的尸体剁成肉糜让群贼吞下，下令关闭城门搜索伪东王的党羽把他们消灭掉。东王党羽恐惧，每日与北王的党羽互斗相杀，东王的党羽多数死去或逃匿。洪秀全的妻子赖氏说："翦除恶人不穷尽的话，必会留下后患。"因此劝说洪秀全假装怪罪韦昌辉残酷滥杀，给予杖责，以此安抚东王的党羽，召集他们前来观看，就可以集中消灭他们了。洪

以甲围杀观者。东党殆尽，前后死者近三万人。

秀全用了赖氏的计谋，突然用士兵包围诛杀了那些观看的人。东王的党羽几乎全部被消灭，前后死去的将近三万人。

**注释** ① 益深居不出：在起事之初分封诸王时，军事就取决于杨秀清。洪秀全进入南京后，杨秀清的权力更大；即使杨秀清带兵在外作战，南京的事也都由他决定。打破向荣江南大营后，他的权力更大，所以"秀全益深居不出"。因本篇选录时有删节，有些记载被删去了，故为补连上。 ② 京：大的意思。 ③"昌辉"句：韦昌辉于这一年六七月间在江西作战，至七月在瑞州大败，返回南京。此事也记在本篇被删节的部分中。 ④ 阴授之计：即下文所说刺死杨秀清的事。韦昌辉此举，实出于洪秀全的策划。 ⑤ 恟（xiōng）：恐惧。

**原文**

时石达开在湖北洪山①，黄玉昆在江西临江②，闻乱趋归。达开颇诮让昌辉③，昌辉怒，将并图之。达开缒城走宁国④，昌辉悉杀其母妻子女。秀全责以太过，昌辉负诛秀清功大，不服，率其党围攻伪天王府，秀全兵拒败之。昌辉遁，渡江为逻者所获，缚送金陵，磔之，夷其族。传首宁国，甘言召达开回。既至，或谓达开兵众功高，请留之京师，解其兵柄，否则又一杨

**翻译**

当时石达开在湖北的洪山，黄玉昆在江西的临江，听到变乱急忙赶回。石达开很是谴责韦昌辉，韦昌辉发怒，要把石达开一并杀死。石达开用绳子从城墙上吊下去逃往宁国府，韦昌辉把他的母亲、妻子和子女全都杀了。洪秀全责备他太过分了，韦昌辉仗着诛杀杨秀清的功劳大，不服气，率领他的党羽包围攻打伪天王府，洪秀全的部队抵抗并打败了他。韦昌辉逃走，在渡长江时被巡逻的士兵们抓获，绑了送到金陵，将他碎割而死，并杀光他的族人，把韦昌辉的首级送往宁国府，好言好语地召石达开回来。既已到了，有人说石达开兵多功高，请将他留在京师，解除他的兵权，否则又是一个杨秀清。洪秀全心动

秀清也。秀全心动，乃命如秀清故事辅朝政。达开危惧不自安。其党张遂谋曰："王得军心，何郁郁受人制？中原不易图，曷入川作玄德，成鼎足之业？"达开从之，乃还走安徽，约陈玉成、李秀成偕行，二人不从，益不能还金陵。于是始起事诸悍党略尽，乃以伪春官正丞相蒙得恩为正掌率⑤，调度军事；伪成天豫陈玉成为右正掌率⑥，伪合天侯李秀成为副掌率，兵事专属秀成、玉成，均听蒙得恩节制；而内政则秀全兄弟伪安王洪仁发、伪福王洪仁达操之。……

了，就命令石达开像杨秀清原先那样辅助朝政。石达开感到危险恐惧，不能安于此种处境。他的党羽张遂为他谋划说："王很得军心，为什么要抑郁地受制于人？中原地区不容易谋取，为什么不进入四川去做刘玄德，成就三足鼎立的大业呢？"石达开听从了他的意见，于是返回到安徽，约陈玉成、李秀成同行，二人不同意，石达开就更不能返回金陵了。到这时候，开始起事时各凶悍的同党大都不在了，便以伪春官正丞相蒙得恩为正掌率，负责调度军事行动；伪成天豫陈玉成为右正掌率，伪合天侯李秀成为副掌率，军队事务专门托付给李秀成、陈玉成，他们都得听从蒙得恩的指挥管辖；而内政则由洪秀全的兄弟伪安王洪仁发、伪福王洪仁达掌管。……

**注释** ①洪山：山名，在今湖北武昌东部。 ②黄玉昆：太平天国的重要将领之一，《清史稿·洪秀全传》："时江西寇势浩大……自去年（咸丰五年）十一月至本年二月，以石达开为主；三、四、五月以黄玉昆为主；六、七月以韦昌辉为主。"（这一记载在本篇中已删）韦昌辉既于这年七月失败回南京，江西军事当仍以黄玉昆为主。临江：府名，治所在今江西樟树临江镇。 ③诮（qiào）让：责备、讥讽。 ④宁国：府名，治所即今安徽宣城。 ⑤掌率：太平天国的官名，执掌统率军队。 ⑥成天豫：太平天国的勋号名。

**原文**

同治元年正月,是时浙、苏两省膏腴尽为寇有,全浙所存,尚有湖州、海宁两城①,又孤悬贼中,独衢州一府尚可图存②。国藩疏荐福建延邵建宁道李鸿章署理江苏巡抚,别立一军,由沪图苏;以围攻金陵属曾国荃,以浙事属左宗棠。于是东南寇势日就衰熄。……

**翻译**

同治元年(1862)正月,这时浙江、江苏两省的肥沃富饶的地区已全被贼寇占有,清政府在整个浙江所保存的,尚有湖州、海宁两城,又是孤立在贼寇占领区中,只有衢州一府还可以争取存在下去。曾国藩上疏推荐福建延邵建宁道李鸿章代理江苏巡抚的职务,由他另外建立一支部队,从上海谋取苏州,把围攻金陵的任务交给曾国荃,把浙江的战事交给左宗棠。于是东南地区贼寇的势力日趋衰败。……

**注释** ① 湖州:今浙江湖州。海宁:州名,治所即今浙江海宁西南的盐官镇。② 衢州:府名,治所即今浙江衢州。

**原文**

初,秀全以大军骤逼城下,日出扑犯,辄被创,趣浙酋李侍贤、苏酋李秀成还救江宁。……秀成亲率十三伪王,号称六十万,麕集金陵①,东自方山,西至板桥镇,旗帜林立,直逼我军营垒,尤趋重于东西两隅。……寇之围逼西路者,历六昼夜,为我军击败。寇悉向东

**翻译**

起初,洪秀全因为朝廷大军突然进逼城下,每日出兵反扑顽抗,总是受到损伤,就催促浙江的首领李侍贤、苏州的首领李秀成回师救援江宁。……李秀成亲自率领十三个伪王的部队,号称六十万大军,群集在金陵,东面从方山起,西面一直到板桥镇,旗帜林立,直逼我军的营垒,尤其重视对东西两个方向的攻击。……贼寇围攻西路的部队,经过六个昼夜的战斗,被我军击败。于是

路,逼营而阵,潜通地道,百计环攻。各军将士负墙露立,掷火球击寇。寇负板蛇行而进,填壕欲上。我军丛矛击刺,寇拽尸复进,抵死不退。飞弹伤国荃颊,血流交颐,仍裹创上壕守御。……是役也,秀成自苏,侍贤自浙,先后围攻大营四十六昼夜。国荃率诸将居围中,设奇破之,弟贞干力顾饷道,将士狞目鬃面②,皮肉几尽。……

贼寇全部针对东路,逼近我军营垒排列阵势,暗地里挖掘地道,用各种方法四面围攻。各军将士靠墙站立,没有别的遮蔽,投掷火球打击贼寇。贼寇背着木板匍匐行进,填塞壕沟想爬上来。我军的长矛像丛林似的密集地击刺贼寇,贼寇拖走尸体再进攻,拼死也不退却。流弹击伤曾国荃的脸颊,血流下巴上交叉纵横,仍然在包扎好伤口后登上城壕防守。……这一仗,李秀成从苏州,李侍贤从浙江,先后包围攻打江南大营四十六个昼夜。曾国荃率领各位将帅身居重围之中,设奇计打破了包围,弟曾贞干竭力守卫输送粮饷的通道,将士们眼目狰狞、面色赤黑,皮肉几乎消尽。……

**注释** ① 麕(qún)集:群集。 ② 鬃(xiū):赤黑色的漆。

**原文**

二年正月,秀成调集常州、丹阳诸寇屯江宁下关、中关,号二十万,自九洑洲陆续渡江①,意欲假道皖北,窜扰鄂疆,截断江、皖各军运道,图解江宁之困,盖近攻不如取远势也。既渡江,陷浦口②,

**翻译**

二年(1863)正月,李秀成调集了常州、丹阳的各路贼寇屯扎在江宁的下关、中关,号称二十万人马,从九洑洲陆续渡过长江,想要借道皖北,流窜骚扰湖北疆土,截断江苏、安徽各路清军的运输通道,企图解除江宁的围境,这是因为近距离的攻击不如取得远距离的优势。既已渡过长江,攻陷浦口,李世忠退入江

李世忠退入江浦③。……　　　　浦。……

**注释**　① 九洑洲：长江流经南京市北部，江中有一岛，名九洑洲。　② 浦口：渡口，亦称浦子口，即今南京浦口，为南北津渡要冲。　③ 李世忠：清军将领。初为捻军首领，附李秀成。后投诚于清军，仕至江南提督。江浦：今南京江浦。

**原文**

　　曾国藩调成大吉回屯溠口①，檄水师赴武汉严防。秀成来犯石涧埠②，进逼我军，昼夜猛攻，相持不下。寇复于前营增百垒，层层合围。彭玉麟派队来援，会军夹击，尽平群垒，秀成遁走。……

**翻译**

　　曾国藩调成大吉回兵屯扎在溠口，发文命令水师开赴武汉严加防守。李秀成前来进犯石涧埠，进逼我军，不分昼夜地猛烈进攻，双方相持不下。贼寇又在前沿增加了上百个营垒，层层合围。彭玉麟派部队前来增援，会合军队两面夹击，把众多的营垒全部扫平，李秀成逃走。……

**注释**　① 溠口：镇名，在湖北黄陂西南溠水之口。　② 石涧埠：指石涧镇，地处今安徽无为北。

**原文**

　　曾国荃连日破平下关、草鞋峡、燕子矶①，收宝金圩，距芜湖、金柱关百里内已无寇踪。进攻克九洑洲，寇之在中关者，附城为垒，卒不稍动。其坚踞九洑洲

**翻译**

　　曾国荃连日攻破、平定了下关、草鞋峡、燕子矶，收复了宝金圩，距离芜湖、金柱关百里之内已经没有贼寇的踪迹。进兵攻克了九洑洲，在中关的贼寇，靠着城墙修筑堡垒，始终毫不动摇。那些坚守在九洑洲的，下面有排列的船

者,下有列船,上有伪城,群炮轰发不息;复于东、西、南三面分伏洋枪队,伺间出击,我军多损伤。彭楚汉等负创角战,乘风纵火,夜二鼓,扑墙而入,聚歼无一脱者。……

队,上面有他们修的城墙,众多的大炮不停地轰鸣发射;又在东、西、南三面分别埋伏洋枪队,一有机会就射击,我军多有损伤。彭楚汉等人带伤战斗,乘风放火,夜晚二更天,摧毁城墙而进入,聚歼贼寇没有一个逃脱的。……

**注释** ① 草鞋峡:亦作"草鞋夹",一名南京河。指南京与长江中小岛九洑洲之间的水面。燕子矶:地名,地处南京北郊。因临江的观音山上有石突出如飞燕而得名。

**原文**

寇自失九洑洲,下关江上接济已断,粮食渐乏,谍赴苏州、嘉兴,力图接济。……国荃调江浦、浦口防军,别募万人,为火举围城之计①。……

十二月,秀成留苏州败党分布丹阳、句容间②,自率数百骑潜入江宁太平门,苦劝秀全弃城同走。秀全侈然高座曰③:"我奉天父、天兄命,令为天下万国独立真主,天兵众多,何惧之有?"

**翻译**

贼寇自从丢失九洑洲,从下关和长江来的接济已经断绝,粮食逐渐缺乏,派出间谍前往苏州、嘉兴,极力求取接济。……曾国荃调动江浦、浦口的守卫部队,另外招募一万人,做大规模围城的打算。……

十二月,李秀成留下其在苏州被打败的同党分布在丹阳、句容之间,自己率领几百骑兵暗中进入江宁的太平门,苦苦劝说洪秀全放弃金陵城一起逃走。洪秀全大模大样地高坐在座位上说:"我接受了天父、天兄的命令,让我担任天下万国的独立真主,天兵很多,有什么可害怕的?"李秀成又说:"运输粮食

秀成又曰:"粮道已绝,饿死可立待也!"秀全曰:"食天生甜露,自能救饥。"甜露,杂草也。……

的道路已经断绝,饿死的日子马上就到了!"洪秀全说:"吃天然生成的甜露,自然就能解救饥饿了。"他所说的甜露,是指野草。……

注释　①为火举围城之计:据文意,"火举"当为"大举"之误,译文径改。　② 句容:今江苏句容。　③侈然:犹言大模大样。侈,大。

原文

　　三年正月……国荃分檄诸将屯太平门、洪山、北固山,塞神策门,余玄武湖阻水为围。于是江宁四面成包举之势,寇援及粮路皆绝。……

　　是月洪秀全以金陵危急①,服毒死。群酋用上帝教殓法,绣缎裹尸,无棺椁,瘗伪宫内,秘不发丧。其子年十六,袭伪位。……

翻译

　　三年(1864)正月……曾国荃分别发文命令各将领屯守太平门、洪山、北固山,封锁神策门,余下的地段有玄武湖,用湖水将贼党阻截围困。到这时江宁四面已经形成包围合拢的势态,贼寇的增援及运粮的道路都已断绝。……

　　这一月(四月)洪秀全因为金陵危急,服毒药死去。众将领以上帝教的入殓方法,用绣缎包裹尸体,不用棺材和外棺,埋葬在伪天王宫中。对他的死保守秘密,不予发布。他的儿子十六岁,继承了伪王位。……

注释　①是月:指同治三年(1864)四月。

原文

　　六月十六日,国荃饬诸军发太平门地雷,塌城垣二

翻译

　　六月十六日,曾国荃严令各部队引爆太平门的地雷,炸塌城墙二十多丈,

十余丈，前敌总兵李臣典、朱洪章等九人先登，诸将分门合力，攻克江宁省城，获伪玉玺二方、金印一方。是夜，寇自焚伪天王府，秀成携秀全幼子从城垣倒口遁去，并以己马与之乘以行。国荃令闭门封缺口，搜杀三日，毙寇十余万，凡伪王以下大小酋目约三千余。最后城西北隅清凉山伏寇数千出与官军死战，卒歼之。其伪天王府妇女多自缢，及溺城河而死。国荃派马队追至淳化镇①，生擒伪列王李万才。其自城破后逸出者，洪秀全之兄伪巨王、伪幼西王、伪幼南王、伪定王、伪崇王、伪璋王悉为马队杀毙。萧孚泗搜获李秀成及洪仁发、洪仁达于江宁天印山，搜掘洪秀全尸于伪宫，戮而焚之。国藩亲讯秀成等，供谳成，骈诛于市。……

前敌总兵李臣典、朱洪章等九人先行登城，诸将领分别在各门同心合力，攻克了江宁省城，搜获伪玉玺二方、金印一方。这天晚上，贼寇自己焚烧了伪天王府，李秀成带着洪秀全的小儿子从城墙缺口中逃去，并且把自己的马给他骑了走。国荃下令关闭城门封住缺口，搜查屠杀三天，杀死贼寇十多万人，其中伪王以下的大小头目总共约三千多人。最后城西北角清凉山潜伏的几千名贼寇出来与官军作殊死的战斗，官军终于歼灭了他们。伪天王府中的妇女大多数上吊自杀和跳在护城河里淹死。曾国荃派出马队追赶到淳化镇，生擒伪列王李万才。那些在城破后逃出的，洪秀全的哥哥伪巨王、伪幼西王、伪幼南王、伪定王、伪崇王、伪璋王全部被马队击毙。萧孚泗在江宁天印山中搜查捕获了李秀成以及洪仁发、洪仁达，在伪王宫中搜查挖掘出洪秀全的尸体，斩戮后焚毁。曾国藩亲自审讯李秀成等人，取得供词审结定案后，将他们一并在街市处死。……

**注释** ① 淳化镇：镇名，在今南京江宁境内。

# 曾 国 藩 传

**导读**

曾国藩是中国近代史上的重要人物。他一生的主要活动是镇压太平天国运动。在这过程中，他的手段十分残酷。仅在其办团练之初，就不经府县审判，"旬月中"捕斩了"莠民猾胥"二百余人。镇压并消灭太平天国，是中国近代史上的重大事件。他还通过办团练建立了自己的军队，通常称为"湘军"，由此，李鸿章、左宗棠也都自建军队，在某些方面实可视为中国现代军阀的前身。同时，他又是最早把西方科技（虽然其重点在于军火工业）引入中国并提倡向西方派遣留学生的人，开洋务运动的先河。他在思想上，积极维护以孔孟为主的传统观念，并力求在实践中加以贯彻，因此企图把儒学中不切实用的一面加以改造。总之，曾国藩是中国近代史上一个很值得研究的人物。这篇传记虽对他一味歌颂，有失客观，但也提供了不少关于他的生平、思想的材料。（选自卷四五〇）

**原文**

曾国藩初名子城，字涤生，湖南湘乡人。家世农。祖玉屏，始慕向学。父麟书，为县学生，以孝闻。

国藩，道光十八年进士。二十三年，以检讨典试

**翻译**

曾国藩原名子城，字涤生，湖南湘乡人。家中世代务农，祖父曾玉屏，才对专心学问开始羡慕。父亲麟书，是县学的学生，以孝闻名。

国藩是道光十八年（1838）的进士。二十三年（1843），以翰林院检讨的身份

四川①，再转侍读②，累迁内阁学士、礼部侍郎、署兵部。时太常寺卿唐鉴讲学京师，国藩与倭仁、吴廷栋、何桂珍严事之，治义理之学。兼友梅曾亮及邵懿辰、刘传莹诸人，为词章考据，尤留心天下人材。

主持四川的乡试，经提升两次而任翰林院侍读，又经多次升迁成为内阁学士、礼部侍郎，代理兵部侍郎。当时太常寺卿唐鉴在京师讲学，曾国藩与倭仁、吴廷栋、何桂珍敬谨地向他学习，研究义理之学。又与梅曾亮以及邵懿辰、刘传莹等人为友，从事诗文写作和考据之学，尤其留心天下的人才。

注释 ① 检讨：官名，翰林院官员。 ② 侍读：官名，翰林院官员，级别高于检讨。

**原文**

咸丰初，广西兵事起①，诏群臣言得失。奏陈今日急务，首在用人，人才有转移之道，有培养之方，有考察之法。上称其剀切明辨。寻疏荐李棠阶、吴廷栋、王庆云、严正基、江忠源五人。寇氛益炽，复上言："国用不足，兵伍不精，二者为天下大患。于岁入常额外，诚不可别求搜刮之术，增一分则民受一分之害。至岁出之数，兵饷为巨，绿营兵额六

**翻译**

咸丰初年，广西的战事爆发，咸丰皇帝下诏令群臣议论朝政的得失。曾国藩上奏章陈述说，当今急事，首先在于用人，人才有转移的法则，有培养的方法，有考察的措施。皇上称赞他的意见切实明晰。不久，曾国藩上疏推荐李棠阶、吴廷栋、王庆云、严正基、江忠源五人。当贼寇的气焰更加嚣张时，又上言说："国家的财政费用不充足，军队不精良，这两条是天下的大患。在每年固定的税收之外，国家实在不能再另外寻求搜刮钱财的办法了，多增加一分，人民就多受一分害。至于每年财政支出的数目，以兵饷最为巨大，绿营兵的名额是六十四万，却经常虚领六七万人的

十四万②,常虚六七万以资给军用。自乾隆中增兵议起,岁糜帑二百余万。其时大学士阿桂即忧其难继,嘉、道间两次议裁,不及十之四,仍宜汰五万,复旧额。自古开国之初,兵少而国强,其后兵愈多则力愈弱,饷愈多则国愈贫。应请皇上注意将才,但使七十一镇中有十余镇足为心腹,则缓急可恃矣。"又深痛内外臣工谄谀欺饰,无陈善责难之风。因上《敬陈圣德预防流弊》一疏,切指帝躬,有人所难言者,上优诏答之。历署刑部、吏部侍郎。二年,典试江西,中途丁母忧归。

军饷来补贴军队费用。自从乾隆中期开始提出增加兵额的建议以来,每年耗费国库银二百多万两。那时大学士阿桂就已经担心这项开支难以维持下去,嘉庆、道光年间两次讨论裁减兵员,但裁减的人数不到超额的十分之四,现在还应当淘汰五万,才能恢复到原来的定额。自古以来,一个国家在开国的初期,兵少而国家强盛,往后是兵员越多而国力越衰弱,军饷越多而国家越贫困。应请皇上注意将才,只要使全国七十一镇中有十多个镇足以成为心腹,那么遇到紧急之事就可依靠了。"国藩又深深痛心于朝廷内外的臣子阿谀奉承和欺骗隐瞒,没有陈述好的意见,相互批评辩难的风气,因而上了一道《敬陈圣德预防流弊》的奏疏,恳切地指出皇帝的问题,有些话是别人所不敢说的,皇上赞许地下诏答复他。先后代理刑部侍郎、吏部侍郎的职务。咸丰二年(1852),主持江西乡试,中途遭逢母丧而返回家乡。

**注释** ①广西兵事:指洪秀全领导的太平天国起义。 ②绿营兵:清代军制,以汉人(不包括汉军)士兵所组成的军队和以旗人(包括满洲八旗、蒙古八旗、汉军八旗)士兵组成的军队属于两个系统。以汉人士兵组成的军队用绿旗,故称绿营兵。

原文

三年，粤寇破江宁，据为伪都，分党北犯河南、直隶①，天下骚动，而国藩已前奉旨办团练于长沙②。初，国藩欲疏请终制，郭嵩焘曰："公素具澄清之抱，今不乘时自效，如君父何？且墨绖从戎③，古制也。"遂不复辞。取明戚继光遗法，募农民朴实壮健者，朝夕训练之。将领率用诸生，统众数不逾五百，号"湘勇"。腾书遐迩④，虽卑贱与钧礼⑤。山野材智之士感其诚，莫不往见，人人皆以曾公可与言事。四境土匪发，闻警即以湘勇往。立三等法，不以烦府县狱。旬月中，莠民猾胥，便宜捕斩二百余人。谤讟四起⑥，自巡抚司道下皆心诽之，至以盛暑练操为虐士。然见所奏辄得褒答受主知，未有以难也。一日标兵与湘勇哄⑦，至阑入国藩

翻译

三年（1853），广东的贼寇攻破江宁，并占据它作为伪首都，分派党羽向北进犯河南、直隶，天下为之骚动，而曾国藩在此之前已奉皇帝的旨令在长沙创办地方武装。起初，曾国藩想上疏请求让他守孝满期，郭嵩焘劝他说："您一直有澄清天下的抱负，现在不乘着这个时机自请效力，您把君父放在什么地位呢？况且在守孝间涂黑丧服去从军，也是古代就有的制度。"曾国藩就没有再推辞。他采用明代戚继光遗留下来的方法，招募朴实健壮的农民，从早到晚训练他们。将领常用诸生来担任，每一诸生统领的部众人数不超过五百，这支武装称为"湘勇"。他写信给各方人士，即使是地位卑贱的人，也平等地以礼相待。隐居在山野中有才智的人士都被他的诚意所感动，没有不前往会见他的。人人都认为可以向曾公议论国事。当时四方境内土匪骚动，曾国藩一得到警报，立即派湘勇前往平乱。他设立了三等刑法，不去烦劳府、县审理。几个月之中，根据情况的需要，自行捕获、斩杀不法之民和奸诈胥吏二百多人。一时诽谤怨言四起，自巡抚、司道以下的官员都在心里指责他，甚至认为他在酷热的夏天操练部队是虐待士兵。但是看见他上奏总是得到褒奖性的答复，为皇上所

行台⑧。国藩亲诉诸巡抚，巡抚漫谢之，不为理，即日移营城外避标兵。或曰："曷以闻?"国藩叹曰："大难未已，吾人敢以私愤渎君父乎?"

赏识，也无法去为难他。一天，标兵与湘勇之间发生了争斗，甚至擅自闯入曾国藩军营的司令部。曾国藩亲自将此事向巡抚申诉，巡抚空洞地向他道歉，并不处理这件事。于是曾国藩当天就把军营移驻到城外回避标兵。有人说："为什么不把这件事报告皇上呢?"国藩感叹地说："国家的大难还没有结束，我们做臣子的怎么敢为泄私愤而去烦劳君父呢?"

**注释**　①直隶：清置直隶省，相当于今北京、天津两市、河北大部和河南、山东部分地区。　②团练：地方绅士编练的非政府武装。　③墨绖(dié)从戎：出《左传·僖公三十三年》。当时秦国攻打晋国，晋国君主正在为父亲守丧期间，但又不得不带兵作战。因丧服是凶服，对军队不吉利，所以他"墨衰绖"，即把衰绖涂黑，后世也简称"墨绖"。古人的丧服，胸口处缀有一块麻布，称为"衰"；同时在头颈上套根麻绳，腰部束麻带，麻绳和麻带都称为"绖"。　④逶迤：犹言远近。　⑤钧：同"均"，平等的意思。　⑥讟(dú)：诽谤，怨言。　⑦标兵：指绿营兵。总督统辖的绿营兵称督标，巡抚统辖的称抚标，这里所说当是抚标，所以曾国藩向巡抚申诉。　⑧阑入：擅自闯入。

**原文**

尝与嵩焘、忠源论东南形势多阻水，欲剿贼非治水师不可，乃奏请造战舰于衡州。匠卒无晓船制者，短桡长桨，出自精思，以人力胜风水，遂成大小二百四十舰。募水陆万人，水军以褚

**翻译**

曾国藩曾经和郭嵩焘、江忠源一起议论，东南地区的地形多为河流所阻隔，要剿灭贼寇非训练水师不可，于是曾国藩上奏请求在衡州建造战舰。军中工匠没有人通晓战船的规模尺度，无论短桡长桨，都出自曾国藩的精密思考，以人力来战胜风和水，于是造成大

汝航、杨载福、彭玉麟领之，陆军以塔齐布、罗泽南领之。贼自江西上窜，再陷九江、安庆。忠源战殁庐州[①]，吴文镕督师黄州亦败死。汉阳失，武昌戒严，贼复乘势扰湖南。国藩锐欲讨贼，率水陆军东下。舟师初出湖，大风，损数十艘。陆师至岳州，前队溃退，引还长沙。贼陷湘潭，邀击靖港，又败，国藩愤投水，幕下士章寿麟掖起之，得不死。而同时塔齐布大破贼湘潭，国藩营长沙高峰寺，重整军实，人人揶揄之。或请增兵，国藩曰："吾水陆万人非不多，而遇贼即溃。岳州之败，水师拒战者惟载福一营；湘潭之战，陆师塔齐布、水师载福各两营：以此知兵贵精不贵多。故诸葛败祁山[②]，且谋减兵损食，勤求己过，非虚言也。且古人用兵，先明功罪赏罚。今世

小战舰二百四十艘，招募水兵陆军共万人，水师由褚汝航、杨载福、彭玉麟统领，陆军由塔齐布、罗泽南统领。贼寇从江西向上流窜，再次攻陷九江、安庆。江忠源战死在庐州，吴文镕在黄州督率部队战斗时也兵败而死。汉阳失守，武昌戒严，贼寇又乘势骚扰湖南。曾国藩坚决要讨平贼寇，率领水师陆军东下。船队刚出洞庭湖就遇上大风，损失了几十艘战舰。陆军到达岳州，先头部队溃退，引兵退回长沙。贼寇攻陷湘潭，曾国藩率水师在靖港迎击贼寇，又被打败，曾国藩愤极投河，幕僚章寿麟把他从水中拉起来，才得以不死。而与此同时塔齐布在湘潭大破贼寇，曾国藩驻扎在长沙高峰寺，重新整顿军队补充物资，人人都嘲笑他。有人建议增加军队，曾国藩说："我们的水师和陆军有上万人，不可谓不多，但遇到贼寇就马上溃败。岳州兵败时，水师拒敌迎战的只有杨载福一个营；湘潭之战，只有陆军塔齐布、水师杨载福各两个营；由此可知兵贵在精而不在多。所以诸葛亮在祁山战败，甚至计划裁减兵员，减少军饷，努力寻找自己的过失，这不是空话。况且古人用兵，首先要功罪赏罚分明。当今适逢乱世，贤人君子都隐藏不出，

乱,贤人君子皆潜伏,吾以义声倡导,同履危亡。诸公之初从我,非以利动也,故于法亦有难施,其致败由此。"诸将闻之皆服。

我以忠义相号召,他们才与被利打动的,所以也难以对各位执行军法,导致失败的正是这个原因。"各位将领听了这番话都很信服。

**注释** ① 庐州:今安徽合肥及周围地区。 ② 祁山:在今甘肃西和县东北。

**原文**

陆师既克湘潭,巡抚、提督上功,而国藩请罪。上诘责提督鲍起豹,免其官,以塔齐布代之。受印日,士民聚观,叹诧国藩为知人,而天子能明见万里也。贼自岳州陷常德①,旋北走,武昌再失。国藩引兵趋岳州,斩贼枭将曾天养,连战,下城陵矶。会师金口②,谋取武昌。泽南沿江东岸攻花园寇屯,塔齐布伏兵洪山,载福舟师深入寇屯,士皆露立,不避铅丸。武昌、汉阳贼望见官军盛,宵遁,遂复二郡。国藩以前靖港败,自

**翻译**

陆军既已攻克湘潭,巡抚、提督向皇上陈述功绩,而曾国藩却向皇上请罪。皇上斥责了提督鲍起豹,罢免了他的官职,以塔齐布代替他。塔齐布接受官印的那一天,读书人和老百姓都聚在一起围观,感叹、诧异曾国藩能识别人才,而天子能清楚了解万里之外的情况。贼寇又从岳州进兵攻陷常德府,随即向北进兵,武昌再度失守。曾国藩领兵奔赴岳州,斩杀了贼寇的猛将曾天养,又连续作战,攻下城陵矶。各部队在金口会师,谋划夺取武昌。罗泽南沿着长江东岸攻打花园的贼寇营地,塔齐布在洪山布下伏兵,杨载福的船队深入贼寇的防地,士兵们都没有遮拦地站着,不躲避敌人射来的铅弹。武昌、汉阳城中的贼寇望见官军士气旺盛,在晚上逃跑了,于是收复了武昌、汉阳两郡。曾国藩因为前次在靖港

请夺官，至是奏上，诏署湖北巡抚，寻加兵部侍郎衔，解署任，命督师东下。

战败，上疏请求罢官，到这次捷报上奏朝廷后，咸丰皇帝下诏任命他代理湖北巡抚，不久加兵部侍郎的头衔，解除他代理湖北巡抚的任命，令他督率部队东下。

注释　① 常德：今湖南常德。　② 金口：镇名，与当时武昌府城较近。

原文

　　当是时，水师奋厉无前，大破贼田家镇，毙贼数万，至于九江，前锋薄湖口①。攻梅家洲贼垒不下，驶入鄱湖。贼筑垒湖口断其后，舟不得出，于是外江、内湖阻绝。外江战船无小艇，贼乘舴艋夜袭营②，掷火烧坐船，国藩跳而免，水师遂大乱。上疏请罪，诏旨宽免，谓于大局无伤也。五年，贼再陷武汉，扰荆襄。国藩遣胡林翼等军还援湖北，塔齐布留攻九江，而躬至南昌抚定水师之困内湖者。泽南以征江西，复弋阳③，拔广信④，破义宁⑤，而塔齐布卒于军。国藩在

翻译

　　这时候，水师奋发凌厉，一往无前，在田家镇大破贼寇，斩杀贼兵数万人，到达九江，先锋部队逼近湖口。攻打梅家洲的贼寇堡垒没有攻下，船队驶入鄱阳湖。贼寇在湖口修筑堡垒，切断水师后路，使战船不能出湖，于是外江水师与内湖水师被隔绝了。外江的战船没有小艇，贼寇乘坐小船在夜间偷袭水师营地，丢掷火把烧毁了主将的指挥船，曾国藩跳上别的船只才幸免于难，水师于是大乱。曾国藩上疏请罪，皇上下诏宽容，免于处分，说这次失败对大局没有妨碍。咸丰五年(1855)，贼寇再次攻陷武昌、汉阳，骚扰荆州、襄阳两府。曾国藩派遣胡林翼等人的部队回师增援湖北，塔齐布留在江西攻打九江，自己亲自到南昌安抚稳定被困在内湖的水师。罗泽南跟随曾国藩征伐江西，恢复弋阳，攻克广信，打破义宁，而塔齐布却死在军中。曾国藩在江西与巡抚陈启

江西与巡抚陈启迈不相能，泽南奔命往来，上书国藩，言东南大势在武昌，请率所部援鄂，国藩从之。幕客刘蓉谏曰："公所恃者塔、罗。今塔将军亡，罗又远行，脱有急，谁堪使者？"国藩曰："吾计之熟矣，东南大局宜如是，俱困于此无为也。"嵩焘祖饯泽南曰⑥："曾公兵单，奈何？"泽南曰："天苟不亡本朝，公必不死。"九月，补授兵部侍郎。

迈不和，罗泽南遵照命令频繁地奔波往来，于是上书曾国藩，说东南的大局在武昌，请求率领所属部队增援湖北，曾国藩答应了他。幕僚刘蓉劝阻说："您能依靠的人是塔齐布和罗泽南，现在塔将军已经阵亡，罗泽南又将远行，假若有急难，还能够指挥谁呢？"曾国藩说："我已经考虑成熟了，为了东南地区的大局就应当这样，都困在这里没有意义。"郭嵩焘设宴为罗泽南送行，说："曾公兵力单薄，怎么办？"泽南说："假如上天不让本朝灭亡，曾公就一定不会死。"九月，朝廷补授曾国藩兵部侍郎。

**注释** ① 湖口：在今江西湖口境内。地处长江南岸，西滨鄱阳湖，为鄱阳湖入长江之口。 ② 舴艋(zé měng)：小船。 ③ 弋阳：今江西弋阳。 ④ 广信：即今江西上饶市。 ⑤ 义宁：州名，治所在今江西修水。 ⑥ 祖饯：古代出行时祭祀路神叫"祖"，后因称设宴送行为"祖饯"。

**原文**

六年，贼酋石达开由湖北窜江西，连陷八府一州，九江贼踞自如，湖南北声息不相闻。国藩困南昌，遣将分屯要地，羽檄交驰①，不废吟诵。作《水陆师得胜歌》，

**翻译**

六年(1856)，贼寇首领石达开从湖北窜入江西，接连攻陷八府一州，盘踞在九江的贼寇无所遏阻，湖南、湖北两地的消息互相隔绝。曾国藩被困在南昌，派遣将帅分别扼守要地，虽然紧急公文络绎不绝，他还是没有停止吟诵诗

教军士战守技艺、结营布陈之法,歌者咸感奋,以杀贼敢死为荣。顾众寡②,终不能大挫贼。议者争请调泽南军,上以武汉功垂成,不可弃。泽南督战益急,卒死于军。玉麟闻江西警,芒鞋走千里,穿贼中至南昌助守。林翼已为湖北巡抚,国藩弟国华、国葆用父命乞师林翼,将五千人攻瑞州③。湖南巡抚骆秉章亦资国荃兵援吉安④,兄弟皆会行间⑤。而国藩前所遣援湖北诸军,久之再克武汉,直下九江,李续宾八千人军城东,续宾者,与弟续宜皆泽南高第弟子也;载福战船四百泊江两岸;江宁将军都兴阿马队、鲍超步队驻小池口;凡数万人。

文。他作《水陆师得胜歌》,在歌中教授士兵们攻战和防守的技术,扎营和布阵的方法。唱歌的士兵们都感动奋发,以杀贼不怕死为荣。只是部队人数太少,始终不能给贼寇以重大的打击。议政的臣子争着请求皇上调动罗泽南的部队去增援江西,皇上认为武昌、汉阳的战斗成功在即,不可放弃。罗泽南在湖北加紧督率部队战斗,终于死在军中。彭玉麟听到江西的警报后,穿着草鞋步行千里,穿越贼寇的防地,赶到南昌协助防守。这时胡林翼已担任湖北巡抚,曾国藩的弟弟曾国华、曾国葆奉父亲之命向胡林翼借兵,率领五千人攻打瑞州。湖南巡抚骆秉章也把士兵拨给曾国荃以增援吉安,几兄弟都到了部队中。而曾国藩原先派去支援湖北的各路部队,经过长久的战斗再次攻克武昌、汉阳,直下九江,李续宾的八千人驻扎在九江城东,李续宾和他的弟弟李续宜都是罗泽南最为优秀的弟子,杨载福的四百艘战船停泊在长江两岸;江宁将军都兴阿的马队和鲍超的步兵驻扎在小池口;共有数万人。

注释　①羽檄:即羽书,古代征调军队的文书,插上羽毛表示紧急。　②顾:只是。　③瑞州:今江西高安。　④吉安:今江西吉安。　⑤行间:行旅之间。

## 原文

国藩本以忧惧治军,自南昌迎劳,见军容甚盛,益申儆告诫之。而是时江南大营溃①,督师向荣退守丹阳,卒。和春为钦差大臣,张国梁总统诸军攻江宁。

七年二月,国藩闻父忧,径归。给三月假治丧,坚请终制,允开侍郎缺②。林翼既定湖北,进围九江,破湖口,水师绝数年复合。载福连拔望江、东流③,扬帆过安庆,克铜陵、泥汊④,与江南军通。由是湘军水师名天下。林翼以此军创始国藩,杨、彭皆其旧部,请起国藩视师。会九江克复,石达开窜浙江,浸及福建,分股复犯江西,朝旨诏国藩,出办浙江军务。

## 翻译

曾国藩的治理军队,本来就要大家认识到自己处境的可忧、可惧,自从在南昌迎接慰劳部队后,因见到军容很壮威,就更加对部下提出警告,加以告诫。而这时清军江南大营溃败,督师向荣退守丹阳,不久就死了。和春被任命为钦差大臣,由张国梁统一指挥各路部队进攻江宁。

七年(1857)二月,曾国藩听到父亲去世的消息,径自回到家中。皇上给了三个月的假期治理丧事,曾国藩坚持请求守满三年丧期,皇上仅仅准许免去他兵部侍郎的职务。胡林翼既已平定湖北,进军包围九江,攻破湖口,内湖、外江水师被隔绝几年后重新会合了。杨载福的水师连续打下望江、东流,扬帆驶过安庆,攻克铜陵、泥汊镇,与江南的大军建立了联系。从此湘军的水师名闻天下。胡林翼因为湘军的创建始于曾国藩,杨载福、彭玉麟都是他的老部下,奏请朝廷起用曾国藩统帅军队。正值此时九江克复,石达开窜入浙江,逐渐接近福建,并分出几股兵来再次侵犯江西,朝廷就下旨命令曾国藩复出,办理浙江军务。

注释 ① 江南大营:清政府为镇压太平天国运动而在南京城外建立的军事指挥机构,驻扎在孝陵卫。参见《洪秀全传》。 ② 开缺:旧时官吏由于自己请求或由于被解职而不再担任其现任职务,称为"开缺"。意即使这一职务空缺出来了。

③ 望江：今安徽望江。东流：县名，治所在今安徽东至。 ④ 铜陵：今安徽铜陵。泥汊：镇名，在今安徽无为东南。

## 原文

国藩至江西，屯建昌①，又诏援闽。国藩以闽贼不足虑，而景德地冲要②，遣将援赣北，攻景德。国荃追贼至浮梁③，江西列城次第复。时石达开复窜湖南，围宝庆。上虑四川且有变，林翼亦以湖北饷倚川盐，而国藩又久治兵，无疆寄，乃与官文合疏请国藩援蜀。会贼窜广西，上游兵事解，而陈玉成再破庐州，续宾战殁三河④，林翼以群盗蔓庐、寿间⑤，终为楚患，乃改议留国藩合谋皖。军分三道，各万人。国藩由宿松、石牌规安庆⑥，多隆阿、鲍超出太湖取桐城⑦，林翼自英山向舒、六⑧。多隆阿等既大破贼小池，复太湖、潜山⑨，遂军桐城。国荃率诸军围安庆，与

## 翻译

曾国藩抵达江西，驻扎在建昌，朝廷又下诏令他支援福建。曾国藩认为福建的贼寇不足以担忧，而江西景德镇地处冲要，因此派遣部队增援江西北部地区，攻打景德镇。曾国荃追击贼寇到浮梁，江西各城相继光复。这时石达开又一次窜犯湖南，包围了宝庆。皇上担忧四川将有变乱，胡林翼也认为湖北的军饷一直依赖四川的盐税收入，而曾国藩又长期统率军队，没有地方大权，就与官文联合上疏请派曾国藩支援四川。这时候贼寇流窜到广西，长江上游的战事停歇了，而陈玉成再次攻破庐州，李续宾在三河阵亡，胡林翼因为群盗在庐州、寿州一带扩展蔓延，终将成为湖北的祸患，就改而建议留下曾国藩共同谋划安徽的战事。于是湘军分为三路，每一路一万人。曾国藩从宿松、石牌谋取安庆，多隆阿、鲍超从太湖出兵进取桐城，胡林翼从英山出发奔向舒城、六安。多隆阿等人在小池大破贼寇，收复了太湖、潜山，就驻扎在桐城。曾国荃率领各路军队围攻安庆，与桐城驻军互成犄

桐城军相犄角。安庆未及下，而皖南贼陷广德⑩，袭破杭州。

角之势。安庆还没来得及攻下，而皖南的贼寇已经攻陷了广德，袭破杭州。

注释 ①建昌：府名，治所即今江西南城。 ②景德：今江西景德镇。 ③浮梁：县名，治所即今江西景德镇北的浮梁镇。④三河：镇名，即今安徽肥西东南三河镇。 ⑤寿：寿州，即今安徽寿县。 ⑥宿松：今安徽宿松。石牌：镇名，即今安徽怀宁县治所在地。 ⑦桐城：今安徽桐城。 ⑧舒：舒城县，治所即今安徽舒城。六：六安州，治所即今安徽六安。 ⑨太湖：今安徽太湖。潜山：今安徽潜山。 ⑩广德：州名，治所即今安徽广德。

原文

　　李秀成大会群贼建平①，分道援江宁，江南大营复溃，常州、苏州相继失，咸丰十年闰三月也。左宗棠闻而叹曰："此胜败之转机也！江南诸军将蹇兵疲久矣。涤而清之，庶几后来可藉手乎？"或问："谁可当者？"林翼曰："朝廷以江南事付曾公，天下不足平也。"于是天子慎选帅，就加国藩兵部尚书衔，署理两江总督，旋即真②，授钦差大臣。是时江、浙贼氛炽，或请撤

翻译

　　李秀成在建平大规模集结贼寇的部队，分道援助江宁，江南大营再次溃败，常州、苏州相继失守，这是咸丰十年（1860）闰三月的事。左宗棠闻讯后感叹地说："这是胜败的转机啊！江南各部队将帅疲软士兵疲沓的情况已经很久了，现在把他们荡涤一清，也许还可以让后来的人有所凭借和作为吧！"有人问："谁能够担当起这个重任呢？"胡林翼说："朝廷能把江南的事情交付给曾公，那么平定天下就绰绰有余。"这时天子正在慎重地选择统帅，就加封曾国藩兵部尚书的头衔，代理两江总督，随即加以正式的任命，并授以钦差大臣。当时，江苏、浙江的贼寇气焰更为嚣张，

安庆围，先所急。国藩曰："安庆一军为克金陵张本，不可动也。"遂南渡江，驻祁门③。江、浙官绅告急书日数十至，援苏、援沪、援皖、援镇江诏书亦叠下。国藩至祁门未数日，贼陷宁国④，陷徽州⑤。东南方困兵革，而英吉利复失好，以兵至。僧格林沁败绩天津，文宗狩热河⑥，国藩闻警，请提兵北上，会和议成，乃止。

有人建议撤销对安庆的包围，先去救援危急的地方。曾国藩说："安庆方面的军队是克复金陵的先锋，不能动。"于是他南渡长江，驻守祁门。每天有几十件江苏、浙江官员士绅的告急文书送到，要他增援苏州、增援上海、增援安徽、增援镇江的诏书也纷至沓来。曾国藩到祁门没有几天，贼寇就攻陷了宁国、徽州。东南地区正被战争所困扰，而英吉利又与清政府失和，发兵到中国。僧格林沁在天津被打败。文宗皇帝出逃到热河，曾国藩接到警报后，请求领兵北上，适逢和议已成，就停止行动。

**注释**　① 建平：县名，治所即今安徽郎溪。　② 即真：指正式任命。　③ 祁门：今安徽祁门。　④ 宁国：府名，治所即今安徽宣城。　⑤ 徽州：府名，治所即今安徽歙县。　⑥ 狩：巡狩，皇帝出行到地方上去。此处以去热河(今河北承德)巡狩的托词掩盖出逃的实情。

**原文**

　　其冬，大为贼困，一出祁门东陷婺源①；一出祁门西陷景德；一入羊栈岭攻大营。军报绝不通，将吏慄然有忧色②，固请移营江干就水师。国藩曰："无故退军，兵家所忌。"卒不从，使人间

**翻译**

　　这年冬天，大为贼寇所困窘。贼寇一支部队到祁门东面攻陷婺源；一支部队到祁门西面攻陷景德镇；一支部队进入羊栈岭攻击大营。军事信息也阻绝不通，将吏们惶惶然面有忧色，坚持请求曾国藩将大营移至长江边向水师靠拢，曾国藩说："无缘无故地退兵，这是兵家所忌讳的。"终于没有听从。派人

行檄鲍超、张运兰亟引兵会。身在军中,意气自如,时与宾佐酌酒论文。自官京朝,即日记所言行,后履危困无稍间。国藩驻祁门,本资饷江西,及景德失,议者争言取徽州通浙米。乃自将大军次休宁③,值天雨,八营皆溃,草遗嘱寄家,誓死守休宁。适宗棠大破贼乐平④,运道通,移驻东流。多隆阿连败贼桐城,鲍超一军游击无定居,林翼复遣将助之。十一年八月,国荃遂克安庆。捷闻,而文宗崩,林翼亦卒。穆宗即位⑤,太后垂帘听政⑥,加国藩太子少保衔,命节制江苏、安徽、江西、浙江四省。国藩惶惧,疏辞,不允,朝有大政,咨而后行。……

从小路送公文给鲍超、张运兰,命令他们立即领兵与大营会合。曾国藩身在军中,神态安详自如,经常和宾客助手在一起饮酒论文。自从在京师做官以来,他就每天把自己的言行记录下来,即使后来处在危困的境地也不稍有间断。曾国藩驻扎在祁门,原本是从江西征取军饷的,等到景德镇失守,谋士们都争着说应该夺取徽州以便运输浙江的米作军饷。于是曾国藩自己率领大军屯扎在休宁,正值下大雨,八营的部队都打败溃散了,曾国藩起草遗嘱寄往家中,誓死守卫休宁。正好左宗棠在乐平大破贼寇,运粮的道路畅通了,于是曾国藩移驻东流。这时多隆阿在桐城接连打败贼寇,鲍超这一支军队则打游击而没有固定的驻地,胡林翼再次派遣将领去援助他们。十一年(1861)八月,曾国荃终于攻克安庆。捷报上达朝廷,而文宗皇帝已驾崩,胡林翼也去世了。穆宗皇帝登位,皇太后垂帘听政,加封曾国藩太子少保的头衔,命他统辖江苏、安徽、江西、浙江四省的军务。曾国藩惊惶恐惧,上疏辞谢,但未被允许。以后朝廷凡有重大的政事,都向他咨询后再施行。……

**注释** ① 婺源:今江西婺源,清属安徽省。 ② 慄(dié)然:恐惧的样子。 ③ 休宁:今安徽休宁。 ④ 乐平:今江西乐平。 ⑤ 穆宗:即同治皇帝载淳,庙号穆宗。 ⑥ 太后:指慈安、慈禧两位太后。

原文

江宁平,天子褒功,加太子太傅,封一等毅勇侯,赏双眼翎。开国以来,文臣封侯自是始。朝野称贺,而国藩功成不居,粥粥如畏①。穆宗每简督抚,辄密询其人,未敢指缺疏荐,以谓疆臣既专征伐,不当更分黜陟之柄,外重内轻之渐,不可不防。……

捻匪者,始于山东游民相聚,其后剽掠光、固、颍、亳、淮、徐之间②,捻纸燃脂,故谓之"捻"。有众数十万、马数万,蹂躏数千里,分合不常。捻首四人,曰张总愚、任柱、牛洪、赖文光。自洪寇、苗练尝纠捻与官军战③,益悉攻斗,胜保、袁甲三不能御。僧格林沁征讨数年,亦未能大创之。国藩闻僧军轻骑追贼,一日夜三百余里,曰:"此于兵法,必蹶上将军。"未几而王果战殁曹

翻译

江宁平定后,天子论功行赏,加封曾国藩太子太傅,封一等毅勇侯,赏赐双眼花翎顶戴。清朝开国以来,文臣封侯就是从这时开始的。朝廷和民间都称颂祝贺,而曾国藩建立了大功却并不以功自居,时时露出谦卑而害怕的样子。每当穆宗选拔总督巡抚时,总要私下向曾国藩询问合适的人选,曾国藩从不敢提名填补或上疏推荐,他认为封疆大臣既然专门负责打仗的事,就不应当再去分掌官员罢黜升迁的权柄,外官权重,中央官权轻的苗头不可不防。……

捻军开始是由山东的游民聚集而成的,以后在光州、固始、颍州、亳州、淮安、徐州之间抢劫掠夺。他们把纸搓成捻子,燃烧油脂,所以称之为"捻"。有部众几十万人,马几万匹,蹂躏的地区达几千里,有时分别行动,有时合在一起。捻军首领有四人:张总愚、任柱、牛洪、赖文光。洪秀全、苗沛霖都曾经纠集捻军一起与官军作战,自此以后,他们更加熟悉攻战,胜保、袁甲三无法抵御他们。僧格林沁征讨几年,也未能给他们以沉重的打击。曾国藩听说僧格林沁以轻骑追击贼寇,一天一夜行军三百多里,就说:"这种做法,按兵法上说,一定会损失大将的。"不久僧格林沁亲

州④,上闻大惊,诏国藩速赴山东剿捻,节制直隶、山东、河南三省,而鸿章代为总督,廷旨日促出师。……

王果然在曹州阵亡。皇上闻讯后大惊,下诏命令曾国藩迅速赶赴山东征剿捻匪,并管辖直隶、山东、河南三省军务,而用李鸿章代替他为两江总督,朝廷每天都下旨催促曾国藩出师。……

**注释** ① 粥粥:卑谦貌。 ② 光、固、颍、亳(bó)、淮、徐:指光州(今河南潢川)、固始(今河南固始)、颍州(府名,治所即今安徽阜阳)、亳州(州名,治所即今安徽亳州)、淮安(今江苏淮安)、徐州(今江苏徐州)。 ③ 苗练:指苗沛霖。苗沛霖于1855年在寿州(今安徽寿县)办团练,故称苗练。后加入捻军,受太平天国封为奏王。又暗投清军,诱执英王陈玉成,为英王旧部所杀。 ④ 曹州:今山东菏泽。

**原文**

山东、河南民习见僧格林沁战,皆怪国藩以督兵大臣安坐徐州,谤议盈路。国藩在军久,益慎用兵。初立驻军四镇之议,次设扼守黄运河之策。既数为言路所劾,亦自以防河无效,朝廷方起用国荃,乃奏请鸿章以江督出驻徐州,与鲁抚会办东路;国荃以鄂抚出驻襄阳,与豫抚会办西路:而自驻周家口策应之①。或又劾其骄妄,于是国藩念权位不可久处,益有忧谗畏讥之心

**翻译**

山东、河南的人对于僧格林沁的战术已经看惯,所以都奇怪曾国藩作为督兵大臣却安坐徐州,一时间诽谤他的言论充斥道路。曾国藩在军队中久了,用兵打仗更加谨慎。他先是提出部队分兵驻守四镇的建议,其次又设计了扼守黄河运河的策略。既然几次遭到言官的弹劾,自己也认为扼守黄河并无成效,朝廷又刚起用曾国荃,他就上奏请朝廷派李鸿章以两江总督的身份出驻徐州,与山东巡抚共同负责东路军务;派曾国荃以湖北巡抚的身份出驻襄阳,与河南巡抚共同负责西路军务,而自己驻守在周家口策应他们。有人又弹劾他骄傲狂妄,于是曾国藩心想有权势的高位是不能久居的,就更加有忧虑谗

矣。丐病假数月②,继请开缺,以散员留军效力;又请削封爵:皆不许。

五年冬,还任江南,而鸿章代督军。时牛洪死,张总愚窜陕西,任柱、赖文光窜湖北,自是有东西捻之号。六年,就补大学士,留治所。……以东捻平,加国藩云骑尉世职。西捻入陕后,为松山所败。乘坚冰渡河窜山西,入直隶,犯保定、天津。松山绕出贼前,破之于献县③。诸帅勤王师大至,贼越运河窜东昌、武定④。鸿章移师德州⑤,河水盛涨,扼河以困之。国藩遣黄翼升领水师助剿,大破贼于茌平⑥。张总愚赴水死,而西捻平。凡防河之策,皆国藩本谋也。是年授武英殿大学士,调直隶总督。

言、害怕讥议的心思了。他请了几个月的病假,继而又请求免除自己的职务,以闲散官员的身份留在军队中效力;又请求削除封爵,都没有得到朝廷的准许。

五年(1866)冬天,曾国藩回到江南旧任,而以李鸿章代替他统帅军队。当时牛洪已死,张总愚流窜到陕西,任柱、赖文光流窜到湖北,从此开始有"东捻""西捻"的称号。六年(1867),曾国藩就地补授大学士,仍留在两江总督任所。……因为东捻被平定,加封给曾国藩云骑尉的世袭职衔。西捻进入陕西后,被松山击败,乘黄河结冰坚厚,渡过河窜到山西,进入直隶,侵犯保定、天津。松山绕道出现在贼寇的前面,在献县打败了他们。各将帅所率领的赶来保护皇帝的部队大批到达,贼寇就越过运河窜到东昌、武定。李鸿章将部队移到德州,黄河水大涨,于是就扼守黄河来困住他们。曾国藩派遣黄翼升率领水师协助围剿,在茌平大败贼寇。张总愚投水而死,从而西捻得以平定。这次防守黄河的所有计策,都是出自曾国藩原先的谋划。这一年曾国藩被授予武英殿大学士,调任直隶总督。

注释 ①周家口:在河南商水境内,亦名周口镇。 ②丐:乞求。 ③献县:今河北献县。 ④ 东昌:府名,治所即今山东聊城。 武定:府名,治所即今山东惠民。
⑤ 德州:县名,治所即今山东德州。 ⑥ 茌平:今山东茌平。

## 原文

国藩为政务持大体,规
全势。其策西事,议先清陇
寇而后出关①;筹滇、黔,议
以蜀、湘二省为根本②。皆
初立一议,后数年卒如其
说。自西人入中国,交涉事
日繁。金陵未下,俄、美、
英、法皆请以兵助,国藩婉
拒之。及廷议购机轮,置船
械,则力赞其成,复建议选
学童习艺欧洲。每定约章,
辄诏问可许不可许,国藩以
为争彼我之虚仪者可许,其
夺吾民生计者勿许也。既
至直隶,以练兵、饬吏、治河
三端为要务,次第兴革,设
清讼局、礼贤馆,政教大行。

## 翻译

曾国藩处理政务首先考虑把握大
局,规划整体。他策划西部的战略,提议
先肃清甘肃的贼寇,然后出嘉峪关;策划
云南、贵州的事件,提出四川、湖南二省
是其根本。许多事情都是他最初提出
一种意见,过了几年事情最终与他说的
一样。自从西方人进入中国以来,外交
事务日益繁重。金陵未攻克时,俄、美、
英、法各国都请求出兵相助,曾国藩婉言
拒绝了他们。等到朝廷商议购买机器,
置办船舶枪械时,曾国藩就极力促成其
事,还建议选拔学生去欧洲学习技艺。
每当朝廷与外国签订协定章程时,总要
下诏询问他可以答应还是不可答应,曾
国藩认为那些为两国之间争没有实际
意义的礼仪的事情可以答应,而那些有
损于我国民众生计的事情是不可以答
应的。曾国藩既到直隶,以操练军队、整
顿吏治、治理河道三件事作为首要的任
务,依次兴办改革,设立了清讼局、礼贤
馆,政治和教化都推行得很好。

## 注释

① "其策"二句:"西事"指陕西、甘肃乃至新疆一带所发生的反清事件,以
回民为主体,始于同治时期,经历相当长的时间,最后由左宗棠率兵平定。左宗棠
所采取的步骤也是"先清陇寇",至光绪初年才出关而至新疆。 ② "筹滇"二句:

"滇""黔"指云南、贵州发生的反清事件,分别以回民、苗民为主体、汉人也有参加的,自咸丰时直延续至同治末期。同治时湘、蜀形势稳定后,云、贵形势才逐渐变得对清政府有利,终至平定。其间湘、蜀并曾出兵云、贵,参加征剿。这跟曾国藩所说"以蜀、湘二省为根本"也相符。

## 原文

九年四月,天津民击杀法领事丰大业,毁教堂,伤教民数十人。通商大臣崇厚议严惩之,民不服。国藩方病目,诏速赴津,乃务持平保和局,杀十七人,又遣戍府县吏。国藩之初至也,津民谓必反崇厚所为,备兵以抗法。然当是时,海内初定,湘军已散遣,天津咫尺京畿,民、教相哄,此小事不足启兵端,而津民争怨之。平生故旧持高论者,日移书谯让①,省馆至毁所署楹帖,而国藩深维中外兵势强弱②,和战利害,惟自引咎,不一辩也。丁日昌因上奏曰:"自古局外议论,不谅局中艰苦,一唱百和,亦足以荧上听,挠大计。卒之事势

## 翻译

九年(1870)四月,天津的民众打死法国领事丰大业,烧毁教堂,打伤教民几十人。通商大臣崇厚主张严厉惩办,民众不服。这时曾国藩正患眼病,朝廷下诏命令他火速赶赴天津处理这件事。曾国藩力求做到持平,保持和平局面,捕杀了十七个中国人,又将府、县官吏发配戍边。曾国藩初抵天津时,天津的民众都以为他一定会跟崇厚的做法相反,准备兵力以抗击法国人。然而在当时,国内刚刚安定下来,湘军已经遣散,天津离京师近在咫尺,民众和教民互相争斗,不值得为这种小事挑起军事争端,而天津的民众却因此纷纷怨恨曾国藩。曾国藩平生的亲朋旧识中那些发高论的人,天天写信谴责他,省里的会馆甚至毁掉了他所写的对联,可是曾国藩深刻地考虑到中外军事力量的强弱,和与战之间的利害关系,只是自己承担失误,不说一句话为自己辩护。丁日昌因而上奏说:"自古局外人的议论,不体谅局中人的艰苦,一唱百和,亦足以迷惑皇上的视听,阻挠重大的决策。最后

决裂，国家受无穷之累，而局外不与其祸，反得力持清议之名③，臣实痛之！"

事态发展到破裂不可收拾，国家受到无穷的祸害，而局外人不受其祸，反而得到极力保持公正议论的名声，臣实在为此痛心！"

**注释** ① 谯（qiào）让：犹"诮让"，谴责。 ② 维：同"惟"，考虑。 ③ 清议：公正的评论。

**原文**

国藩既负重谤，疾益剧，乃召鸿章治其狱，逾月事定，如初议。会两江缺出，遂调补江南，而以鸿章督直隶。江南人闻其至，焚香以迎。以乱后经籍就燹①，设官书局印行，校刊皆精审。礼聘名儒为书院山长②，其幕府亦极一时之选。江南文化遂比隆盛时。

国藩为人威重，美须髯，目三角有棱。每对客，注视移时不语，见者竦然，退则记其优劣，无或爽者。天性好文，治之终身不厌，有家法而不囿于一师。其论学兼综汉、宋，以谓先王治世之道，经纬万端，一贯

**翻译**

曾国藩既受到严重的诽谤，疾病就更加严重了，于是朝廷就召来李鸿章审理这件案子，过了一个多月事情定下来了，就像当初曾国藩的主张一样。适逢两江总督的位置空缺，于是被调到江南补缺，而以鸿章总督直隶。江南人听说曾国藩到了，都烧着香来迎接他。因为战乱以后经籍将要没有了，曾国藩就设立官办书局印行，校刊都很精确审慎。他还礼聘有名的学者做书院的负责人，他的幕僚也都是当时能选择到的最突出的人物。江南地区的文化因此而能与其鼎盛时期相媲美。

曾国藩为人威严庄重，须髯丰美，眼睛呈三角形锐利而有威势。每当他接待客人时，长时间注视对方而不说话，见他的人就感到害怕，等人走后他便记住了此人的优缺点，没有一次失误。天性爱好文学，终身事而不厌倦。治学有家法但不局限于师法一家。他论述学问把汉儒和宋儒加以综合，认为先王治理天下的法则，尽管头绪繁复，

之以礼。惜秦蕙田《五礼通考》阙食货,乃辑补盐课、海运、钱法、河堤为六卷;又慨古礼残阙无军礼,军礼要自有专篇,如戚敬元所纪者③。论者谓国藩所订营制、营规,其于军礼庶几近之。晚年颇以清静化民,俸入悉以养士。老儒宿学,群归依之。尤知人,善任使,所成就荐拔者,不可胜数。一见辄品目其材,悉当。时举先世耕读之训,教诫其家。遇将卒僚吏若子弟然,故虽严惮之,而乐为之用。居江南久,功德最盛。

同治十三年,薨于位,年六十二。百姓巷哭,绘像祀之。事闻,震悼,辍朝三日。赠太傅,谥文正,祀京师昭忠、贤良祠,各省建立专祠。

然而是用礼来贯穿一切的。他对秦蕙田的《五礼通考》中缺乏经济方面的内容而感到惋惜,于是辑补了盐税、海运、钱法、河堤各项,分为六卷。他又感慨于古礼残缺,没有"军礼",认为军礼应该自有专门的篇章,就像戚继光所记述的那样。有些论者说,曾国藩所制定的营制、营规,大概是与军礼接近的吧。曾国藩晚年侧重以清静无为来教化民众,官俸的收入都用来养士。高年的儒者与饱学之士,都纷纷归附他。他尤其能够识别人才,善于使用他们,所造就和推荐、提拔的人不可胜数。他见人一面就能品评此人的才能,而且都很恰如其分。他时常用祖先流传下来的关于耕读的训条来教育和告诫全家。他对待属下的将军士兵僚属官吏就像对待自己的子弟一样,所以那些人虽然很畏惧他,却乐意为他所用。曾国藩居住在江南的时间很久,在江南留下的功德也最盛。

同治十三年(1874),曾国藩在任上去世,年龄为六十二岁。百姓们在街巷哭,画了他的像来祭祀他。死讯上报,皇上震惊悲痛,停止上朝三天。赠官太傅,谥号文正,在京师的昭忠、贤良祠祭祀他,各省为他建立了专门的祠堂。

注释 ① 殱(jiān):火熄灭。这里是消灭的意思。 ② 山长:书院的负责人。③ 戚敬元:即明代抗倭名将戚继光。戚继光还有不少军事方面的著作。

# 文宗孝钦显皇后传

**导读**

　　慈禧太后是清末同治、光绪两朝的实际统治者，也是在中国历史上统治国家时间最久的一位女性。她权力欲极强，在长达半个多世纪的执政时期，任用曾国藩、李鸿章等人镇压了太平天国和其他反清武装斗争。面对当时企图瓜分中国的西方列强，签订了一系列丧权辱国的条约。以她为首的"后党"仇视以光绪皇帝为首的主张维新变法的"帝党"，发动戊戌政变，幽禁光绪帝，杀害维新派谭嗣同等六人。为保住自己的统治和对付要其"归政"的呼声，利用义和团来排外。八国联军侵入北京后，又仓皇出逃，下令剿杀义和团。这篇传记对慈禧一生中的上述重大事件，或记述简略，或隐讳不提，因而我们从中只能看到她的简单履历。（选自卷二一四）

**原文**

　　孝钦显皇后叶赫那拉氏①，安徽徽宁池广太道惠征女②。咸丰元年，后被选入宫，号懿贵人。四年，封懿嫔。六年三月庚辰，穆宗生③，进懿妃。七年，进懿贵妃。十年，从幸热河④。十一年七月，文宗崩⑤，穆宗即

**翻译**

　　孝钦显皇后姓叶赫那拉，是安徽徽宁池广太道惠征的女儿。咸丰元年（1851），皇后被选进宫中，封号为懿贵人。四年（1854），封为懿嫔。六年（1856）三月庚辰，穆宗出生，进封为懿妃。七年（1857），晋升懿贵妃。十年（1860），跟随皇上临幸热河。十一年（1861）七月，文宗皇帝驾崩，穆宗登位，与孝贞皇后一起被尊为皇太后。

位,与孝贞皇后并尊为皇
太后⑥。

**注释** ① 孝钦显皇后:即慈禧太后,"孝钦显皇后"是其谥号"孝钦慈禧端佑康颐昭豫庄诚寿恭钦献崇熙配天兴圣显皇后"的简称。"慈禧"为其生前同治帝所上的尊号。 ② 徽宁池广太道:清代官名,管辖徽州府、宁国府、池州府、太平府、广德直隶州的道员。 ③ 穆宗:爱新觉罗·载淳(1862—1874 年在位),年号同治,庙号穆宗。 ④ 热河:今河北承德。 ⑤ 文宗:爱新觉罗·奕詝(1851—1861 年在位),年号咸丰,庙号文宗。 ⑥ 孝贞皇后:即慈安太后。"孝贞显皇后"是其谥号"孝贞慈安裕庆和敬诚靖仪天祚圣显皇后"的简称。"慈安"为其生前同治帝所上的尊号。慈安太后姓钮祜禄,父亲穆杨阿为广西右江道。咸丰皇帝立她为皇后。

**原文**

是时,怡亲王载垣、郑亲王端华、协办大学士尚书肃顺等以文宗遗命,称"赞襄政务王大臣",擅政,两太后患之。御史董元醇请两太后权理朝政,两太后召载垣等入议,载垣等以本朝未有皇太后垂帘,难之。侍郎胜保及大学士贾桢等疏继至①。恭亲王奕䜣留守京师,闻丧奔赴,两太后为言载垣等擅政状。九月,奉文宗丧还京师,即下诏罪载

**翻译**

这时候,怡亲王载垣、郑亲王端华、协办大学士尚书肃顺等人根据文宗皇帝临终时的遗命,被称为"赞襄政务王大臣",掌握国政,两位太后很担忧。御史董元醇请求两位太后暂时管理朝廷政务,两位太后召集载垣等人入宫商议,载垣等人以本朝从未有皇太后垂帘听政为理由,认为很难这样做。侍郎胜保以及大学士贾桢等人的奏疏接着到了。恭亲王奕䜣在京师留守,听说皇上驾崩的消息飞驰前往,两位太后对他说了载垣等人独揽国事的情状。九月,侍奉文宗皇帝的灵柩返回京师后,立即下诏治载垣、端华、肃顺的罪,都判处死

垣、端华、肃顺，皆至死，并罢黜诸大臣预赞襄政务者。授奕䜣议政王，以上旨命王大臣条上垂帘典礼。

罪，同时罢免了参与"赞襄政务"的各位大臣。任命奕䜣为议政王，以皇上的圣旨命令亲王大臣分条上奏垂帘听政的典章礼仪。

**原文**

十一月乙酉朔，上奉两太后御养心殿，垂帘听政。谕曰："垂帘，非所乐为，惟以时事多艰，王大臣等不能无所禀承，是以姑允所请。俟皇帝典学有成，即行归政。"自是日，召议政王、军机大臣同入对。内外章奏，两太后览讫，王大臣拟旨，翌日进呈。阅定，两太后以文宗赐同道堂小玺钤识，仍以上旨颁示。旋用御史徐启文奏，令中外臣工于时事阙失，直言无隐；用御史钟佩贤奏，谕崇节俭，重名器；用御史卞宝第奏，谕严赏罚，肃吏治，慎荐举。命内

**翻译**

十一月乙酉初一日，皇上侍奉两位太后登养心殿，垂帘听政。太后下谕说："垂帘听政并不是我们乐意做的，只因为当前国事非常艰难，亲王大臣们不能够没有地方去请示和接受命令，因此姑且允准他们的请求。等到皇帝进学有所成就，立即归还朝政。"从此以后，每天召议政王、军机大臣一同入宫奏对。中央和地方上的奏章，两位太后阅览完毕，由亲王大臣起草皇上旨令，第二天进呈。经审定后，两位太后盖上文宗皇帝所赐的同道堂小印作标志，仍然作为皇上的旨令颁布。不久采纳御史徐启文的奏章，命令中央和地方上的臣子对当前政事的缺点错误要直言无隐；采纳御史钟佩贤的奏章，指示群臣要崇尚节俭，重视名物等级；采纳御史卞宝第的奏章，下谕说要严格执行赏罚，整肃吏治，慎重推荐人才。命令在宫内当值的翰林辑录前

直翰林辑前史帝王政治及母后垂帘事迹，可为法戒者，以进。同治初，寇乱未弭，兵连不解，两太后同心求治，登进老成，倚任将帅，粤、捻荡平①，滇、陇渐定。十二年二月，归政于穆宗。

代帝王治理国家的措施和皇太后垂帘听政事迹之可以作为效法和鉴戒的，把它们进呈上来。同治初年，贼寇作乱尚未平息，战事接连不断，两位太后同心同德，力求治理好国家，提拔进用老成持重的人，倚重信任军事将帅，扫平了太平军、捻军，云南、甘肃也逐渐平定。十二年(1873)二月，将朝政归还穆宗。

**注释**　①粤：指太平天国。捻：捻军。

**原文**

十三年十二月，穆宗崩，太后定策立德宗①，两太后复垂帘听政。谕曰："今皇帝绍承大统，尚在冲龄，时事艰难，不得已垂帘听政。万几综理，宵旰不遑②，矧当民生多蹙③，各省水旱频仍。中外臣工、九卿、科道，有言事之责者④，于用人行政，凡诸政事当举，与时事有裨而又实能见施行者，详细敷奏。至敦节俭，祛浮华，宜始自宫中，耳目玩好，浮丽纷华，一切不得上进。

**翻译**

十三年(1874)十二月，穆宗皇帝驾崩，太后做主拥立德宗皇帝，两位太后再次垂帘听政。下谕说："如今皇帝继承帝位，还在幼年，当前国事艰难，不得已而垂帘听政。总揽处理纷繁的政务，虽则天不亮就起来，很晚才吃饭，也是来不及处理的，况且当前百姓生计十分窘迫，各省的水灾旱灾连续不断。朝廷内外的群臣，九卿、科道，有上疏言事的责任，在用人行政方面，凡是你们认为有什么事应当兴办，兴办了对当前国事有帮助而又真正能够得到实施的，都要详细地陈奏上来。至于认真实行节俭，驱除浮华，应当从宫中做起。用来愉悦视听的玩物，一切浮华靡丽的东西全都

封疆大吏，当勤求间阎疾苦⑤，加意抚恤；清讼狱，勤缉捕。办赈积谷，饬有司实力奉行；并当整饬营伍，修明武备，选任贤能牧令，与民休息。"用御史陈彝奏，黜南书房行走、侍讲王庆祺；用御史孙凤翔等奏，黜总管内务府大臣贵宝、文锡；又罪宫监之不法者，戍三人，杖四人。一时宫府整肃。

不允许进贡。省一级的地方长官，应当经常求访民间的疾苦，加意安抚体恤；整顿好刑狱、争讼，勤于搜捕。办理赈灾积储粮食，要命令有关部门实实在在地尽力执行，同时应当整顿军队，修整军备，选任贤能的州县长官，让百姓们休养生息。"采纳御史陈彝的奏章，贬斥南书房行走、侍讲王庆祺；采纳御史孙凤翔等人的奏章，罢免总管内务府大臣贵宝、文锡；又将宫内太监中不守法的人治罪，流放边疆三人，杖责四人。一时间宫中政府都得到了整顿。

注释　① 定策：指拥立皇帝。德宗：即光绪帝爱新觉罗·载湉，1875—1908 年在位。醇亲王奕谡之子。庙号德宗，年号光绪。　② 宵旰（gàn）：宵衣旰食的略语。宵，夜。旰，晚上。即天不亮就起身，晚上才吃饭，形容帝王勤于政事。③ 矧（shěn）：况且。　④ 科道：六科给事中和都察院各道监察御史的合称，均负责监察言事。　⑤ 间阎：指民间。

原文

　　光绪五年，葬穆宗惠陵。吏部主事吴可读从上陵，自杀，留疏乞降明旨，以将来大统归穆宗嗣子①。下大臣王议奏，王大臣等请毋庸议，尚书徐桐等，侍读学士宝廷、黄体芳，司业张之

翻译

　　光绪五年（1879），将穆宗葬于惠陵。吏部主事吴可读随从到穆宗陵墓去，在那里自杀，留下遗疏恳求颁发圣旨，以将来的帝位归还给穆宗的嗣子。下交大臣们商议回奏，亲王、大臣们认为吴可读的请求用不着考虑，尚书徐桐等人，侍读学士宝廷、黄体芳，司业张之

洞,御史李端棻,皆别疏陈所见。谕曰:"我朝未明定储位,可读所请,与家法不合。皇帝受穆宗付托,将来慎选元良②,缵承统绪,其继大统者为穆宗嗣子,守祖宗之成宪,示天下以无私。皇帝必能善体此意也。"

洞,御史李端棻,都另有奏疏陈述自己的看法。下谕说:"我朝不公开册定太子,吴可读所请求的,与家族的法规不相符合。皇帝受穆宗的托付,将来慎重选择太子,以继承帝王的世业,那个继承帝位的人就是穆宗的嗣子,这样既遵守祖宗成法,又向天下显示自己的无私。皇帝一定能够很好地体会这个道理。"

**注释** ① 嗣子:自己没有儿子,另外找个人来作为儿子,称嗣子。嗣子一般应是近支兄弟的儿子。此处是说,如果光绪皇帝以后有了儿子,并继承帝位,那么,这个人应该作为同治帝的嗣子而继承帝位,并不以光绪帝儿子的身份继承帝位。换言之,今后继承帝位的,应是同治帝的子孙,而非光绪皇帝的子孙。 ② 元良:大善,犹言很好的人。出于《礼记·文王世子》:"一有元良,万国以贞,世子之谓也。"大意是:王位继承人("世子")如果很好,万国都会遵循正道。故后世又以元良作为太子的代称。

**原文**

　　六年,太后不豫,上命诸督抚荐医治疾。八年,疾愈。孝贞皇后既崩,太后独当国。十年,法兰西侵越南。太后责恭亲王奕䜣等因循贻误,罢之,更用礼亲王世铎等;并谕军机处,遇紧要事件,与醇亲王奕谭商

**翻译**

　　六年(1880),太后有病,皇上命令各总督、巡抚推荐医生为太后治病。八年(1882),病痊愈了。孝贞皇后既已驾崩,太后独自主持国政。十年(1884),法兰西入侵越南。太后指责恭亲王奕䜣等人拖沓玩忽以致造成这种不应有的后果,罢免了他,换用礼亲王世铎等人;同时谕示军机处,遇到紧急重要的事情,与醇亲王奕谭商量办理。庶子盛昱、锡珍,

办①。庶子盛昱、锡珍,御史赵尔巽各疏言醇亲王不宜参豫机务,谕曰:"自垂帘以来,揆度时势,不能不用亲藩进参机务。谕令奕谖与军机大臣会商事件,本专指军国重事,非概令与闻。奕谖再四恳辞,谕以俟皇帝亲政,再降谕旨,始暂时奉命。此中委曲,诸臣不能尽知也。"是年,太后五十万寿。

御史赵尔巽各自上疏说醇亲王不应当参与机要事务,太后谕告说:"自从垂帘听政以来,审度当前的形势,不能不用皇族亲王进宫参预机务。谕令奕谖与军机大臣会同商议事情,本来专指军务国政的重大事件,并不是一概让他参预。奕谖再三再四地恳切推辞,下谕说等到皇帝亲自执政时,再降谕旨处理此事,他这才暂时奉命行事。这其中的曲折原委,各位臣子是不能完全知道的。"这一年,太后五十大寿。

注释 ① 奕谖:光绪帝的生父。

原文

十一年,法兰西约定。醇亲王奕谖建议设海军。十三年夏,命会同大学士、直隶总督李鸿章巡阅海口,遣太监李莲英从。莲英侍太后,颇用事。御史朱一新以各直省水灾,奏请修省,辞及莲英。太后不怿,责一新覆奏。一新覆奏,言鸿章具舟迎王,王辞之,莲英乘以

翻译

十一年(1885),与法兰西的和约签订了。醇亲王奕谖建议设置海军。十三年(1887)夏季,命令他会同大学士、直隶总督李鸿章视察海口,派遣太监李莲英随从。李莲英侍候太后,很是当权。御史朱一新因为直隶和各省发生水灾,上奏请求太后修身反省,言辞中涉及李莲英。太后不高兴,责令朱一新再次上奏说清楚。朱一新再次上奏,说李鸿章安排了船只迎接醇亲王,醇亲王推辞了,李莲英却乘船去了,于是使得

行,遂使将吏迎者误为王舟。太后诘王,王遂对曰:"无之。"遂黜一新。

太后命以次年正月归政,醇亲王奕𫍽及王大臣等奏请太后训政数年,德宗亦力恳再三,太后乃许之。王大臣等条上训政典礼①,命如议行。请上徽号②,坚不许。十五年,德宗行婚礼。二月己卯,太后归政。御史屠仁守疏请太后归政后,仍披览章奏,裁决施行。太后不可,谕曰:"垂帘听政,本万不得已之举。深宫远鉴前代流弊,特饬及时归政。归政后,惟醇亲王单衔具奏,暂须径达。醇亲王密陈:'初裁大政,军国重事,定省可以禀承③。'并非著为典常,使训政永无底止。"因斥仁守乖谬,夺官。

去迎接的将帅官吏误以为是醇亲王的船只。太后诘问醇亲王,醇亲王就回答说:"没有这回事。"于是罢免了朱一新。

太后下令在次年的正月还政给皇帝,醇亲王奕𫍽以及亲王、大臣们上奏请求太后举行几年训政,德宗皇帝也再三极力恳求,太后这才答应了。亲王、大臣们奏上关于训政的各条典章礼仪,太后命令按照他们的建议执行。请求再加上太后的徽号,太后坚决不允许。十五年(1889),德宗举行了大婚之礼。二月己卯,太后归还朝政。御史屠守仁上疏请求太后归还朝政以后,仍旧批阅奏章,作出裁决后再执行。太后不同意,下谕说:"垂帘听政,本来是万不得已的举动。深居宫中而远溯历史,鉴察前代垂帘听政的流弊,特地下令及时归还朝政。归还朝政后,只有由醇亲王单独题名上奏的,暂时还必须直接送到我这儿。醇亲王曾秘密上言说:'皇上刚开始裁决重大政务,凡是军队、国家的重要事情,在早晚问安时可以向太后汇报和听取教导。'这并不是立为常法,使训政永无休止。"因而斥责屠守仁荒谬悖理,削夺了他的官职。

注释 ①训政:教训皇帝处理政事。在这样的情况下,皇帝只是以接受教训者的身份参预政务,实权仍掌握在太后手里。 ②徽号:美好的称号。多指加于皇帝皇后尊号上的歌功颂德的词语。 ③定省:早晚问安。

**原文**

同治间，穆宗议修圆明园，奉两太后居之。事未行。德宗以万寿山大报恩延寿寺，高宗奉孝圣宪皇后三次祝厘于此，命葺治，备太后临幸，并更清漪园为颐和园，太后许之。既归政，奉太后驻焉。岁十月十日，太后万寿节①，上率王大臣祝嘏②，以为常。十六年，醇亲王奕譞薨。二十年，日本侵朝鲜，以太后命，起恭亲王奕䜣。是年，太后六十万寿，上请在颐和园受贺，仿康熙、乾隆间成例，自大内至园，跸路所经③，设彩棚经坛，举行庆典。朝鲜军事急，以太后命罢之。二十四年，恭亲王奕䜣薨。

**翻译**

同治年间，穆宗皇帝曾建议修建圆明园，侍奉两位太后居住那里。这件事情没有能够实行。德宗皇帝因为高宗皇帝曾侍奉孝圣宪皇后三次在万寿山的大报恩延寿寺拜佛祈福，下令进行修治，以备太后临幸，并将清漪园更名为颐和园，太后准许了。既已归还朝政，就侍奉太后留住颐和园。每年的十月十日，是太后的生日，皇上率领亲王大臣去祝寿，从此成为常礼。十六年(1890)，醇亲王奕譞薨。二十年(1894)，日本入侵朝鲜，以太后的命令，起用恭亲王奕䜣。这一年，是太后的六十寿辰，皇上请求太后在颐和园内接受祝贺，仿效康熙、乾隆年间的惯例，从宫内到颐和园，车驾所经之地，设置彩棚和经坛，举行庆贺大典。因朝鲜的军情紧急，以太后的命令停止了。二十四年(1898)，恭亲王奕䜣薨。

**注释** ①万寿节：旧指君主的生日。 ②祝嘏(gǔ)：祝寿。嘏，福。 ③跸路：指皇帝出行时的车驾。古代帝王出行时，禁行人，清道路，谓之跸。路，车。

原文

上事太后谨，朝廷大政，必请命乃行。顾以国事日非，思变法救亡，太后意不谓然，积相左。上期以九月奉太后幸天津阅兵，讹言谓太后将勒兵废上；又谓有谋围颐和园劫太后者。八月丁亥，太后遽自颐和园还宫，复训政。以上有疾，命居瀛台养疴。二十五年十二月，立端郡王载漪子溥儁继穆宗为皇子。

二十六年，义和拳事起，载漪等信其术，言于太后，谓为义民。纵令入京师，击杀德意志使者克林德及日本使馆书记，围使馆。德意志、奥大利亚、比利时、日斯巴尼亚①、美利坚、法兰西、英吉利、义大利、日本、和兰、俄罗斯十国之师来侵。七月，逼京师。太后率上出自德胜门，道宣化、大同。八月，驻太原。九月，

翻译

皇上侍奉太后很谨慎，朝廷的重大政事，必定请示后才施行。只是因为国家政事一天不如一天，就想以变法来挽救国家危亡，太后心中却不以为然，渐渐发展到意见不合。皇上定在九月侍奉太后临幸天津检阅军队，有谣言说太后将要驾驭军队废除皇上；又说有人图谋包围颐和园劫持太后。八月丁亥，太后突然从颐和园返回宫中，恢复训政。因为皇上有病，命他居住在瀛台养病。二十五年（1899）十二月，立端郡王载漪的儿子溥儁过继给穆宗做皇子。

二十六年（1900），发生了义和拳事变，载漪等人相信他们的法术，告诉太后，说他们是义民。纵容他们进入京师，打死德意志国的使者克林德以及日本使馆的书记，并包围了使馆。德意志、奥大利亚、比利时、日斯巴尼亚、美利坚、法兰西、英吉利、义大利、日本、和兰、俄罗斯十个国家的军队来进犯我国。七月，逼近京师。太后带着皇上从德胜门出城，途经宣化、大同。八月，在太原停留。九月，抵达西安。命令庆亲王奕劻，大学士、总督李鸿章与各国商量议和。二十七年，与各国的和约签定。八月，皇上侍奉太后从西安出发。

至西安。命庆亲王奕劻、大学士总督李鸿章与各国议和。二十七年，各国约成。八月，上奉太后发西安。十月，驻开封。时端郡王载漪以庇义和拳得罪废，溥儁以公衔出宫。十一月，还京师。上仍居瀛台养疴。太后屡下诏："母子一心，励行新政。"三十二年七月，下诏预备立宪。

十月，停留在开封。当时端郡王载漪因庇护义和拳获罪被废黜，溥儁以公爵的头衔被驱逐出宫。十一月，返回京师。皇上仍然居住在瀛台养病。太后屡次下诏说："母子一心，励行新政。"三十二年（1906）七月，下诏进行立宪制的预备工作。

**注释** ① 日斯巴尼亚：指西班牙。

**原文**

三十四年十月，太后有疾。上疾益增剧。壬申，太后命授醇亲王载沣摄政王。癸酉，上崩于瀛台。太后定策立宣统皇帝，即日尊为太皇太后。甲戌，太后崩，年七十四，葬定陵东普陀峪，曰定东陵。初尊为皇太后，上徽号。国有庆，累加上，曰慈禧端佑康颐昭豫庄诚

**翻译**

三十四年（1908）十月，太后有病。皇上的病更加严重了。壬申，太后命令授醇亲王载沣为摄政王。癸酉，皇上驾崩于瀛台。太后定策拥立宣统皇帝，当天被尊为太皇太后。甲戌，太后崩，年龄为七十四岁，下葬在定陵东面的普陀峪，称为定东陵。刚被尊为皇太后时，曾加上徽号。以后国家有庆典，多次增加徽号，叫作"慈禧端佑康颐昭豫庄诚寿恭钦献崇熙皇太后"。到驾崩时，就以她的徽号为谥号。有一个儿子，就是穆宗皇帝。

寿恭钦献崇熙皇太后。及
崩,即以徽号为谥①。子一,
穆宗。

**注释** ①"即以"句:慈禧太后的谥号为"孝钦慈禧端佑康颐昭豫庄诚寿恭钦献崇熙配天兴圣显皇后",在徽号的基础上略有增补。

# 张 之 洞 传

**导读**

　　张之洞是中国近代史上洋务运动的代表人物,也是中国文化新旧交替时期的重要思想家。晚清的中国处于古今中西大交汇的剧烈变化时期,张之洞在思想上经历了从"通经致用"到"中体西用"的变化,主张在维护封建政体及传统伦理道德的前提下接受西方先进的科学技术。这在客观上对中国的对外开放有一定的积极作用。本篇对张之洞的生平介绍较为客观、翔实。(选自卷二二四)

**原文**

　　张之洞字香涛,直隶南皮人。少有大略,务博览,为词章,记诵绝人。年十六,举乡试第一。同治二年,成进士,廷对策不循常式,用一甲三名授编修。六年,充浙江乡试副考官,旋督湖北学政。十二年,典试四川,就授学政。所取士多隽才,游其门者,皆私自喜得为学涂径。光绪初,擢司业①,再迁洗马②。之洞以

**翻译**

　　张之洞字香涛,直隶南皮人。年轻时就有远大的谋略,努力博览群书,从事诗文创作,记忆背诵的本领超出其他人。十六岁时,考中乡试第一名。同治二年(1863),考取进士,廷试时回答皇帝的策问不遵循常规,以一甲第三名授官编修。六年(1867),充任浙江乡试的副考官,不久任湖北提督学政。十二年(1873),主持四川乡试,从而任命为当地学政。所录取的士人很多是杰出的人才,在他门下从师求学的人,都暗自高兴能够从他那儿获得做学问的途径。光绪初年,升为司业,又升为洗马。张之洞以一个文士儒生而得任清闲而显

文儒致清要,遇事敢为大言③。俄人议归伊犁,与使俄大臣崇厚订新约十八条④。之洞论奏其失,请斩崇厚,毁俄约。疏上,乃褫崇厚职治罪,以侍郎曾纪泽为使俄大臣,议改约。六年,授侍讲,再迁庶子⑤。复论纪泽定约执成见,但论界务,不争商务,并附陈设防、练兵之策。疏凡七八上。往者词臣率雍容养望,自之洞喜言事,同时宝廷、陈宝琛、张佩纶辈崛起,纠弹时政,号为清流⑥。七年,由侍讲学士擢阁学。俄授山西巡抚。当大祲后⑦,首劾布政使葆亨、冀宁道王定安等黩货,举廉明吏五人,条上治晋要务,未及行,移督两广。

贵的官职,遇到国家大事敢于发表别人所不敢论想的见解。俄国人提出就归还伊犁的问题进行谈判,与出使俄国大臣崇厚签订了新约十八条。张之洞上奏抨击这条约的错误,请求斩崇厚,撕毁与俄国签订的条约。奏疏上达,朝廷于是革了崇厚的职并将他治罪,派遣侍郎曾纪泽为出使俄国的大臣,谈判修改条约。六年(1880),授官侍讲,又升任庶子。再次上疏批评曾纪泽与俄签订条约固执成见,只讨论两国边界问题,不讨论商务,并附带陈述了设防、练兵的办法。奏疏共上了七八道。以往的文学侍从官大抵都从容不迫地培植自己的名望,从张之洞开始喜欢对国家大事提出勇敢的意见以来,与他同时的宝廷、陈宝琛、张佩纶一辈人也超众而起,抨击时政,被称为清流。七年(1881),从侍讲学士提升为内阁学士。不久授官山西巡抚。当时处在大变乱之后,他首先起来弹劾布政使葆亨、冀宁道王定安等人枉法贪财,荐举五名廉洁清明的官吏,并上疏分条陈述治理山西的重要事务,还没来得及实行,就调任两广总督。

**注释** ① 司业:学官名,国子监副长官。 ② 洗马:官名,詹事府所属司经局洗马的简称。负责掌管图书经籍。 ③ 大言:高瞻远瞩的勇敢言论。 ④ 新约十八条:即 1879 年崇厚在沙俄胁迫下签订的《里瓦几亚条约》,因丧失大片疆土,遭到朝野反对,次年据此修改为《中俄伊犁条约》。 ⑤庶子:官名,隶属詹事府,掌管记注撰文。 ⑥清流:旧时常称那些负有时望,不肯与权贵同流合污的士大夫为清流。 ⑦祲:妖氛。此处指太平天国、捻军等的起事。《清史稿》此文作者从拥护清王朝的立场出发,把太平天国等都视为妖氛。

| 原文 | 翻译 |
|------|------|
| 八年,法越事起,建议当速遣师赴援,示以战意,乃可居间调解。因荐唐炯、徐延旭、张曜材任将帅。十年春,入觐。四月,两广总督张树声解任专治军,遂以之洞代。当是时,云贵总督岑毓英、广西巡抚潘鼎新皆出督师,尚书彭玉麟治兵广东。越将刘永福者,故中国人,素骁勇,与法抗。法攻越未能下,复分兵攻台湾,其后遂据基隆。朝议和战久不决,之洞至,言战事气自倍,以玉麟夙著威望,虚己听从之。奏请主事唐景崧募健卒出关,与永福相犄角。朝旨因就加永福提督,景崧五品卿衔,炯、延旭亦 | 八年(1882),法越战事爆发,他建议应当迅速派遣军队前去增援,向法国显示参战的意向,这样才能在法、越之间进行调解。从而推荐唐炯、徐延旭、张曜,认为他们的才能足以充任将帅。十年(1884)春季,入朝觐见。四月,两广总督张树声卸任而专门治理军务,于是派张之洞代替他。当时,云贵总督岑毓英、广西巡抚潘鼎新都出来督率军队,尚书彭玉麟在广东治理军务。越南的将领刘永福,以前是中国人,向来勇猛善战,这时与法军相抗。法国军队进攻越南没能攻下,又分兵攻打台湾,这以后就占据了基隆。朝廷中商议是战是和很久决定不下来,张之洞抵达广东,议论开战之事气势倍增,因彭玉麟向来威望很高,就虚心地听取他的意见。上奏请求派遣主事唐景崧招募身强力壮的军士出兵镇南关,与刘永福的军队相互形成犄角之势。朝廷因而下旨就地加任刘永福为提督,加封唐景崧五品卿的官衔,唐炯、徐延旭也都已经做到巡抚,在前线抵御敌人。后受到弹 |

皆已至巡抚,当前敌。被劾得罪去,并坐举者。之洞独以筹饷械劳,免议。广西军既败于越,朝旨免鼎新,以提督苏元春统其军,而之洞复奏遣提督冯子材、总兵王孝祺等,皆宿将,于是滇、越两军合扼镇南关①,殊死战,遂克谅山②。会法提督孤拔攻闽、浙,炮毁其坐船,孤拔殪,而我军不知,法愿停战,廷议许焉。授李鸿章全权大臣,定约③,以北圻为界。叙克谅山功,赏花翎。

劾而获罪离去,并对荐举他们的人也给予处分。只有张之洞一人因筹集粮饷武器有功,被免于追究。广西的军队既已在越南战败,朝廷下旨罢免了潘鼎新的职务,派遣提督苏元春统帅广西的军队,而张之洞再次奏请派遣提督冯子材、总兵王孝祺等人,他们都是富有经验的老将,于是云南、越南的两支部队协同把守镇南关,经过殊死的战斗,终于克复谅山。适逢法国提督孤拔攻打福建、浙江,清军大炮击毁了他的指挥舰,孤拔中炮死去,而我军还不知道。法国表示愿意停战,经朝廷大臣商议后准许了法国的请求。授予李鸿章为全权大臣,与法国签订了和约,以北圻为边境线。对克复谅山一事论功行赏,张之洞被赏赐花翎顶戴。

**注释** ① 镇南关:即今友谊关。中越边境关隘,在今广西凭祥西南。 ② 谅山:即今越南谅山,与我国广西交界。 ③ 定约:指光绪十一年(1885)六月九日与法国签订的《中法新约》。

**原文**

之洞耻言和,则阴自图强,设广东水陆师学堂,创枪炮厂,开矿务局。疏请大治水师,岁提专款购兵舰。复立广雅书院。武备文事并举。十二年,兼署巡抚。于

**翻译**

张之洞对言和感到耻辱,就暗自努力谋求国家的强盛,设立广东水陆师学堂,创建枪炮厂,开办矿务局。上疏请求大规模训练水师,每年提拨专款购买军舰。又成立广雅书院。军备防务和文教事业同时兴举。十二年(1886),兼任代理广东巡抚职务。对于广东、广西

两粤边防控制之宜,辄多更置。著《沿海险要图说》上之。在粤六年,调补两湖。

会海军衙门奏请修京通铁路,台谏争陈铁路之害,请停办。翁同龢等请试修边地,便用兵;徐会沣请改修德州济宁路[1],利漕运。之洞议曰:"修路之利,以通土货、厚民生为最大,征兵、转饷次之。今宜自京外卢沟桥起,经河南以达湖北汉口镇。此干路枢纽,中国大利所萃也[2]。河北路成,则三晋之辙接于井陉,关陇之骖交于洛口[3];自河以南,则东引淮、吴,南通湘、蜀,万里声息,刻期可通。其便利有数端:内处腹地,无虑引敌,利一;原野广漠,坟庐易避,利二;厂盛站多,役夫贾客可舍旧图新,利三;以一路控八九省之衢,人货辐辏[4],足裕饷源,利四;近畿有事,淮、楚精兵崇朝可

的边防控制事宜,他进行了许多改革。撰写了《沿海险要图说》上奏朝廷。在两广任职六年后,调任两湖总督。

此时适逢海军衙门上奏请求修筑京师到通州的铁路,负责监察、言事的官员们争相陈述铁路的害处,请求停止办理此事。翁同龢等人请求在边境地区试修铁路,便于用兵;徐会沣请求改为修筑德州到济宁的铁路,有利于漕运。张之洞议论说:"修筑铁路的利益,以运送各地土产货物、改善人民的经济状况为最大,调动军队、转运粮饷还在其次。现在应当修筑一条从北京城外卢沟桥开始,经过河南、到达湖北汉口镇的铁路。这一枢纽主干道,集中了中国的重大利益。就黄河以北说,铁路修成后,就会有许多人坐着各种车辆聚集到井陉来,陕西、甘肃也会有许多人乘着马车聚集在洛口;从黄河以南来说,东面可以接通淮扬、吴中地区,南面可以通往湖南、四川,万里之外的音信消息,短时期内便可通达。它的好处有以下几项:铁路地处腹心内地,不用担心招致敌人的进攻,这是第一件好处;铁路所经之地平原广阔,容易避开百姓的坟墓房舍,这是第二件好处;铁路沿线工厂多车站多,做工和经商的人可以舍弃旧行当,得到新生计,这是第三件好处;以一条铁路控制八九个省份的交通主道,人口货物集中,足可以充裕粮饷

集⑤,利五;太原旺煤铁,运行便则开采必多,利六;海上用兵,漕运无梗⑥,利七。有此七利,分段分年成之。北路责之直隶总督,南路责之湖广总督,副以河南巡抚。"得旨报可,遂有移楚之命。大冶产铁,江西萍乡产煤,之洞乃奏开炼铁厂汉阳大别山下⑦,资路用,兼设枪炮钢药专厂。又以荆襄宜桑棉麻枲而饶皮革⑧,设织布,纺纱,缲丝,制麻、革诸局。佐之以堤工,通之以币政。由是湖北财赋称饶,土木工作亦日兴矣。

的来源,这是第四件好处;京师附近有意外事变,淮扬、湖北的精锐部队一个早晨便可集合起来,这是第五件好处;太原盛产煤、铁,运输方便则开采就一定更多,这是第六件好处;如海上有战事发生,漕运也不受影响,这是第七件好处。有这样七件好处,可以分路段分几年修成它。北面的铁路责成直隶总督负责修筑,南面的铁路责成湖广总督负责修筑,由河南巡抚协助。"得到皇帝旨令批复同意,于是有把张之洞调往湖北的任命。湖北大冶出产铁,江西萍乡出产煤,张之洞于是奏请在汉阳大别山下开办炼铁厂,资助修筑铁路之用,同时兼设了专门制造枪炮弹药的工厂。又因为荆川、襄阳地区适宜种植桑、棉、麻、枲,而且皮革出产丰富,设立了织布,纺纱,缲丝,制麻、革等局。并以修筑长江堤岸作为辅助,以铸造银元来加强流通。从此以后湖北的财政税收堪称富裕,土木工程也日益兴盛起来了。

**注释** ① 德州:今山东德州。 ② 萃(cuì):聚集。 ③ "则三"二句:意为山西省的人可通过井陉而乘坐从北京到汉口的火车,陕西、甘肃的人则可通过洛口而乘坐这一铁路线的火车。三晋,指先秦时的晋国地区,约相当于今山西。因晋国后来被其三卿所分,成为韩、赵、魏三国、史称三家分晋,故其地又称三晋。井陉,今河北井陉,当地有井陉山、井陉关,为军事要地。骖(cān),古代指同驾一辆车的三匹马,此处泛指马车。洛口,指洛口仓,在今河南巩义东南,隋末曾在此处发生大战。 ④ 辐辏(fú còu):辐,连接车轮轴心和轮圈的直条。辏,聚集。比喻人或物很密地聚集在一起。 ⑤ 崇朝:终朝,一个早晨。 ⑥ "海上"二句:漕粮原靠运河运输,同治十一年(1872)开始用海轮运漕粮之后,停止河运。所以一旦海上发生战事就会影响漕运。有了铁路,则即使海上发生战事,也可用铁路运输粮食。 ⑦ 大别山:一名龟山,在湖北汉阳城北。 ⑧ 枲(xǐ):大麻的雄株,也叫花麻。

## 原文

二十一年,中东事棘,代刘坤一督两江,至则巡阅江防,购新出后膛炮,改筑西式炮台,设专将专兵领之。募德人教练,名曰"江南自强军"。采东西规制,广立武备、农工商、铁路、方言、军医诸学堂。寻还任湖北。时国威新挫①,朝士日议变法,废时文,改试策论。之洞言:"废时文,非废《五经》《四书》也,故文体必正,命题之意必严。否则国家重教之旨不显,必致不读经文,背道忘本,非细故也。今宜首场试史论及本朝政法,二场试时务,三场以经义终焉。各随场去留而层递取之,庶少流弊。"又言:"武科宜罢骑射、刀石,专试火器。欲挽重文

## 翻译

二十一年(1895),中日之间的战事日益棘手,张之洞代替刘坤一总督两江事务。他一到任就巡视检阅长江的防务情况,购买最新生产的后膛炮,改筑西式炮台,并安排专门的将领和士兵统管。招募德国人进行教导和训练,命名为"江南自强军"。他采用东、西方的规章体制,广泛建立了武备、农工商、铁路、方言、军医各学校。不久返回湖北任职。当时国家的威望刚遭到新的挫折,朝廷中人士天天议论变法,废除八股文,改考策论等事。张之洞说:"废除八股文,并不是废除《五经》《四书》,所以文体一定要正,命题的意义一定要严。否则国家重视教化的宗旨就显示不出来,必然导致不读经书,背离正道忘却根本,这可不是小事啊。现在应当第一场考试史论以及本朝的政策法规,第二场考试当前国家大事,第三场以考试经义结束。每场考试都淘汰若干,留下若干,如此一层层地录取,也许能够减少流弊。"又说:"武科考试应当停止考骑马射箭、舞刀举石,而专门考试火器。要想改变重文轻武的积习,一定要

轻武之习,必使兵皆识字,励行伍以科举。"二十四年,政变作②,之洞先著《劝学篇》以见意③,得免议。

让士兵都能识字,用科举来激励行伍之人。"二十四年(1898),政变发生,因张之洞在这之前著有《劝学篇》以表达其不同意维新变法的意见,得以免于追究。

**注释** ① 国威新挫:指光绪二十一年(1895)中日甲午战争中,北洋海军全军覆灭,中国被迫与日本签订了丧权辱国的《马关条约》。 ② 政变作:指光绪二十四年(1898)九月二十一日慈禧太后发动的戊戌政变。光绪帝被幽禁,维新派遭到捕杀和通缉,新政全部废除,戊戌变法失败。 ③《劝学篇》:张之洞著。其中认为"中国之祸不在四海之外,而在九州之内",将维新思想的传播斥为"邪说暴行,横流天下",提出"旧学为体、新学为用",维护封建伦理纲常,反对戊戌变法,故而受到以慈禧太后为首的旧党的赏识。

**原文**

二十六年,京师拳乱,时坤一督两江,鸿章督两广,袁世凯抚山东,要请之洞,同与外国领事定保护东南之约。及联军内犯,两宫西幸①,而东南幸无事。明年,和议成②,两宫回銮。论功,加太子少保。以兵事粗定。乃与坤一合上变法三疏。其论中国积弱不振之故,宜变通者十二事,宜采西法者十一事。于是停捐

**翻译**

二十六年(1900),京师发生义和团之乱,当时刘坤一为两江总督,李鸿章为两广总督,袁世凯为山东巡抚,他们邀请张之洞,共同与外国领事制定保护东南地区的条约。等到八国联军向内地进犯,慈禧太后及光绪皇帝西行巡幸,而东南地区则幸而平安无事。次年,和约签订,慈禧太后及光绪皇帝的车驾重返北京。评定功劳,加官太子少保。因战事已大致平定,于是张之洞与刘坤一联合上了有关变法的三道奏疏。其中论述了中国长期羸弱、无法振作的缘故,提出应当对旧法加以变革的十二件事,应当采用西法的十一件事。于是

纳,去书吏,考差役,恤刑狱,筹八旗生计,裁屯卫,汰绿营,定矿律、商律、路律,交涉律,行银圆,取印花税③,扩邮政。其尤要者,则设学堂,停科举、奖游学。皆次第行焉。

停止以钱捐官,废除书办,考核差役,慎用刑法,筹措八旗兵丁的生计问题,裁减屯田的士兵,精简绿营兵,制定矿产法、商业法、铁路法、外交法,通行银圆货币,征取印花税,扩大邮政业务。其中尤为重要的,是设立学堂,废除科举,奖励出洋留学。以上变革都陆续地得到施行。

**注释** ① 两官:指慈禧太后和光绪皇帝。西幸:指慈禧太后与光绪帝出逃西安。帝王到某个地方去称"幸"某地。 ② 和议:指《辛丑条约》。 ③ 印花税:国家对因商事、产权等行为所书写或使用的凭证征收的税。采用在凭证上贴印花税票的办法征税,所以称为印花税。

**原文**

二十八年,充督办商务大臣,再署两江总督。有道员私献商人金二十万为寿,请开矿海州①,立劾罢之。考盐法利弊,设兵轮缉私,岁有赢课。明年,入觐,充经济特科阅卷大臣②,厘定大学堂章程,毕,仍命还任。陛辞奏对,请化除满、汉畛域③,以彰圣德,遏乱萌,上为动容。旋裁巡抚,以之洞兼之。三十二年,晋协办大学士。

**翻译**

二十八年(1902),充任督办商务大臣,再次代理两江总督。有一道员偷偷地代替商人送二十万两银子给张之洞以示礼敬,请求在海州开矿,张之洞立即上疏弹劾罢免了这个道员。他考察盐法的利弊,设置兵船缉拿私盐商人,每年征收盐税都有盈余。次年,进京觐见,充任经济特科的阅卷大臣,制定大学堂的规章制度,事毕后,仍然命他返回任所。在朝廷上辞行回答皇帝的询问时,请求化解和消除满人、汉人之间的隔阂,以光大圣上的恩德,遏止祸乱的萌芽,皇上听后为之动容。不久裁去湖北巡抚,任命张之洞兼任。三十二年未几,内召,擢体仁阁大学士,授军机大臣,兼管学部。三十四年,督办粤汉铁路。

(1906),升为协办大学士。不久,召进朝内,提升为体仁阁大学士,授官军机大臣,兼管学部事务。三十四年(1908),任督办粤汉铁路大臣。

注释 ① 海州:今江苏连云港。 ② 经济特科:清末特设的为选拔"洞达中外时务"人才的科目。 ③ 畛(zhěn)域:界限,隔阂。

原文

德宗暨慈禧皇太后相继崩,醇亲王载沣监国摄政。之洞以顾命重臣晋太子太保。逾年,亲贵寖用事①,通私谒。议立海军,之洞言海军费绌可缓立,争之不得。移疾②,遂卒,年七十三,朝野震悼。赠太保,谥文襄。

之洞短身巨髯,风仪峻整。莅官所至,必有兴作。务宏大,不问费多寡。爱才好客,名流文士争趋之。任疆寄数十年③,及卒,家不增一亩云。

翻译

德宗皇帝与慈禧皇太后相继驾崩,醇亲王载沣代理国政任摄政王。张之洞因是奉命执行天子遗诏的顾命重臣,升为太子太保。过了一年,皇亲贵族逐渐当权,与一些走他们门路的人相勾结。讨论建立海军,张之洞说建立海军经费不足,可延缓建立,经过力争后他的意见仍未被采纳。他上书称病辞职,不久就去世了,年龄为七十三岁。在朝和在野的人都震惊悲哀。赠官太保,谥号文襄。

张之洞身材矮小,胡须浓密,风度仪表严峻整洁。任官所到之处,一定有工程兴建。务必使规模宏大,而不管费用的多少。爱护人才并好客,当时社会上的知名人士和文人学士都争先恐后地归附在他的门下。担任地方高级长官几十年,到去世时,家中却没有增加一亩田产。

注释 ① 用事:当权。 ② 移疾:上书称病辞职。 ③ 疆寄:指地方上的高级长官,即封疆大吏的意思。

# 康 有 为 传

**导读**

康有为是中国近代史上向西方寻找真理的代表人物之一,戊戌变法的领导者。他依靠光绪皇帝的支持发动了维新运动,力图从经济、政治、文化教育和科学技术等方面向西方学习以拯救中国。由于受到慈禧太后的镇压,维新变法运动失败了,但却对推动中国变革产生了深远影响。同时也进一步暴露了清政府的腐朽性,使广大民众越来越认识到只有依靠革命推翻清政府才能救中国。但康有为本人并未随着时代的进步而进步。他在维新变法失败后,一直鼓吹保皇(保卫光绪皇帝),光绪死后又效忠宣统,参预复辟事件,终于为时代所唾弃。本篇对其提倡维新变法的事记载简略,而对其维新变法失败后的活动则加以赞美,观点谬误很多。因考虑到康有为在历史上的重要性,且篇中也保存了若干康有为生平的史料,故予选入。又,此篇只见于《清史稿》的关外本,参见本书《前言》。(选自卷四七三)

**原文**

康有为字广厦,号更生,原名祖诒,广东南海人①。光绪二十一年进士,用工部主事。少从朱次琦游,博通经史,好公羊家言②,言孔子改制,倡以孔子

**翻译**

康有为字广厦,号更生,原名祖诒,广东南海人。光绪二十一年(1895)考中进士,担任工部主事。年轻时跟随朱次琦学习,对于古代儒家的经籍和历史著作具有广博的知识,喜好公羊学派的理论,提出孔子改革体制之说,提倡以孔子的生年作为历史纪年的依据,尊崇孔子

纪年,尊孔保教,先聚徒讲学。入都上万言书,议变法。给事中余联沅劾以惑世诬民,非圣无法,请焚所著书。中日议款,有为集各省公车上书③,请拒和、迁都、变法,格不达。复独上书,由都察院代递,上览而善之,命录存备省览。再请誓群臣以定国是④,开制度局以议新制,别设法律等局以行新政,均下总署议。

维护孔教。他先是招集学生讲学。到京城后给朝廷上万言书,议论变法。给事中余联沅弹劾他迷惑社会欺骗民众,诽谤圣人否定礼法,请求烧毁他所著的书。中国和日本订立议和条款时,康有为集合各省进京应试的举人上书,请求朝廷拒绝和谈,迁移首都,实行变法,因受阻碍未能上达朝廷。康有为又单独上书,由都察院代为递送,皇上看了很赞赏,下令把康有为的上书抄录留存以备参考阅览。康有为再请求皇上下令给群臣以决定国家大计,开设制度局来讨论新的体制,另外设立法律等局以推行新政,这些建议都被交给总理衙门讨论。

**注释**　①南海:清代县名。治所即今广州。　②公羊家:即公羊学派。汉代《春秋公羊传》是儒家经典著作之一,专门阐释《春秋》,属于经学中的今文学派。其中的有些议论可用来作为变革政治的依据。　③公车:康有为联合各省在京举人签名上书,因举人进京会试乘坐公车,故称其"集各省公车"。　④国是:国家大计。

**原文**

二十四年,有为立保国会于京师,尚书李端棻、学士徐致靖、张百熙、给事中高燮曾等,先后疏荐有为才,至是始召对。有为极陈:"四夷交侵,覆亡无日,

**翻译**

二十四年(1898),康有为在京师成立保国会,尚书李端棻、学士徐致靖、张百熙、给事中高燮曾等人,先后上疏推荐康有为的才能,这时皇帝才召见他征询政事。康有为极力陈述:"四方外敌不断入侵,国家很快就要灭亡了,不推行新政改变旧制,就不能自强。变法必

非维新变旧，不能自强。变法须统筹全局而行之，遍及用人行政。"上叹曰："奈挈肘何？"有为曰："就皇上现有之权，行可变之事，扼要以图，亦足救国。唯大臣守旧，当广召小臣，破格擢用；并请下哀痛之诏，收拾人心。"上皆韪之。自辰入，至日昃始退①，命在总理衙门章京上行走②，特许专折言事。旋召侍读杨锐、中书林旭、主事刘光第、知府谭嗣同参预新政。有为连条议以进，于是诏定科举新章，罢《四书》文，改试策论，立京师大学堂、译书局，兴农学，奖新书新器，改各省书院为学校，许士民上书言事，谕变法。裁詹事府③、通政司、大理、光禄、太仆、鸿胪诸寺④，及各省与总督同城之巡抚、河道总督、粮道、盐道，并议开懋勤殿，定制度，改元易服，南巡迁都。

须先统筹全局而后推行，必须全面推广到用人、行政各个方面。"皇上叹息说："怎奈受人牵制！"康有为说："就拿皇上现在掌握的权力来说，实施那些行得通的变革措施，抓住关键问题加以解决，也就足以救国了。只是大臣守旧，应当广泛召见官职较小的臣子，破格提拔使用，并请皇上下一道沉痛自责的诏书，以此来笼络人心。"皇上都表示同意。康有为从辰时进宫，一直到太阳偏西时才退出，皇上命令他在总理衙门章京上行走，特别准许他用专门的奏折上疏言事。不久宣召侍读杨锐、中书林旭、主事刘光第、知府谭嗣同同参与新政。康有为把变法的事接连条议进呈，于是皇上下诏制定科举的新章程，废除八股文，改为考试策论，建立京师大学堂、译书局，兴办农业科学，奖励具有新内容的著作和新的器械，改各省书院为学校，允许士民向朝廷上书言事，下谕令变法。裁去詹事府、通政司、大理寺、光禄寺、太仆寺、鸿胪寺等机构，以及各省与总督驻在同一城市的巡抚、河道总督、粮道、盐道，并建议在懋勤殿公开讨论，以制定制度，改变年号，变易服饰，到南方巡视和迁移首都。这些建议还没有来得及实行，就以抑阻言路，带头违反

未及行，以抑格言路，首违诏旨，尽夺礼部尚书、侍郎职。旧臣疑惧，群起指责有为，御史文悌复痛劾之。上先命有为督办官报，复促出京。

皇上旨意的罪名，把礼部尚书、侍郎全部革职，旧臣们心中疑虑恐惧，一起起来指责康有为，御史文悌又严厉地弹劾他。于是皇上先命令康有为督办官报，继而催促他离开京城。

**注释** ① 日昃：太阳偏西。 ② 总理衙门章京上行走：官名。总理衙门，咸丰十一年(1861)清政府为办理洋务及外交事务而特设的中央机构。官员分为大臣、章京两级。章京上行走，担任章京职务，但不给予正式的章京职称。 ③ 詹事府：官署名。历代多为太子官署，清代不立太子，渐渐空有府名。通政司：官署名，掌内外奏章、封驳和臣民密封申诉之事。 ④ 大理：大理寺，官署名，掌审核刑狱案件。光禄：光禄寺，官署名，主要掌管皇室的膳食。太仆：太仆寺，官署名，掌舆马与马政。鸿胪：鸿胪寺，官署名，掌管宫廷的朝祭礼仪。

**原文**

上虽亲政，遇事仍承太后意旨，久感外侮，思变法图强，用有为言，三月维新，中外震仰。唯新进骤起，机事不密，遂致害成。时传将以兵围颐和园劫太后，人心惶惑。上朱谕锐等筹议调和，有"朕位且不能保"之语，语具《锐传》。于是太后复垂帘，尽罢新政。以有为

**翻译**

皇上虽然已经亲政，但遇到事情仍然要秉承太后的意旨，他长期感受到外来的欺凌和侵犯，想通过变法使国家强盛起来。他采用康有为的建议，实行三个月的维新政治，中外都感到震动敬仰。只是新入仕途的官员突然受到重用，策划事情不严密，以致危害了即将成功的事业。当时传说皇上将要用部队包围颐和园劫持太后，人心惶惑不安。皇上用朱笔批示谕令杨锐等人筹划商议调和新旧之间的矛盾，其中有"我的皇位且将不保"的话，这些话具体

结党营私，莠言乱政，褫职逮捕。有为先走免，逮其弟广仁及杨锐等下狱，并处斩。复以有为大逆不道，构煽阴谋，颁朱谕宣示，并籍其家，悬赏购捕。有为已星夜出都航海南下，英国兵舰迎至吴淞①。时传上已幽废，且被弑，有为草遗言，誓以身殉，将蹈海。英人告以讹传，有为始脱走。亡命日本，流转南洋，遍游欧、美各国。所至以尊皇保国相号召，设会办报，集资谋再举，屡遇艰险不少阻。尝结富有会，起事江汉②，皆为官兵破获，诛其党。连诏大索，毁所著书，阅其报章者并罪之。初，太后议废帝，称病征医，久闭瀛台，且夕不测。有为闻之，首发其谋，清议争阻，外人亦起责言，两江总督刘坤一言"君臣之分已定，中外之口难防"，始罢废立。拳匪起③，以灭洋人、杀

记载在《杨锐传》中。于是太后再次垂帘听政，废除全部新政。以康有为结党营私，散布谬论扰乱朝政的罪名，革除他的职务并下令逮捕。康有为事先逃避免难，于是逮捕了他的弟弟康广仁及杨锐等人并关进监狱，一并处以斩刑。又颁发朱笔批示的谕旨，宣示康有为的大逆不道，策划、煽动阴谋，抄了他的家，悬赏缉捕。康有为已连夜离开京城航海南下，英国兵舰把他迎接到吴淞。当时传说皇上已被幽禁废黜，而且被杀害。康有为起草遗书，发誓要以身殉君，将要投海。英国人告诉他听到的消息是谣传，康有为才逃走，流亡日本，辗转南洋，遍游欧美各国。所到之处以尊崇皇帝，保卫国家相号召，设立保皇会等，创办报纸，筹集资金，图谋东山再起，屡次遇到艰难险阻而不退缩。曾经组织富有会，在长江中游汉口一带起义，都被官兵破获，并诛杀了他们的同党。朝廷接连下诏书大举搜捕康有为，焚毁他所著的书，对于阅读他报纸文章的人也一起治罪。起初，太后打算废黜光绪，宣称皇帝有病征召医生治疗，把他长久地关闭在瀛台，早晚之间都有可能遭遇不测之祸。康有为听到这个消息，首先揭发太后的阴谋，公正的舆论也争相阻止太后这样做，外国人也发表反对的言论，两江总督刘坤一说"君臣

新党为号,太后思用以立威,遂肇大乱,凡与有为往还者,辄以康党得奇祸。

的名分已定,中外的舆论难以阻止",太后才放弃了废立的打算。义和团运动,以灭洋人、杀新党为号召,太后想借用他们的力量来立威,于是造成了大乱。凡是与康有为来往的人,常以康党的罪名遭到大祸。

**注释** ① 吴淞:指上海吴淞江。 ② 江汉:此处指汉口及长江中游地区。 ③ 拳匪:指义和团。

**原文**

宣统三年,鄂变作①,始开党禁,戊戌政变获咎者悉原之,于是有为出亡十余年矣,始谋归国。时民军决行共和,廷议主立宪,而有为创虚君共和之议,以"中国帝制行已数千年,不可骤变,而大清得国最正,历朝德泽沦浃人心②,存帝号以统五族,弭乱息争,莫顺于此"。内阁总理大臣袁世凯徇民军请,决改共和,遂下逊位之诏。有为知空言不足挽阻,思结握兵柄者以自重,颇游说当局,数年无所

**翻译**

宣统三年(1911),湖北的变乱发生,才开放党禁,在戊戌政变中获罪的人全受到宽免。这时康有为流亡外国已经十几年了,才计划回国。当时民军坚决要求实行共和制,朝廷大臣的议论则主张实行君主立宪,而康有为提出虚君共和的主张,认为"中国的帝制已经实行了几千年,不可突然改变,而且大清国夺取天下最名正言顺,历朝的恩惠深入人心,保存皇帝的称号来统一五个民族,消除祸乱平息战争,没有比这更顺当的了"。内阁总理大臣袁世凯顺应民军的请求,决定改为共和制,于是颁发皇帝退位的诏书。康有为知道空发议论不足以改变阻止此事,想结交掌握兵权的人来增强自己的力量,极力向当局游说,几年来无所成就。丁巳年,张

就。丁巳,张勋复辟③,以有为为弼德院副院长。勋议行君主立宪,有为仍主虚君共和。事变,有为避美国使馆,旋脱归上海。

甲子,移宫事起④,修改优待条件,有为驰电以争,略曰:"优待条件,系大清皇帝与民国临时政府议定,永久有效,由英使保证,并用正式公文通告各国,以昭大信,无异国际条约。今政府擅改条文,强令签认,复敢挟兵搜宫,侵犯皇帝,侮逐后妃,抄没宝器,不顾国信,仓卒要盟,则内而宪法,外而条约,皆可立废,尚能立国乎? 皇上天下为公,中外共仰,岂屑与争,实为民国羞也!"明年,移跸天津,有为来觐谒,以进德、修业、亲贤、远佞为言。丁卯,有为年七十,赐"寿",手疏泣谢,历叙恩遇及一生艰险状,悲愤动人。时有为怀今感旧,

勋复辟,以康有为为弼德院副院长。张勋提议实行君主立宪,康有为仍然主张虚君共和。事变之后,康有为躲进美国使馆,不久逃脱回到上海。

甲子年,发生了移宫的事,修改对清室的优待条件,康有为发电报相争,大略说:"优待条件是大清皇帝与民国临时政府议定的,永久有效,由英国公使作保证人,并且用正式公文通告各国,以明确表示其至高的信用,与国际条约没有两样。现在政府擅自修改条文,强迫命令清室签字承认,又敢带兵搜索皇宫,侵犯皇帝,侮辱驱逐后妃,搜查没收珍宝奇器,不顾国家的信誉,仓促迫使清室签订盟约,那么对国内的宪法,对外的条约,全都可以立即废除,这样还能成为一个国家吗? 皇上以天下为公,中外共同敬仰,怎屑与这些人争执,这实在是民国的羞辱啊!"次年,皇帝移居天津,康有为前来觐见,以增进道德,加强学习,亲近贤人,远离奸佞等语向皇上进言。丁卯年,康有为七十岁,皇帝赐"寿"字,康有为手写奏疏感泣谢恩,详细叙述自己所受的恩遇以及一生艰难的情况,写得悲愤动人。当时康有为痛心今事感伤旧事,伤痛过度,哭笑无常。自己知道将要死了,就起草了遗书,病死于青岛。

伤痛已甚,哭笑无端。自知将不起,遂草遗书,病卒于青岛。

有为天资瑰异,古今学术无所不通,坚于自信,每有创论,常开风气之先,初言改制,次论大同,谓太平世必可坐致,终悟天人一体之理。述作甚多,其著者有《孔子改制考》《新学伪经考》《春秋董氏学》《春秋笔削大义微言考》《大同书》《物质救国论》《电通》,及《康子内外篇》《长兴学舍》《万木草堂》《天游庐讲学记》,各国游记,暨文诗集。

康有为天资超特,对于古今的学术无不通晓,坚于自信,常有创新的议论,开创一个时代的风气。起初讲改革体制,后来又论述世界大同,认为太平之世一定能够坐致,最终领悟天人一体的道理。著述很多,著名的有《孔子改制考》《新学伪经考》《春秋董氏学》《春秋笔削大义微言考》《大同书》《物质救国论》《电通》,及《康子内外篇》《长兴学舍》《万木草堂》《天游庐讲学记》,各国游记,以及文集、诗集。

**注释** ① 鄂变:指 1911 年的武昌起义。 ② 沦浃(jiā):深入、浸透的意思。 ③ 张勋复辟:1917 年(丁巳年),军阀张勋在北京重新拥立溥仪(即原来的宣统皇帝)为帝,称当年为宣统九年,史称"张勋复辟"。但只经历十二天即告失败。 ④ 移宫:1912 年中华民国成立,但清朝皇帝、后妃等仍居住在皇宫内,并享受各种优待,这是在清朝皇帝宣布退位之前,由清政府与革命军等谈判确定的。1924 年(甲子年),冯玉祥发动北京政变,命令当时还住在皇宫的清朝皇帝等人迁出皇宫。此处所说"移宫",即指此事。